Mare Nostrum (Notre Mer)

Un roman

Vicente Blasco Ibáñez

(Traducteur : Charlotte Brewster Jordan)

Writat

Diese Ausgabe erschien im Jahr 2024

ISBN: 9789359940724

Herausgegeben von
Writat
E-Mail: info@writat.com

Contenu

CHAPITRE I

CAPITAINE ULYSSE FERRAGUT

Ses premières galanteries furent avec une impératrice. Il avait dix ans, et l'impératrice six cents.

Son père, Don Esteban Ferragut – troisième quota du Collège des Notaires – avait toujours eu une grande admiration pour les choses du passé. Il habitait près de la cathédrale, et les dimanches et jours fériés, au lieu de suivre les fidèles pour assister aux cérémonies pompeuses présidées par le cardinal-archevêque, il se rendait avec sa femme et son fils pour entendre la messe à *San Juan del Hospital* . une petite église peu fréquentée le reste de la semaine.

Le notaire, qui avait lu Walter Scott dans sa jeunesse, contemplait les vieux murs à tourelles qui entouraient l'église et éprouvait quelque chose des frissons du barde pour sa propre terre, sa terre natale. Le Moyen Âge est la période dans laquelle il aurait aimé vivre. Et tandis qu'il parcourait les pavillons des *Hospitolarios* , le bon Don Esteban, petit, potelé et myope, sentait en lui l'âme d'un héros né trop tard. Les autres églises, immenses et riches, lui apparaissaient avec leurs éclats d'or étincelant, leurs circonvolutions d'albâtre et leurs colonnes de jaspe, de simples monuments d'une fade vulgarité. Celui-ci avait été érigé par les Chevaliers de Saint-Jean qui, unis aux Templiers, avaient aidé le roi Jacques dans la conquête de Valence.

En traversant le passage couvert qui mène de la rue à la cour intérieure, il avait l'habitude de saluer la Vierge de la Conquête, image de pierre brute aux couleurs fanées et à l'or terne, assise sur un banc, amenée là par les chevaliers de l'armée. commande. Quelques bigaradiers étendaient leur verdure ramifiée sur les murs de l' église, édifice de pierre noire et brute, perforé de longues et étroites niches en forme de fenêtres, maintenant fermées d'enduit de terre. Des contreforts saillants de ses renforts surgissaient, dans les parties les plus hautes, de grands monstres légendaires de pierre battue par les intempéries et croulante.

Dans sa nef unique, il ne reste plus que très peu de cet extérieur romantique. Le goût baroque du XVIIe siècle avait caché l'arc gothique sous un autre arc en plein cintre, en plus de recouvrir les murs d'une couche de chaux. Mais les retables médiévaux, les armoiries nobiliaires et les tombeaux des chevaliers de Saint-Jean avec leurs inscriptions gothiques ont survécu à la restauration profane, et cela suffit à entretenir l'enthousiasme du notaire.

De plus, la qualité des fidèles qui assistaient à ses offices devait être prise en considération. Ils étaient peu nombreux mais sélects, toujours les mêmes.

Certains d'entre eux tombaient à leur place, goutteux et détendus, soutenus par une vieille servante portant une mantille de dentelle défraîchie comme si elle était la gouvernante. D'autres restaient debout pendant le service, levant fièrement leur tête émaciée qui présentait le profil d'un coq de combat, et croisant sur la poitrine leurs mains gantées, toujours en laine noire l'hiver et en fil l'été. Ferragut connaissait tous leurs noms, les ayant lus dans les *Trovas* de Mosen Febrer , une composition métrique en provençal, sur les guerriers venus dans les environs de Valence d'Aragon, de Catalogne , du sud de la France, d'Angleterre et de l'Allemagne lointaine.

A la fin de la messe, les personnages imposants hochaient la tête, saluant les fidèles les plus proches d'eux. "Bonne journée!" Pour eux, c'était comme si le soleil venait de se lever : les heures précédentes ne comptaient pas. Et le notaire à la voix douce élargissait sa réponse : « Bonjour, Señor Marquis ! "Bonjour, Señor Baron!" Bien que ses relations n'allaient jamais au-delà de cette salutation, Ferragut éprouvait envers ces nobles personnages la sympathie que les clients ont pour un établissement, les regardant avec des yeux affectueux pendant de nombreuses années sans oser échanger avec eux autre chose qu'un salut.

Son fils Ulysse s'ennuyait énormément en suivant les incidents monotones de la messe chantée dans l'église sombre et presque déserte. Les rayons du soleil, faisceaux obliques d'or qui filtrait d'en haut, illuminant les spirales de poussière, de mouches et de mites, lui faisaient penser avec le mal du pays au vert luxuriant du verger, aux taches blanches des hameaux, aux les colonnes de fumée du port remplies de bateaux à vapeur, et la triple file de convexités bleuâtres couronnées d'écume qui déversaient leur contenu avec un élan sonore sur la plage couleur de bronze.

Lorsque les manteaux brodés des trois prêtres cessaient de briller devant le maître-autel et qu'un autre prêtre en noir et blanc apparaissait dans la chaire, Ulysse tournait son regard vers une chapelle latérale. Le sermon représentait toujours pour lui une demi-heure de somnolence, peuplée de ses propres imaginations vives. La première chose que ses yeux voyaient dans la chapelle de Santa Barbara était un coffre cloué au mur, bien au-dessus de lui, un sépulcre en bois peint, sans autre ornement que l'inscription : «*Aqui yace Doña Constansa Augusta, Emperatriz de Grecia* , "—Ici repose Constance Augusta, impératrice de Grèce.

Le nom de la Grèce a toujours eu le pouvoir d'exciter l'imagination du petit bonhomme. Son parrain, l'avocat Labarta , poète lauréat, ne pouvait répéter ce nom sans qu'un vif frisson ne passe dans sa barbe grisonnante et qu'une lumière nouvelle ne brille dans ses yeux. Parfois la puissance mystérieuse d'un tel nom évoquait un mystère nouveau et un intérêt plus intense : Byzance. Comment cette auguste dame, souveraine des pays lointains de magnificence et de vision, aurait-elle pu laisser sa dépouille dans une chapelle obscure de Valence, au sein d'un grand coffre pareil à ceux qui conservaient les restes de vieilles trompettes dans les mansardes du notaire ?...

Un jour après la messe, Don Esteban avait rapidement raconté son histoire à son petit-fils. Elle était la fille de Frédéric II de Souabe , un Hohenstaufen, empereur d'Allemagne qui estimait encore plus sa couronne de Sicile. Dans les palais de Palerme, véritables écrins enchantés des jardins orientaux, il avait mené une vie à la fois de païen et de savant, entouré de poètes et d'hommes de science (juifs, mahométans et chrétiens), de danseurs orientaux, d'alchimistes et de féroces sarrasins. Gardes. Il légiféra comme le faisaient les jurisconsultes de la Rome antique, écrivant en même temps les premiers vers en italien. Sa vie fut un combat continuel avec les papes qui lui lançaient excommunication sur excommunication. Pour la paix , il était devenu croisé et s'était lancé à la conquête de Jérusalem. Mais Saladin, un autre philosophe de la même classe, fut bientôt d'accord avec son collègue chrétien. La position d'une petite ville entourée de terres incultes et d'un sépulcre vide ne valait vraiment pas la peine de décapiter l'humanité au cours des siècles. Le monarque sarrasin lui livra donc gracieusement Jérusalem, et le pape excommunia de nouveau Frédéric pour avoir conquis la Terre Sainte sans effusion de sang.

«C'était un grand homme», murmurait Don Esteban. "Il faut admettre que c'était un grand homme..."

Il disait cela timidement, regrettant que son enthousiasme pour cette époque lointaine l'obligeait à faire cette concession à un ennemi de l'Église. Il frémit en pensant à ces livres sacrilèges que personne n'avait vus, mais dont Rome avait l'habitude d'attribuer la paternité à cet empereur sicilien, notamment *Los Tres Impostores* (Les Trois imposteurs), dans lesquels Frédéric mesurait Moïse, Jésus et Mahomet selon le même critère. . Cet auteur royal était d'ailleurs le plus ancien journaliste de l'histoire, le premier qui, dans tout le XIIIe siècle, ait osé faire appel au jugement de l'opinion publique dans ses manifestes contre Rome.

Sa fille avait épousé un empereur de Byzance, Juan Dukas. Vatatzés , le fameux « Vatacio », quand il avait cinquante ans et elle quatorze ans. C'était une fille naturelle, bientôt légitimée comme presque toute sa progéniture, produite de son harem libre, où se mêlaient des beautés sarrasines et des marquises italiennes. Et la pauvre jeune fille mariée à « Vatacio l'hérétique », par un père en mal d'alliances politiques, avait vécu de longues années en Orient comme *basilise* ou impératrice, vêtue de vêtements aux broderies raides représentant des scènes des livres saints, chaussée de cothurnes. lacées de pourpre et portant sur leurs semelles des aigles d' or, symbole le plus élevé de la majesté de Rome.

d' abord régné à Nicée, refuge des empereurs grecs tandis que Constantinople était au pouvoir des croisés, fondateurs d'une dynastie latine ; puis, à la mort de Vatacio , l'audacieux Miguel Paléologue reconquit Constantinople, et la veuve impériale se trouva courtisée par cet aventurier victorieux. Pendant de nombreuses années, elle résista à ses prétentions, finissant par obtenir que son frère Manfred la ramène dans son propre pays, où elle arriva juste à temps pour recevoir la nouvelle de la mort de son frère au combat et pour suivre la fuite de sa belle-sœur. et neveux. Ils se réfugièrent tous dans un château défendu par des Sarrasins au service de Frédéric, les seuls fidèles à sa mémoire.

Le château tomba au pouvoir des guerriers de l'Église et la femme de Manfred fut conduite dans une prison où sa vie fut peu après éteinte. L'obscurité engloutit les derniers restes de la famille maudite par Rome. La mort planait toujours autour de la *basilique* . Ils périrent tous : son frère Manfred, son demi-frère, le poétique et déploré Encio , héros de tant de chansons, et son neveu, le chevalier Coradino , qui mourut plus tard sous la hache du bourreau en tentant de défendre ses droits. Comme l'impératrice d'Orient ne représentait aucun danger pour la dynastie d'Anjou, le conquérant la laissa suivre son destin, seule et abandonnée comme une princesse shakespearienne.

En tant que veuve du défunt empereur , elle était censée percevoir un loyer de trois mille *besantes* d'or fin. Mais cette location lointaine n'arriva jamais, et presque comme une pauvre elle s'embarqua avec sa nièce Constanza sur un navire se dirigeant vers les rives parfumées du golfe de Valence, où elle entra au couvent de Santa Barbara. Dans la pauvreté de ce couvent récemment fondé, la pauvre impératrice vécut jusqu'au siècle suivant, se remémorant les aventures de son triste destin et voyant en imagination le palais de mosaïques dorées du lac Nicée, les jardins où « Vatacio » avait voulu mourir sous un tente violette, les murs gigantesques de Constantinople et les arches de Sainte-Sophie, avec ses galaxies hiératiques de saints et de monarques couronnés.

De tous ses voyages et de ses brillantes fortunes , elle n'avait conservé qu'une chose, une pierre, seul bagage qui l'accompagnait en débarquant sur la côte de Valence. C'était un fragment de Nicodémie qui avait miraculeusement envoyé de l'eau pour le baptême de Santa Barbara.

Le notaire avait l'habitude de signaler cette pierre brute et sacrée incrustée dans des fonts baptismaux d'eau bénite. Sans cesse d'admirer ces connaissances historiques, Ulysse les recevait néanmoins avec une certaine ingratitude.

"Mon parrain pourrait mieux m'expliquer les choses…. Mon parrain en sait plus."

Lorsqu'il inspectait la chapelle de Santa Barbara pendant la messe, il détournait toujours les yeux du coffre funéraire. La pensée de ces ossements réduits en poussière lui inspirait une répugnance. Cette Doña Constanza n'existait pas pour lui. Celui qui l'intéressait était l'autre, un peu plus loin, qui était peint dans un petit tableau. Doña Constanza avait eu la lèpre – une infirmité qui, à cette époque, n'était pas autorisée aux impératrices – et Santa Barbara avait donc miraculeusement guéri sa dévote. Afin de perpétuer cet événement, Santa Barbara a été représentée sur la toile comme une dame vêtue d'une jupe ample et de manches coupées, et à ses pieds se trouvait la *basilique* en tenue de paysanne valencienne parée de grands bijoux. En vain Don Esteban affirmait-il que ce tableau avait été peint des siècles après la mort de l'Impératrice. L'imagination de l'enfant se jetait avec dédain sur de telles difficultés. Au moment où elle apparaissait sur la toile, Doña Constanza devait être — aux cheveux blonds, avec de grands yeux noirs, extrêmement belle et un peu encline à l'embonpoint, peut-être, comme convenait à une femme habituée à traîner des robes d'apparat et qui avait consenti se déguiser en paysanne, simplement à cause de sa piété.

L'image de l'Impératrice obsédait ses pensées d'enfant. La nuit, lorsqu'il avait peur dans son lit, impressionné par l'immensité de la pièce qui lui servait de chambre à coucher, il lui suffisait de rappeler le souverain de Byzance pour lui faire oublier aussitôt son inquiétude et les mille bruits bizarres de la vieille bâtisse. . "Doña Constanza!"… Et il s'endormait en blottissant l'oreiller, comme s'il s'agissait de la tête de la *basilique* , ses yeux fermés continuant à voir les yeux noirs de la royale Señora , maternelle et affectueuse.

Toutes les femmes, en s'approchant de lui, prenaient quelque chose de cette autre qui dormait depuis six siècles dans la partie haute du mur de la chapelle. Lorsque sa mère, la douce et pâle Doña Cristina, arrêtait un instant son travail de fantaisie pour l'embrasser, il voyait toujours dans son sourire quelque chose de l'Impératrice. Quand Visenteta , une servante de la campagne, brune aux yeux de mûre, aux joues roses et à la peau douce, l'aidait à se déshabiller ou le réveillait pour l'emmener à l'école, Ulysse se jetait toujours dans ses bras autour d'elle comme si enchantée par le parfum de sa vitalité vigoureuse et chaste. " Visenteta !… Oh, Visenteta !… " Et il pensait à Doña Constanza ; Les impératrices doivent être juste aussi parfumées…. Ainsi doit être la texture de leur peau !… Et des frissons mystérieux et incompréhensibles parcouraient son corps comme de légères exhalaisons, bouillonnant de la bave qui dort au plus profond de toute l'enfance et refait surface à l'adolescence.

Son père devinait en partie cette vie imaginaire en voyant ses pièces de théâtre et ses lectures favorites.

"Ah, comédien !... Ah, comédien !... Tu es comme ton parrain."

Il disait cela avec un sourire ambigu où se mêlaient également son mépris de l'idéalisme inutile et son respect pour l'artiste, respect semblable à la vénération que les Arabes éprouvent pour les déments, croyant que leur folie est un don de Dieu.

Doña Cristina tenait beaucoup à ce que ce fils unique, aussi gâté et choyé que s'il était un prince héritier, devienne prêtre. Le voir entonner sa première messe !… Puis un canon ; alors un prélat ! Qui savait si peut-être, quand elle ne vivrait plus, d'autres femmes ne l'admireraient pas lorsqu'il serait précédé d'une croix d'or, traînant la robe rouge d'un cardinal-archevêque et entouré d'un bâton en robe, enviant la mère qui avait accouché. à ce magnat ecclésiastique !…

Afin de guider les inclinations de son fils, elle avait installé une chapelle dans une des pièces vides de la grande maison ancienne. Les camarades d'école d'Ulysse, pendant les après-midi libres, s'y précipitaient, doublement attirés par l'enchantement du "joueur du curé" et par le généreux rafraîchissement que Doña Cristina préparait pour tout le clergé paroissial.

Cette solennité commençait par le carillon furieux de quelques cloches suspendues au-dessus de la porte du salon, faisant relever la tête avec étonnement les clients du notaire, assis dans le vestibule attendant les papiers que les clercs griffonnaient à toute vitesse. Le vacarme métallique ébranlait l'édifice dont les coins semblaient si silencieux, et troublait même le calme de la rue où ne passait qu'occasionnellement une voiture.

Pendant que certains de ses amis allumaient les bougies des sanctuaires et dépliaient les nappes sacrées de l'autel en belles dentelles réalisées par Doña Cristina, le fils et ses amis les plus intimes se disposaient devant les fidèles, se couvrant de surplis et de vêtements en or. et en leur mettant de magnifiques bonnets sur la tête. La mère, qui regardait derrière une des portes, dut faire un grand effort pour ne pas se précipiter et dévorer Ulysse de baisers. Avec quelle grâce il imitait les manières et les génuflexions du grand prêtre !…

Jusqu'à présent, tout s'est parfaitement déroulé. Les trois officiants près de la pyramide de lumières chantaient à pleins poumons, et le chœur des fidèles répondait du fond de la salle par des frémissements d'impatience. Soudain, la protestation, le schisme et l'hérésie surgirent. Ceux qui étaient à l'autel en avaient déjà fait plus qu'assez. Il leur fallait maintenant céder leurs chasubles à ceux qui regardaient, afin qu'ils puissent à leur tour exercer le ministère sacré. C'était ce sur quoi ils s'étaient mis d'accord. Mais le clergé résista avec la hauteur et la majesté du droit acquis, et des mains impies se mirent à arracher les vêtements des saints, à les profaner et même à les déchirer. Cris, coups de pied, images et bougies de cire sur le sol !… Scandale et abominations comme si l'Antéchrist était déjà né !… La prudence d'Ulysse mit fin à la lutte : « Et si nous montions au *porche* pour jouer ?… "

Le *porche* était l'immense mansarde de la grande maison ancienne, aussi tous acceptèrent le projet avec enthousiasme. L'église était finie ! Et comme une volée d' oiseaux , ils montèrent les escaliers au-dessus des paliers de carreaux multicolores aux vernis écaillés, laissant apparaître la brique rouge en dessous. Les potiers valenciens du XVIIIe siècle avaient orné ces carreaux de galères berbères et chrétiennes, d'oiseaux de la proche Albufera , de chasseurs aux perruques blanches offrant des fleurs à une paysanne, des fruits de toutes sortes et de fougueux cavaliers montés sur des chevaux deux fois plus petits que leurs chevaux. des corps défilant devant des maisons et des arbres qui atteignaient à peine les genoux de leurs coursiers cabrés.

Le groupe bruyant s'est répandu à l'étage supérieur comme lors des plus terribles invasions de l'histoire. Les chats et les souris s'enfuirent ensemble vers les coins les plus reculés. Les oiseaux terrifiés filaient comme des flèches à travers les lucarnes du toit.

Le pauvre notaire !… Il n'était jamais revenu les mains vides quand il était appelé hors de la ville par la confiance des riches fermiers, incapables de croire à une autre science juridique que la sienne. C'était l'époque où les antiquaires n'avaient pas encore découvert la riche Valence, où le peuple s'habillait de soie pendant des siècles, et où les meubles, les vêtements et les poteries semblaient toujours imprégnés de la lumière d'un soleil constant et du bleu d'un ciel toujours clair. atmosphère.

Don Esteban, qui se croyait obligé d'être antiquaire en raison de son appartenance à diverses sociétés locales, remplissait continuellement sa maison de souvenirs du passé ramassés dans les villages ou que ses clients lui offraient gratuitement. Il ne parvenait pas à trouver suffisamment d'espace mural pour les tableaux, ni de place dans ses salons pour les meubles. Les dernières acquisitions étaient donc provisoirement acheminées vers le *porche* en attendant une installation définitive. Des années plus tard, lorsqu'il se retirerait de sa profession, il pourrait peut-être construire un château médiéval, le plus médiéval possible sur les côtes de la *Marina* ; près du village où il était né, il plaçait chaque objet dans un endroit approprié à son importance.

Ce que le notaire déposait dans les chambres du premier étage allait bientôt apparaître dans le grenier aussi mystérieusement que s'il avait pris pieds ; car Doña Cristina et ses domestiques, obligés de vivre dans une lutte continuelle contre la poussière et les toiles d'araignées d'un édifice qui tombait lentement en morceaux, commençaient à éprouver une haine féroce pour tout ce qui est vieux.

Ici, au dernier étage, les discordes et les batailles à cause du manque de vêtements pour s'habiller n'étaient pas possibles entre les garçons. Il n'y avait qu'à plonger la main dans n'importe lequel de ces grands coffres anciens, palpitant du sourd rongement des bûcherons, dont les chantournages de fer, percés comme des dentelles, se détachaient de leurs supports. Certains jeunes, brandissant de petites épées courtes à manche de nacre, ou de longues lames comme celle que portait le Cid, s'enveloppaient alors dans des manteaux de soie cramoisie assombrie par les âges. D'autres jetaient sur leurs épaules des couvertures damassées de vieux brocart inestimable, des jupes paysannes à grandes fleurs d'or, des farthingales au riche tissage qui crépitait comme du papier.

Quand ils se lassaient d'imiter les comédiens avec des fracas bruyants de piques et de coups mortels, Ulysse et les autres jeunes gens actifs proposaient le jeu des « bandits et baillis ». Mais les voleurs ne pouvaient pas porter des vêtements aussi riches ; leur tenue vestimentaire doit être discrète. C'est ainsi qu'ils renversèrent des montagnes d'étoffes de couleur terne qui ressemblaient à de simples sacs dans lesquels on distinguait vaguement des dessins tissés ternes des jambes, des bras, des têtes et des branches ramifiées d'un vert métallique.

Don Esteban avait trouvé ces fragments déjà déchirés par les paysans pour en faire des couvercles pour leurs grands pots d'huile en terre ou pour des couvertures pour les mulets de travail. Il s'agissait de morceaux de tapisserie copiés d'après des cartons de Titien et de Rubens que le notaire ne gardait que par respect historique. La tapisserie, comme toutes les choses qui abondent, n'avait donc aucun mérite particulier. Les marchands de friperies de Valence possédaient dans leurs entrepôts des dizaines de restes du même genre et lors de la fête de *la Fête-Dieu* approchés, ils les utilisaient pour couvrir les barricades naturelles formées par le sol, au lieu d'en construire de nouvelles dans la rue suivie par les processions.

À d'autres moments, Ulysse répétait le même jeu sous le nom d'« Indiens et conquérants ». Il avait trouvé dans les montagnes de livres conservés par son père, un volume qui racontait en doubles colonnes, avec d'abondantes coupes de bois, les navigations de Colomb, les guerres d'Hernando Cortés et les exploits de Pizarro.

Ce livre a jeté un glamour sur le reste de son existence. Plusieurs fois par la suite, lorsqu'il était homme, il retrouvait cette image latente à l'arrière-plan de ses goûts et de ses désirs. En réalité, il n'en avait lu que peu de paragraphes, mais ce qui l'intéressait le plus étaient les gravures, à son avis plus dignes d'admiration que tous les tableaux du grenier.

De la pointe de sa longue épée , il traçait sur le sol, comme Pizarro l'avait fait devant ses compagnons découragés, prêts sur l'île de Gallo à renoncer à la conquête : « Que tout bon Castillan passe cette ligne… ». Et les bons Castillans, une douzaine de petits drôles avec de longues capes et des épées antiques dont la poignée leur arrivait à la bouche, s'empressaient de se grouper autour de leur chef qui imitait les gestes héroïques du conquérant. Alors retentit le cri de guerre : « Contre eux ! A bas les Indiens !

Il fut convenu que les Indiens devaient fuir et, pour cette raison , ils étaient modestement vêtus de morceaux de tapisserie et de plumes de coq sur la tête. Mais ils s'enfuirent traîtreusement, et se retrouvant sur *des vargueños* , des tables et des pyramides de chaises, ils commencèrent à montrer des livres à leurs persécuteurs. De vénérables volumes de cuir décorés d'or mat et des feuillets de parchemin blanc tombaient face contre terre sur le sol, leurs attaches se brisaient et répandaient une pluie de pages imprimées ou manuscrites et de gravures jaunies - comme fatigués de vivre, ils laissaient leur vie... le sang coule de leur corps.

Le tumulte de ces guerres de conquête amène Doña Cristina à la rescousse. Elle ne se souciait plus d'héberger des petits diablotins qui préféraient les cris aventureux du grenier aux délices mystiques de la chapelle abandonnée. Les Indiens étaient les plus dignes d'exécration. Pour que la splendeur de leurs vêtements contrebalance l'humilité de leur rôle, ils avaient découpé des tapisseries entières avec leurs ciseaux pêcheurs, mutilant les vêtements de manière à disposer sur leur poitrine la tête d'un héros ou d'une déesse.

Se retrouvant sans camarades de jeu, Ulysse découvrit un nouvel enchantement dans la vie dans les mansardes. Le silence hanté par le craquement du bois et le galop d'animaux invisibles, la chute inexplicable d'un tableau ou de quelques livres entassés, le faisaient frémir d'une sensation de peur et de mystère nocturne, malgré les rayons du soleil qui arrivaient. filtrer à travers les lucarnes; mais il commença à apprécier cette solitude lorsqu'il comprit qu'il pouvait la peupler à sa guise. Les êtres réels l'agaçaient bientôt comme les bruits intempestifs qui le réveillaient parfois de beaux rêves. La mansarde était un monde vieux de plusieurs siècles qui lui appartenait désormais entièrement et s'adaptait à toutes ses fantaisies.

Assis dans une malle sans couvercle, il la faisait se balancer, imitant avec sa bouche les rugissements de la tempête. C'était une caravelle, un galion, un navire tel qu'il en avait vu dans les livres anciens, avec ses voiles peintes de lions et de crucifix, un château sur la poupe et une figure de proue sculptée sur la proue qui plongeait dans les vagues, seulement réapparaître dégoulinant de mousse.

Le tronc, à force de pousser vigoureusement, parvenait à atteindre la côte accidentée au coin du vieux coffre, le gouffre triangulaire formé de deux commodes et la plage lisse formée de quelques paquets de vêtements. Et le navigateur, suivi d'un équipage aussi nombreux qu'imaginaire, sautait à terre, l'épée à la main, escaladant quelques montagnes de livres qu'étaient les Andes, et perçant divers volumes avec la pointe d'une vieille lance pour y planter son étendard. là. Oh, pourquoi n'avait-il pas été l'un des conquérants ?...

Des fragments d'une conversation entre son parrain et son père, qui croyait que tout était déjà connu sur la surface de la terre, ne l'ont pas convaincu. Il lui reste encore quelque chose à découvrir ! Il était le point de rencontre de deux familles de marins. Les frères de sa mère possédaient des navires sur la côte catalane . Les ancêtres de son père avaient été de valeureux et obscurs navigateurs, et là, dans la *Marina,* se trouvait son oncle, le médecin, un véritable homme de mer.

Quand il se lassait de ces orgies imaginatives, il examinait les portraits de différentes époques rangés dans le grenier. Il préférait ceux des femmes, dames nobles aux cheveux courts et bouclés retenus par un nœud de ruban sur la tempe, comme celles que Velazquez aimait peindre, et aux longs visages du siècle suivant, avec une bouche couleur cerise, deux taches. sur les joues et une tour de cheveux blancs. Le souvenir de la *basilique grecque* semble émaner de ces peintures. Toutes les dames de haute naissance semblaient avoir quelque chose en commun avec elle.

Parmi les portraits des hommes, il y avait celui d'un évêque qui l'irritait par son absurde enfantillage. Il paraissait presque de son âge, un évêque adolescent, au regard impérieux et agressif. Ces yeux inspiraient autrefois une certaine terreur au garçon sensible, et il décida donc d'en finir avec eux. "Prend ça!" et il passa son épée à travers la vieille image ébréchée, faisant remplacer les yeux provocateurs par deux entailles. Puis il a ajouté quelques entailles supplémentaires pour faire bonne mesure…. Le soir même, son parrain ayant été invité à souper, le notaire parla d'un certain portrait acquis quelques mois auparavant dans les environs de Játiva , ville qu'il avait toujours considérée avec intérêt en raison du fait que les Borgia étaient nés dans l'un des sa banlieue. Les deux hommes étaient du même avis. Ce prélat presque infantile ne pouvait être autre que César Borgia, nommé archevêque de Valence à l'âge de seize ans par son père, le pape. Lors de leur premier jour de libre, ils examinaient le portrait avec une attention particulière…. Et Ulysse, la tête baissée, sentait chaque bouchée lui rester dans la gorge.

Pour le garçon fantaisiste, un plaisir encore plus intense et substantiel que ses jeux solitaires dans le grenier était une visite à la maison de son parrain ; à ses yeux d'enfant, ce parrain, l'avocat Don Carmelo Labarta , était la personnification de la vie idéale, de la gloire, de la poésie. Le notaire parlait de lui avec enthousiasme et en même temps il le plaignait.

"Ce pauvre Don Carmelo !... La principale autorité de l'époque en matière civile ! En s'appliquant, il pouvait gagner de l'argent, mais les vers l'attiraient plus que les procès."

Ulysse entrait dans son bureau avec une vive émotion. Au-dessus des rangées de livres multicolores et dorés qui couvraient les murs, il aperçut de grosses têtes de plâtre au front imposant et aux yeux vides qui semblaient toujours contempler un immense néant.

L'enfant pouvait répéter leurs noms comme un fragment d'un livre de chœur, d'Homère à Victor Hugo. Puis son regard cherchait une autre tête tout aussi glorieuse quoique moins blanche, avec une barbe blonde et grisonnante, un nez rubiconde et des joues bilieuses qui parsemaient à certains moments des morceaux d'écailles. Les yeux doux de son parrain, des yeux jaunâtres tachetés de points noirs, recevaient Ulysse avec l'affection tendre d'un vieux célibataire vieillissant qui a besoin d'inventer une famille. C'était lui qui lui avait donné sur les fonts baptismaux le nom qui avait éveillé tant d'admiration et de ridicule parmi ses camarades d'école ; avec la patience d'un vieux grand-père racontant de saintes histoires à ses descendants, il racontait sans cesse à Ulysse les aventures du roi navigateur d'Ithaque qui lui avait donné son nom.

Le garçon ne regardait pas avec moins de dévotion tous les souvenirs de gloire qui ornaient sa maison : couronnes de feuilles d'or, coupes d'argent, statuettes de marbre nu, plaques de métaux divers sur fonds pelucheux où brillait impérissablement le nom du poète Labarta . Tout ce butin, l'infatigable chevalier des Lettres l'avait conquis au moyen de ses vers.

A l'annonce des Jeux Floraux, les concurrents tremblaient à l'idée que le grand Don Carmelo ait envie de réclamer quelques primes. Avec une facilité étonnante, il emportait la fleur naturelle décernée pour l'ode héroïque, la coupe d'or pour le roman amoureux, la paire de statues dédiées à l'étude historique la plus complète, le buste de marbre pour la meilleure légende en prose, et même la récompense « bronze d'art » de l'étude philologique. Les autres aspirants pourraient essayer de récupérer les restes.

Heureusement il s'était borné à la littérature locale, et son inspiration n'admettait d'autre drapé que celui des vers valenciens. A côté de Valence et de ses gloires passées, la Grèce réclame son admiration. Une fois par an, Ulysse le voyait vêtu de sa redingote, la poitrine étoilée de décorations et à son revers la cigale d'or, insigne des poètes de Provence.

C'était lui qui allait être célébré dans la fête de la littérature provençale, où il jouait toujours le rôle principal ; il était le barde, le conférencier ou la simple idole à qui d'autres poètes consacraient leurs éloges funèbres – clercs adonnés aux rimes, personnificateurs d'images religieuses, tisserands de soie qui sentaient la vulgarité de leur existence troublée par les démangeaisons de l'inspiration – toute la confrérie de bardes populaires de la marque ingénue et domestique qui rappelaient les *Meistersingers* des vieilles villes allemandes.

Son filleul l'imaginait toujours avec une couronne de laurier sur le front, à l'image de ces mystérieux poètes aveugles dont les portraits et les bustes ornaient la bibliothèque. Dans la vie réelle, il voyait parfaitement que sa tête ne portait pas une telle parure, mais la réalité perdait de sa valeur devant la fermeté de ses conceptions. Son parrain devait certainement porter une couronne lorsqu'il n'était pas présent. Sans aucun doute, il avait l'habitude de le porter comme casquette de maison lorsqu'il était seul.

Une autre chose qu'il admirait beaucoup chez le grand homme était ses nombreux voyages. Il avait vécu dans la lointaine Madrid, théâtre de presque tous les romans lus par Ulysse, et il était une fois une frontière, se rendant courageusement dans un pays éloigné appelé le midi de la France, pour rendre visite à un autre poète qu'il était j'avais l'habitude de l'appeler "Mon ami Mistral". Et l'imagination du garçon, hâtive et illogique dans ses décisions, enveloppait son parrain d'un halo d'intérêt historique, semblable à celui des conquérants.

Au son de midi, Labarta , qui ne permettait jamais aucune formalité dans les affaires de table, devenait très impatient, interrompant le récit de ses voyages et de ses triomphes.

"Doña Pepa !… Nous avons un invité ici."

Doña Pepa était la gouvernante, la compagne du grand homme qui, depuis quinze ans, était enchaînée au char de sa gloire. Les portières s'écartaient et à travers elles avançait une poitrine énorme dépassant d'un ventre cruellement corseté. Ensuite, longtemps après, apparaissait un visage blanc et radieux, un visage de pleine lune, et tandis que son sourire d'étoile nocturne saluait le petit Ulysse, le complément dorsal de son corps revenait sans cesse : quarante années charnelles, fraîches. , exubérant, formidable.

Le notaire et sa femme parlaient toujours de Doña Pepa comme d'une personne familière, mais l'enfant ne l'avait jamais vue chez eux. Doña Cristina faisait l'éloge de ses soins envers le poète, mais avec distance et sans désir de faire sa connaissance, tandis que Don Esteban cherchait des excuses pour le grand homme.

" À quoi pouvez-vous vous attendre !… C'est un artiste, et les artistes ne sont pas capables de vivre comme Dieu le commande. Tous, aussi dignes qu'ils puissent paraître, ont un cœur plutôt charnel. Quel dommage ! un avocat aussi éminent !… Le l'argent qu'il pourrait gagner…!"

Les lamentations de son père ouvraient de nouveaux horizons aux soupçons du petit bonhomme. Soudain, il saisit la force motrice première de notre existence, jusqu'ici seulement conjecturée et enveloppée de mystère. Son parrain avait des relations avec une femme ; il était amoureux comme les héros des romans ! Et le garçon se rappelait plusieurs de ses poèmes valenciens, tous rhapsodiant une dame – chantant parfois sa grande beauté avec le ravissement et la noble lassitude d'une possession récente ; tantôt se plaignant de sa froideur, lui demandant cette disposition de son âme sans laquelle le don du corps n'est rien.

Ulysse s'imaginait une grande señora aussi belle que Doña Constanza. Au minimum, elle doit être marquise. Son parrain méritait certainement ça ! Et il s'imaginait aussi que leur rendez-vous devait être le matin, dans l'un des fraisiers près de la ville, où ses parents avaient l'habitude de l'emmener pour son petit-déjeuner chocolaté après avoir entendu le premier service de l'aube les dimanches d'avril et de mai. .

Beaucoup plus tard, alors qu'il était assis à la table de son parrain, il surprit le poète en train d'échanger des regards par-dessus sa tête avec la gouvernante et commença à soupçonner que Doña Pepa pourrait peut-être être l'inspiratrice de tant de vers lacrymogènes et enthousiastes. Mais sa grande loyauté se révoltait devant une telle supposition. Non, non, cela ne pourrait pas être possible ; assurément il doit y en avoir un autre !

Le notaire, qui était ami depuis de longues années avec Labarta , essayait de le diriger avec son esprit pratique, comme le garçon qui guide un aveugle. Les modestes revenus hérités de ses parents suffisaient au poète pour vivre. En vain son ami lui apportait des dossiers qui représentaient des frais énormes. Les documents volumineux se couvriraient de poussière sur sa table et Don Esteban devrait se charger des dates pour que la fin des procédures judiciaires ne passe pas.

Son fils, Ulysse, serait un homme bien différent, pensa le notaire. Dans son esprit, il voyait le garçon comme un grand juriste civil comme son parrain, mais avec une activité positive héritée de son père. La fortune entrait par ses portes sur des vagues de papier timbré.

En outre, il posséderait aussi l'atelier notarial, le bureau poussiéreux avec ses meubles anciens et ses grandes armoires, avec ses portes moustiquaires et ses rideaux verts, derrière lesquels reposaient les volumes du protocole, recouverts de cuir de veau jauni avec des initiales et des chiffres au dos. Don Esteban réalisa pleinement tout ce que représentait son étude.

« Il n'y a pas d'orangeraie », disait-il dans ses moments expansifs ; "Il n'y a pas de plantations de riz qui puissent produire ce que fait ce domaine. Ici, il n'y a ni gel, ni vent marin fort, ni inondation."

La clientèle était certaine : des gens de l'église, qui avaient le soutien des fidèles et considéraient Don Esteban comme un de leur classe , et des agriculteurs, beaucoup de riches agriculteurs. Les familles des paysans, lorsqu'elles entendaient parler d'hommes intelligents, pensaient toujours immédiatement au notaire de Valence. Avec une vénération religieuse, ils le voyaient ajuster ses lunettes pour lire en expert l'acte de vente ou le contrat de dot que ses amanuenses venaient de rédiger. Il était écrit en castillan et, pour une meilleure compréhension de ses auditeurs, il le lisait, sans la moindre hésitation, en valencien. Quel homme!...

Ensuite, pendant que les contractants le signaient, le notaire, levant la petite vitre de la façade, divertissait l'assemblée avec quelques légendes locales, toujours honnêtes, sans aucune illusion sur les péchés de la chair, mais toujours celles dans lesquelles le système digestif les organes figuraient avec tous les degrés de licence. Les clients éclateraient de rire, captivés par cette drôle d'eschatalogie , et marchanderaient moins en matière d'honoraires. Célèbre Don Esteban !... Rien que pour le plaisir d'entendre ses récits, ils auraient aimé qu'un document juridique soit rédigé chaque mois.

Le destin futur du prince héritier notarié était l'objet de nombreuses conversations après le dîner, lors des journées spéciales où le poète était invité.

"Que veux-tu être?" Labarta a demandé à son filleul.

Le regard suppliant de sa mère semblait implorer désespérément le petit bonhomme : « Dites archevêque, mon roi. Pour la bonne señora , son fils ne pouvait faire ses débuts que dans une carrière ecclésiale. Le notaire parlait toujours très positivement de son propre point de vue, sans consulter l'intéressé. Il serait un jurisconsulte éminent ; des milliers de dollars allaient rouler vers lui comme s'il s'agissait de pièces de monnaie ; il allait figurer dans les solennités universitaires avec un manteau de satin cramoisi et un bonnet académique annonçant par ses multiples côtés la gloire à pompons du doctorat. Les étudiants dans sa salle de cours l'écoutaient avec le plus grand respect. Qui savait ce que le gouvernement de son pays ne lui réserverait peut-être pas !...

Ulysse interrompit ces images de grandeur future :

"Je veux être capitaine."

Le poète approuva. Il sentit l'enthousiasme irréfléchi qu'ont tous les êtres pacifiques et sédentaires pour le panache et l'épée. A la simple vue d'un uniforme, son âme vibre toujours de la tendresse amoureuse d'une nourrice d'enfant lorsqu'elle se trouve courtisée par un soldat.

"Bien!" » dit Labarta . « Capitaine de quoi ?... D' artillerie ?... D' état-major ?... »

Une pause.

"Non, capitaine d'un navire."

Don Esteban leva les yeux vers le toit et leva les mains avec horreur. Il savait bien qui était coupable de cette idée ridicule, celui qui avait mis des désirs si absurdes dans la tête de son fils !

Et il pensait à son frère, le médecin à la retraite, qui vivait dans la maison paternelle là-bas à la *Marina* : — un homme excellent, mais un peu fou, que les gens de la côte appelaient le *Dotor*, et le poète Labarta avait surnommé le *Triton* .

CHAPITRE II

MATER AMPHITRITE

Lorsque le *Triton* apparaissait occasionnellement à Valence, l'économe Doña Cristina était obligée de modifier le régime alimentaire de sa famille. Cet homme ne mangeait que du poisson, et son âme de ménagère économe s'inquiétait beaucoup à la pensée du prix extraordinairement élevé que rapporte le poisson dans un port d'exportation.

La vie dans cette maison, où tout allait toujours si uniformément, était profondément bouleversée par la présence du médecin. Un peu après le lever du jour, au moment où ses habitants savouraient habituellement le dessert de leur nuit de sommeil, entendant ensommeillés le grondement des charrettes du petit matin et le tintement des cloches des premières messes, la maison résonnait au bruit brutal des portes et des lourds claquements de portes. des pas faisant grincer l'escalier. C'était le *Triton* qui s'élançait dans la rue, incapable de rester entre quatre murs après la première lueur. Suivant les courants de la vie matinale, il arrivait au marché, s'arrêtant devant les stands de fleurs où se trouvaient les rassemblements de femmes les plus nombreux.

Les yeux des femmes se tournèrent instinctivement vers lui avec une expression d'intérêt et de peur. Certains rougissaient à son passage, imaginant malgré eux ce que devait être une étreinte de la part de ce colosse hideux et agité.

"Il est capable d'écraser une puce sur son bras", se vantaient les marins de son village en essayant de souligner la dureté de ses biceps. Son corps manquait de graisse et, sous sa peau basanée, saillaient de gros muscles rigides et saillants, une texture herculéenne d'où avait été éliminé tout élément incapable de produire de la force. Labarta trouva en lui une grande ressemblance avec les divinités marines. Il était Neptune avant que sa tête ne soit argentée, ou Poséidon tel que les poètes grecs primitifs l'avaient vu avec des cheveux noirs et bouclés, des traits bronzés par l'air salin et une barbe frisée dont les deux extrémités en spirale semblaient formées par l'écoulement de l'eau de la mer. la mer. Le nez un peu aplati par un coup reçu dans sa jeunesse, et les petits yeux obliques et tenaces donnaient à son visage une expression de férocité asiatique, mais cette impression se dissipa lorsque sa bouche s'entrouvrit en un sourire, montrant ses dents égales et luisantes. , les dents d'un homme de la mer habitué à vivre de nourriture salée.

Durant les premiers jours de sa visite, il errait dans les rues, hésitant et déconcerté. Il avait peur des voitures ; le crépitement des passants sur les trottoirs l'agaçait ; lui, qui avait vu les ports les plus importants des deux hémisphères, se plaignait de l'agitation qui régnait dans la capitale d'une province. Finalement, il prenait instinctivement la route du port à la recherche de la mer, son éternelle amie, la première à le saluer chaque matin en ouvrant la porte de sa propre maison là-bas sur la *Marina* .

Lors de ces excursions, il était souvent accompagné de son petit neveu. L'agitation sur les quais, — (le grincement des grues, le grondement sourd des charrettes, les cris assourdissants des cargos), — avait toujours pour lui une certaine musique qui rappelait sa jeunesse lorsqu'il voyageait comme médecin sur un paquebot transatlantique.

Ses yeux reçurent aussi une caresse du passé en contemplant le panorama du port : paquebots fumants, voiliers aux toiles étalées au soleil, pavois de caisses d'oranges, pyramides d'oignons, murs de sacs de riz et rangées compactes de vin. fûts panse à panse. Et venant à la rencontre de la cargaison sortante, de longues files de marchandises déchargées s'alignaient à leur arrivée : des collines de charbon venant d'Angleterre, des sacs de céréales de la mer Noire, de la morue séchée de Terre-Neuve ressemblant à des peaux de parchemin alors qu'elles s'écrasaient sur le quai. , imprégnant l'atmosphère de leur poussière salée, et du bois jaune de Norvège qui gardait encore un parfum de pinède.

Les oranges et les oignons tombés des caisses pourrissaient au soleil, répandant leurs jus sucrés et âcres. Les moineaux sautillaient autour des montagnes de blé et s'éloignaient timidement lorsqu'ils entendaient des pas approcher. Sur la surface bleue des eaux du port, les mouettes de la Méditerranée, petites, fines et blanches comme des colombes, s'enroulaient et sortaient dans leurs interminables contre-danses.

Le *Triton* continua à énumérer à son neveu la classe et la spécialité de chaque espèce de navire ; et en découvrant qu'Ulysse était capable de confondre un brigantin avec une frégate, il rugissait d'étonnement scandalisé.

" Ciel ! Alors qu'est-ce qu'on t'apprend à l' école ?… "

En passant près des Valencians assis sur les quais, canne à pêche à la main, il jetait un regard de commisération vers leurs paniers vides. Là-bas, près de sa maison sur la côte, avant que le soleil ne se lève, il aurait déjà couvert le fond de son bateau avec de quoi manger pour une semaine. La misère des villes !

Debout sur les dernières pointes de la corniche rocheuse, son regard balayait l'immense plaine, décrivant à son neveu les mystères cachés au-delà de l'horizon. A leur gauche, au-delà des montagnes bleues d'Oropesa, qui bordaient le golfe valencien, il voyait en imagination Barcelone, où il avait de nombreux amis, Marseille, ce prolongement de l'Orient attaché à la côte européenne, et Gênes avec ses palais en terrasses sur la côte européenne. collines couvertes de jardins. Alors sa vision se perdait dans l'horizon qui s'étendait devant lui. C'était le chemin de sa jeunesse heureuse.

Tout droit, en ligne droite, Naples, avec sa montagne fumante, sa musique et ses danseuses basanées aux créoles ; plus loin, les îles de Grèce ; au pied d'une rue aquatique, Constantinople ; et encore au-delà, en bordure de la grande cour liquide de la mer Noire, une série de ports où les Argonautes, plongés dans une masse bouillonnante de races, caressés par le félinisme des esclaves, la voluptuosité des Orientaux et l'avarice des Juifs, oubliaient rapidement leur origine.

À leur droite se trouvait l'Afrique ; les ports égyptiens avec leur corruption traditionnelle qui, au coucher du soleil, commençait à trembler et à fumer comme un bourbier fétide ; Alexandrie, dans les cafés bas desquels se trouvaient des imitations de danseuses orientales, vêtues simplement d'un mouchoir de poche, toutes femmes d'une nation différente et criant en chœur toutes les langues de la terre….

Le médecin retira les yeux de la mer pour observer son nez aplati. Il se rappelait une nuit de chaleur égyptienne augmentée par les vapeurs du whisky ; la familiarité des femmes publiques à moitié vêtues, la bagarre avec quelques marins roux du Nord, la rencontre dans l'obscurité qui l'obligea à fuir le visage ensanglanté vers le navire qui, heureusement, levait l'ancre à l'aube. Comme tous les hommes de la Méditerranée, il ne débarquait jamais sans porter un poignard caché sur lui, et il devait « piquer » avec pour se frayer un chemin.

"Quelle heure c'était !" dit le *Triton* avec plus de regret et de mal du pays que de remords ; » puis il ajoutait en guise d'excuse : « Oui, mais alors je n'avais que vingt-quatre ans !

Ces souvenirs lui firent tourner les yeux vers une immense masse bleuâtre s'étendant dans la mer et ressemblant au spectateur occasionnel comme une grande île aride. C'était le promontoire couronné par le Mongó , le grand promontoire ferrarien des anciens géographes, le point le plus avancé de la péninsule de la basse Méditerranée qui ferme au sud le golfe de Valence.

Elle avait la forme d'une main dont les doigts étaient des montagnes, mais qui n'avait pas de pouce. Les quatre autres doigts s'étendaient dans les vagues, formant les caps de San Antonio, San Martin, La Nao et Almoraira . Dans l'une de leurs criques se trouvait le village natal *du Triton* et la demeure des Ferraguts - chasseurs de pirates noirs autrefois, contrebandiers parfois de nos jours, marins de tous les âges, issus peut-être de ces premiers chevaux de bois venus sautant par-dessus l'écume qui bouillonnait autour du promontoire.

Dans cette maison de la *Marina* , il voulait vivre et mourir, sans plus désir de voir plus de terres, avec cette immobilité soudaine qui attaque les vagabonds des vagues et les fait se fixer sur une corniche de la côte comme un mollusque ou un groupe d'animaux. algue.

Bientôt le *Triton* se lassa de ces promenades jusqu'au port. La mer de Valence n'était pas pour lui une vraie mer. Les eaux du fleuve et des canaux d'irrigation le dérangeaient. Lorsqu'il pleuvait dans les montagnes d'Aragon, un liquide terreux se déversait toujours dans le Golfe, teintant les vagues de couleur chair et l'écume de jaune. De plus, il lui était impossible de s'adonner à son sport quotidien qu'est la natation. Un matin d'hiver, alors qu'il commençait à se déshabiller sur la plage, la foule se rassembla autour de lui comme attirée par un phénomène. Même les poissons du Golfe avaient pour lui un goût gluant insupportable.

« Je rentre chez moi », disait-il enfin au notaire et à sa femme. "Je n'arrive pas à comprendre comment tu peux vivre ici !"

Dans l'une de ces retraites à la *Marina* , il insista pour emmener Ulysse chez lui. La saison d'été commençait, le garçon serait libre de l'école pendant trois mois et le notaire, qui ne pouvait pas s'éloigner de la ville, allait passer l'été avec sa famille sur la plage de Cabañal , en proie à de mauvais -des canaux d'irrigation odorants près d'une mer désolée. Le petit garçon avait l'air très pâle et faible à cause de ses études et de ses pressions. Son oncle le rendrait aussi fort et agile qu'un dauphin. Et malgré quelques disputes très vives, il réussit à arracher l'enfant à Doña Cristina.

Les premières choses qu'Ulysse admira en entrant chez le docteur furent les trois frégates qui ornaient le plafond de la salle à manger, trois vaisseaux merveilleux dans lesquels il ne manquait pas une seule voile, ni une poulie, ni une ancre, et qu'on pouvait faire naviguer. sur la mer à tout moment.

Ils étaient l'œuvre de son grand-père Ferragut . Voulant libérer ses deux fils du service maritime qui pesait sur la famille depuis de nombreux siècles, il les avait envoyés à l'Université de Valence afin qu'ils puissent devenir des gentilshommes de l'intérieur. L'aîné, Esteban, avait à peine terminé sa carrière qu'il obtint le titre de notaire en Catalogne . Le plus jeune, Antonio, devint médecin pour ne pas contrecarrer les désirs du vieil homme, mais dès qu'il eut obtenu son diplôme , il proposa ses services sur un paquebot transatlantique. Son père lui avait fermé la porte de la mer et il était entré par la fenêtre.

Ainsi, à mesure que Ferragut Senior commençait à vieillir, il vivait complètement seul. Il s'occupait de sa propriété – quelques vignes disséminées le long de la côte en vue de sa maison – et entretenait une correspondance fréquente avec son fils, notaire. De temps en temps arrivait une lettre du plus jeune, son préféré, postée dans des pays lointains que le vieux méditerranéen ne connaissait que par ouï-dire. Et pendant ses longues et ennuyeuses heures à l'ombre de sa tonnelle face à la mer bleue et lumineuse, il s'amusait à construire ces petites maquettes de bateaux. C'étaient toutes des frégates d'un grand tonnage et d'une voile intrépide. Ainsi le vieux patron se consolerait de n'avoir commandé de son vivant que des navires marchands lourds et encombrants comme les navires des autres siècles, sur lesquels il transportait du vin de Cette ou des marchandises interdites à Gibraltar et sur les côtes d'Afrique.

Ulysse ne tarda pas à reconnaître la rare popularité dont jouissait son oncle le médecin, popularité composée des éléments les plus antagonistes. Les gens souriaient en parlant de lui comme s'il était un peu touché, mais ils n'osaient se permettre ces sourires qu'à bonne distance, car il inspirait à tous une certaine terreur. En même temps , on l'admirait comme une célébrité locale, car il avait parcouru toutes les mers et possédait en outre une force violente et tumultueuse qui faisait la terreur et l'orgueil de ses voisins. Les jeunes gens costauds, lorsqu'ils testaient la vigueur de leurs poings, boxant avec les équipages des navires anglais qui venaient là chercher des cargaisons de raisins secs, évoquaient le nom du médecin comme une consolation en cas de défaite. "Si seulement le *Dotor* avait pu être là !... Une demi-douzaine d'Anglais ne sont rien pour lui !"

Il n'y avait aucune entreprise vigoureuse, si absurde qu'elle fût, dont on ne le croirait capable. Il inspirait la foi des saints faiseurs de miracles et des conducteurs de route audacieux. Les matins d'hiver calmes et ensoleillés, les gens couraient souvent vers la plage, regardant anxieusement la mer solitaire. Les vétérans qui trinquaient au soleil près des bateaux renversés, en scrutant le large horizon, apercevaient enfin un point presque imperceptible, un grain de sable dansant capricieusement sur les vagues.

Ils se mettaient tous à crier et à conjecturer. C'était une bouée, un morceau de tête de mât, la dérive d'un lointain naufrage. Pour les femmes, il s'agissait d'un noyé, tellement ballonné qu'il flottait comme une bouteille de cuir, après avoir passé plusieurs jours dans l'eau.

Soudain, la même supposition surgissait dans tout esprit perplexe. « Je me demande si ça pourrait être le *Dotor !* » Un long silence…. Le morceau de bois prenait la forme d'une tête ; le cadavre bougeait. Beaucoup pouvaient désormais percevoir la bulle d'écume autour de sa poitrine qui avançait comme la proue d'un navire, et les coups vigoureux de ses bras…. « Oui, c'était sûrement le *Dotor !* »… Les vieux loups de mer se prêtaient leurs longues-vues pour reconnaître sa barbe enfoncée dans l'eau et son visage contracté par ses efforts ou dilaté par ses reniflements .

Et le *Dotor* foula bientôt la plage sèche, nu et aussi serein qu'un dieu, tendant la main aux hommes, tandis que les femmes hurlaient, levant leurs tabliers devant un œil – terrifiées, mais admirant la vision dégoulinante.

Tous les caps du promontoire l'invitaient à les doubler, nageant comme un dauphin ; il se sentait obligé de mesurer toutes les baies et toutes les anses avec ses armes, comme un propriétaire qui se méfie des mesures d'autrui et les rectifie pour affirmer son droit de possession. C'était une barque humaine qui, de la quille de sa poitrine, coupait l'écume, tourbillonnant à travers les rochers engloutis et les eaux pacifiques au fond desquelles scintillaient des poissons parmi des brindilles de nacre et des étoiles bougeant comme des fleurs.

Il s'asseyait pour se reposer sur les rochers noirs dont les surjupes d'algues soulevaient ou abaissaient leur frange au gré des caprices de la vague, attendant la nuit et le hasard du vaisseau qui viendrait se heurter contre eux comme un morceau d'écorce. Tel un reptile marin il avait même pénétré certaines grottes de la côte, lacs somnolents et glaciaires éclairés par des ouvertures mystérieuses où l'atmosphère est noire et l'eau transparente, où le nageur a un buste d'ébène et des pattes de cristal. Au cours de ces expéditions à la nage , il mangeait tous les êtres vivants qu'il rencontrait, attachés aux rochers par des antennes et des bras. Le frottement du gros poisson effrayé qui s'enfuyait, se cognant contre lui avec la violence d'un projectile, le faisait rire.

Pendant les heures nocturnes qui passaient devant les petits bateaux de son grand-père, Ulysse entendait le *Triton* parler du *Peje Nicolao* , un homme-poisson du détroit de Messine mentionné par Cervantes et d'autres auteurs, qui vivait dans l'eau en se maintenant grâce aux dons de Les bateaux. Son oncle doit être un parent de ce *Peje Nicolao* . D'autres fois, cet oncle parlait d'un certain Grec qui, pour voir sa bien-aimée, nageait chaque nuit dans l'Hellespont. Et lui, qui a connu les Dardanelles, avait envie d'y revenir comme simple passager, simplement pour qu'un poète nommé Lord Byron ne soit pas le seul à imiter la traversée légendaire.

Les livres qu'il gardait chez lui, les cartes marines accrochées aux murs, les flacons et les jarres remplis de la vie animale et végétale de la mer, et surtout ses goûts si en désaccord avec les mœurs de son pays. voisins, avaient donné au *Triton* la réputation d'un sage mystérieux, la renommée d'un sorcier.

Tous ceux qui étaient en bonne santé le considéraient comme fou, mais dès qu'il y avait le moindre déclin dans leur santé, ils partageaient la même foi que les pauvres femmes qui passaient souvent de longues heures dans la maison du *Dotor* , voyant au loin ses aboiements. et attendant patiemment son retour de la mer, pour lui montrer les enfants malades qu'ils portaient dans leurs bras. Il avait un avantage sur tous les autres médecins, car il ne facturait pas ses services ; Mieux encore, de nombreux malades repartaient de chez lui avec de l'argent à la main.

Le *Dotor* était riche, l'homme le plus riche du pays ; un homme qui ne savait vraiment pas quoi faire de son argent. Sa servante, une vieille femme qui avait connu son père et servi sa mère, recevait quotidiennement de ses mains le poisson fourni pour tous deux avec une générosité royale. Le *Triton* , qui avait levé les voiles au point du jour, débarquait avant onze heures, et bientôt le homard pourpre crépitait sur les charbons rouges, dégageant des odeurs délicieuses ; la marmite bouillonnait, épaississant son bouillon avec la graisse succulente du scorpion marin ; l'huile de la poêle chantait, brunissant la peau couleur de flamme des salmonettes ; et les oursins et les moules s'ouvraient en sifflant sous son couteau, vidaient leur pulpe encore vivante dans la marmite bouillante. De plus, une vache aux mamelles pleines meuglait dans la cour et des dizaines de poules aux couvées innombrables caquetaient sans cesse.

La farine pétrie et cuite par son serviteur et le café épais comme de la boue, c'était tout ce que le *Triton* achetait avec son argent. S'il cherchait une bouteille d'eau-de-vie au retour d'une baignade, c'était uniquement pour s'en servir pour se frotter.

L'argent entrait par ses portes une fois par an, lorsque les vendangeuses s'alignaient parmi les treillis de ses vignes, coupaient les grappes de petits fruits fermés et les étalaient pour les faire sécher dans de petites hangars appelés *riurraus* . Ainsi fut produit le petit raisin préféré des Anglais pour la confection de leurs puddings. La vente était une chose sûre, les bateaux venant toujours du nord pour récupérer les fruits. Et le *Triton* , en trouvant cinq ou six mille pesetas en main, était très perplexe, se demandant intérieurement ce qu'un homme ferait un jour avec autant d'argent.

"Tout cela est à toi", dit-il en montrant la maison à son neveu.

Il avait aussi le bateau, les livres et les meubles anciens dans les tiroirs desquels l'argent était si ouvertement caché qu'il attirait l'attention.

Bien qu'il se voyait seigneur de tout ce qui l'entourait, un despotisme rude et affectueux persistait néanmoins, alourdissant l'enfant. Il était très loin de sa mère, cette bonne dame qui fermait toujours les fenêtres près de lui et ne le laissait jamais sortir sans lui attacher son foulard autour du cou et l'accompagner de baisers.

Juste au moment où il dormait le plus profondément, croyant que la nuit durerait encore plusieurs heures, il se sentait réveillé par une violente traction sur sa jambe. Son oncle ne pouvait pas le toucher autrement. "Lève-toi, garçon de cabine !" En vain il protesterait avec la profonde somnolence de la jeunesse…. Était-il ou non le « chat du navire » de la barque dont son oncle était le capitaine et seul équipage ?…

Les pattes de son oncle le mettaient à nu aux souffles d'air salin qui entraient par les fenêtres. La mer était sombre et voilée par un léger brouillard. Les dernières étoiles scintillaient de surprise, prêtes à fuir. Une fissure commençait à apparaître sur l'horizon plombé, devenant de plus en plus rouge à chaque minute, comme une blessure par où coule le sang. Le chat du navire était chargé de divers paniers vides, le patron marchant devant lui comme un guerrier des vagues, portant les rames sur ses épaules, ses pieds creusant rapidement des creux dans le sable. Derrière lui, le village commençait à s'éveiller et, sur les eaux sombres, les voiles des pêcheurs, fuyant la mer intérieure, filaient comme des linceuls fantomatiques.

Deux vigoureux coups d'aviron firent sortir leur bateau du petit quai de pierres, et bientôt il détacha les voiles des plats-bords et prépara les cordages. La toile déployée sifflait et se gonflait d'une blancheur ventrue. « Nous y sommes ! Maintenant, courons ! »

L'eau commençait à chanter, glissant des deux côtés de la proue. Entre elle et le bord de la voile, on apercevait un peu de mer noire, et venant peu à peu au-dessus de sa ligne, une grande traînée rouge. La traînée devint bientôt un casque, puis un hémisphère, puis un arc arabe confiné au fond, jusqu'à ce qu'elle finisse par jaillir de la masse liquide comme s'il s'agissait d'une bombe envoyant des éclairs de flammes. Les nuages couleur de cendre se tachèrent de sang et les gros rochers de la côte se mirent à scintiller comme des miroirs de cuivre. Alors que les dernières étoiles s'éteignaient, un essaim de poissons couleur de feu se traînait devant la proue, formant un triangle avec sa pointe dans l'horizon. La brume au sommet des montagnes prenait une couleur rose comme si sa blancheur reflétait une éruption sous-marine. « *Bon dia !* » appela le docteur à Ulysse, occupé à réchauffer ses mains raidies par le vent.

Et, ému avec une joie enfantine à l'aube d'un nouveau jour, le *Triton* faisait retentir sa voix de basse à travers le silence maritime, entonnant à plusieurs reprises des mélodies sentimentales qu'il avait entendues dans sa jeunesse par une prima donna du vaudeville habillée en mousse, tantôt chantant en valencien les chanteys de la côte, chants de pêcheurs inventés en tirant leurs filets, où les mots les plus éhontés s'assemblaient au hasard de les faire rimer. Dans certains détours de la côte, la voile s'abaissait, ne laissant au bateau aucun autre mouvement qu'un léger balancement autour de son cordage d'ancre.

En voyant l'espace obscurci par l'ombre de la carcasse du bateau, Ulysse trouva le fond de la mer si près qu'il crut presque pouvoir le toucher de la pointe de sa rame. Les rochers étaient comme du verre. Dans leurs interstices et leurs creux, les plantes se déplaçaient comme des êtres vivants, et les petits animaux avaient l'immobilité des légumes et des pierres. Le bateau semblait flotter dans les airs et à travers l'atmosphère liquide qui enveloppe ce monde abyssal, les hameçons pendaient et un essaim de poissons nageait et se tortillait vers sa rencontre avec la mort.

C'était une effervescence étincelante de flammes jaunissantes, de dos bleuâtres et de nageoires roses. Certains sortaient des grottes argentés et vibrants comme des éclairs de mercure ; d'autres nageaient lentement, ventrus, presque circulaires, avec une cotte de mailles dorée. Le long des pentes, les crustacés se précipitaient sur leur double rangée de griffes, attirés par cette nouveauté qui changeait le calme mortel des sous-marins où tous se suivent et dévorent pour être dévorés à leur tour. Près de la surface flottaient les méduses, parasols vivants d'une blancheur opaline aux bordures circulaires de bronze lilas ou rouge. Sous leurs dômes gélatineux se trouvait l'écheveau de filaments qui leur servait à la locomotion, à la nutrition et à la reproduction.

Les pêcheurs n'avaient qu'à rentrer leurs lignes et un nouveau prisonnier tombait dans leur bateau. Leurs paniers se remplissaient si vite que le *Triton* et son neveu se lassèrent de cette pêche facile…. Le soleil était maintenant proche de la hauteur de sa courbe, et chaque ondelette emportait un peu de la bande dorée qui séparait l'immensité bleue. Le bois du bateau semblait en feu.

"Nous avons bien mérité notre salaire", a déclaré le *Triton* en regardant le ciel puis les paniers. "Maintenant, nettoyons un peu."

Et, ôtant ses vêtements, il se jeta à la mer. Ulysse le vit descendre du centre de l'anneau d'écume ouvert par son corps, et put mesurer par lui la profondeur de ce monde fantastique composé de roches vitreuses, de plantes animales et d'animaux de pierre. En descendant, le corps fauve du nageur prenait la transparence de la porcelaine. Il s'agissait d'un cristal bleuâtre, une statue faite d'une composition de miroir vénitien qui allait se briser dès qu'elle toucherait le fond.

Tel un dieu, il traversait les profondeurs, arrachant les plantes par les racines, poursuivant de ses mains les éclats de vermillon et d'or cachés dans les fissures des rochers. Les minutes passaient ; il allait rester couché pour toujours ; il ne reviendrait plus jamais. Et le garçon commençait à penser avec inquiétude à la possibilité de devoir ramener tout seul la barque vers la côte. Soudain, le corps de cristal blanc commença à prendre une teinte verdâtre, grandissant de plus en plus, devenant sombre et cuivré, jusqu'à ce qu'au-dessus de la surface apparaisse la tête du nageur qui, jaillissant et reniflant, tendait au petit petit tout son butin sous-marin. compagnon.

"Maintenant, à ton tour !" ordonna-t-il d'un ton impérieux.

Toutes les tentatives de résistance furent vaines. Son oncle l'insultait avec les mots les plus durs ou l'amadouait avec des promesses de sécurité. Il ne sut jamais avec certitude s'il s'était jeté à l'eau ou si un remorqueur du médecin l'avait tiré du bateau. La première surprise passée, il eut l'impression de se souvenir de quelque chose depuis longtemps oublié . Il nageait instinctivement, devinant ce qu'il devait faire avant que son maître ne le lui dise. En lui se réveillait l'expérience ancestrale d'une race de marins qui avaient lutté contre la mer et, parfois, étaient restés pour toujours dans son sein.

Le souvenir de ce qui existait au-delà de ses pieds lui fit soudain perdre sa sérénité, son imagination vive le faisant crier :

" Oncle !… Oncle ! "

Et il s'agrippait convulsivement à l'îlot dur de muscles barbus et souriants. Son oncle s'approchait immobile, comme si ses pieds de pierre étaient attachés au fond de l'océan. Il était comme le promontoire voisin qui obscurcissait et glaçait l'eau de son ombre d'ébène.

Ainsi s'écoulaient les matinées consacrées à la pêche et à la baignade ; puis, l'après-midi, il y avait des vagabondages sur les rives escarpées de la côte.

Le *Dotor* connaissait les hauteurs du promontoire aussi bien que ses profondeurs. Sur les sentiers de la chèvre sauvage , ils grimpèrent jusqu'à ses sommets pour avoir une vue sur l'île d'Ibiza. Au coucher du soleil, les lointaines îles Baléares apparaissaient comme une flamme rose sortant des vagues. D'autres fois, les copains faisaient des promenades au bord de l'eau, et le *Triton* montrait à son neveu des grottes cachées dans lesquelles la Méditerranée se frayait un chemin avec de lentes ondulations. C'étaient des rades maritimes où les bateaux pouvaient mouiller à l'abri des regards. Là, les galères des Berbères s'étaient souvent cachées, pour fondre à l'improviste sur un village voisin.

Dans l'une de ces grottes, sur un socle rocheux, Ulysse voyait souvent un tas de fagots.

"Eh bien, maintenant, qu'en est-il !" s'expliqua le docteur. "Chacun doit gagner sa vie du mieux qu'il peut."

Lorsqu'ils tombaient sur un douanier solitaire, appuyé sur son fusil et regardant vers la mer, le médecin lui offrait un cigare et lui donnait un avis médical s'il était malade. "Pauvres hommes ! si mal payés !"… Mais ses sympathies allaient toujours vers les autres, vers les ennemis de la loi. Il était le fils de sa mer, et dans la composition de tous les héros et marins méditerranéens, il y avait toujours eu quelque chose de pirate ou de contrebandier. Les Phéniciens, qui par leur navigation répandirent les premiers travaux de la civilisation, instituèrent ce service, récoltant leur récompense en remplissant leurs barques de femmes volées, riches marchandises de transport facile.

La piraterie et la contrebande avaient façonné le passé historique de tous les villages qu'Ulysse visitait, les uns blottis à l'abri du promontoire couronné d'un phare, les autres s'ouvrant sur la concavité d'une baie parsemée d'îlots stériles ceinturés d'écume. Les vieilles églises avaient des tourelles sur leurs murs et des meurtrières dans leurs portes pour tirer avec des couleuvrines et des tromblons. Tout le quartier s'y réfugiait lorsque les colonnes de fumée de leurs gardiens les avertissaient du débarquement des pirates venus d'Alger. Suivant les courbes du promontoire, il y avait une ligne pointillée de tours rougeâtres, chacune accompagnée d'une paire plus petite pour les vigies. Cette ligne s'étendait au sud vers le détroit de Gibraltar et, sur son côté nord, atteignait la France.

Le médecin avait vu leur homologue dans toutes les îles de la Méditerranée occidentale, sur les côtes de Naples et en Sicile. C'étaient les fortifications d'une guerre de mille ans, d'une lutte de dix siècles entre Maures et Chrétiens pour la domination de la mer bleue, une lutte de piraterie dans laquelle les hommes de la Méditerranée, différenciés par la religion, mais identiques dans l'âme, avaient prolongé leur combat. les aventures de l'Odyssée jusqu'au début du XIXe siècle.

Ferragut fit progressivement la connaissance de nombreux vieillards du village qui dans leur jeunesse avaient été esclaves à Alger. Les soirs d'hiver, les plus âgés chantaient encore des romans de captivité et parlaient avec terreur des brigantins berbères. Ces voleurs de la mer ont dû avoir un pacte avec le diable, qui les avertissait des occasions opportunes. Si dans un couvent quelques belles novices venaient de faire profession, les portes cédaient à minuit sous les coups de hache des démons barbus qui s'avançaient vers l'intérieur des galères prêtes à recevoir leur chargement de fret féminin. Si une fille de la côte, célèbre par sa beauté, devait se marier, les infidèles, à l'affût, encerclaient la porte de l'église, tirant avec leurs tromblons et poignardant les hommes désarmés à leur sortie, pour transporter éloignez les femmes dans leurs robes de fête.

Sur toute la côte, les pirates n'avaient d'admiration que pour les navigateurs de la *Marina* , tant ils étaient intrépides et guerriers. Si jamais leurs villages furent attaqués, c'est parce que leurs défenseurs marins se trouvaient sur la Méditerranée et étaient allés, à leur tour, saccager et incendier quelque village de la côte africaine.

Le *Triton* et son neveu dînaient sous la tonnelle, dans les longs crépuscules de l'été. Une fois le tissu retiré, Ulysse manipulait les petites frégates de son grand-père, apprenant les pièces techniques et les noms des différents appareils, ainsi que le maniement des jeux de voiles. Parfois, ils restaient tous deux dehors sur le porche rustique jusqu'à une heure tardive, à contempler la mer lumineuse scintillant sous la splendeur de la lune, ou striée d'un mince sillage de lumière étoilée dans les nuits sombres.

Tout ce que l'humanité avait jamais écrit ou rêvé sur la Méditerranée, le médecin l'avait dans sa bibliothèque et pouvait le répéter à son petit auditeur avide. Selon Ferragut, la *mare nostrum* ["Mare Nostrum" (Notre Mer), nom classique de la Méditerranée.] était une espèce de bête bleue, puissante et d'une grande intelligence, un animal sacré comme les dragons et les serpents qu'adoraient certaines religions, les croyant être la source de la vie. Les rivières qui se jetaient impétueusement dans son sein pour le renouveler étaient rares et rares. Le Rhône et le Nil apparaissent comme de pitoyables petits ruisseaux comparés aux cours d'eau des autres continents qui se jettent dans les océans.

Perdant par évaporation trois fois plus de liquide que ce que les fleuves lui apportent, cette mer brûlée par le soleil se serait bientôt transformée en un grand désert de sel si l'Atlantique ne lui envoyait pas un rapide courant de renouveau qui se précipitait par le détroit de Gibraltar. Sous ce courant superficiel, il en existait encore un autre, circulant en sens inverse, qui renvoyait une partie de la Méditerranée à l'océan, car les eaux de la Méditerranée étaient plus salées et plus denses que celles de l'Atlantique. La marée ne se faisait presque pas sentir sur ses rivages. Son bassin était miné par des incendies souterrains qui cherchaient toujours des débouchés extraordinaires à travers le Vésuve et l'Etna et respiraient continuellement par l'embouchure du Stromboli. Parfois ces ébullitions plutoniques remontaient à la surface, faisant surgir de nouvelles îles sur les eaux comme des tumeurs de lave.

Dans son sein, il existe encore le double de la quantité d'espèces animales qui abondent dans les autres mers, bien que moins nombreuses. Les thons, agneaux joueurs des pâturages bleus, gambadaient à sa surface ou passaient en bancs sous les sillons des vagues. Des hommes leur tendaient des pièges en filet le long des côtes d'Espagne et de France, en Sardaigne, dans le détroit de Messine et dans les eaux de l'Adriatique. Mais ce massacre général n'a guère diminué les escadrons compacts et poissonneux. Après avoir erré dans les méandres de l'archipel grec, ils passèrent les Dardanelles et le Bosphore , remuant les deux passages étroits avec la violence de leur invisible galopade et faisant demi-tour au bol de la mer Noire, nageant, décimés mais impétueux, vers les profondeurs de la Méditerranée.

Le corail rouge formait des bosquets inamovibles sur les substrats des îles Baléares, sur les côtes de Naples et d'Afrique. L'ambre gris était constamment trouvé sur les côtes escarpées de la Sicile. Les éponges poussaient dans les eaux tranquilles, à l'ombre des grands rochers de Majorque et des îles grecques. Des hommes nus, sans aucun équipement, retenant leur souffle, descendaient encore au fond comme aux temps primitifs, pour arracher ces trésors.

Le médecin abandonna ses descriptions géographiques pour parler de l'histoire de sa mer, qui avait bien été l'histoire de la civilisation et qui le fascinait davantage. Au début, de misérables et rares tribus erraient le long de ses côtes, cherchant leur nourriture dans les crustacés tirés des vagues, une vie semblable à celle des peuples rudimentaires que Ferragut avait vus dans les îles du Pacifique. Lorsque les scies à pierre eurent creusé les troncs d'arbres et que les bras humains eurent osé étendre les premières peaux brutes aux forces de l'atmosphère, les côtes se peuplèrent rapidement.

Des temples furent construits sur les promontoires et des villes maritimes, premiers noyaux de la civilisation moderne, virent le jour. Sur cette mer sans littoral, l'humanité avait appris l'art de la navigation. Tout le monde regardait les vagues avant de regarder le ciel. Sur cette route bleue étaient arrivés les miracles de la vie, et de ses profondeurs les dieux étaient nés. Les Phéniciens, juifs devenus navigateurs, abandonnèrent leurs villes au fond du sac méditerranéen, pour répandre sur les rivages de la mer intérieure la mystérieuse connaissance de l'Egypte et des monarchies asiatiques. Ensuite, les Grecs des républiques maritimes prirent leur place.

Selon Ferragut, le plus grand honneur auquel Athènes pouvait prétendre était d'avoir été une démocratie de marins, ses hommes libres servant leur pays comme rameurs et tous ses hommes célèbres comme grands officiers de la marine.

« Thémistocle et Périclès, ajouta-t-il, étaient des amiraux de flottes et, après avoir commandé des navires, gouvernaient leur pays. »

C'est pour cette raison que la civilisation grecque s'était répandue partout et était devenue immortelle au lieu de diminuer et de disparaître sans fruit comme dans les terres intérieures. Puis Rome, la Rome terrestre, pour tenir tête à la supériorité des navigateurs sémitiques de Carthage, dut enseigner le maniement de l'aviron et du combat maritime aux habitants du Latium, à leurs légionnaires au visage durci par les jugulaires des leurs casques, qui ne savaient pas comment ajuster leurs pieds ferrés dominant le monde aux planches glissantes d'un navire.

Les divinités de *la mare nostrum* inspiraient toujours au médecin une dévotion des plus affectueuses. Il savait qu'ils n'existaient pas, mais il les considérait néanmoins comme des fantasmes poétiques de forces naturelles.

Le monde antique ne connaissait l'immense océan qu'en hypothèse, lui donnant la forme d'une ceinture aquatique autour de la terre. Océanus était un vieux dieu avec une longue barbe et une tête cornue qui vivait dans une caverne maritime avec sa femme, Téthys, et ses trois cents filles, les Océanides . Aucun Argonaute n'avait jamais osé entrer en contact avec ces mystérieuses divinités. Seul le grave Eschyle avait osé représenter les Océanides , vierges fraîches et sages, pleurant autour du rocher auquel Prométhée était attaché.

D'autres divinités plus accessibles étaient celles de la mer éternelle sur les bords de laquelle étaient fondées les cités opulentes de la côte syrienne ; les villes égyptiennes qui ont envoyé des étincelles de leur civilisation rituelle en Grèce ; les villes helléniques, foyers de feu clair qui avaient fusionné toute connaissance, lui donnant une forme éternelle ; Rome, maîtresse du monde ; Carthage, célèbre pour ses audacieuses découvertes géographiques, et Marseille, qui avait fait participer l'Europe occidentale à la civilisation grecque, en la disséminant le long de la basse côte, de colonie en colonie, jusqu'au détroit de Cadix.

Un frère de l' Océanide , le prudent Nérée, régnait au fond de la Méditerranée. Ce fils d'Océan avait une barbe bleue, des yeux verts et des bouquets de joncs marins sur les sourcils et sur la poitrine. Ses cinquante filles, les Néréides, portaient ses ordres à travers les vagues ou gambadaient autour des navires, éclaboussant au visage des rameurs l'écume soulevée par leurs bras. Mais les fils du Père Temps, après avoir conquis le géant, avaient redistribué le monde, déterminant par tirage au sort ses dirigeants. Zeus resta seigneur des terres, l'obscur Hadès, seigneur des enfers, régna dans les abîmes plutoniques, et Poséidon devint maître des surfaces bleues.

Nérée, le monarque dépossédé, s'enfuit dans une caverne de la mer hellénique pour vivre l'existence tranquille du philosophe-conseiller de l'humanité, et Poséidon s'installa dans les palais de nacre avec ses chevaux blancs lançant des casques de bronze et des crinières d'or.

Ses yeux amoureux étaient fixés sur les cinquante princesses méditerranéennes, les Néréides, qui tenaient leurs noms de l'aspect des vagues : la Bleue, la Verte, la Rapide, la Douce…. "Nymphes des abysses verts aux visages frais comme un bouton de rose, vierges parfumées qui prenaient la forme de tous les monstres des profondeurs", chantait l'hymne orphique sur le rivage grec. Et Poséidon distingua parmi eux tous la Néréide de l'Ecume, l'Amphitrite blanche qui refusait d'accepter son amour.

Elle connaissait ce nouveau dieu. Les côtes étaient peuplées de cyclopes comme Polyphème, de monstres effrayants nés de l'union des déesses olympiennes et de simples mortels ; mais un dauphin obligeant allait et venait, porteur de messages entre Poséidon et la Néréide, jusqu'à ce que, submergée par l'éloquence de ce vagabond agité des vagues, Amphitrite accepta de devenir l'épouse du dieu, et la Méditerranée apparut prendre encore plus de beauté. .

Elle était l'aurore qui montre ses doigts roses à travers l'immense fente entre ciel et mer, l'heure chaude de midi qui endort les eaux sous sa robe d'or agité, la langue bifurquée d'écume qui lape les deux faces du sifflement. la proue, la brise parfumée qui, comme un souffle de vierge, gonfle la voile, le baiser compatissant qui berce le noyé, sans colère et sans résistance, avant de sombrer à jamais dans l'abîme insondable.

Son mari, Poséidon sur la côte grecque et Neptune sur la côte latine, montant sur son char, réveillait la tempête. Les chevaux aux sabots d'airain, avec leurs piétinements, piaffaient les énormes vagues et engloutissaient les navires. Les tritons de son cortège faisaient sortir de leurs coquilles blanches des souffles mugissants qui cassaient les mâts comme des roseaux.

Ô mater Amphitrite !... et Ferragut la décrivait comme si elle passait sous ses yeux. Parfois, en nageant autour des promontoires, se sentant enveloppé comme l'homme primitif dans les forces aveugles de la nature, il croyait voir la déesse blanche sortir des rochers avec toute sa traîne souriante après un repos dans quelque grotte marine.

Une coquille de perle était son char et six dauphins attelés de corail violet le tiraient. Les tritons, ses fils, tenaient les rênes. Les Naïades, leurs sœurs, fouettaient la mer de leurs queues écailleuses, soulevant leurs corps de sirène enveloppés dans la magnificence de leurs tresses vert d'eau entre les boucles desquelles on voyait leurs seins gonflés. Des mouettes blanches, roucoulant comme les colombes d'Aphrodite, voletaient autour de leur reine des mers nue, les contemplant sereinement depuis son trône mobile, couronné de perles et d'étoiles phosphorescentes tirées des profondeurs de son domaine. Blanche comme le nuage, blanche comme la voile, blanche comme l'écume, entièrement et d'une blancheur éblouissante était sa belle majesté, sauf là où une rougeur rose teintait la peau en forme de pétale de ses talons ou de sa poitrine.

Toute l'histoire de l'homme européen – quarante siècles de guerres, d'émigrations et d'impacts raciaux – est due, selon le médecin, au désir de posséder cette mer harmonieusement encadrée, de jouir de la transparence de son atmosphère et de la vivacité de sa lumière.

Les hommes du Nord qui avaient besoin de bûches brûlées et de boissons alcoolisées pour défendre leur vie des griffes du froid, pensaient toujours à ces rivages méditerranéens. Tous leurs mouvements guerriers ou pacifiques avaient pour intention de descendre des côtes des mers glaciaires jusqu'aux plages de la chaude *mare nostrum* . Ils avaient hâte de s'emparer du pays où l'olivier sacré alterne sa vieillesse raide avec la vigne joyeuse ; où le pin dresse sa coupole et le cyprès érige son minaret. Ils avaient envie de rêver sous la neige parfumée des interminables orangeraies ; être maître des vallons abrités où le myrte et le jasmin pimentent l'air salin ; où l'aloès et le cactus poussent entre les pierres de volcans éteints ; où les montagnes de marbre étendent leurs veines blanches jusque dans les profondeurs de la mer et réfractent la chaleur africaine émise par la côte opposée.

Le Sud avait répondu à l'invasion du Nord par des guerres défensives qui s'étaient étendues jusqu'au centre de l'Europe. Et ainsi l'histoire avait continué à se répéter avec le même flux et reflux de vagues humaines – l'humanité luttant depuis des milliers d'années pour conquérir ou conserver la voûte bleue d'Amphitrite.

Les peuples méditerranéens étaient pour Ferragut l'aristocratie de l'humanité. Son climat puissant avait tempéré l'humanité comme nulle part ailleurs sur la planète, lui conférant une puissance sèche et résiliente. Bronzés et bronzés par la profonde absorption du soleil et de l'énergie de l'atmosphère, ses navigateurs furent transmués en métal pur. Les hommes du Nord étaient plus forts, mais moins robustes, moins acclimitables que le marin catalan, le provençal, le génois ou le grec. Les marins de la Méditerranée se sont installés partout dans le monde. Sur leur mer, l'homme avait développé ses plus hautes énergies. La Grèce antique avait transformé la chair humaine en acier spirituel.

Exactement les mêmes paysages et les mêmes races bordaient les deux rives. Les montagnes et les fleurs des deux rives étaient identiques. Les Catalans, les Provençaux et les Italiens du Sud ressemblaient davantage aux habitants de la côte africaine qu'à leurs parents qui vivaient à l'intérieur des terres. Cette fraternité s'était manifestée instinctivement dans la guerre de mille ans. Les pirates berbères, les marins génois, les Espagnols et les chevaliers de Malte se décapitaient implacablement sur le pont de leurs galères et, devenus conquérants, respecteraient la vie de leurs prisonniers, les traitant en gentlemen. L'amiral Barberousse, âgé de quatre-vingt-quatre ans, appelait Doria , son éternelle rivale de près de quatre-vingt-dix ans, « mon frère ». Le Grand Maître de Malte serra la main du terrible Dragut en le trouvant son captif.

L'homme méditerranéen, fixé sur les rivages qui lui ont donné naissance, était habitué à accepter tous les changements de l'histoire, comme les mollusques accrochés aux rochers supportent les tempêtes. Pour lui, la seule chose importante était de ne pas perdre de vue sa mer bleue. L'Espagnol tirait une rame sur la felouque liburnienne, le chrétien rejoignait les équipages des navires sarrasins du Moyen Âge ; les sujets de Charles V passeraient par les fortunes de la guerre des galères de la Croix à celles du Croissant, et finiraient par devenir chefs d'Alger, riches capitaines de mer, ou par se faire connaître comme renégats.

Au VIIIe siècle, les habitants de la côte valencienne s'unirent aux Maures andalous pour porter la guerre jusqu'aux extrémités de la Méditerranée et jusqu'à l'île de Crète, en en prenant possession et en lui donnant le nom de Candie. Ce nid de pirates était la terreur de Byzance, prenant d'assaut Salonique et vendant comme esclaves les patriciens et les dames les plus importantes du royaume. Des années plus tard, une fois délogés de Candie, les aventuriers valenciens retournèrent sur leurs côtes natales et y établirent une ville dans une vallée fertile, en lui donnant le nom de l'île lointaine qui fut changée en Gandia .

Toutes les espèces de vigueur humaine étaient issues de la race méditerranéenne, fines, acérées et sèches comme le silex, faisant le bien et le mal sur une grande échelle avec l'exagération d'un caractère ardent qui écarte les demi-mesures et saute de la duplicité aux plus extrêmes de la générosité. . Ulysse était leur père à tous, un héros discret et prudent, mais à la fois complexe et malveillant. Ainsi le vieux Cadmus, avec sa mitre phénicienne et sa barbe frisée, un grand vieux loup de mer, dispersant au cours de ses diverses aventures l'art d'écrire et les premières notions du commerce.

Dans une des îles de la Méditerranée naquit Hannibal, et vingt siècles après, dans une autre d'elles, le fils d'un avocat sans slip s'embarqua pour la France, sans autre tenue que son uniforme de cadet, pour rendre célèbre son nom de Napoléon.

Sur les vagues de la Méditerranée avait navigué Roger de Lauria , chevalier errant de vastes étendues de mer, qui voulait revêtir même les poissons des couleurs d'Aragon. Un visionnaire d'origine obscure nommé Colomb avait reconnu comme son pays la république de Gênes. Un contrebandier des côtes de Laguria devint Messine, le maréchal aimé de la Victoire, et le dernier personnage de cette souche de héros méditerranéens associés aux héros des temps fabuleux fut un marin niçois, simple et romantique, un guerrier appelé Garibaldi, un ténor héroïque de toutes les mers et de toutes les terres qui projeta sur son siècle le reflet de sa chemise rouge, répétant sur les côtes de Marseille l'épopée lointaine des Argonautes.

Ferragut résuma alors les divers défauts de sa race. Certains avaient été des bandits et d'autres des saints, mais aucun n'était médiocre. Leurs entreprises les plus audacieuses contenaient beaucoup de choses prudentes et pratiques. Lorsqu'ils se consacraient aux affaires , ils servaient en même temps la civilisation. Le héros et le commerçant y étaient si mêlés qu'il était impossible de discerner où finissait l'un et où commençait l'autre. C'étaient des pirates et des hommes cruels, mais les navigateurs des mers brumeuses, en imitant les découvertes méditerranéennes sur d'autres continents, ne se sont pas montrés plus doux ni plus loyaux.

Après ces conversations, Ulysse éprouva une plus grande estime pour les vieilles poteries et les petites figures défraîchies qui ornaient la chambre de son oncle.

C'étaient des objets vomi par la mer, des amphores grecques arrachées aux coquilles de mollusques après un enterrement sous-marin de plusieurs siècles

. Les eaux profondes avaient gravé sur ces ornements pétrifiés d'étranges arabesques qui faisaient penser à l'art d'une autre planète, et, entrelacés avec la poterie qui avait contenu le vin et l'eau d'une felouque liburne naufragée, se trouvaient des morceaux de corde durcis par des dépôts calcaires. et des douves d'ancres dont le métal se désintégrait en écailles rougeâtres. Diverses petites statues rongées par la mer salée inspiraient au garçon autant d'admiration que les frégates de son grand-père. Il riait et tremblait devant ces *Cabiri* venus des birèmes phéniciennes ou carthaginoises, dieux grotesques et terribles qui contractaient leurs visages avec des grimaces de luxure et de férocité.

Certaines de ces divinités marines musclées et barbus ressemblaient vaguement à son oncle. Ulysse avait entendu certaines conversations étranges parmi les pêcheurs et avait remarqué, en outre, la précipitation des femmes et leurs regards inquiets lorsqu'elles trouvèrent le médecin près d'elles dans un endroit solitaire de la côte. Seule la présence de son neveu leur avait fait retrouver la tranquillité et freiner leur démarche.

Parfois, la mer semblait le rendre fou avec des rafales de fureur amoureuse. Il était Poséidon se levant à l'improviste sur les berges pour surprendre les déesses et les mortels. Les femmes de la *Marina* s'enfuirent aussi effrayées que ces princesses grecques sur les vases peints, surprises, en train de laver leurs robes, par l'apparition d'un triton passionné.

Certaines nuits, à l'heure où les phares commençaient à percer le crépuscule prochain de leurs rayons frais, il devenait mélancolique et, oubliant la différence de leur âge, causait avec son neveu comme s'il était un compagnon de marin.

Il regrettait de ne jamais s'être marié…. Il aurait peut-être eu un fils à cette époque. Il avait connu beaucoup de femmes de toutes les couleurs, blanches, rouges, jaunes et bronze, mais une seule fois il avait vraiment été amoureux, très loin de l'autre côté de la planète, dans le port de Valparaiso.

Il voyait encore en imagination une certaine gracieuse chilienne, enveloppée dans son grand voile noir comme les dames du théâtre calderonien , ne montrant qu'un de ses yeux sombres et liquides, pâle et mince, parlant d'une voix plaintive.

Elle aimait les chansons d'amour, à condition toujours qu'elles soient chantées « avec une grande tristesse » ; et Ferragut la dévorait des yeux tandis qu'elle jouait de la guitare, en chantant la chanson de Malek- Adhel et d'autres romans sur "Roses, soupirs et maures de Grenade", que depuis son enfance le médecin avait entendu chanter par les Berbères de son pays. La simple tentative de lui prendre une main provoquait toujours sa modeste résistance…. "Alors ça..." Elle était prête à l'épouser ; elle souhaitait voir l'Espagne.... Et le médecin aurait pu exaucer ses souhaits si une bonne âme ne l'avait informé que plus tard dans la nuit, d'autres avaient l'habitude de venir à tour de rôle pour entendre ses solos romantiques.... Ah, ces femmes ! puis, en évoquant la fin de son idylle transocéanique, Ferragut se réconciliait avec son célibat.

À la fin de l'automne, le notaire dut se rendre en personne à la *Marina* pour obliger son frère à livrer Ulysse. Le garçon partageait la même opinion que son oncle. L'idée même de perdre la pêche d'hiver, la matinée froide et ensoleillée, le spectacle des grandes tempêtes, juste pour la stupide raison que l'Institut avait commencé, et qu'il devait étudier pour son baccalauréat !...

L'année suivante, Doña Cristina essaya d'empêcher que les *Tritons* n'enlèvent son fils, car il ne pouvait apprendre que des gros mots et des brimades vantardes dans l'ancienne maison des Ferragut . Et, prétextant la nécessité de voir sa propre famille, elle laissa le notaire seul à Valence et partit avec son fils passer l'été sur la côte catalane , près de la frontière française.

Ce fut le premier voyage important d'Ulysse. A Barcelone, il fit la connaissance de son oncle, le riche et talentueux financier de la famille Blanes, un des frères de sa mère, propriétaire d'une grande quincaillerie située dans une des rues humides, étroites et bondées qui aboutissaient à la Rambla. Il connut bientôt d'autres oncles maternels dans un village proche du Cap de Creus . Ce promontoire aux côtes sauvages lui rappelait cet autre où vivait le *Triton* . Les premiers marins helléniques y avaient également fondé une ville et la mer y avait également construit des amphores, des statuettes et des morceaux de fer pétrifiés.

La famille Blanes était allée beaucoup en mer. Ils l'aimèrent aussi intensément que le docteur, mais d'un amour froid et silencieux, l'appréciant moins pour sa beauté que pour les profits qu'elle offrait aux fortunés. Leurs voyages s'étaient déroulés en Amérique, sur leurs propres voiliers, important du sucre de La Havane et du maïs de Buenos Ayres. La Méditerranée n'était pour eux qu'un port qu'ils traversaient négligemment au départ et à l'arrivée. Aucun d'eux ne connaissait même de nom l'Amphitrite blanche.

De plus, ils n'avaient pas l'apparence insouciante et romantique du célibataire de la *Marina* , prêt à vivre dans l'eau comme un amphibien. C'étaient des gentilshommes de la côte qui, retirés de la mer, confiaient leurs barques à des capitaines qui avaient été leurs pilotes, des bourgeois qui ne quittaient jamais la cravate et le bonnet de soie, symboles de leur haute position dans leur pays natal. ville.

Le lieu de rassemblement des riches était l' Athénée , société qui, malgré son titre, n'offrait d'autre sujet de lecture que deux périodiques catalans . Un grand télescope monté sur un trépied devant la porte remplissait de fierté les membres du club. Pour les oncles d'Ulysse, il suffisait de poser un sourcil sur la vitre pour pouvoir constater immédiatement la classe et la nationalité du navire qui filait au-delà de la lointaine ligne d'horizon. Ces vétérans de la mer avaient l'habitude de parler uniquement des marchandises, des milliers et des milliers de dollars gagnés autrefois avec un seul aller-retour, et de la terrible rivalité du bateau à vapeur.

Ulysse espérait en vain que parfois ils feraient allusion aux Néréides et autres êtres poétiques que le *Triton* avait évoqués autour de son promontoire. Les Blane n'avaient jamais vu ces créatures extraordinaires. Leurs mers ne contenaient que du poisson. C'étaient des hommes froids, économes, peu bavards, amis de l'ordre et de la promotion sociale. Leur neveu les soupçonnait d'avoir le courage des hommes de mer mais sans vantardise ni agressivité ; leur héroïsme était celui de commerçants capables de subir toutes sortes d'aventures pourvu que leurs troupeaux ne courent aucun risque, mais devenant des bêtes sauvages si l'on attaquait leurs richesses.

Les membres de l'Athénée étaient tous âgés, les seuls êtres masculins du village. A côté d'eux, il n'y avait que les carabiniers installés dans la caserne et divers calkers faisant résonner leurs maillets sur la coque d'une goélette commandée par les frères Blanes.

Tous les hommes actifs étaient en mer. Certains naviguaient vers l'Amérique comme équipage des bricks et des barques de la côte catalane . Les plus timides et les plus malheureux pêchaient toujours. D'autres, plus vaillants et avides d'argent comptant, étaient devenus contrebandiers sur les côtes françaises dont les rivages commençaient de l'autre côté du promontoire.

Dans le village, il n'y avait que des femmes, des femmes de toutes sortes : des femmes assises devant leurs portes, faisant de la dentelle sur leurs genoux sur de grands oreillers cylindriques, le long desquels leurs fuseaux tissaient de belles bandes ajourées, ou groupées aux coins des rues, devant les maisons. la mer solitaire où se trouvaient leurs hommes, ou parlant avec une nervosité électrique qui éclatait souvent soudainement en tempêtes bruyantes.

Seul le curé, dont les récréations de pêche et l'existence officielle étaient aigries par leurs constantes querelles, comprenait l'irritabilité féminine qui embrasait le village. Seules et devant vivre sans cesse en contact étroit, les femmes en étaient venues à se détester, tout comme les passagers isolés sur un bateau depuis de longs mois. En outre, leurs maris les avaient habituées à l'usage du café, la boisson des marins, et elles essayaient de tromper leur ennui avec de fortes tasses de ce liquide épais.

Un intérêt commun unissait pourtant miraculeusement ces femmes vivant seules. Lorsque les carabiniers inspectaient les maisons à la recherche des marchandises de contrebande introduites clandestinement par les hommes, les Amazones déployaient leur énergie nerveuse pour cacher la marchandise illégale, la faisant passer d'une cachette à une autre avec la ruse des sauvages.

Chaque fois que les officiers du gouvernement commençaient à soupçonner que certains colis étaient allés se cacher dans le cimetière, ils n'y trouvaient que des tombes vides, et au fond quelques cigares entre des crânes moqueusement enfoncés dans la terre. Le chef de la caserne n'osa pas inspecter l'église, mais il regarda Mosen avec mépris. Jòrdi , le prêtre, comme un niais tout à fait capable de permettre que du tabac soit caché derrière les autels en échange du privilège de pêcher en paix.

Les riches vivaient le dos tourné au village, contemplant l'étendue bleue sur laquelle étaient érigées les maisons en bois qui représentaient toute leur fortune. En été, la vue de la Méditerranée douce et brillante leur rappelait les dangers de l'hiver. Ils parlaient avec une terreur religieuse de la brise de terre, du vent des Pyrénées, de la *tramontane* qui arrachait souvent des édifices de leurs bases et renversait des trains entiers dans la gare voisine. De plus, de l'autre côté du promontoire commençait le terrible golfe de Lyon. Sur sa surface, ne dépassant pas quatre-vingt-dix mètres d'étendue, les eaux poussées par les forts vents marins devenaient souvent si agitées et soulevaient des vagues si hautes et si solides qu'en s'entrechoquant et en ne trouvant aucun espace intermédiaire sur lequel tomber, elles s'entassaient. les uns sur les autres, formant des tours régulières.

Ce golfe était le plus terrible de la Méditerranée. Les paquebots transatlantiques revenant d'un bon voyage vers l'autre hémisphère tremblaient ici d'un pressentiment de danger et parfois même faisaient demi-tour. Les capitaines qui venaient de traverser le grand Atlantique fronçaient ici les sourcils d'inquiétude.

Depuis la porte de l'Athénée, les experts désignaient les voiliers latins qui s'apprêtaient à doubler le promontoire. C'étaient des navires marchands comme celui que commandait l'ancien Ferragut , des embarcations de Valence qui amenaient du vin à Cette et des fruits à Marseille. En voyant la surface bleue du Golfe de l'autre côté du Cap, sans autre aspérité que celle d'une houle longue et infiniment forte, les Valenciens s'écriaient joyeusement :

" Traversons vite, pendant que le lion dort. "

Ulysse avait un ami, secrétaire de la mairie, et seul habitant à avoir des livres dans sa maison. Traité par les riches avec un certain mépris, le fonctionnaire recherchait la compagnie du garçon parce qu'il était le seul à l'écouter attentivement.

Il adorait la *mare nostrum* autant que le docteur Ferragut , mais son enthousiasme ne concernait pas les navires phéniciens et égyptiens dont les quilles avaient les premiers labouré ces vagues. Il était également indifférent aux trirèmes grecques et carthaginoises, aux navires de guerre romains et aux monstrueuses galères des tyrans siciliens, palais mus par des rames, avec statues, fontaines et jardins. Ce qui l'intéressait le plus était la Méditerranée du Moyen Âge, celle des rois d'Aragon, la mer de Catalogne . Et le pauvre secrétaire en faisait quotidiennement de longues dissertations afin de piquer la fierté locale de son auditeur juvénile.

Un jour après s'être longuement étendu sur Roger de Lauria et la marine catalane, il terminait sa fastidieuse histoire en racontant au petit bonhomme comment Alphonse V, son frère le roi de Navarre et tout son cortège de magnats étaient restés prisonniers de la République. de Gênes, qui, effrayé par l'importance de sa proie royale, avait confié les captifs à la garde du duc de Milan…. Mais les monarques s'entendirent facilement pour tromper les gouvernements démocratiques, et le souverain milanais libéra le roi d'Aragon avec toute sa suite. Sur ce, il bloqua immédiatement Gênes avec une énorme flotte. La marine provençale vint promptement au secours de ses voisines, et le roi d'Aragon força le port de Marseille, emportant comme trophée les chaînes qui en fermaient l'entrée.

Ulysse hocha la tête affirmativement. Le roi marin avait déposé ces chaînes dans la cathédrale de Valence. Son parrain, le poète, les lui avait montrés dans une chapelle gothique, formant une guirlande de fer sur les pierres noires de taille.

La marine catalane continuait à dominer commercialement la Méditerranée, ajoutant à ses anciens navires de grands galions, des galères plus légères, des caravelles, des bétaillères et d'autres navires de l'époque.

"Mais Christophe Colomb", conclut tristement le Catalan, "découvrit les Indes, portant ainsi un coup mortel aux richesses maritimes de la Méditerranée. En outre, l'Aragon et la Castille s'unirent et leur vie et leur pouvoir se concentraient alors au centre de la péninsule. , loin de la mer."

Si Barcelone avait été la capitale de l'Espagne, la Catalogne aurait conservé la domination méditerranéenne. Si Lisbonne avait été la capitale, le royaume colonial espagnol se serait développé pour devenir quelque chose d'organique et de solide doté d'une vie robuste. Mais que pouvait-on attendre d'une nation qui avait enfoncé la tête dans un oreiller de steppes intérieures jaunes, le plus éloigné possible des routes du monde, ne montrant que ses pieds aux vagues !…

Le Catalan finirait toujours par parler tristement de la décadence de la marine méditerranéenne. Tout ce qui lui plaisait lui faisait revenir au bon vieux temps de la domination de la Méditerranée par la marine catalane. Un jour, il offrit à Ulysse un vin doux et parfumé.

"C'est du Malvoisien , la première souche que les Almogavars ont amenée ici de
Grèce."

Puis il dit pour flatter le garçon :

"C'est un citoyen de Valence, Ramon Muntaner , qui a écrit sur les expéditions des Catalans et des Aragonais contre Constantinople."

Le simple souvenir de cette aventure romanesque, la plus inouïe de l'histoire, l'enthousiasmait et, en passant, il rendait le plus grand hommage au chroniqueur d'Almogavar, au grossier Homère en chanson, Ulysse et Nestor en conseil. , et Achille en action dure.

L'impatience de Doña Cristina de rejoindre son mari et de retrouver le confort de son foyer bien réglé finit par éloigner Ulysse de cette vie côtière.

Pendant de nombreuses années, il ne vit plus d'autre mer que le golfe de Valence. Le notaire, sous divers prétextes, parvint à empêcher le médecin d'enlever de nouveau son neveu ; et le *Triton* faisait moins souvent ses voyages à Valence, se révoltant contre tous les inconvénients et dangers de ces aventures terrestres.

Et Labarta , lorsqu'il s'occupait de l'avenir d'Ulysse, prenait un certain air de régent bon enfant chargé de la tutelle d'un petit prince. Le garçon semblait leur appartenir plus qu'à son propre père ; ses études et sa destinée future remplissaient complètement leurs conversations d'après-dîner lorsque le médecin était en ville.

Don Esteban éprouvait une certaine satisfaction à contrarier son frère en faisant l'éloge de la vie sédentaire et prospère.

Là-bas, sur les côtes de Catalogne, vivaient ses beaux-frères, les Blanes, véritables loups des mers. Le médecin ne pourrait pas contredire cela. Très bien donc, leurs fils étaient à Barcelone, les uns comme employés de commerce, d'autres se faisant un nom dans le bureau de leur riche oncle. Ils étaient tous fils de marins et pourtant ils s'étaient complètement affranchis de la mer. Leur activité se déroulait entièrement sur *la terre ferme* . Seuls les fous pouvaient penser aux navires et aux aventures.

Le *Triton* souriait humblement devant des allusions aussi pointues et échangeait des regards avec son neveu.

Un secret existait entre les deux. Ulysse, qui terminait ses études de licence, suivait en même temps les cours de pilotage à l'institut. Deux années suffiraient pour achever ces dernières études. L'oncle avait payé les frais d'inscription et les livres, en plus de recommander le garçon à un ancien camarade marin.

CHAPITRE III

PATER OCÉANUS

Lorsque Don Esteban mourut subitement, son fils de dix-huit ans étudiait encore à l'université.

Dans ses derniers jours, le notaire avait commencé à soupçonner qu'Ulysse ne serait pas le célèbre juriste dont il avait rêvé. Il avait l'habitude de couper les cours pour pouvoir passer la matinée au port à faire de l'exercice avec les rames. S'il entrait à l'université, les bedeaux se méfiaient de ses mains longues : car il se croyait déjà marin et aimait imiter les hommes de la mer qui, habitués à affronter les éléments, considéraient une querelle avec un homme. comme une très légère affaire. Alternant violemment entre étude et paresse, il approchait péniblement de la fin de ses cours lorsque la névralgie du cœur emporta le notaire.

Au sortir de la stupéfaction de son chagrin, Doña Cristina regarda autour d'elle avec aversion. Pourquoi devrait-elle s'attarder à Valence ? Ne pouvant plus être avec l'homme qui l'avait amenée dans ce pays, elle souhaitait retourner auprès des siens. Le poète Labarta s'occupait de ses propriétés qui n'étaient pas aussi précieuses ni aussi nombreuses que les revenus du notaire le laissaient supposer. Don Esteban avait subi de lourdes pertes dans des spéculations commerciales extravagantes acceptées avec bonne humeur, mais il lui restait encore une fortune suffisante pour permettre à sa femme de vivre comme une veuve indépendante parmi ses parents à Barcelone.

En aménageant sa nouvelle existence, la pauvre dame ne rencontra d'autre opposition que la rébellion d'Ulysse. Il a refusé de poursuivre ses études universitaires et a souhaité prendre la mer, affirmant que c'était pour cette raison qu'il avait étudié pour devenir pilote. En vain Doña Cristina implorait l'aide des parents et amis, à l'exception du *Triton*, dont elle pouvait facilement deviner la réponse. Le riche frère de Barcelone fut bref et affirmatif : "Mais cela ne lui rapporterait-il pas de l'argent ?"… Les Blanes de la côte faisaient preuve d'un sombre fatalisme. Il serait inutile de s'opposer au garçon s'il sentait que c'était là sa vocation. La mer avait une forte emprise sur ceux qui la suivaient, et aucune puissance sur terre ne pouvait l'en dissuader. C'est pour cette raison que ceux qui étaient déjà vieux n'écoutaient pas leurs fils qui essayaient de les tenter avec le confort de la vie dans la capitale. Il leur fallait vivre près de la côte, au contact agréable du monstre sombre et pesant qui les avait bercés si maternellement alors qu'il aurait tout aussi bien pu les mettre en pièces.

Le seul à avoir protesté était Labarta . Un marin ?… c'est peut-être une très bonne chose, mais un marin guerrier, un officier de la Royal Armada. Et dans son esprit, le poète voyait son filleul vêtu de toutes les splendeurs de l'élégance navale : une veste bleue à boutons d'or pour tous les jours, et pour tenue de fête un habit bordé de galons et de garnitures rouges, un chapeau pointu, une épée. ....

Ulysse haussa les épaules devant tant de grandeur. Il était désormais trop vieux pour entrer à l'école navale. D'ailleurs il voulait naviguer sur tous les océans, et les officiers de la marine n'avaient que l'occasion de naviguer d'un port à l'autre comme les gens du cabotage, ou même de passer des années assis dans le cabinet de l'exécutif naval. S'il devait vieillir dans un bureau, il préférerait reprendre le métier de notaire de son père.

Après avoir vu Doña Cristina bien établie à Barcelone, entourée d'un cortège de neveux flattant la riche tante valencienne, son fils s'embarque comme apprenti sur un bateau transatlantique qui fait régulièrement des voyages à Cuba et aux États-Unis. Ainsi commença la vie maritime d'Ulysse Ferragut , qui ne se termina qu'avec sa mort.

La fierté de la famille le plaçait sur un paquebot luxueux, un courrier rempli de passagers, un hôtel flottant sur lequel les fonctionnaires étaient un peu comme les gérants du Palace Hôtel, tandis que la véritable responsabilité incombait aux ingénieurs, qui allaient toujours en bas, et en revenant à la lumière, restait invariablement modestement à une seconde place, selon une loi hiératique antérieure aux progrès de la mécanique.

Il a traversé l'océan à plusieurs reprises, comme le font ceux qui voyagent par terre à toute vitesse d'un train express. Le calme auguste de la mer se perdait dans le battement des hélices et dans le rugissement assourdissant des machines. Aussi bleu que soit le ciel, il était toujours assombri par les bandes de crêpe flottantes des cheminées. Il enviait les voiliers tranquilles que le paquebot laissait toujours derrière lui. Ils étaient comme des voyageurs réfléchis qui s'imprégnaient de l'atmosphère de la campagne et communiaient profondément avec son âme. Les gens du paquebot vivaient comme des voyageurs terrestres qui surveillent, endormis, depuis les vitres des voitures, une succession de vues indéfinies et vertigineuses striées de fils télégraphiques.

fin de son noviciat, il devint second sur un voilier à destination de l'Argentine pour une cargaison de blé. La lente course du jour avec peu de vent et les longs calmes équatoriaux lui permirent de pénétrer un peu dans les mystères de l'immensité océanique, austère et sombre, qui pour les peuples anciens avait été « la nuit de l'abîme », « la mer des ténèbres totales ». , "" le dragon bleu qui avale quotidiennement le soleil.

Il ne considérait plus le Père Océan comme le dieu capricieux et tyrannique des poètes. Tout dans ses profondeurs fonctionnait avec une régularité vitale, soumis aux lois générales de l'existence. Même les tempêtes rugissaient dans les quadrilatères prescrits et cartographiés.

Les alizés frais poussaient la barque vers le sud-est, maintenant une sérénité paradisiaque dans le ciel et la mer. Devant la proue sifflaient les ailes soyeuses des poissons volants, s'étalant en essaims, comme de petits escadrons de petits avions .

Sur les mâts et les vergues recouverts de toile, les albatros, aigles du désert atlantique, dessinaient de longs et amples cercles, faisant briller sur le bleu le plus pur leurs grandes ailes en forme de voile. De temps à autre, le bateau rencontrait des prairies flottantes, de grands champs d'algues délogés de la mer des Sargasses. D'énormes tortues somnolaient au milieu de ces touffes d'herbes du golfe, servant d'îlots de repos aux mouettes perchées sur leurs carapaces. Certaines algues étaient vertes, nourries par l'eau lumineuse de la surface ; d'autres avaient la couleur rougeâtre des profondeurs où ne pénètre que le froid mortel des derniers rayons du soleil. Comme les fruits des prairies océaniques, flottaient devant des grappes serrées de raisins noirs, des capsules coriaces remplies d'eau saumâtre.

À mesure qu'ils approchaient de l'équateur, la brise continuait de tomber et l'atmosphère devenait extrêmement suffocante. C'était la zone de calme, l'océan aux eaux sombres et huileuses, dans lequel les bateaux restaient des semaines entières, les voiles molles, sans que le moindre souffle ne fasse onduler l'atmosphère.

Des nuages couleur de charbon reflétaient la lente progression du navire sur la mer ; des averses de pluie comme des fouets fouettaient occasionnellement le pont, suivies d'un soleil flamboyant qui était bientôt effacé par une nouvelle averse. Ces nuages, gros de cataractes, cette nuit descendant en plein jour de l'Atlantique, avaient été la terreur des anciens, et pourtant, grâce à de pareils phénomènes, les marins pouvaient passer d'un hémisphère à l'autre sans que la lumière les blesse. la mort, ou la mer qui les brûle comme un verre brûlant. La chaleur de l'équateur, soulevant l'eau en vapeur, avait formé une bande d'ombre autour de la terre. Depuis d'autres mondes, il doit apparaître comme une ceinture de nuages presque semblable aux anneaux sidéraux.

Dans cette mer sombre et chaude se trouvait le cœur de l'océan, le centre de la vie circulatoire de la planète. Le ciel était un régulateur qui, en absorbant et en revenant, rétablissait l'évaporation à l'équilibre. De cet endroit étaient envoyées les pluies et les rosées sur tout le reste de la terre, modifiant ses températures favorablement au développement de la vie animale et végétale. Là s'échangeaient les exhalaisons des deux mondes ; et, transformées en nuages, les eaux de l'hémisphère austral — l'hémisphère des grandes mers, sans autre point de relief que les extrémités triangulaires de l'Afrique et de l'Amérique et les bosses des archipels océaniques — renforçaient toujours les rigoles et les rivières de l'océan. l'hémisphère nord avec ses terres habitées.

De cette zone équatoriale, cœur du globe, sortent deux fleuves d'eau tiède qui réchauffent les côtes du nord. Ce sont les deux courants issus du golfe du Mexique et de la mer de Java. Leurs énormes masses liquides, fuyant sans cesse l'équateur, gouvernent un vaste ensemble d'eau des pôles qui vient occuper leur espace, et ces courants glacés et plus frais se précipitent sans cesse sur le foyer électrique de l'équateur qui les réchauffe et les sale à nouveau. , renouvelant avec sa systole et sa diastole la vie du monde. L'océan peine en vain à condenser ces deux courants chauds sans jamais parvenir à s'y mêler. Ce sont des torrents d'un bleu profond, presque noir, qui coulent sur les eaux froides et vertes.

Le courant atlantique, en arrivant à Terre-Neuve, divise ses bras, envoyant l'un d'eux vers le pôle Nord. De l'autre, faible et épuisé par son long voyage, il modifie la température des îles britanniques, tempérant d'une manière rafraîchissante les côtes de Norvège. Le courant indien que les Japonais appellent, à cause de sa couleur, « le fleuve noir », circule entre les îles, conservant plus longtemps que l'autre ses prodigieux pouvoirs de création et d'agitation qui lui permettent de traîner à travers la planète une énorme queue. de la vie.

Son centre est l'apogée de l'énergie terrestre dans les créations végétales et animales, chez les monstres et chez les poissons. L'un de ses bras, s'éloignant vers le sud, continue de former le monde mystérieux de la mer de corail. Dans un espace grand comme quatre continents, les polypes, renforcés par l'eau tiède, construisent des milliers d'atolls, d'îles annulaires, de récifs et de piliers sous-marins qui, unis entre eux par le travail de mille ans, vont créer une nouvelle terre, un continent d'échange au cas où l'espèce humaine perdrait sa base actuelle dans quelque cataclysme de la nature.

Le pouls du dieu bleu, ce sont les marées. La terre se tourne vers la lune et les étoiles avec une rotation sympathique comme celle des fleurs qui se tournent vers le soleil. Sa partie la plus mobile, la masse fluide de l'atmosphère, se dilate deux fois par jour, gonflant ses cavités ; et cette succion atmosphérique, œuvre d'attraction universelle, se reflète dans les eaux de marée. Les mers fermées, comme la Méditerranée, n'en ressentent guère les effets, les marées s'arrêtant à leur porte. Mais sur les côtes océaniques, la pulsation marine contrarie l'armée des vagues, la poussant chaque jour à l'assaut des falaises abruptes, la faisant rugir avec fureur parmi les îles, les promontoires et les détroits, et la poussant à engloutir de vastes terres qu'elles restituent. heures après.

Cette mer salée, comme notre corps, qui a un cœur, un pouls et une circulation de deux sangs différents sans cesse renouvelés et transformés, devient aussi furieuse qu'une créature organique lorsque les courants horizontaux de son intérieur viennent s'unir aux courants verticaux descendants. de l'atmosphère. Le passage violent des vents, les crises d'évaporation et les forces électriques obscures produisent les tempêtes.

Ce ne sont que des frissons cutanés . Les tempêtes, si meurtrières pour l'humanité, ne font que contracter l'épiderme marin tandis que la masse profonde de ses eaux reste dans un calme trouble, remplissant sa grande fonction de nourrir et de renouveler la vie. Père Océan ignore complètement l'existence des insectes humains qui osent se glisser sur sa surface dans des coquilles de coques microscopiques. Il ne s'informe pas des incidents qui peuvent avoir lieu sur le toit de son habitation. Sa vie continue , équilibrée, calme, infinie, engendrant des millions et des millions d'êtres en un millième de seconde.

La majesté de l'Atlantique dans les nuits tropicales faisait oublier à Ulysse les tempêtes courroucées de ses jours noirs. Au clair de lune, c'était un immense plan d'argent vif strié d'ombres serpentines. Ses douces ondulations pâteuses , pleines de vie microscopique, illuminaient les nuits. Les infusoires, tremblantes d'amour, brillaient d'une phosphorescence bleutée. La mer était comme du lait lumineux. L'écume qui se brisait contre la proue scintillait comme des fragments brisés de globes électriques.

Lorsqu'il était absolument tranquille et que le navire restait immobile avec la voile tombante, les étoiles passant lentement d'un côté à l'autre du mât, les délicates méduses, que la moindre vague pouvait écraser, remontaient à la surface en flottant sur les eaux. , autour de l'île du bois. Il y avait des milliers de ces parapluies qui défilaient lentement, verts, bleus, roses, avec une coloration vague semblable aux lampes à huile, — un cortège japonais vu d'en haut, qui d'un côté se perdait dans le mystère des eaux noires et reparaissait sans cesse. d'un autre côté.

Le jeune pilote aimait la navigation sur un voilier , la lutte avec le vent, la solitude de ses calmes. Il était ici bien plus près de l'océan que sur le pont d'un paquebot transatlantique. L'écorce n'a pas battu la mer en une écume aussi enragée. Il s'est glissé discrètement comme dans le silence maritime du premier millénaire de la terre nouveau-née. Les habitants océaniens s'en approchèrent avec confiance en le voyant rouler comme une baleine muette et inoffensive.

En six ans , Ulysse changea plusieurs fois de bateau. Il avait appris l'anglais, la langue universelle des dominions bleus, et se rafraîchissait avec l'étude des cartes de Maury, la Bible des marins, travail patient d'un génie obscur qui, le premier, arracha à l'océan et à l'atmosphère le secret de leurs lois.

Désireux d'explorer de nouvelles mers et de nouvelles terres, il ne s'arrêta pas dans les zones de voyage ou les ports habituels, et les capitaines britanniques, norvégiens et nord-américains reçurent cordialement ce fonctionnaire aux bonnes manières et peu exigeant quant aux salaires. Ainsi Ulysse errait sur les océans comme le roi d'Ithaque sur la Méditerranée, guidé par une fatalité qui le poussait d'un rude élan loin de sa patrie chaque fois qu'il se proposait d'y retourner. La vue d'un bateau ancré à proximité et prêt à mettre le cap sur quelque port lointain était une tentation qui lui faisait invariablement oublier de retourner en Espagne.

Il voyageait dans de vieux et sales vagabonds insouciants, dans lesquels les équipages déployaient toutes les voiles à la tempête, s'enivraient et s'endormaient, sûrs que le diable, ami des braves, les réveillerait le lendemain. le lendemain matin. Il vivait dans des bateaux blancs aussi silencieux et scrupuleusement propres qu'une maison hollandaise, dont les capitaines emmenaient avec eux femme et enfants, et où des hôtesses de l'air en tablier blanc s'occupaient de la cuisine et du nettoyage du foyer flottant, partageant les dangers du rouge. et des marins tranquilles, exempts de la tentation que provoque le contact des femmes. Le dimanche, sous le soleil des tropiques ou dans la lumière cendrée des cieux du nord, le maître d'équipage lisait la Bible. Les hommes écoutaient pensivement, la tête découverte. Les femmes s'étaient habillées en noir avec une coiffe en dentelle et des mains mitaines.

Il est allé à Terre-Neuve pour charger de la morue. C'est là que le courant chaud du golfe du Mexique rencontre celui des pôles. A la rencontre de ces deux fleuves marins, les petits êtres infinitésimaux que le Gulf Stream y entraîne meurent subitement gelés, et une pluie de minuscules cadavres descend sur les eaux. Les morues s'y rassemblent pour se gaver de cette manne si abondante qu'une grande partie, libérée de leurs mâchoires gourmandes, tombe au fond comme une tempête de neige de chaux.

En Islande (l' *Ultima Thulé* des anciens), on montrait à Ulysse des morceaux de bois que le courant équatorial y avait apportés des Antilles. Sur les côtes de Norvège, alors qu'il observait les harengs pendant la saison de reproduction, il s'émerveillait de la formidable fertilité de la mer.

De leur refuge dans les profondeurs obscures, ces poissons remontent à la surface émus par le message du printemps, désireux de prendre part à la joie du monde. Ils nagent les uns contre les autres, serrés, compacts, formant des strates qui se subdivisent et flottent vers la mer. Ils ressemblent à une île qui vient de refaire surface ou à un continent qui commence à couler. Dans les passages étroits, les hauts fonds sont si nombreux que les eaux se solidifient, rendant presque impossible l'avancée d'une barque. Leur nombre dépasse les possibilités de calcul, comme les sables et les étoiles.

Hommes et poissons carnassiers se jettent sur eux, ouvrant au milieu d'eux de grands sillons de destruction : mais les brèches se referment instantanément et la berge vivante continue son chemin, se densifiant à chaque instant, comme pour défier la mort. Plus leurs ennemis les détruisent, plus ils deviennent nombreux. Les colonnes épaisses et serrées se reproduisent sans cesse *en cours de route* . Au lever du soleil, les vagues sont grasses et visqueuses, pleines de vie qui fermente rapidement. Sur un espace de centaines de lieues, l'océan salé qui les entoure est comme du lait.

La fécondité de ces masses de poissons mettait le monde en danger. Chaque individu pouvait produire jusqu'à soixante-dix mille œufs. Dans quelques générations, il y en aurait de quoi remplir l'océan, le rendre solide, le faire pourrir, éteindre d'autres êtres, dépeupler le globe.... Mais la mort était chargée de sauver la vie universelle. Les cétacés s'attaquaient à cette densité vivante et, avec leur bouche insatiable, dévoraient la nourriture par tonnes. Des poissons infiniment petits secondaient les efforts des géants marins, se gavent d'œufs de hareng. Les poissons les plus gourmands, la morue et le merlu, poursuivaient ces prairies de viande, les poussaient vers les côtes et finissaient par les disperser.

La morue augmente prodigieusement son espèce, se rassasiant de merlu, jusqu'à ce que le monde soit de nouveau menacé. L'océan pourrait être transformé en une masse de morues, car chacune peut produire jusqu'à neuf millions d'œufs.... L'humanité pourrait être submergée par les assauts des poissons les plus fertiles, et la morue pourrait entretenir d'immenses flottes, créant en outre des colonies et des villes. Les générations humaines pourraient s'épuiser sans parvenir à vaincre cette monstrueuse reproduction. Les grands dévoreurs marins sont donc ceux qui rétablissent l'équilibre et l'ordre. L'esturgeon, estomac insatiable, intervient dans le banquet océanique, savourant dans la morue la substance concentrée des armées de harengs. Mais ce dévoreur d'ovipares d'une si grande puissance reproductive perpétuerait à son tour le danger mondial si un autre monstre aussi avide d'appétit que faible en procréation n'intervenait et détruisait d'un seul coup la fécondité toujours croissante de l'océan. .

Le glouton supérieur est le requin, cette bouche à nageoires, cet intestin natatoire qui avale avec une égale indifférence les morts et les vivants, la chair et le bois, nettoie les eaux de la vie et laisse un désert derrière sa queue frétillante ; mais ce destructeur ne produit qu'un seul requin, né armé et féroce, prêt dès le premier instant à continuer les exploits paternels, comme un héritier féodal.

de Ferragut en tant que pilote abondait en aventures dramatiques, dont quelques-unes ressortaient toujours clairement de ses nombreux souvenirs confus de terres exotiques et de mers interminables.

A Glasgow, il s'embarque comme second sur un vieux voilier à destination du Chili, pour décharger du charbon à Valparaiso et prendre du salpêtre à Iquique. La traversée de l'Atlantique s'est bien déroulée, mais en quittant les îles Malvina, le bateau a dû sortir malgré un souffle torride et furieux qui a fermé le passage vers le Pacifique. Le détroit de Magellan est réservé aux navires pouvant disposer à volonté d'une force propulsive. Le voilier a besoin d'une mer large et d'un vent favorable pour doubler le cap Horn, point culminant de la terre, lieu de tempêtes interminables et gigantesques.

Alors que l'été brûlait dans l'autre hémisphère, le terrible hiver austral vint à la rencontre des navigateurs. Le bateau a dû faire route vers l'ouest, au moment même où les vents soufflaient de l'ouest, lui barrant la route.

Huit semaines se sont écoulées et le pays était toujours aux prises avec la mer et la tempête. Le vent a emporté un jeu complet de voiles. Le navire en bois, quelque peu mis à rude épreuve par cette lutte interminable, commença à fuir, et l'équipage dut faire fonctionner les pompes manuelles nuit et jour. Personne n'a pu dormir pendant plusieurs heures consécutives. Tous étaient malades d'épuisement. La voix rauque et les jurons du capitaine parvenaient difficilement à maintenir la discipline. Certains marins se couchèrent en voulant mourir et durent être réveillés par des coups.

Ulysse savait pour la première fois ce qu'étaient réellement les vagues. Il vit des montagnes d'eau, littéralement des montagnes, se déverser sur la coque du bateau, leur immensité même les faisant former de grandes pentes des deux côtés de celui-ci. Lorsque la crête de l'un d'entre eux s'est brisée sur le navire, Ferragut a pu se rendre compte du poids monstrueux de l'eau salée. Ni la pierre, ni le fer n'avaient le coup brutal de cette force liquide qui, en se brisant, s'enfuyait en torrents ou s'élançait en embruns. Ils durent faire des ouvertures dans les pavois afin de fournir un évent à la masse écrasante.

Le jour du sud était une éclipse livide et brumeuse, se répétant pendant des semaines et des semaines sans le moindre éclaircissement, comme si le soleil avait quitté la terre pour toujours. Pas une lueur blanche n'existait dans ce contour tumultueux ; toujours gris, le ciel, l'écume, les mouettes, les neiges…. De temps à autre, les voiles de plomb de la tempête se déchiraient, laissant visible une apparition terrifiante. Autrefois, c'étaient des montagnes noires avec des nappes glaciaires venant du détroit de Beagle. Et le bateau vira de bord, fuyant cet étroit passage aquatique plein de corniches périlleuses. Une autre fois, les pics de Diego Ramirez, point le plus extrême du cap, se dressaient devant la proue, et la barque virait de nouveau, fuyant ce cimetière de navires. Le vent tourne, fait alors apparaître leurs premiers icebergs et les oblige par la même occasion à rebrousser chemin pour ne pas se perdre dans les déserts du pôle Sud.

Ferragut en vint à croire qu'ils ne doubleraient jamais le cap, restant à jamais en pleine tempête, comme le navire maudit de la légende du Hollandais volant. Le capitaine, véritable sauvage de la mer, taciturne et superstitieux, montrait du poing le promontoire, le maudissant comme une divinité infernale. Il était convaincu qu'on ne parviendrait jamais à le doubler tant qu'il ne serait pas apaisé par une offrande humaine. Cet Anglais apparut à Ulysse comme un de ces Argonautes qui apaisaient par des sacrifices la colère des divinités marines.

Une nuit, l'un des membres de l'équipage a été emporté par-dessus bord et perdu ; le lendemain, un homme tomba du mât de hune, afin que personne ne croie que le salut était impossible. Et comme si le Démon du Sud n'attendait que cet hommage, le vent d'ouest cessa, la barque n'avait plus devant sa proue la barrière infranchissable d'une mer hostile, et put entrer dans le Pacifique, mouillant douze jours plus tard à Valparaiso. .

Ulysse appréciait désormais le souvenir agréable que ce port laisse toujours dans la mémoire des marins. C'était un lieu de repos après la lutte pour doubler le cap ; c'était la joie d'exister, après avoir ressenti le souffle de la mort ; c'était de nouveau la vie dans les cafés et les maisons de plaisance, mangeant et buvant jusqu'à satiété, l'estomac souffrant encore de la nourriture salée et la peau encore brûlante des furoncles dus à la vie marine.

Son regard admiratif suivait le pas gracieux des femmes voilées de noir qui lui rappelaient son oncle le médecin. Dans les nuits de la *remolienda* , [un rassemblement ou une fête populaire au Chili], son regard était souvent distrait des beautés juvéniles et aux teintes sombres qui dansaient la *Zamacueca* [la danse nationale du Chili.] au milieu de la pièce, au son du des matrones enveloppées de voiles noirs, qui jouaient de la harpe et du piano, accompagnant la danse de chants langoureux qui l'intéressaient beaucoup. Peut-être que l'une de ces dames barbus et sentimentales aurait pu être sa tante.

Alors que son navire terminait de charger sa cargaison à Iquique, il entra en contact avec la foule des ouvriers des usines de salpêtre, des Chiliens « en panne » [à l'origine un terme de mépris est maintenant un nom complémentaire], des travailleurs de tous les pays. pays, qui ne savaient pas comment dépenser leur salaire journalier dans la monotonie de ces nouvelles colonies. Leur ivresse se divertissait avec la plus fausse magnificence. Certains laissaient couler le vin d'un fût entier juste pour remplir un seul verre. D'autres utilisaient les bouteilles de champagne alignées sur les étalages des cafés comme cible de leurs revolvers, payant cash tout ce qu'elles cassaient.

De ce voyage, Ferragut tira un sentiment de fierté et de confiance qui le fit mépriser tout danger. Il rencontra ensuite les tornades des mers asiatiques, ces horribles tempêtes circulaires qui, dans l'hémisphère nord, tournent de droite à gauche, et dans l'hémisphère sud, de gauche à droite, incidents rapides de quelques heures ou de quelques jours tout au plus. Il avait doublé le cap Horn en plein hiver après une lutte contre les éléments qui avait duré deux mois. Il avait su courir tous les risques ; l'océan avait épuisé pour lui toutes ses surprises…. Et pourtant, la pire de ses aventures s'est produite dans une mer calme.

Il était en mer depuis sept ans et envisageait de retourner une fois de plus en Espagne lorsqu'à Hambourg, il accepta le poste de second sur un navire à voile rapide qui faisait route vers le Cameroun et l'Afrique orientale allemande. Un marin norvégien a tenté de le dissuader de ce voyage. C'était un vieux navire, et ils l'avaient assuré pour quatre fois sa valeur. Le capitaine était de mèche avec le propriétaire, qui avait fait faillite à plusieurs reprises…. Et justement parce que ce voyage était si irrationnel, Ulysse s'empressa de s'embarquer. Pour lui, la prudence n'était qu'une vulgarité, et les obstacles et les dangers tentaient plus irrésistiblement son audace téméraire.

Un soir, sous la latitude du Portugal, alors qu'ils se trouvaient loin de la route habituelle de navigation, une colonne de fumée et de flammes balaya soudain le pont, perçant les écoutilles et dévorant les voiles. Tandis que Ferragut , à la tête d'une bande de nègres, tentait de maîtriser l'incendie, le capitaine et l'équipage allemand s'échappaient du navire à bord de deux canots de sauvetage préparés. Ferragut était sûr que les fugitifs riaient de le voir courir sur le pont qui commençait à se déformer et à lancer le feu par toutes ses fissures.

Sans jamais savoir exactement comment, il se retrouva dans un bateau avec des nègres et différents objets entassés avec les précipitations du vol, un tonneau de biscuits à moitié vide et un autre qui ne contenait que de l'eau.

Ils ramèrent toute une nuit, ayant derrière eux comme étoile malheureuse le bateau en feu qui jetait sur l'eau ses lueurs rouge sang. Au lever du jour, ils remarquèrent sur le disque solaire des lignes claires, noires et ondulées. C'était la terre… mais si loin !

Pendant deux jours, ils errèrent sur les crêtes mouvantes et les vallées sombres du désert bleu. À plusieurs reprises , Ferragut s'est effondré dans une léthargie mortelle, les pieds dans l'eau remplissant le fond du bateau. Les oiseaux de mer traçaient des spirales autour de ce corbillard flottant, le suivant de vigoureux coups d'aile et poussant des coassements de mort. Les vagues se soulevaient lentement et paresseusement par-dessus le bord du bateau, comme si elles voulaient contempler de leurs yeux vert d'eau ce mélange de corps blancs et sombres. Les naufragés ramaient avec un désespoir nerveux ; puis ils se couchent inertes, reconnaissant l'inutilité de leurs efforts, perdus dans la grande immensité.

Le second, somnolent sur la poupe dure, finit par sourire les yeux fermés. Tout cela n'était qu'un mauvais rêve. Il était sûr de se réveiller dans son lit, entouré du confort familier de sa cabine. Et lorsqu'il ouvrait les yeux, la dure réalité le faisait éclater en ordres désespérés, auxquels les Africains obéissaient aussi machinalement que s'ils dormaient encore.

"Je ne veux pas mourir !… Je ne devrais pas mourir !" » affirma son moniteur intérieur d'un ton effronté.

Ils criaient et faisaient des signaux inutiles aux bateaux lointains qui disparaissaient de la grande étendue d'eau sans jamais les voir. Deux nègres sont morts de froid. Leurs cadavres flottèrent de nombreuses heures près du bateau comme s'ils ne pouvaient s'en séparer. Puis ils furent entraînés vers le bas par une traction invisible, et quelques nageoires triangulaires passèrent sur la surface de l'eau, la coupant comme des couteaux en même temps que ses profondeurs étaient obscurcies par des ombres rapides et ébènes.

Lorsqu'ils approchèrent enfin de la terre, Ferragut comprit que la mort était plus proche ici qu'en haute mer. La côte se dressait devant eux comme un immense mur. Vu du bateau, il semblait couvrir la moitié du ciel. La longue ondulation océanique devenait une vague vorace en rencontrant les pavois extérieurs de ces îles arides, se brisant au fond de leurs grottes, et formant des cascades d'écume qui roulaient autour d'elles du haut en bas, soulevant de furieuses colonnes d'embruns avec le bruit de une canonnade.

Une main irrésistible saisit la quille, rendant l'atterrissage vertical. Ferragut jaillit comme un projectile, tombant dans les tourbillons écumants et ayant l'impression, en s'enfonçant, que hommes et tonneaux ensemble roulaient et pleuvaient dans la mer.

Il aperçut des traînées bouillonnantes de carcasses blanches et noires. Il se sentait poussé par des forces contradictoires. Les uns tiraient sur sa tête et d'autres sur ses pieds dans des directions différentes, le faisant tourner comme les aiguilles d'une horloge. Même ses pensées fonctionnaient doublement. "Ça ne sert à rien de résister", murmurait Découragement dans son cerveau, tandis que son autre moitié affirmait désespérément : "Je ne veux pas mourir !… Je ne dois pas mourir !"

ainsi quelques secondes qui lui parurent des heures. Il sentit la force brutale d'un frottement caché, puis un coup dans le ventre qui arrêta sa course entre les deux eaux, et s'agrippant aux irrégularités d'un rocher saillant, il releva la tête et put respirer. La vague reculait, mais une autre encore l'écrasait, le détachait de la pointe avec son barattage écumeux, lui faisant laisser dans les anfractuosités pierreuses des morceaux de peau de ses mains, de sa poitrine et de ses genoux.

La succion océanique semblait l'entraîner vers le bas malgré ses coups désespérés. "Ça ne sert à rien ! Je vais mourir", disait la moitié de son esprit et en même temps son autre hémisphère mental revoyait avec une synthèse fulgurante toute sa vie. Il aperçut le visage barbu du *Triton* à cet instant suprême. Il voyait le poète Labarta comme lorsqu'il racontait à son filleul les aventures du vieil Ulysse et sa lutte naufrage contre les pics rocheux et les vagues.

De nouveau, la dilatation marine le projeta contre un rocher, et de nouveau il s'y ancra d'une prise instinctive de ses mains. Mais avant que cette vague ne se retire, elle le précipita désespérément sur un autre rebord, l'eau refluent revenant au-dessous de lui. Il luttait ainsi longtemps, s'accrochant aux rochers lorsque la mer le submergeait, et rampant sur les pointes saillantes chaque fois que l'eau en retrait le lui permettait.

Se trouvant sur un point saillant de la côte, enfin libéré de la succion des vagues, son énergie disparut brusquement. L'eau qui coulait de son corps était rouge, chaque fois plus rouge , s'étalant en ruisseaux sur les irrégularités verdâtres de la roche. Il ressentait une douleur intense, comme si tout son organisme avait perdu la protection de son enveloppe, sa chair crue restant exposée à l'air.

Il voulait arriver quelque part, mais au-dessus de sa tête la côte dressait sa masse austère, un mur concave et inaccessible. Il serait impossible de sortir de cet endroit. Il s'était sauvé de la mer pour mourir stationné devant elle. Son cadavre ne flotterait jamais jusqu'à un rivage habité. Les seuls qui allaient connaître sa mort étaient les énormes crabes qui se précipitaient sur les pointes rocheuses, cherchant leur nourriture dans la houle ; les mouettes se laissaient tomber verticalement, les ailes déployées, du haut du rivage escarpé. Même les plus petits crustacés avaient l'avantage sur lui.

Tout à coup, il sentit toute sa faiblesse, toute sa misère, tandis que son sang continuait à cramer les petits lacs parmi les rochers. Fermant les yeux pour mourir, il aperçut dans l'obscurité un visage pâle, des mains qui tissaient adroitement des dentelles délicates, et avant que la nuit ne descende à jamais sur ses paupières, il poussa un cri d'enfant :

" *Maman !… Maman !…* "

Trois mois plus tard, en arrivant à Barcelone, il retrouva sa mère telle qu'il l'avait vue lors de son agonie sur la côte portugaise…. Des pêcheurs l'avaient récupéré au moment où sa vie déclinait. Durant son séjour à l' hôpital , il écrivit à plusieurs reprises, sur un ton léger et confiant, à Doña Cristina, prétendant qu'il était retenu par des affaires importantes à Lisbonne.

En le voyant entrer chez lui, la bonne dame laissa tomber ses éternelles dentelles, pâlit et le salua avec des mains tremblantes et des yeux troublés.

Elle devait connaître la vérité ; et si elle ne le savait pas, son instinct maternel le lui disait lorsqu'elle voyait Ulysse convalescent, émacié, oscillant entre effort courageux et effondrement physique, tout comme les braves qui sortent de la chambre de torture.

« Oh, mon fils !… Combien de temps encore !… »

Il était temps qu'il mette un terme à sa folie de l'aventure, à son désir fou de tenter l'impossible et de rencontrer les dangers les plus absurdes. S'il voulait suivre la mer, très bien. Mais qu'il s'agisse de vaisseaux respectables au service d'une grande compagnie, suivant une carrière d'avancement régulier, et n'errant pas capricieusement sur toutes les mers, liées à l'anarchie internationale qu'offrent les ports pour le renfort des équipages. Rester tranquillement à la maison serait le mieux. Oh, quel bonheur s'il voulait rester avec sa mère !…

Et Ulysse, au grand étonnement de Doña Cristina, décida de le faire. La bonne señora n'était pas seule. Une nièce vivait avec elle comme si elle était sa fille. Il suffisait au marin de descendre au plus profond de sa mémoire pour se rappeler une petite fille de quatre ans, rampant et gambadant sur le rivage, pendant que lui, avec la gravité d'un homme, écoutait le vieux secrétaire du ville, en racontant les grandeurs passées de la marine catalane .

Elle était la fille d'un Blanes (le seul pauvre de la famille) qui avait commandé les navires de ses parents et qui était mort de la fièvre jaune dans un port d'Amérique centrale. Ferragut avait du mal à concilier la petite créature qui rampait sur le sable avec cette même jeune fille élancée, couleur olive, portant sa masse de cheveux comme un casque d'ébène, avec deux petites spirales s'échappant par-dessus les oreilles. Ses yeux semblaient avoir les teintes changeantes de la mer, tantôt noires et d'autres bleues, ou encore vertes et profondes où la lumière du soleil se reflétait comme une pointe d'or.

Il était attiré par sa simplicité et par la grâce timide de ses paroles et de son sourire. Elle était une nouveauté irrésistible pour ce voyageur du monde qui n'avait connu que des demoiselles cuivrées aux éclats de rire bestiaux, des Asiatiques jaunâtres aux gestes félins, ou des Européens des grands ports qui, aux premiers mots, mendient à boire et chantent à genoux. de celui qui soigne, portant sa casquette en témoignage d'amour.

Cinta , c'était son nom, semblait l'avoir connu toute sa vie. Il avait été l'objet de ses conversations avec Doña Cristina lorsqu'ils passaient ensemble des heures monotones à tisser de la dentelle, comme c'était la coutume du village. En passant devant sa chambre, Ulysse y remarqua quelques-uns de ses propres portraits à l'époque où il était simple apprenti à bord d'un paquebot transatlantique. Cinta les avait sans doute pris dans la chambre de sa tante, car elle admirait ce cousin aventureux bien avant de le connaître. Un soir, le marin raconta aux deux femmes comment il avait été secouru sur les côtes du Portugal. La mère écoutait, le regard détourné, et les mains tremblantes, remuant les fuseaux de sa dentelle. Soudain, il y eut un tollé. C'était Cinta qui ne pouvait plus écouter, et Ulysse se sentait flatté par ses larmes, ses plaintes convulsives, ses yeux écarquillés par une expression de terreur.

de Ferragut s'était beaucoup inquiétée de l'avenir de cette pauvre nièce. Son seul salut était le mariage, et la bonne señora avait concentré ses regards sur un certain parent d'un peu plus de quarante ans qui avait besoin de cette jeune fille pour animer sa vie de célibat mûr. Il était le sage de la famille. Doña Cristina l'admirait parce qu'il ne savait pas lire sans lunettes et parce qu'il entretenait sa conversation avec le latin, tout comme le clergé. Il enseignait le latin et la rhétorique à l' Institut de Manresa et parlait d'être transféré un jour à Barcelone, fin glorieuse d'une illustre carrière. Chaque semaine, il s'enfuyait vers la capitale pour faire de longues visites chez la veuve du notaire.

"Il ne vient pas à cause de moi," dit la bonne señora , "qui se soucierait d'une vieille femme comme moi ?... Je vous dis qu'il est amoureux de Cinta , et ce sera une bonne chance pour l'enfant de se marier. un homme si sage, si sérieux...."

En écoutant les projets matrimoniaux de sa mère, Ulysse commença à se demander lequel des os d'un professeur de rhétorique un marin pourrait briser sans encourir trop de responsabilités.

Un jour, Cinta cherchait partout dans la maison un dé à coudre sombre et usé qu'elle utilisait depuis de nombreuses années. Soudain, elle cessa sa recherche, rougit et baissa les yeux. Son regard avait rencontré un air évasif sur le visage de sa cousine. Il l'avait. Dans la chambre d'Ulysse, on voyait des rubans, des écheveaux de soie, un vieil éventail, le tout déposé dans des livres et des papiers par le même réflexe mystérieux qui avait tiré ses portraits de la chambre de sa mère à la chambre de son cousin.

Le marin aimait désormais rester chez lui, passant de longues heures à méditer les coudes sur la table, mais en même temps attentif au bruissement de pas légers qu'on entendait de temps en temps dans le couloir voisin. Il savait tout, la trigonométrie sphérique et rectangulaire, la cosmographie, les lois des vents et des tempêtes, les dernières découvertes océanographiques, mais qui pourrait lui apprendre la manière approuvée de s'adresser à une jeune fille sans l'effrayer ? apprendre l'art de proposer à une fille timide?...

Pour lui, les doutes n'étaient jamais des choses très longues ni douloureuses. Marche en avant! Que chacun se sortir de ces affaires du mieux qu'il pouvait. Et un soir, alors que Cinta allait du salon à la chambre de sa tante pour lui apporter un livre de dévotion, elle heurta Ulysse dans le couloir.

Si elle ne l'avait pas connu, elle aurait peut-être tremblé pour son existence. Elle se sentit saisie par une paire de mains puissantes qui la soulevèrent du sol. Puis une bouche avide piétina ses deux baisers agressifs. "Prends ça et ça!"… Ferragut se repentit en voyant sa cousine trembler contre le mur, pâle comme la mort, les yeux remplis de larmes.

"Je t'ai blessé. Je suis une brute... une brute !"

Il faillit tomber à genoux, implorant son pardon ; il serra les poings comme s'il allait se frapper, se punissant de son audace. Mais elle ne le laissait pas continuer…. « Non, non !… » Et pendant qu'elle gémissait cette protestation, ses bras formaient un anneau autour du cou d'Ulysse. Sa tête pencha vers la sienne, cherchant l'abri de son épaule. Une petite bouche s'unissait pudiquement à celle du marin, et en même temps sa barbe était mouillée d'une pluie de larmes.

Et ils n'en parlèrent pas davantage.

Lorsque, quelques semaines plus tard, Doña Cristina entendit la pétition de son fils, son premier mouvement fut un mouvement de protestation. Une mère écoute avec bienveillance toute demande de main de sa fille, mais elle est ambitieuse et exigeante à l'égard de son fils. Elle avait rêvé de quelque chose de bien plus brillant ; mais son indécision fut de courte durée. Cette fille timide était peut-être la meilleure compagne d'Ulysse, après tout. De plus, l'enfant était bien faite pour être l'épouse d'un homme de la mer, ayant vu sa vie dès son enfance…. Au revoir Professeur !

Ils étaient mariés. Peu de temps après, Ferragut , qui n'était pas capable de mener une vie inactive, retourna à la mer, mais comme premier officier d'un paquebot transatlantique qui effectuait des voyages réguliers vers l'Amérique du Sud. Pour lui, cela équivalait à être employé dans un bureau flottant, visitant les mêmes ports et répétant invariablement les mêmes tâches. Sa mère était extrêmement fière de le voir en uniforme. Cinta fixait son regard sur l'almanach comme la femme d'un employé le fixe sur l'horloge. Elle avait la certitude qu'au bout de trois mois elle le verrait réapparaître, venu de l'autre bout du monde chargé de cadeaux exotiques, tout comme un mari qui revient du bureau avec un bouquet acheté dans la rue.

Au retour de ses deux premiers voyages, elle alla à sa rencontre sur le quai, cherchant de son regard avide son habit bleu et sa casquette à bande d'or parmi les transatlantiques qui voltigeaient sur les ponts, se réjouissant de leur arrivée en Europe.

Lors du voyage suivant, Doña Cristina l'obligea à rester à la maison, craignant que l'effervescence et la foule au port n'affectent l'approche de sa maternité. Ensuite, à chacun de ses voyages de retour, Ferragut vit un nouveau fils, bien que toujours le même ; c'était d'abord un paquet de batiste et de dentelles porté par une infirmière en uniforme voyant ; puis, alors qu'il était capitaine du paquebot transatlantique, un petit chérubin en jupes courtes, aux joues potelées, à la tête ronde recouverte d'un duvet soyeux, lui tendait ses petits bras ; enfin un garçon qui commençait à aller à l'école et à la vue de son père saisissait sa dure main droite, l'admirant de ses grands yeux, comme s'il voyait en sa personne la perfection concentrée de toutes les forces de l'univers.

Don Pedro, le professeur, continua à visiter la maison de Doña Cristina, bien qu'avec moins d'assiduité. Il avait l'attitude résignée et froidement courroucée de l'homme qui croit être arrivé trop tard et est persuadé que sa malchance n'est que le résultat de son imprudence. S'il avait seulement parlé avant ! Sa suffisance masculine ne lui permettait jamais de douter que la jeune fille l'aurait accepté avec jubilation.

Malgré cette conviction, il ne pouvait s'empêcher parfois d'une certaine agressivité ironique qui s'exprimait en inventant des surnoms classiques. La jeune épouse d'Ulysse, penchée sur sa dentelle, était Pénélope attendant le retour de son mari errant.

Doña Cristina a accepté ce surnom car elle savait vaguement que Pénélope était la reine des bonnes habitudes. Mais le jour où le professeur, par déduction logique, appela Télémaque le fils de Cinta , la grand-mère protesta.

"Il s'appelle Esteban en hommage à son grand-père… Télémaque n'est qu'un nom de théâtre."

Lors d'un de ses voyages, Ulysse profita d'une escale de quatre heures dans le port de Valence pour voir son parrain. De temps en temps, il recevait du poète des lettres, chacune plus courte et plus triste, écrites d'une écriture tremblante qui annonçait son âge et son infirmité croissante.

En entrant dans le bureau, Ferragut se sentait comme ces dormeurs légendaires qui croient se réveiller après quelques heures de sommeil alors qu'ils somnolent en réalité depuis des dizaines d'années. Tout y était encore comme à son enfance : les bustes des grands poètes sur le dessus des bibliothèques, les couronnes dans leurs vitrines, les bijoux et les statuettes, prix des poèmes à succès, étaient encore dans leur cristal. armoires ou reposant sur les mêmes socles ; les livres, dans leurs reliures resplendissantes, formaient leurs bataillons serrés habituels sur toute la longueur des bibliothèques. Mais la blancheur des bustes avait pris la couleur du chocolat, les bronzes étaient rougis par l'oxydation, l'or était devenu verdâtre, et les couronnes perdaient leurs feuilles. Il semblait que les cendres auraient pu pleuvoir à perpétuité.

Les occupants de cette demeure envoûtante présentaient le même aspect d'abandon et de dégradation. Ulysse trouva le poète maigre et jaune, avec une longue barbe blanche, un œil presque fermé et l'autre très largement ouvert.

En voyant le jeune officier à la poitrine large, vigoureux et bronzé, Labarta , blotti dans un grand fauteuil, se mit à pleurer avec un hoquet enfantin, comme s'il pleurait sur la misère des illusions humaines, sur la brièveté d'un discours trompeur. une vie qui nécessite une rénovation continue.

Ferragut eut encore plus de difficulté à reconnaître la petite señora rétrécie qui se trouvait près du poète. Sa chair flasque pendait à son squelette comme la frange déchiquetée d'une splendeur passée ; sa tête était petite ; son visage avait la surface ridée d'une pomme ou d'une prune d'hiver, ou de tous les fruits qui rétrécissent et se fanent lorsqu'ils perdent leur jus. "Doña Pepa !… " Les deux vieillards se parlaient et se parlaient avec la tranquille non-moralité de ceux qui se rendent compte qu'ils sont très proches de la mort et oublient les tremblements et les scrupules d'une vie qui s'écroule derrière eux. .

Le marin soupçonnait astucieusement que toute cette misère physique n'était que le triste final d'un régime alimentaire absurde, insouciant et enfantin , des sucreries servant de base à l'alimentation, de grands plats de riz lourds comme plat quotidien, des pastèques et des cantaloups remplissant le menu. entre les repas, garni de glaces servies dans d'énormes verres et dégageant un parfum de neige mielleuse.

Tous deux lui racontèrent en soupirant leurs infirmités qu'ils jugeaient incompréhensibles, les attribuant à l'ignorance des médecins. C'est en réalité le dépérissement morbide qui s'attaque soudainement aux habitants des pays riches et productifs en nourriture. Leur vie était un flux continu de sucre liquide…. Et pourtant Ferragut devinait aisément la désobéissance des deux vieillards à la discipline du régime, leurs tromperies enfantines, leur ruse pour jouir seuls des fruits et des sirops qui faisaient l'enchantement de leur existence.

L'entretien a été court. Le capitaine devait regagner le port de Grao où l'attendait son paquebot, prêt à lever l'ancre pour l'Amérique du Sud.

Le poète pleura encore en embrassant son filleul. Il ne reverrait plus jamais ce Colosse qui semblait repousser ses faibles étreintes avec le soufflet de sa respiration.

"Ulysse, mon fils !… Pense toujours à Valence…. Fais pour elle tout ce que tu peux…. Garde toujours elle à l'esprit, toujours Valence !"

Il promit tout ce que souhaitait le poète sans comprendre exactement ce que Valence pouvait attendre de lui, simple marin, errant sur toutes les mers. Labarta voulut l'accompagner jusqu'à la porte mais il se laissa tomber sur son siège, obéissant au despotisme affectueux de son compagnon qui craignait toujours pour lui les plus grandes catastrophes.

Pauvre Doña Pepa !... Ferragut avait envie de rire et de pleurer en même temps en recevant un baiser de sa bouche desséchée dont le duvet s'était transformé en pointes d'épingle. C'était le baiser d'une vieille beauté qui se souvient de la galanterie d'un jeune amant, le baiser d'une femme sans enfant caressant le fils qu'elle aurait pu avoir.

"Pauvre malheureux Carmelo !... Il n'écrit plus, il ne lit plus.... Ay ! que deviendrai- je un jour ?... "

Elle parlait toujours des pouvoirs défaillants du poète avec la commisération d'une personne forte et en bonne santé, et elle devenait terrifiée en pensant aux années pendant lesquelles elle pourrait survivre à son seigneur. Occupée à prendre soin de lui, elle ne se regardait même pas.

Un an plus tard, à son retour des Philippines, le capitaine trouva une lettre de son parrain qui l'attendait à Port-Saïd. Doña Pepa était décédée et Labarta , se débarrassant de la lourdeur des larmes de sa mauvaise humeur, lui fit ses adieux dans un long cantique. Ulysse parcourut des yeux la coupure de journal ci-jointe contenant les derniers vers du poète. Les strophes étaient en castillan. Mauvais signe !... Après cela, il ne faisait aucun doute que sa fin devait être très proche.

Ferragut n'a plus jamais eu l'occasion de revoir son parrain, décédé au cours d'un de ses voyages. En débarquant à Barcelone, Doña Cristina lui remit une lettre écrite par le poète presque à l'agonie. "Valence, mon fils ! Toujours Valence !" Et après avoir répété cette recommandation à plusieurs reprises, il annonça qu'il avait fait de son filleul son héritier.

Les livres, les statues, tous les souvenirs glorieux du poète lauréat, sont venus à Barcelone pour orner la maison du marin. Le petit Télémaque s'amusait à démonter les vieilles couronnes du troubador et à arracher les vieilles estampes de ses volumes avec l'inconséquence d'un enfant vif dont le père est très loin et qui se sait idolâtré par deux dames indulgentes. Outre ses trophées, le poète a laissé à Ulysse une vieille maison à Valence, des biens immobiliers et une certaine somme en valeurs négociables, soit au total trente mille dollars.

L'autre gardien de son enfance, le vigoureux *Triton* , ne semblait pas affecté par le passage des années. À son retour à Barcelone, Ferragut le trouva fréquemment installé dans sa maison, dans une muette hostilité envers Doña Cristina, voulant à Cinta et à son fils une partie de l'affection qu'il prodiguait autrefois au seul Ulysse.

Il désirait beaucoup que le petit Esteban connaisse la maison de ses arrière-grands-parents.

"Vous me laisserez l'avoir ?... Vous savez bien," cajolait-il, "que là-bas, dans la *Marina* , les hommes deviennent aussi forts que s'ils étaient faits de bronze. Vous me laisserez sûrement l'avoir ?... "

Mais il frémit devant le geste indigné de la suave Doña Cristina. Confier son petit-fils au *Triton* , et qu'il éveille en lui l'amour de l'aventure maritime, comme il l'avait fait avec Ulysse ?... Derrière moi, diable bleu !

Le médecin se promenait, abasourdi, devant le port de Barcelone.... Trop d'agitation bruyante, trop de mouvement ! Marchant fièrement aux côtés d'Ulysse, il aimait lui raconter les aventures de sa vie de marin et de vagabond cosmopolite. Il considérait son neveu comme le plus grand des Ferragut , un véritable homme de mer comme ses ancêtres mais avec le titre de capitaine ; un vagabond aventureux sur tous les océans, comme il l'avait été, mais avec une place sur le pont, investi du commandement absolu que confèrent la responsabilité et le danger. Lorsqu'Ulysse rembarquerait , le *Triton* s'en irait vers ses propres domaines.

"Ce sera la prochaine fois, bien sûr !" disait-il pour se consoler de devoir se séparer du fils de son neveu ; et au bout de quelques mois, il reparaissait, chaque fois plus grand, plus laid, plus bronzé, avec un sourire silencieux qui se transformait en paroles devant Ulysse, comme des nuages orageux éclataient en coups de tonnerre.

Au retour d'un voyage à la mer Noire, Doña Cristina annonça à son fils : « Ton oncle est mort ».

La pieuse señora déplora en chrétienne le départ de son beau-frère, lui consacrant une partie de ses prières ; mais elle insista avec une certaine cruauté pour raconter sa triste fin, car elle n'avait jamais pu pardonner sa fatale intervention dans la destinée d'Ulysse. Il était mort comme il avait vécu, dans la mer, victime de sa propre témérité, sans aveu, comme n'importe quel païen.

Un autre héritage revient ainsi à Ferragut .... Son oncle était parti nager un matin d'hiver ensoleillé et n'était jamais revenu. Les vieux du rivage avaient leur manière d'expliquer comment s'était produit l'accident, un évanouissement sans doute, un choc contre les rochers. Le *Dotor* était encore vigoureux, mais les années ne passent pas sans laisser leurs empreintes. Certains pensaient qu'il avait dû se battre avec un requin ou un autre poisson carnivore qui abonde dans les eaux méditerranéennes. En vain les pêcheurs guidaient leurs barques à travers toutes les entrées et sorties tortueuses des eaux autour du promontoire, explorant les grottes sombres et les profondeurs inférieures de transparence cristalline. Personne n'a jamais pu retrouver le corps *du Triton* .

Ferragut se rappelait le cortège d'Aphrodite que le docteur lui avait si souvent décrit les soirs d'été, à la lueur lointaine du phare. Peut-être était-il tombé sur cette joyeuse suite de néréides, la rejoignant pour toujours !

Cette supposition absurde, qu'Ulysse formulait mentalement avec un sourire triste et incrédule, revenait fréquemment dans les pensées simples de beaucoup de gens de la *Marina* .

Ils refusaient de croire à sa mort. Un sorcier ne se noie jamais. Il a dû trouver en bas quelque chose de très intéressant et quand il en aurait assez de vivre dans les profondeurs vertes, il reviendrait probablement un jour nager chez lui.

Non : le *Dotor* n'était pas mort.

Et pendant bien des années après, les femmes qui longeaient la côte, à la tombée de la nuit, accéléraient le pas, se signant en distinguant sur les eaux sombres un bout de bois ou un bouquet d'algues. Ils craignaient que surgisse tout à coup le *Triton* , barbu, dégoulinant, jaillissant, revenant de son excursion dans les profondeurs mystérieuses de la mer.

CHAPITRE IV

FRÉYA

Le nom d'Ulysse Ferragut commença à être célèbre parmi les capitaines des ports espagnols, même si les aventures nautiques de ses débuts contribuèrent très peu à cette popularité. La plupart d'entre eux avaient rencontré de plus grands dangers, mais ils l'appréciaient en raison du respect instinctif qu'ont les hommes énergiques et simples pour une intelligence qu'ils estiment supérieure à la leur. Ne lisant que ce qui concernait leur carrière, ils parlaient avec consternation des nombreux livres qui remplissaient la cabine de Ferragut , beaucoup d'entre eux sur des sujets qui leur paraissaient les plus mystérieux. Certains ont même fait des déclarations inexactes afin d'accroître le prestige de leur camarade.

"Il en sait beaucoup… Il est avocat et marin."

La considération de sa fortune contribua également à l'appréciation générale. Il était un actionnaire important de l'entreprise pour laquelle il était employé. Ses compagnons aimaient calculer avec une fière exagération les richesses de sa mère, les accumulant par millions.

Il rencontrait des amis sur chaque navire battant pavillon espagnol, quel que soit son port d'attache ou la nationalité de ses équipages.

Tous l'aimaient : les capitaines basques, économes en paroles, grossiers et économes en discours affectueux ; les capitaines asturiens et galiciens, sûrs d'eux et dépensiers, contrastant étrangement avec leur sobriété et leur caractère avare à terre ; les capitaines andalous, reflétant dans leurs discours pleins d'esprit Cadix blanche et ses vins lumineux ; les capitaines valenciens qui parlent de politique sur le pont, imaginant qu'ils vont devenir la marine d'une future république ; et les capitaines de Catalogne et de Majorque connaissent aussi bien les affaires que leurs armateurs. Chaque fois que la nécessité les obligeait à défendre leurs droits, ils pensaient immédiatement à Ulysse. Personne ne pouvait écrire comme lui.

Les anciens camarades qui avaient gravi les échelons des échelons inférieurs, les hommes de mer qui avaient commencé leur carrière sur des caboteurs et qui ne pouvaient que très difficilement adapter leurs connaissances pratiques au maniement des livres, parlaient de Ferragut avec fierté.

" On dit que les hommes de la mer sont un peuple inculte…. Ici, ils ont *Don Luis* qui est l'un des nôtres. Ils peuvent lui demander tout ce qu'ils veulent…. Un vrai sage ! "

Le nom d'Ulysse les faisait toujours bégayer. Ils croyaient qu'il s'agissait d'un surnom et, ne voulant manquer de respect, ils l'avaient finalement transformé en "Don Luis". Pour certains d'entre eux, le seul défaut de Ferragut était sa chance. Jusqu'à présent, pas un seul bateau dont il avait eu le commandement n'avait été perdu. Et tout marin constamment en mer devrait avoir connu au moins un de ces malheurs dans son histoire pour être un vrai capitaine. Seuls les terriens ne perdent jamais leurs bateaux.

À la mort de sa mère, Ulysse était très indécis quant à l'avenir, ne sachant pas s'il devait continuer sa vie marine ou entreprendre quelque chose de complètement différent. Ses parents à Barcelone, commerçants prompts à comprendre et à évaluer une fortune, additionnaient ce que le notaire et sa femme lui avaient laissé et y ajoutaient ce que Labarta et le médecin avaient apporté, jusqu'à ce que cela atteigne un million de pesetas.... Et un homme avec autant d'argent pouvait-il continuer à vivre comme un pauvre capitaine dépendant de son salaire pour entretenir sa famille !...

Son cousin, Joaquín Blanes, propriétaire d'une usine de tricots, l'a exhorté à plusieurs reprises à suivre son exemple. Il devrait rester à terre et investir ses capitaux dans l'industrie catalane. Ulysse appartenait à ce pays, tant du côté de sa mère que parce qu'il était né dans la terre voisine de Valence. Il y avait un grand besoin d'hommes riches et énergiques pour participer au gouvernement. Blanes entrait dans la politique locale avec l'enthousiasme d'un bourgeois pour l'aventure inédite.

Cinta n'a jamais dit un mot pour influencer son mari. Elle était la fille d'un marin et avait accepté la vie d'épouse de marin. En outre, elle considérait le mariage à la lumière des vieilles traditions familières : la femme maîtresse absolue de l'intérieur du foyer, mais confiant les affaires extérieures à la volonté du seigneur, du guerrier, du chef du foyer, sans se permettre opinions ou objections à leurs actes.

C'est donc Ulysse qui décide d'abandonner la vie maritime. Travaillé par les suggestions de ses cousins, il suffisait d'une petite dispute avec un des directeurs de la compagnie maritime pour lui faire remettre sa démission et refuser de la reconsidérer, quoique poussé par les protestations et les supplications des autres actionnaires.

Dans les premiers mois de son existence à terre, il s'étonnait de l'immobilité désespérée de tout. Le monde était fait d'une rigidité et d'une solidité révoltantes. Il se sentait presque nauséeux de voir tous ses biens rester là où il les avait laissés, sans la moindre fluctuation, ni le moindre caprice occasionnel.

Le matin, en ouvrant les yeux, il éprouvait d'abord la douce sensation d'une liberté irresponsable. Rien n'affectait le sort de cette maison. La vie de ceux qui dormaient aux autres étages au-dessus et en dessous de lui n'avait pas été confiée à sa vigilance…. Mais au bout de quelques jours, il commença à sentir qu'il lui manquait quelque chose, quelque chose qui avait été une des plus grandes satisfactions de son existence, la sensation du pouvoir, la jouissance du commandement.

Deux servantes accouraient maintenant toujours vers lui, l'air effrayé, au son de sa voix ou au son de sa cloche. C'était tout ce qui restait de celui qui avait commandé des dizaines d'hommes d'un caractère si laid qu'ils terrorisaient tous les spectateurs lorsqu'ils débarquaient dans les ports. Personne ne le consultait maintenant, tandis qu'en mer tout le monde cherchait son conseil et devait à plusieurs reprises interrompre son sommeil. La maison pourrait continuer sans qu'il fasse quotidiennement le tour des caves jusqu'au toit, surveillant le moindre robinet. Les femmes qui le nettoyaient le matin avec leurs balais l'obligeaient toujours à fuir son bureau. Il n'était pas autorisé à faire de commentaires ni à tendre un bras rayé d'or comme lorsqu'il avait l'habitude de gronder les écouvillons de pont pieds nus et seins nus, insistant sur le fait que le pont devait être aussi propre que le salon. Il se sentait rabaissé, mis de côté. Il pensait à Hercule habillé en femme et filant la laine. Son amour de la vie de famille lui avait fait renoncer à celle d'un homme puissant.

Seule la bienveillance de son épouse, qui l'entourait de soins assidus, comme pour compenser leurs longues séparations, rendait la situation supportable. En outre, sa conscience éprouvait une certaine satisfaction d'être un père de terre, s'intéressant beaucoup à la vie de son fils qui commençait à se préparer à entrer à l'institut, feuilletant ses livres et l'aidant à comprendre les notes.

Mais même ces plaisirs ne duraient pas longtemps. Les réunions de famille chez lui ou chez ses proches l'ennuyaient indiciblement ; il en était de même pour les conversations avec ses cousins et ses neveux sur les profits et les affaires, ou sur les défauts de la tyrannie centralisée. Selon eux, toutes les calamités du ciel et de la terre venaient de Madrid. Le gouverneur de la province était le « consul d'Espagne ».

Ces marchands n'interrompaient leurs critiques que pour écouter dans un silence religieux la musique de Wagner jouée au piano par les filles de la famille. Un ami à la voix de ténor chantait *Lohengrin* en catalan. L'enthousiasme fit rugir le plus excité, "l'hymne… l'hymne !" Il n'était pas possible de se tromper. Pour eux, il n'existait qu'un seul hymne et, sur un ton trillant, ils accompagnaient la musique liturgique de *Los Segadores* (Les Faucheurs). [Le chant révolutionnaire de Catalogne , créé par une bande de faucheurs au XVIIe siècle.]

Ulysse se rappelait avec le mal du pays sa vie de commandant d'un paquebot transatlantique, une vie vaste et universelle, aux horizons incessants et variés, et aux foules cosmopolites. Il se voyait retenu sur le pont par des groupes de jeunes filles élégantes qui le supplieraient de nouvelles danses la semaine prochaine. Ses pas étaient entourés de jupes blanches flottantes, de voiles qui ondulaient comme des nuages colorés, de rires et de trilles, de bavardages espagnols qui semblaient mis en musique : tout le jargon ludique d'une cage d'oiseaux tropicaux.

Les anciens présidents des républiques sud-américaines, généraux ou médecins qui allaient se reposer en Europe, lui racontaient sur le pont, avec une gravité napoléonienne, les principaux événements de leur histoire. Les hommes d'affaires partant pour l'Amérique lui confièrent leurs projets prodigieux : des rivières détournées de leur cours, des chemins de fer construits à travers les forêts vierges, des forces électriques monstrueuses extraites d'immenses cascades de largeur variable, des villes vomies du désert en quelques semaines, tout cela. les merveilles d'un monde adolescent qui désire réaliser tout ce que son imagination de jeunesse peut concevoir. Il était le demi-urgent de ce petit monde flottant : il disposait de la joie et de l'amour au gré de son esprit.

Dans les soirées caniculaires autour de l'équateur, il lui suffisait de donner l'ordre de tirer les choses et les êtres de leur somnolence brutale. "Que la musique commence et que les rafraîchissements soient servis." Et dans quelques instants, les danseurs tourneraient sur toute la longueur du pont, et les lèvres et les yeux souriants s'illumineraient brillamment d'illusion et de désir. Derrière lui, ses louanges retentissaient toujours. Les matrones le trouvaient très distingué. "Il est évident que c'est une personne exceptionnelle." Les stewards et l'équipage ont fait circuler des récits exagérés sur ses richesses et ses études. Certaines jeunes filles naviguant vers l'Europe avec une imagination bouillonnante de romantisme furent très consternées d'apprendre que le héros était marié et avait un fils. Les dames solitaires, étendues sur une *chaise longue,* un livre à la main, en le voyant arrangeaient la corolle de leurs jupons, cachant leurs jambes avec tant de précipitation qu'elles les laissaient toujours plus découvertes ; puis, fixant sur lui un regard langoureux, ils entamaient un dialogue toujours de la même manière.

« Comment se fait-il qu'un être aussi jeune que vous soit déjà devenu capitaine ?... »

Ah, quelle misère !... Lui qui avait vaillamment passé de nombreuses années à naviguer d'un extrême à l'autre de l'Atlantique avec un monde riche, gai et parfumé, résistant tantôt aux caprices féminins par simple prudence, cédant tantôt par le secret d'un marin discret, ne se retrouvait plus d'autres admirateurs que la médiocre tribu des Blanes, d'autres hallucinations que celles que pouvait suggérer son cousin le constructeur, en s'enthousiasmant parce que les grands apôtres de la politique s'intéressaient au capitaine. .

Chaque matin, au réveil, son goût recevait désormais un choc brutal. La première chose qu'il contempla fut une chambre « sans personnalité », une demeure qui ne lui était en rien caractéristique, aménagée par les servantes avec une propreté excessive et un manque de logique qui changeait constamment la situation de ses affaires.

Il se souvenait avec envie de sa cabine compacte et bien ordonnée, où il n'y avait pas un meuble qui pouvait échapper à son regard ni un tiroir dont il ne connaissait le contenu dans les moindres détails. Son corps avait l'habitude de se glisser sans gêne dans les espaces de l'ameublement de sa cabine. Il s'était adapté à tous les angles entrants et sortants, tout comme le corps du mollusque s'adapte aux courbes sinueuses de ses coquilles. La cabane semblait formée par les sécrétions de son être. C'était une couverture, une gaine, qui l'accompagnait d'un extrême à l'autre de l'océan, se réchauffant aux températures élevées des tropiques, ou devenant aussi douillette qu'une cabane d'Esquimau à l'approche des mers polaires.

Son amour pour elle ressemblait un peu à celui que le frère a pour sa cellule ; mais cette cellule était laïque, et y entrant après une nuit tumultueuse sur le pont, ou un voyage à terre dans les ports les plus curieux et les plus étrangers, il la trouva toujours la même, avec ses papiers et ses livres intacts sur la table, ses vêtements suspendus. de leurs crochets, ses photographies fixées aux murs. Le spectacle quotidien des mers et des terres changeait constamment : la température, la course des étoiles et les gens qui, une semaine, étaient emmitouflés dans des manteaux d'hiver et vêtus de blanc la semaine suivante, à la recherche des nouvelles étoiles du ciel. un autre hémisphère…. Pourtant, sa petite cabine douillette était toujours la même, comme s'il s'agissait du coin d'une planète à part, insensible aux variations de ce monde.

En s'y réveillant, il se retrouvait chaque matin plongé dans une atmosphère verdâtre et fade, comme s'il avait dormi au fond d'un lac enchanté. Le soleil traçait sur la blancheur de son plafond et de ses draps un incessant réseau d'or dont les mailles se succédaient sans cesse. C'était le reflet de l'eau invisible. Lorsque son navire était immobile dans les ports, il entrait toujours par sa fenêtre le bruit tourbillonnant des grues, les cris des débardeurs et les voix de ceux qui étaient dans les navires voisins. En haute mer, le silence frais et murmurant de l'immensité remplissait sa chambre à coucher. Un vent d'une pureté infinie venu peut-être de l'autre côté de la planète, glissant à des milliers de lieues, sur les déserts salés sans toucher une seule parcelle de corruption, viendrait s'infiltrer dans la gorge de Ferragut comme un vin effervescent. Sa poitrine se dilatait toujours au gré des impulsions de ce breuvage vivifiant tandis que ses yeux parcouraient le bleu étincelant et lumineux de l'horizon.

Ici, chez lui, la première chose qu'il aperçut par la fenêtre au réveil fut un édifice catalan , riche et monstrueux, comme les palais que l'hypnotiseur fait évoluer dans ses rêves, un amalgame de fleurs persanes, de colonnes gothiques, de troncs d'arbres, avec des quadrupèdes, des reptiles et des escargots parmi le feuillage de ciment. Le pavé lui apportait par ses égouts la fétide des égouts asséchés faute d'eau ; les balcons répandent la poussière des tapis secoués ; le palais absurde s'est approprié, avec l'insolence des nouveaux riches, tout le ciel et le soleil qui appartenaient à Ferragut .

Une nuit, il surprit ses proches en les informant qu'il s'apprêtait à reprendre la mer. Cinta acquiesça à cette résolution dans un silence douloureux, comme si elle l'avait prévu depuis longtemps. C'était quelque chose d'inévitable et de fatal qu'elle devait accepter. Le fabricant Blanes balbutia d'étonnement. Revenons à sa vie d'aventures, quand les grands messieurs du quartier s'intéressaient à sa personnalité !… Peut-être qu'aux prochaines élections ils l'auraient peut-être fait membre du conseil municipal !

Ferragut se moqua de la simplicité de son cousin. Il voulait à nouveau commander un navire, mais le sien, sans être obligé de tenir compte des restrictions des armateurs. Il pouvait se permettre ce luxe. Ce serait comme un énorme yacht, prêt à partir selon ses goûts et ses convenances, tout en lui rapportant des profits incalculables. Peut-être que son fils deviendra à terme directeur d'une compagnie maritime, ce premier navire posant les bases d'une énorme flotte pour les années à venir.

Il connaissait tous les ports du monde, toutes les routes de circulation, et il serait capable de trouver les endroits où, faute de moyens de transport, ils payaient les tarifs de fret les plus élevés. Jusqu'à présent, il était un salarié, courageux et insouciant. Il allait commencer une vie absolument indépendante de spéculateur maritime.

Deux mois plus tard, il écrivit d'Angleterre qu'il avait acheté le *Fingal* , un paquet postal de trois mille tonnes qui faisait deux fois par semaine des voyages entre Londres et un port d'Écosse.

Ulysse paraissait très ravi du faible coût de son acquisition. Le *Fingal* avait appartenu à un capitaine écossais qui, malgré sa longue maladie, n'avait jamais souhaité abandonner le commandement et mourait à bord de son navire. Ses héritiers, hommes de l'intérieur fatigués par leur longue attente, tenaient à s'en débarrasser à tout prix.

Lorsque le nouveau propriétaire entra dans le salon arrière entouré de cabines, seul endroit habitable du navire, les souvenirs des morts revinrent à sa rencontre. Sur les panneaux muraux étaient peints les héros de l' Iliade écossaise, le barde Ossian avec sa harpe, Malvina aux bras ronds et aux tresses d'or ondoyantes, les guerriers intrépides avec leurs casques ailés et leurs biceps saillants, échangeant des entailles sur leurs boucliers en se réveillant. les échos des lochs verts.

Un fauteuil profond et spongieux ouvrait ses bras devant un poêle. Là, le propriétaire du navire avait passé ses dernières années, malade de cœur et les jambes enflées, dirigeant depuis son siège un parcours qui se répétait chaque semaine à travers les vagues brumeuses de l'hiver, en jetant des morceaux de glace arrachés aux icebergs. Près du poêle se trouvait un piano et sur son sommet une collection ordonnée de partitions musicales jaunies par le temps : *La Sonnambula* , *Lucia* , Romances de Tosti , chants napolitains, mélodies légères et gracieuses que les vieux accords de l'instrument envoyaient avec les fragiles et tintement cristallin d'une vieille boîte à musique. Le pauvre vieux capitaine au cœur malade et aux jambes de pierre s'était toujours tourné vers la mer de lumière pour se distraire. C'était la musique qui faisait apparaître dans les cieux brumeux les sommets de Sorrente couverts d'orangers et de citronniers, et la côte de Sicile, parfumée de sa flore flamboyante.

Ferragut équipait son bateau avec des gens sympathiques. Son second était un pilote qui avait débuté sa carrière dans un bateau de pêche. Il venait du même village que les ancêtres d'Ulysse et il se souvenait du *Dotor* avec respect et admiration. Il avait connu ce nouveau capitaine quand il était petit et il allait à la pêche avec son oncle. À cette époque, Toni était déjà marin sur un navire de cabotage, et sa supériorité au fil des années avait alors justifié qu'il utilisait le tu et le familier lorsqu'il parlait avec le jeune Ulysse.

Se trouvant maintenant sous ses ordres, il voulut changer de manière de s'adresser, mais le capitaine ne le permit pas. Peut-être que lui et Toni étaient des parents éloignés : tous ceux qui vivaient dans ce village de la *Marina* étaient liés par de longs siècles d'existence isolée et de danger commun. L'équipage tout entier, depuis le premier mécanicien jusqu'au matelot le plus bas, montra une égale familiarité à cet égard. Certains étaient originaires du même pays que le capitaine, d'autres naviguaient depuis longtemps sous ses ordres.

En tant qu'armateur, Ulysse subit désormais d'innombrables expériences dont il n'avait jamais soupçonné l'existence auparavant. Il a connu la transformation angoissante de l'acteur qui devient directeur de théâtre, de l'auteur qui se lance dans l'édition, de l'ingénieur amateur d'inventions bizarres qui devient propriétaire d'une usine. Son amour romantique pour la mer et ses aventures était désormais éclipsé par le prix et la consommation du charbon, par la concurrence exaspérante qui faisait baisser les tarifs de fret et par la recherche de nouveaux ports offrant un fret rapide et rémunérateur.

Le *Fingal* qui avait été rebaptisé par son nouveau propriétaire sous le nom de *Mare Nostrum* , en mémoire de son oncle, s'est avéré être un achat douteux malgré son bas prix. En tant que navigateur, Ulysse avait été très enthousiaste en voyant sa proue haute et pointue disposée à affronter les pires mers, la minceur de l'engin rapide, sa machinerie excessivement puissante pour un cargo , toutes les conditions qui en avaient fait un colis postal. pendant tant d'années. Il consommait trop de carburant pour être un investissement rentable en tant que transport de marchandises. Le capitaine, pendant sa navigation, ne pouvait plus penser qu'à l'appétit vorace des chaudières. Il lui semblait toujours que la *Mare Nostrum* filait à toute vitesse avec un excès de vapeur.

« Demi-vitesse ! » criait-il dans le tube à son premier ingénieur.

Mais malgré cela et bien d'autres précautions, les dépenses en carburant étaient extrêmement disproportionnées par rapport au tonnage du navire. Le bateau engloutissait tous les bénéfices. Sa vitesse était insignifiante comparée à celle d'un paquebot transatlantique, mais absurde comparée à celle des navires marchands aux grosses coques et aux petites machines qui circulaient sollicitant des marchandises à tout prix et de tous les points.

Esclave de la supériorité de son navire et en lutte continuelle avec lui, Ferragut dut faire de gros efforts pour continuer à naviguer sans réelles pertes. Toutes les eaux de la planète voient désormais la *Mare Nostrum* se spécialiser dans les moyens de transport les plus rares. Grâce à cet expédient, le drapeau espagnol flottait dans des ports qui ne l'avaient jamais vu auparavant.

Sous cette bannière, il effectua des voyages à travers les mers solitaires de Syrie et d'Asie Mineure, longeant les côtes où la nouveauté d'un navire à cheminée faisait courir en foule les habitants des villages arabes. Il débarqua dans des ports phéniciens et grecs encombrés de sable qui n'avaient laissé que quelques cabanes au pied de montagnes de ruines, et où des colonnes de marbre se dressaient encore comme des troncs de palmiers coupés. Il jeta l'ancre près des terribles brisants de la côte occidentale de l'Afrique, sous un soleil qui brûlait le pont, pour embarquer du caoutchouc , des plumes d'autruche et des défenses d'éléphants, ramenés dans de longues pirogues par des rameurs nègres, d'un rivière remplie de crocodiles et d'hippopotames, et bordée de groupes de cabanes avec des cônes de paille pour toit.

Lorsqu'il n'y eut plus de ces voyages extraordinaires, la *Mare Nostrum* tourna sa route vers l'Amérique du Sud, se résignant à rivaliser de tarifs avec les Anglais et les Scandinaves qui sont les muletiers de l'Océan. Son tonnage et son tirant d'eau lui permettent de remonter les grands fleuves d'Amérique du Nord, atteignant même les villes de l'intérieur reculé où des rangées de cheminées d'usine fumaient au bord d'un lac d'eau douce transformé en port.

Il remonta le Paraná vermeil jusqu'à Rosario et Colastiné , afin de charger du blé argentin ; il jeta l'ancre dans les eaux ambrées de l'Uruguay face à

Paysandú et Fray Ventos , embarquant des peaux destinées à l'Europe et du sel pour les Antilles. Depuis le Pacifique, il remonte les Guayas bordés d'une végétation équatoriale, à la recherche du cacao de Guayaquil. Sa proue coupait la nappe infinie de l' Amazone, délogeant de gigantesques troncs d'arbres entraînés par les inondations de la forêt vierge, pour mouiller face à Pará ou Manaos , embarquant des cargaisons de tabac et de café. Il rapporta même d'Allemagne du matériel de guerre pour les révolutionnaires d'une petite république.

Ces voyages qui, en d'autres temps, auraient éveillé l'enthousiasme de Ferragut, se soldèrent désormais par des résultats désastreux. Après avoir payé toutes les dépenses et vécu avec une économie exaspérante, il ne restait presque plus rien au propriétaire. Chaque fois, les bateaux de marchandises étaient plus nombreux et les tarifs de transport moins chers. Ulysse avec son élégante *Mare Nostrum* ne pouvait rivaliser avec les capitaines sudistes, ivres et taciturnes, désireux d'accepter du fret à tout prix pour remplir leurs misérables transports rampant à travers l'océan à la vitesse d'une tortue.

"Je n'en peux plus", dit-il tristement à son compagnon. "Je vais tout simplement ruiner mon fils. Si quelqu'un veut acheter la *Mare Nostrum,* je la vendrai."

Au cours d'une de ses expéditions infructueuses, au moment où il était le plus découragé, une nouvelle inattendue changea pour lui la situation. Ils venaient d'arriver à Ténériffe avec du maïs et des bottes de luzerne sèche en provenance d'Argentine.

Lorsque Toni revint à bord après avoir dégagé le navire, il cria en valencien, la langue de l'intimité : "Guerre, *Che* !"

Ulysse, qui arpentait le pont, reçut la nouvelle avec indifférence. « La guerre ?… De quelle guerre s'agit- il ?… » Mais en apprenant que l'Allemagne et l'Autriche avaient commencé les hostilités avec la France et la Russie, et que l'Angleterre venait d'intervenir en faveur de la Belgique, le capitaine se mit rapidement à calculer les conséquences politiques de cet incendie. Il ne pouvait rien voir d'autre.

Toni, moins désintéressé, a parlé de l'avenir du navire…. Leur misère était enfin terminée ! Le fret à treize shillings la tonne n'allait désormais plus être qu'un souvenir honteux. Ils n'auraient plus à plaider pour le fret de port en port comme s'ils mendiaient l'aumône. Ils étaient désormais sur le point de prendre de l'importance et allaient se trouver sollicités par des expéditeurs et des marchands dédaigneux. La *Mare Nostrum* vaudrait son pesant d'or.

De telles prédictions, bien que Ferragut refusât de les accepter, commencèrent à se réaliser en très peu de temps. Les navires circulant sur les routes maritimes sont soudainement devenus très rares. Certains d'entre eux se réfugiaient dans les ports neutres les plus proches, craignant les croiseurs ennemis. La plupart ont été mobilisés par leurs gouvernements pour le transport énorme de matériel qu'exige la guerre moderne. Les corsaires allemands, profitant astucieusement de la situation, augmentaient par leurs captures la panique de la marine marchande.

Le prix du fret est passé de treize shillings la tonne à cinquante, puis à soixante-dix, et quelques jours plus tard à cent. Il ne pouvait pas monter plus loin, selon le capitaine Ferragut .

"Il va monter encore plus haut", affirma le copilote avec une joie cruelle. « Nous verrons le tonnage à cent cinquante, à deux cents.... Nous allons devenir riches !... »

Et Toni utilisait toujours le pluriel en parlant des richesses futures, sans jamais qu'il lui vienne à l'idée de demander à son capitaine un penny de plus que les quarante-cinq dollars qu'il recevait chaque mois. La fortune de Ferragut et celle du navire, il les considérait invariablement comme siennes, se considérant heureux s'il n'était pas à court de tabac et pouvait envoyer l'intégralité de son salaire à sa femme et à ses enfants vivant là-bas dans la *marina* .

Son ambition était celle de tous les modestes marins : acheter un terrain et devenir agriculteur dans ses vieux jours. Les pilotes basques rêvaient de prairies et de vergers de pommiers, d'une petite maison sur un pic et de nombreuses vaches. Il s'imaginait une vigne sur la côte, une petite demeure blanche avec une tonnelle à l'ombre de laquelle il pourrait fumer sa pipe pendant que toute sa famille, enfants et petits-enfants, étalait la récolte des raisins secs sur les claies.

Une admiration familière comme celle d'un ancien écuyer pour son paladin, ou d'un vieux subalterne pour un officier supérieur, l'attachait à Ferragut . Les livres qui remplissaient la cabine du capitaine rappelaient ses angoisses lors de son examen à Cartagena pour sa licence de pilote. Les graves messieurs du tribunal l'avaient fait pâlir et bégayer comme un enfant devant les logarithmes et les formules de la trigonométrie. Mais qu'on *le consulte* sur des questions pratiques et sur son habileté de maître de barque habituée à tous les dangers de la mer, il répondrait avec le sang-froid d'un sage !

Dans les périls les plus difficiles, les jours de tempête et de sinistres écueils aux abords des côtes traîtresses, Ferragut ne put se décider à se reposer que lorsque Toni le remplaça sur le pont. Avec lui, il ne craignait pas que, par négligence, une vague déferle sur le pont et arrête la machinerie, ni qu'un rebord invisible n'enfonce sa pointe de pierre dans les organes vitaux du navire. Il maintint la barre dans la direction indiquée. Il se tenait silencieux et immobile, comme s'il dormait debout ; mais au moment opportun, il prononçait toujours le bref mot d'ordre.

Il était très maigre, avec la maigreur desséchée de la Méditerranée bronzée. Le vent salin, plus que son âge, avait bronzé son visage, le ridant de profondes crevasses. Une coloration capricieuse avait assombri les profondeurs de ces fissures tandis que la partie exposée au soleil paraissait lavée de plusieurs nuances plus claires. Sa barbe courte et raide s'étendait sur tous les sillons et crêtes de sa peau. De plus, il avait des poils dans les oreilles, des poils dans les voies nasales, des excroissances grossières et vibrantes, prêtes à trembler dans les moments de colère ou d'admiration…. Mais cette laideur disparaissait sous la lumière de ses petits yeux aux pupilles entre le vert et l'olive , des yeux doux avec une expression canine de résignation, lorsque le capitaine se moquait de ses convictions.

Toni était un « homme d'idées ». Ferragut ne savait qu'il en avait quatre ou cinq, mais ils étaient durs, cristallisés, tenaces, comme les mollusques qui se collent aux rochers et finissent par s'intégrer à l'excroissance pierreuse. Il les avait acquises en vingt-cinq ans de service sur les côtes méditerranéennes, en lisant tous les périodiques de radicalisme lyrique qu'on lui imposait à son entrée dans les ports. D'ailleurs, à la fin de chaque voyage se trouvait Marseille ; et dans l'une de ses petites ruelles latérales se trouvait une salle rouge ornée de colonnes symboliques où se réunissaient des marins de toutes races et de toutes langues, s'entendant fraternellement au moyen de signes mystérieux et de paroles rituelles.

Chaque fois que Toni entrait dans un port sud-américain après une longue absence, il admirait particulièrement le progrès rapide des nouveaux villages, d'énormes quais construits dans l'année, des rues interminables qui n'existaient pas lors de son précédent voyage, des parcs ombragés et élégants remplaçant les anciens. , lacs asséchés.

"C'est tout à fait naturel", affirmait-il sans détour. "Pour cause, ce sont des républiques !"

Dès l'entrée dans les ports espagnols, la moindre déviation dans l'accostage, une discussion avec les employés officiels, le manque de place pour un bon mouillage le ferait sourire d'amertume. "Malheureux pays !... Tout ici est l'ouvrage de l'autel et du trône !"

Dans la Tamise et devant les quais de Hambourg, le capitaine Ferragut taquinait son subordonné.

"Il n'y a pas de république ici, Toni !... Mais cela en vaut néanmoins la peine ."

Mais Toni ne cédait jamais. Il contractait son visage poilu, faisait un effort mental pour formuler ses idées vagues, les revêtir de mots. Au fond même de ces grandeurs se trouvait la confirmation de l'idée qu'il essayait si vainement d'exprimer. Finalement, il s'avoua échec et mat, mais pas convaincu.

"Je ne sais pas comment l'expliquer ; je n'ai pas les mots pour ça... mais... ce sont les *gens* qui font tout ça."

En recevant à Ténériffe la nouvelle de la guerre, il résuma toutes ses doctrines avec la concision d'un vainqueur.

"En Europe, il y a trop de rois…. Si toutes les nations pouvaient être des républiques !… Cette calamité devait arriver !"

Et cette fois, Ferragut n'osa pas ridiculiser la détermination de son second.

Tous les habitants de *Mare Nostrum* ont montré un grand enthousiasme pour le nouvel aspect commercial des choses. Les marins qui, dans les voyages précédents, étaient taciturnes, comme s'ils prévoyaient la ruine ou l'épuisement de leur capitaine, travaillaient maintenant avec autant d'ardeur que s'ils allaient participer aux bénéfices.

réfectoire avancé, nombre d'entre eux se mirent à travailler sur des calculs commerciaux. Le premier voyage de la guerre serait égal à dix de leurs précédents ; la seconde, peut-être, pourrait rapporter vingt bénéfices. Et se rappelant leurs mauvaises affaires passées, ils se réjouirent pour Ferragut , avec le même désintéressement que le premier officier. Les ingénieurs n'étaient plus appelés dans la cabine du capitaine pour réaliser de nouvelles économies de carburant. Ils devaient profiter du temps et de l'opportunité ; et la *Mare Nostrum* allait maintenant à toute vapeur, filant quatorze nœuds à l'heure, comme un paquebot, ne s'arrêtant que lorsque sa route était bloquée à l'entrée de la Méditerranée par un destroyer anglais, envoyant un officier pour s'assurer qu'ils étaient bien en route. ne pas transporter à bord de passagers ennemis.

L'abondance régnait également entre le pont et le gaillard d'avant où se trouvaient les quartiers des marins et la cuisine, espace respecté de tous sur le bateau comme le royaume incontestable de l'oncle Caragol .

Ce vieil homme, surnommé « Caracol » (escargot), autre vieil ami de Ferragut , était le cuisinier du navire et, bien qu'il n'osait pas parler aussi familièrement au capitaine qu'autrefois, le ton de sa voix faisait comprendre que mentalement il continuait à utiliser la forme ancienne et affectueuse. Il avait connu Ulysse lorsqu'il fuyait les salles de classe pour ramer dans le port et, à cause du mauvais état de ses yeux, il s'était finalement retiré de la navigation sur les navires côtiers, devenant un simple marinier. Sa gravité et sa corpulence avaient quelque chose de presque sacerdotal. C'était le type obèse du Méditerranéen, avec une petite tête, un cou volumineux et un triple menton, assis à l'arrière de son bateau de pêche comme un patricien romain sur le trône de sa trirème.

Son talent culinaire fut éclipsé chaque fois que le riz ne figurait pas comme base fondamentale de ses compositions. Tout ce que cette nourriture pouvait donner d'elle-même, il le savait parfaitement. Dans les ports tropicaux, les équipages rassasiés de bananes, d'ananas et de poires alligator, saluaient avec enthousiasme l'apparition d'une grande poêle de riz à la morue et aux pommes de terre, ou d'une cocotte de riz sorti du four à la croûte dorée perforée de les faces rouges des pois chiches et les pointes de boudin noir. D'autres fois, sous le ciel plombé des mers du nord, le cuisinier leur faisait rappeler leur lointaine terre natale en leur offrant le plat monastique de riz aux betteraves ou le riz beurré aux navets et aux haricots.

Les dimanches et les fêtes des saints valenciens qui pour l'oncle Caragol étaient les premiers au ciel, *San Vicente Mártir*, *San Vicente Ferrer*, *La Vierge des Desamparados et* le *Cristo del Grao*, apparaissait la *paella fumante*, un vaste plat circulaire. de riz à la surface duquel gisaient des grains blancs et gonflés des morceaux de volailles diverses. Le cuisinier aimait surprendre ses convives en distribuant des oignons ronds et crus, d'une blancheur de marbre et d'une surprise âcre qui faisait monter les larmes aux yeux. Il s'agissait d'un don princier gardé en secret. Il suffisait de les briser d'un seul coup et leurs sucs collants jaillissaient et se perdaient dans le palais comme des bouchées croustillantes d'un pain sucré et épicé, alternant avec des couteaux de riz. Le bateau se trouvait parfois près du Brésil en vue de Fernando de Noroña, mais même en regardant les huttes coniques des nègres installés sur une île sous un soleil équatorial, les équipages pouvaient presque croire, grâce à la magie de l'oncle Caragol, qu'ils mangeaient. dans une cabane des terres agricoles de Valence, tandis qu'ils passaient de main en main la cruche au long bec remplie de vin fort de Liria.

Lorsqu'ils jetaient l'ancre dans des ports où le poisson était abondant, il réalisait le grand travail de cuire un riz *abanda*. Les mousses apportaient à la table du capitaine la marmite dans laquelle étaient bouillis les riches fruits de mer mêlés de homards, de moules et de toutes sortes de coquillages disponibles, mais le *chef* se réservait invariablement l'honneur d'offrir le grand plateau d'accompagnement avec sa pyramide, de riz, chaque grain doré et distinct.

Bouilli à part (*abanda*), chaque grain était plein du succulent bouillon de la marmite. C'était un plat de riz qui contenait en lui la concentration de tous les aliments de la mer. Comme s'il s'agissait d'une cérémonie liturgique, le *chef* allait partout pour livrer un demi-citron à chacun des convives attablés. Le riz ne doit être consommé qu'après l'avoir humidifié de cette rosée parfumée qui rappelle l'image d'un jardin oriental. Seuls les malheureux qui vivaient à l'intérieur des terres ignoraient cette confection exquise, qualifiant tout plat de riz de plat de riz valencien.

Ulysse se complaisait dans les idées du cuisinier, portant la première cuillerée à sa bouche avec un regard interrogateur.... Alors il souriait, s'abandonnant à l'ivresse gastrique. "Magnifique, Oncle Caragol !" Sa bonne humeur lui faisait affirmer que seuls les dieux devaient se nourrir de riz *abanda* dans leurs demeures du mont Olympe. Il avait lu cela dans des livres. Et Caragol , devinant de grands éloges dans tout cela, répondait gravement : « C'est vrai, mon capitaine. Toni et les autres officiers, à ce moment-là, mâchaient la tête baissée, n'interrompant leur festin que pour regretter que le vieux Ganymède les ait lésinés en mesurant l'ambroisie.

Selon lui, le pétrole était aussi précieux que le riz. Au temps de leur navigation déficitaire, lorsque le capitaine faisait des efforts particuliers d'économie, Caragol avait l'habitude de surveiller particulièrement attentivement les grandes bouteilles d'huile de sa cuisine, car il soupçonnait que les mousses et les jeunes matelots se l'appropriaient. pour se coiffer lorsqu'elles voulaient jouer au dandy, en utilisant l'huile comme pommade. Chaque tête qui se mettait à portée de son regard troublé, il la saisissait entre ses bras, la portant à son nez. Le moindre parfum d'huile d'olive susciterait sa colère. « Ah, voleur ! »... Et son énorme main tombait, douce et lourde comme un gant d'escrime.

Ulysse le croyait tout à fait capable de gravir le pont et déclara que la navigation ne pouvait continuer parce qu'il avait épuisé les bouteilles de cuir contenant un liquide couleur améthyste provenant de la Sierra de Espadán .

Dans les ports, ses yeux myopes reconnaissaient immédiatement la nationalité des bateaux ancrés de part et d'autre de la *Mare Nostrum* . Son nez reniflait tristement l'air. « Rien !... » C'étaient des aboiements peu recommandables, des aboiements du Nord qui préparaient leur dîner avec du saindoux ou du beurre, des aboiements protestants peut-être.

Parfois, il se faufilait le long du plat-bord, suivant une piste enivrante jusqu'à se planter devant la cuisine du bateau voisin, respirant son riche parfum. "Bonjour, mes frères !" Impossible de le tromper, c'étaient probablement des Espagnols, sinon ils étaient de Gênes ou de Naples, bref, des compatriotes habitués à vivre et à manger sous toutes les latitudes comme s'ils étaient dans leur petite mer intérieure. Bientôt, ils commenceraient un discours dans l'idiome méditerranéen, un mélange d'espagnol, de provençal et d'italien, inventé par les peuples hybrides de la côte africaine, de l'Egypte au Maroc. Parfois ils s'envoyaient des cadeaux, comme ceux qu'on échange entre tribus, des fruits venus de pays lointains. D'autres fois, soudain hostiles, sans savoir pourquoi, ils brandissaient le poing par-dessus la balustrade, se criant des injures où, entre deux ou trois mots, apparaissaient les noms de la Vierge et de son saint Fils.

Ce fut le signal pour l'oncle Caragol , âme religieuse, de regagner dans un silence hautain sa galère. Toni, le compagnon, se moquait de son enthousiasme dévot. En revanche, les ouvriers du mât de misaine, matérialistes et gloutons, l'écoutaient avec déférence, car c'était lui qui distribuait le vin et les meilleures friandises . Le vieil homme leur parlait du *Cristo del Grao* , dont les images occupaient la place la plus importante dans la cuisine, et ils écoutaient tous comme un conte nouveau, l'histoire de l'arrivée par mer de l'image sacrée, montée sur une échelle dans un bateau qui s'était dissous dans la fumée après avoir déchargé sa miraculeuse cargaison.

C'était à l'époque où le *Grao* n'était qu'un groupe de cabanes éloignées des murs de Valence et menacées par les incursions des pirates maures. Pendant de nombreuses années, Caragol , pieds nus, portait cette échelle sacrée sur son épaule le jour de la fête. Maintenant, d'autres hommes de la mer jouissaient d'un tel honneur et lui, vieux et à moitié aveugle, attendait parmi le public le passage du cortège pour se jeter sur l'énorme relique en touchant le bois avec ses vêtements.

Tous ses vêtements extérieurs furent sanctifiés par ce contact. En réalité, ils n'étaient pas très nombreux, puisqu'il se promenait habituellement sur le bateau très légèrement vêtu, avec l'impudeur d'un homme qui voit mal et se considère au-dessus des préoccupations humaines.

Une chemise dont la queue flottait toujours et un pantalon de coton sale ou de flanelle jaune, selon la saison, constituait toute sa tenue. Le sein de la chemise était ouvert en toutes occasions, laissant visible une chaume de cheveux blancs. Les pantalons étaient attachés ensemble par un seul bouton. Un chapeau en feuille de palmier lui couvrait toujours la tête, même lorsqu'il travaillait parmi ses marmites.

La *Mare Nostrum* ne pouvait faire naufrage ni subir aucun dommage pendant qu'elle le transportait à son bord. Aux jours de tempête, lorsque les vagues balayaient le pont de la proue à la poupe et que les matelots avançaient avec prudence, craignant qu'une mer agitée ne les entraîne par-dessus bord, Caragol passait la tête par la porte de la cuisine, méprisant un danger. qu'il ne pouvait pas voir.

Les grandes trombes d'eau passaient sur lui, éteignant même ses incendies, mais ne faisant qu'augmenter sa foi. "Courage, les garçons ! Courage, les gars !" Le *Cristo del Grao* en avait une charge spéciale et rien de mal ne pouvait arriver au navire… Certains marins se taisaient, tandis que d'autres disaient ceci et cela à propos de l'image sans éveiller l'indignation du vieux dévot.

Dieu, qui envoie des dangers aux hommes de la mer, sait que leurs mauvaises paroles manquent de méchanceté.

Sa religiosité s'étendait jusqu'aux profondeurs. Il ne voulait rien dire des poissons de mer, car ils lui inspiraient la même indifférence que ces bateaux froids et sans parfum qui ignoraient l'huile d'olive et tout cela se cuisinait à la pommade. Ils doivent être hérétiques.

Il connaissait mieux les poissons de la Méditerranée et en arrivait même à croire qu'ils devaient être de bons catholiques, puisqu'ils proclamaient à leur manière la gloire de Dieu. Debout près du taffrail, lors des soirées torrides des tropiques, il racontait, en l'honneur des habitants de sa mer lointaine, le prodigieux miracle qui s'était produit dans le vallon d' Alboraya .

Un prêtre traversait un jour à gué l'embouchure d'une rivière pour porter l'eucharistie à un mourant, lorsque sa bête trébucha et que le ciboire, s'ouvrant, les hosties tombèrent et furent emportées par le courant. Désormais, des lumières mystérieuses brillaient chaque nuit sur l'eau, et au lever du soleil une nuée de petits poissons venaient se ranger face au vallon, la tête sortant de l'eau, pour montrer à l'Armée qui était chacun d'eux. porter dans sa bouche. En vain les pêcheurs voulaient-ils les leur enlever. Ils s'enfuirent vers la mer intérieure avec leurs trésors. Ce n'est que lorsque le clergé, la croix dressée et accompagné du même prêtre, tomba à genoux dans le vallon, qu'il se décida à s'approcher ; et l'un après l'autre déposèrent son hostie dans le ciboire, se retirant ensuite de vague en vague, remuant gracieusement leurs petites queues.

Malgré le vague espoir d'une cruche de vin de choix qui animait la plupart de ses auditeurs, un murmure d'incrédulité s'élevait toujours à la fin de ce récit. Le dévot Caragol devint alors aussi courroucé et grossier qu'un prophète d'autrefois lorsqu'il considérait sa foi en danger. « Qui était ce fils de puce ?... Qui *était* ce fils de puce qui ose douter de ce que j'ai vu moi-même ?... » Et ce qu'il avait vu, c'était la fête du *Peixet* qui se célébrait chaque année, simplement en écoutant les plus savants des hommes discutant du miracle dans une chapelle commémorative construite au bord du vallon.

Ce prodige des petits poissons était presque toujours suivi de ce qu'il appelait le miracle du *Peixot* , s'efforçant avec le poids d'un si merveilleux conte de poissons d'écraser les doutes des impies.

La galère d'Alphonse V d'Aragon (le seul roi marin d'Espagne), en sortant du golfe de Naples, heurta un jour un rocher caché près de l'île de Capri qui emporta un côté du navire sans le faire fuir ; et le navire continua sa route toutes voiles déployées, transportant le roi, les dames de sa cour et la suite des barons vêtus de mailles. Vingt jours après, ils arrivèrent sains et saufs à Valence, comme tous les marins qui, dans les moments de danger, demandent aide à la *Virgen del Puig* . En inspectant la coque de la galère, les maîtres calkers aperçurent un poisson monstrueux se détacher de son fond avec la tranquillité d'un honnête homme qui a rempli son devoir. C'était un dauphin envoyé par la très sainte Señora pour que son camp puisse boucher la brèche ouverte. Et ainsi, comme un bouchon, il avait navigué de Naples à Valence sans laisser passer une goutte d'eau.

Le *chef* n'admettra aucune critique ni protestation. Ce miracle était indéniable. Il l'avait vu de ses propres yeux, et ils étaient bons. Il l'avait vu dans un tableau ancien du monastère de Puig, tout apparaissant sur la tablette avec le réalisme de la vérité : la galère, le roi, le *peixòt* et la Vierge au-dessus donnant l'ordre.

À ce stade, la brise battait le pan de la chemise du narrateur, révélant son abdomen divisé en hémisphères par la tyrannie de l'unique bouton de son pantalon.

"Oncle Caragol , fais attention !" prévint une voix taquine.

Le saint homme sourirait avec le calme séraphique de celui qui voit au-delà des pompes et des vanités de l'existence, et commencerait le récit d'un nouveau miracle.

Ferragut attribuait les périodes d'exaltation de son cuisinier à la légèreté de ses vêtements par tous les temps. En lui brûlait un feu sans cesse renouvelé. Les jours de brouillard, il montait sur le pont avec quelques verres d'une boisson fumante qu'il appelait autrefois *calentets* . Rien de mieux pour les hommes qui devaient passer de longues heures dans les intempéries en vigilance immobile ! C'était du café mélangé à du rhum, mais dans des proportions inégales, contenant plus d'alcool que de liquide noir. Toni buvait rapidement tous les verres proposés. Le capitaine les refusait en demandant du café clair.

Sa sobriété était celle du marin antique, la sobriété du père Ulysse qui mélangeait du vin avec de l'eau dans toutes ses libations. Les divinités de l'ancienne mer n'aimaient pas les boissons alcoolisées. L' *Amphitrite blanche* et les Néréides n'acceptaient sur leurs autels que les fruits de la terre, les sacrifices de colombes, les libations de lait. C'est peut-être pour cette raison que les marins de la Méditerranée, suivant une tendance héréditaire, considéraient l'ivresse comme la plus vile des dégradations. Même ceux qui n'étaient pas tempérants évitaient de s'enivrer franchement comme les marins des autres mers, dissimulant la force de leur boisson alcoolisée avec du café et du sucre.

Caragol était la doublure chargée de boire tout ce que le capitaine refusait, ainsi que certains autres qu'il se consacrait dans le mystère de la galère. Les jours chauds, il fabriquait *des rafraîchissements* , et ces rafraîchissements étaient d'énormes verres, moitié d'eau et moitié de rhum sur un grand lit de sucre, mélange qui faisait passer comme un éclair, sans aucune gradation, de la sérénité vulgaire à la plus angélique. intoxication.

Le capitaine le grondait en voyant ses yeux enflammés et rougis. Il allait se rendre aveugle…. Mais le coupable ne fut pas ému par cette menace. Il devait célébrer à sa manière la prospérité du navire. Et de cette prospérité, le plus intéressant pour lui était sa capacité à utiliser abondamment l'huile et l'eau-de-vie sans craindre de récriminations lors du règlement des comptes. *Cristo del Grao* !… que la guerre dure toujours !…

Le troisième voyage *de la Mare Nostrum,* de l'Amérique du Sud vers l'Europe, s'achève brusquement à Naples, où l'on décharge du blé et des peaux. Une collision à l'entrée du port, avec un navire-hôpital anglais qui se dirigeait vers les Dardanelles, blessa sa poupe, emportant une partie de l'hélice.

Toni rugit d'impatience en apprenant qu'ils allaient devoir rester près d'un mois dans le farniente forcé. L'Italie n'était pas encore intervenue dans la guerre, mais ses précautions défensives monopolisaient toutes les industries navales. Il n'était pas possible d'effectuer les réparations plus tôt, même si Ferragut savait bien ce que cette perte de temps représenterait pour son entreprise. Un précieux fret l'attendait à Marseille et à Barcelone, mais, voulant se calmer et apaiser son compagnon, il répétait à plusieurs reprises :

"L'Angleterre nous indemnisera… Les Anglais sont justes."

Et pour apaiser son impatience, il descendit à terre.

Comparée à d'autres villes italiennes célèbres, Naples ne lui paraissait pas d'une grande importance. Sa vraie beauté était son immense gouffre entre des collines d'orangers et de pins, avec une seconde trame de montagnes dont l'une dessinait sur l'azur du ciel sa crête éternelle de vapeurs volcaniques.

La ville ne regorgeait pas d'édifices célèbres. Les monarques de Naples étaient généralement des étrangers qui résidaient loin et gouvernaient par l'intermédiaire de leurs délégués. Les plus belles rues, les palais, la fontaine monumentale venaient des vice-rois espagnols. Un souverain d'origine mixte, Charles III, castillan de naissance et napolitain de cœur, fut celui qui fit le plus pour la ville. Son enthousiasme pour la construction avait embelli les anciens quartiers d'ouvrages semblables à ceux qu'il érigea des années après, après avoir occupé le trône d'Espagne.

Après avoir admiré la statuaire grecque du musée et les objets fouillés révélant la vie intime des anciens, Ulysse sillonne les artères tortueuses et souvent sombres des quartiers populaires.

Il y avait des rues accrochées aux pentes formant des paliers flanqués de maisons étroites et très hautes. Chaque espace vacant avait ses balcons, et de chaque balustrade à l'opposé s'étendaient des files de vêtements de différentes couleurs, étendus pour sécher. La fertilité napolitaine faisait bouillonner de monde ces petites ruelles. Autour des cuisines en plein air , les clients se pressaient, mangeant debout leurs macaronis bouillis ou leurs morceaux de viande.

Les colporteurs colportaient leurs marchandises avec des cris mélodieux et chantants, et des cordes auxquelles étaient attachés de petits paniers leur étaient descendues des balcons. Les marchandages et les achats s'étendaient du fond des caniveaux jusqu'au sommet du septième étage, mais les troupeaux de chèvres gravissaient les marches tournantes avec leur agilité coutumière pour être traites aux différents paliers d'escalier.

Les quais de la Marinela attiraient le capitaine en raison de la couleur locale de ce port méditerranéen. L'unité italienne en avait démoli et reconstruit une grande partie, mais il restait encore debout diverses rangées de petites maisons aux toits bas, aux façades blanches ou roses, aux portes vertes et aux étages inférieurs plus en avant que les étages supérieurs, servant d'appuis aux galeries en bois. balustrades. Tout ce qui n'était pas en brique était une menuiserie grossière qui ressemblait au travail des calfats de navires. Le fer n'existait pas dans ces constructions terrestres évoquant le voilier dont les pièces étaient aussi sombres que les cabines. Par les fenêtres, on apercevait de grandes conques sur les commodes, des peintures à l'huile dures et enfantines représentant des frégates et des coquilles multicolores venues des mers lointaines.

Ces habitations se répétaient dans tous les ports de la Méditerranée comme si elles étaient l'ouvrage d'une même main. Enfant, Ferragut les avait vus dans le *Grao* de Valence et les croisait continuellement à Barcelone, dans la banlieue de Marseille, dans le vieux Nice, dans les ports des îles occidentales et dans les parties de la côte africaine occupées par les Maltais. et les Siciliens.

Au-dessus de la ville, alignées le long de la Marinela , les églises de Naples dressaient leurs dômes et leurs tours aux toits vitrés, verts et jaunes, qui ressemblaient plus à des pinacles de bains orientaux qu'à des toits de temples chrétiens.

Le *lazzarone aux pieds nus* avec son bonnet rouge n'existait plus, mais la foule, vêtue comme les ouvriers de tous les ports, se rassemblait toujours autour de l'affiche barbouillée qui représentait un crime, un miracle ou un prodige spécifique, écoutant en silence la harangue du narrateur ou charlatan. Les vieux comédiens populaires déclamaient avec des gesticulations héroïques les octavos épiques du Tasse, et les harpes et les violons accompagnaient la dernière mélodie que Naples avait mise à la mode dans le monde entier. Les stands des ostréiculteurs exhalaient sans cesse un parfum organique de la vague épuisée, et tout autour d'eux des coquilles vides répandaient sur la boue leurs disques de chaux nacrée.

A proximité de l'ancienne Capitainerie du port, le palais de Charles III, bleu et blanc, avec une image de la conception immaculée, étaient rassemblés les camions de déchargement, dont les attelages conservaient encore leur ancienne originalité hybride. Dans certains cas, les puits étaient occupés par un bœuf blanc, élégant, doté de cornes énormes et largement ramifiées, un animal semblable à ceux qui figuraient autrefois dans les cérémonies religieuses des anciens. A sa droite était accroché un cheval, à sa gauche un grand mulet décharné, et cet attelage triple et discordant apparaissait dans toutes les charrettes, debout immobile devant les navires le long des quais, ou traînant leurs lourdes roues le long du quai. pentes menant à la ville haute.

En quelques jours, le capitaine se lassa de Naples et de son agitation. Dans les cafés de la rue de Tolède et de la galerie Humbert Ier, il dut se défendre de quelques jeunes bruyants avec des gilets décolletés, des cravates papillon et des petits chapeaux de feutre perchés sur la crinière, qui, à voix basse, lui proposèrent spectacles inouïs organisés pour le divertissement des étrangers.

Il en avait également assez vu des peintures et des objets domestiques découverts dans les villes antiques. L'obscénité des cabinets secrets finit par l'irriter. Il lui semblait que c'était le contraire d'une récréation que de contempler tant de fantaisies enfantines de sculpture et de peinture ayant pour motif principal l'antique symbole de la masculinité.

Un matin, il monta dans un train et, après avoir longé la montagne fumante du Vésuve, passant entre des villages roses entourés de vignes, il s'arrêta à la gare de Pompéi.

Des solitudes funèbres des hôtels et des restaurants, les guides surgissaient comme une nuée de guêpes soudain réveillées, déplorant que la guerre ait coupé le commerce du tourisme. Peut-être serait-il le seul à venir ce jour-là. « *Signor* , à votre service, à tout prix !... » Mais le marin continua seul. Toujours, en évoquant Pompéi, il avait voulu la revoir seul, absolument seul, pour avoir une impression plus directe de la vie antique.

Sa première vision remonte à dix-sept ans, lorsque, en tant que second d'un voilier catalan ancré dans le port de Naples, il avait profité des tarifs bon marché du dimanche et avait tout vu comme l'un d'une foule qui se poussait et marcher sur les pieds de tout le monde pour écouter le guide le plus proche.

A la tête de l'expédition se trouvait un prêtre jeune et élégant, un *monseigneur romain* vêtu de soie, et avec lui deux étrangères voyantes, qui grimpaient toujours dans les plus hauts lieux, relevant leurs jupes assez hautes par crainte des regards. des lézards étoilés qui se tordaient dans et hors des ruines. Ferragut , dans une humble admiration, restait toujours en bas, apercevant le pays derrière ses jambes. "Oui! Vingt-deux ans!... " Ensuite, lorsqu'il entendait parler de Pompéi, cela évoquait toujours dans sa mémoire plusieurs strates d'images. "Très beau ! Très intéressant !" Et dans son esprit, il revoyait les palais et les temples, mais comme une considération secondaire, comme un fond enveloppé, tandis qu'au premier plan se dressaient quatre jambes magnifiques , une colonnade humaine de tiges élancées enveloppées de soie noire transparente.

La solitude si longtemps désirée pour sa deuxième visite était désormais agressivement mise en évidence. Dans cette ville déserte et morte, il n'y avait aujourd'hui d'autres bruits que le bruissement des ailes des insectes sur les plantes qui commençaient à se revêtir de verdure printanière, et le trottinement invisible des reptiles sous les couches de lierre.

A la porte d'Herculanum, le gardien du petit musée quitta Ferragut pour examiner en paix les fouilles des différents cadavres, des Pompéiens pétrifiés de plâtre encore dans les attitudes de terreur dans lesquelles la mort les avait surpris. Il n'abandonna pas son poste pour déranger le capitaine avec ses explications ; il levait à peine les yeux du journal qu'il avait sous les yeux. Les nouvelles de Rome, les intrigues des diplomates allemands, la possibilité que l'Italie entre en guerre, absorbaient toute son attention.

Ensuite, dans les rues solitaires, le marin retrouva partout la même préoccupation. Ses pas résonnaient au soleil comme s'ils foulaient les profondeurs des tombeaux creux. Dès qu'il s'arrêta, le silence l'enveloppa de nouveau : « Un silence de deux mille ans », pensa Ferragut , et au milieu de ce silence primitif résonnaient des voix lointaines dans la violence d'une discussion acerbe. C'étaient les gardiens et les employés des fouilles qui, faute de travail, se gesticulaient et s'insultaient dans ces places fortes vingt siècles si profondément isolées de l'enthousiasme patriotique ou de la peur des horreurs de la guerre.

Ferragut , carte à la main, passait parmi ces groupes sans être gêné par les guides insistants. Pendant deux heures, il se crut en habitant de l'antique Pompéi resté seul dans la ville lors d'une fête consacrée aux divinités rurales. Son regard pouvait aller jusqu'au bout des rues droites sans rencontrer de personnes ni d'objets rappelant les temps modernes.

Pompéi lui paraissait plus petite que jamais dans cette solitude, carrefour de routes étroites avec de hauts trottoirs pavés de blocs polygonaux de lave bleue. Dans ses interstices, le printemps formait des parcelles d'herbe verte parsemées de fleurs. Il y a plus de mille ans , les voitures , dont les propriétaires n'avaient même plus la poussière, avaient creusé des crêtes dans le trottoir avec leurs roues profondes. Dans chaque carrefour se trouvait une fontaine publique avec un masque grotesque qui jetait de l'eau par la bouche.

Certaines lettres rouges sur les murs annonçaient des élections qui auraient lieu au début de cette époque, des candidats à l'édile ou au duumvir recommandés aux électeurs pompéiens. Certaines portes montraient au-dessus, le *phallus* pour conjurer les mauvais yeux ; d'autres, une paire de serpents entrelacés, emblème de la vie familiale. Aux coins des ruelles, un vers latin gravé sur les murs demandait au passant d'observer les lois de l'assainissement, et l'on voyait encore sur les murs stuqués des caricatures et des gribouillages, œuvres des petits gamins des rues du temps de César.

Les maisons ont été construites de manière légère, sur des sols fissurés par des tremblements de terre mineurs avant l'arrivée de la catastrophe finale. Les étages inférieurs étaient en briques ou en béton et les autres, en bois, avaient été dévorés par le feu volcanique, seuls les escaliers restants.

Dans cette gracieuse ville à la vie aimable et facile, plus grecque que romaine, tous les étages inférieurs des maisons plébéiennes avaient été occupés par de petits commerçants. C'étaient des magasins aux portes de la taille de l'établissement, des cavernes à quatre côtés comme les *zocos arabes* dont les coins les plus éloignés étaient visibles à l'acheteur qui s'arrêtait dans la rue. Beaucoup avaient encore leurs comptoirs en pierre et leurs grandes jarres de terre pour la vente du vin et de l'huile. Les habitations privées n'avaient pas de façades et leurs murs extérieurs étaient lisses et inaccessibles, mais avec une cour intérieure éclairant les chambres environnantes comme dans les palais d'Orient. Les portes n'étaient que des demi-portes d'évacuation, des parties de portes plus grandes. Toute la vie se concentrait autour de l'intérieur, le patio central, riche et magnifique, orné d'étangs poissonneux, de statues et de parterres fleuris.

Le marbre était rare. Les colonnes construites en briques étaient recouvertes d'un stuc qui offrait une fine surface à peindre. Pompéi était une ville polychrome. Toutes les colonnes, rouges ou jaunes, avaient des chapiteaux de diverses couleurs. Le centre des murs était généralement occupé par un petit tableau, généralement érotique, peint sur des murs vernis noirs variés de teintes rouges et ambrées. Sur les frises se trouvaient des processions d'amours et de tritons, entre emblèmes rustiques et maritimes.

Fatigué de son excursion à travers la ville morte, Ferragut s'assit sur un banc de pierre parmi les ruines du temple et regarda la carte étalée sur ses genoux, appréciant les titres avec lesquels les constructions les plus intéressantes avaient été désignées grâce à une mosaïque. ou un tableau : Villa de Diomède, la Maison de Méléagre, d'Adonis blessé, du Labyrinthe , du Faune, du Mur Noir. Les noms des rues n'étaient pas moins intéressants : la route des Bains Chauds, la route des Tombeaux, la route de l'Abondance, la route des Théâtres.

Un bruit de pas fit lever la tête au marin. Deux dames passaient, précédées d'un guide. L'un d'eux était grand, avec une démarche ferme. Elles portaient des voiles sur le visage et un autre voile encore plus grand qui passait derrière et remontait sur les bras comme un châle. Ferragut a supposé une grande différence entre les âges des deux. Le gros se déplaçait avec une gravité supposée. Son pas était rapide, mais avec une certaine autorité elle posait au sol ses grands pieds, légèrement chaussés et à talons bas. Le plus jeune, plus grand et plus élancé , avançant à petits pas comme un oiseau qui ne sait que voler, avançait sur de hauts talons.

Les deux regardèrent avec inquiétude cet homme apparaissant de manière si inattendue parmi les ruines. Ils avaient l'air préoccupé et craintif de ceux qui se rendent dans un lieu interdit ou méditent une mauvaise action. Leur premier mouvement fut une impulsion de retour en arrière, mais le guide poursuivit sa route si imperturbable qu'ils le suivirent.

Ferragut sourit. Il savait où ils allaient. La petite rue transversale des *Lupanares* était proche . Le gardien ouvrait une porte, restait aux aguets avec une anxiété dramatique, comme s'il mettait son travail en danger par cette faveur en échange d'un pourboire. Et les deux dames allaient voir des tableaux ternis, maladroits, qui ne montraient rien de nouveau ni d'original au monde, des figures nues et jaunâtres, semblables au premier coup d'œil, sans autre nouveauté qu'une insistance exagérée sur la distinction des sexes.

Une demi-heure après, Ulysse abandonna son banc, car ses yeux étaient fatigués de la sévère monotonie des ruines. Dans la rue des Bains Chauds (*Thermae*), il visita de nouveau la maison du poète tragique. Puis il admira celui de Pansa , le plus grand et le plus luxueux de la ville. Cette Pansa avait sans doute été le citoyen le plus prétentieux de Pompéi. Son logement occupait un pâté de maisons entier. Le *xystus* , ou jardin, attenant à la maison avait été aménagé comme un paysage grec avec des cyprès et des lauriers entre des carrés de roses et de violettes.

En longeant le mur extérieur du jardin, Ferragut rencontra de nouveau les deux dames. Ils regardaient les fleurs derrière les barreaux de la porte. La plus jeune exprimait en anglais son admiration pour des roses qui jetaient leur couleur royale autour du piédestal d'un vieux faune.

Ulysse éprouvait une irrésistible envie de se montrer galant et intrépide. Il voulait rendre aux deux dames étrangères un hommage théâtral. Il ressentait cette nécessité d'attirer l'attention d'une manière gaie et fringante qui caractérise les Espagnols loin de chez eux.

Avec l'agilité d'un grimpeur de mât, il franchit le mur du jardin d'un seul bond. Les deux dames poussèrent un cri de surprise, comme si elles eussent été témoins d'une manœuvre impossible. Cette audace semblait bouleverser les idées de l'aîné, habitué à la vie dans des villages disciplinés qui respectaient strictement tous les interdits établis. Son premier mouvement fut de fuir, pour ne pas se mêler à l'escapade de cet inconnu. Mais après quelques pas, elle s'arrêta. La plus jeune souriait en regardant le mur, et lorsque le capitaine réapparut dessus, elle applaudit presque avec enthousiasme, comme pour applaudir une dangereuse acrobatie.

Les croyant anglais, le marin parla dans cette langue en leur présentant les deux roses qu'il portait à la main. Ce n'étaient que des fleurs, comme toutes les autres, cultivées dans un pays comme les autres pays, mais la charpente du mur millénaire, la proximité des alcôves et des débits de boissons d'une maison construite par Pansa au temps des premiers Césars , leur a donné l'intérêt de roses bimillénaires, miraculeusement conservées.

Il donna le plus grand et le plus luxueux à la jeune femme, et elle l'accepta en souriant comme son droit naturel. Dès qu'elle eut reconnu le cadeau, sa compagne parut impatiente de s'éloigner de l'inconnu. " Merci merci!" Et elle poussa l'autre, qui n'avait pas encore fini de sourire, et tous deux s'éloignèrent précipitamment. Un coin orné d'une fontaine cacha bientôt leurs pas.

Lorsqu'Ulysse, après un léger déjeuner au restaurant de Diomède, accourut à la gare, le train était sur le point de démarrer. Il projetait de visiter Salerne, célèbre au Moyen Âge pour ses médecins et ses navigateurs, puis les temples en ruines de Paestum. En montant dans le carrosse le plus proche, il crut apercevoir les voiles des deux dames disparaître derrière une petite porte qui venait de se fermer.

Dans la gare de Salerne , il les aperçut de nouveau dans un chemin lointain, disparaissant dans une rue voisine, et pendant l'après-midi il les rencontra fréquemment comme le font les voyageurs dans une petite ville. Ils se rencontrèrent dans le port, si mortellement menacés par des bancs de sable mouvants ; ils se virent dans les jardins qui bordent la mer, près du monument de Carlo Pisacana , le romantique duc de San Juan, précurseur de Garibaldi, mort dans l'extrême jeunesse pour la liberté de l'Italie.

La jeune femme souriait à chaque fois qu'elle le rencontrait. Son compagnon s'éloigna avec un regard désinvolte, essayant d'ignorer sa présence.

La nuit, ils se voyaient davantage, car ils s'arrêtaient dans le même hôtel, un hôtel comme tous ceux des petits ports, avec d'excellents repas et des chambres sales. Ils avaient des tables contiguës, et après un salut froidement salué, Ferragut regarda attentivement les deux dames qui parlaient très peu et à voix basse, craignant d'être entendues par leur voisin.

En regardant l'aînée sans ses voiles, il trouva son impression initiale confirmée. En d'autres temps, elle aurait peut-être détruit la paix des admirateurs masculins, mais elle peut désormais poursuivre impunément son attitude hostile et distante. Le capitaine n'en fut pas du tout affecté.

Elle devait avoir plus de quarante ans. Sa chair excessive avait encore une certaine fraîcheur, résultat de soins hygiéniques et d'exercices gymnastiques. En revanche, son teint blanc présentait en dessous une condition sous-cutanée et granuleuse jaunâtre qui semblait constituée de particules de son. Sur son ancienne baguette, de couleur rougeâtre, étaient empilées des boucles artificielles cachant des taches chauves et des cheveux gris. Ses pupilles vertes, dégagées de leurs lunettes de myopie, avaient la tranquille opacité des yeux de bœuf ; mais à l'instant où ces cristaux montés en or furent placés entre elle et le monde extérieur, les deux gouttes glauques prirent une netteté qui perforait assez les personnes et les objets. D'autres fois, ils apparaissaient comme un vide glacial et hautain, comme le cercle que trace une épée.

La jeune femme était moins intraitable. Elle semblait sourire du coin des yeux, tandis qu'elle tournait à moitié le dos à Ferragut , reconnaissant son admiration muette et scrutatrice. Elle avait les cheveux lâchement arrangés comme une femme qui n'a pas peur du naturel dans sa coiffure et laisse apparaître sous son chapeau ses mèches ondulantes dans toute leur obstination originelle.

C'était une délicate blonde cendrée avec une couleur vive qui contrastait de façon frappante avec la délicatesse générale de son ton. Ses grands yeux noirs, en amande, ressemblaient à ceux d'une danseuse orientale, et étaient encore prolongés par d'habiles retouches d'ombres qui augmentaient le contraste séduisant avec ses cheveux d'or terne.

La blancheur de sa peau devenait très évidente lorsque son bras apparaissait à l'extérieur de sa manche et à l'ouverture de sa robe décolletée. Mais cette blancheur était momentanément effacée par un masque vermeil. Sa beauté vigoureuse avait été exposée sans crainte au soleil et au souffle de la mer, et un triangle écarlate soulignait la douce courbe de sa poitrine, accentuant le décolleté de sa robe. Sur sa gorge brûlée par le soleil, un collier de perles pendait en gouttes au clair de lune. Plus haut, dans un visage hâlé par les intempéries, la bouche entr'ouvrait ses deux lèvres écarlates en forme d'arc avec un sourire audacieux et serein, laissant apparaître le reflet de ses fortes et belles dents.

Ferragut a passé en revue son passé sans trouver une seule femme qui puisse lui être exactement comparée. Le parfum lointain de sa personne et son élégance distinguée lui rappelaient certaines dames douteuses qui voyageaient toujours seules lorsqu'il était capitaine des transatlantiques. Mais ces rencontres avaient été si rapides et si lointaines !... Jamais dans son histoire de voyageur du monde il n'avait eu la chance de rencontrer par hasard une femme pareille à celle-ci.

de nouveau des regards avec elle, il ressentit ce battement de cœur et cet éclair dans le cerveau qui accompagnent une découverte éclair et inattendue... Il avait connu cette femme : il ne se rappelait pas où il l'avait vue, mais il était sûr qu'il j'ai dû la connaître.

Son visage ne disait rien à sa mémoire, mais ses yeux avaient échangé des regards avec les siens à d'autres occasions. En vain il réfléchissait, concentrant ses pensées…. Et le plus étrange dans tout cela, c'est que, par une mystérieuse perception, il était devenu absolument certain qu'elle faisait la même chose au même moment. Elle aussi l'avait reconnu et faisait visiblement de grands efforts pour lui donner un nom et une place dans sa mémoire. Il n'avait qu'à remarquer la fréquence avec laquelle elle tournait ses regards vers lui et son nouveau sourire, plus confiant et plus spontané, comme celui qu'elle offrirait à un vieil ami.

Si son dragon n'avait pas été présent, ils auraient parlé ensemble avec enthousiasme, instinctivement, comme deux êtres inquiets et curieux désireux d'éclaircir le mystère ; mais les lunettes à monture dorée brillaient toujours d'un air autoritaire et hostile, se plaçant entre les deux. Plusieurs fois, la grosse dame parla dans une langue qui parvenait confusément à Ferragut et qui n'était pas l'anglais, et à peine leur dîner fut-il terminé qu'ils disparurent comme ils l'avaient fait dans les rues de Pompéi, l'aînée influençant visiblement l'autre avec son fer. volonté.

Le lendemain matin, ils se retrouvèrent tous dans un autocar de première classe à la gare de Salerne. Sans doute avaient-ils la même destination. Alors que Ferragut commençait à les saluer, la dame hostile daignait lui rendre son salut, regardant alors son compagnon d'un air interrogateur. Le marin devinait que pendant la nuit ils avaient discuté de lui tandis que lui, sous le même toit, s'était efforcé en vain, avant de s'endormir, de concentrer ses souvenirs.

Il n'a jamais su avec certitude comment la conversation avait commencé. Il se retrouva soudain à parler anglais avec le plus jeune, comme le matin précédent. Elle, avec l'audace qui sait tirer le meilleur parti d'une situation douteuse, lui demanda s'il était marin. Et après avoir reçu une réponse affirmative, elle lui a alors demandé s'il était espagnol.

"Oui, espagnol."

de Ferragut fut suivie d'un regard triomphant vers le chaperon, qui parut se détendre un peu et perdre son attitude hostile. Et pour la première fois, elle sourit au capitaine avec sa bouche rose bleutée, sa peau blanche parsemée de jaune et ses lunettes d'une splendeur phosphorescente.

Pendant ce temps, la jeune femme ne cessait de parler, vérifiant ses extraordinaires pouvoirs de mémoire.

Elle avait parcouru le monde sans oublier un seul des endroits qu'elle avait vus. Elle a pu répéter les titres des quatre-vingts grands hôtels dans lesquels peuvent séjourner ceux qui font le tour du monde. Lorsqu'elle rencontrait un vieux compagnon de voyage, elle reconnaissait toujours immédiatement son visage, même si elle l'avait vu depuis peu de temps, et souvent elle pouvait même se rappeler son nom. C'était ce qui l'avait intriguée, fronçant les sourcils sous l'effort mental.

« Vous êtes capitaine ?… Votre nom est ?… »

Et elle sourit soudain alors que ses doutes prenaient fin.

"Votre nom est", dit-elle positivement, "Capitaine Ulysses Ferragut ."

Dans un long et agréable silence , elle savourait l'étonnement du marin. Puis, comme si elle plaignait sa stupéfaction, elle donna de nouvelles explications. Elle avait fait un voyage de Buenos Ayres à Barcelone sur un bateau à vapeur qu'il commandait.

"C'était il y a six ans", a-t-elle ajouté. "Non ; il y a sept ans."

Ferragut , qui avait été le premier à soupçonner une ancienne connaissance, ne parvenait pas à se rappeler le nom de cette femme et sa place parmi les innombrables passagers qui remplissaient sa mémoire. Il pensait néanmoins qu'il devait mentir par galanterie, insistant sur le fait qu'il se souvenait bien d'elle.

"Non, Capitaine, vous ne vous souvenez pas de moi. J'étais accompagné de mon mari et vous ne m'avez jamais regardé… Toutes vos attentions pendant ce voyage ont été consacrées à une très belle veuve du Brésil."

Elle disait cela en espagnol, un espagnol doux et chantant appris en Amérique du Sud, auquel son accent étranger conférait un certain charme enfantin. Puis elle ajouta coquettement :

"Je vous connais, Capitaine. Toujours pareil !… Cette affaire de la rose à Pompéi était très bien faite…. Elle vous ressemblait."

La grave dame aux lunettes, se trouvant oubliée et incapable de comprendre un mot du nouveau langage employé dans la conversation, parla maintenant à haute voix, en roulant les yeux dans son enthousiasme.

"Oh, l'Espagne !… " dit-elle en anglais. "Le pays des chevaliers chevaliers…. Cervantes… Lope !… Le Cid !… "

Elle a arrêté de rechercher davantage de célébrités. Tout à coup, elle saisit le bras du marin, en criant avec autant d'énergie que si elle venait de faire une découverte par la petite porte du carrosse. « Calderón de la Barça ! » Ferragut la salua. "Oui, madame ." Après cela, la jeune femme pensa qu'il était nécessaire de lui présenter son compagnon.

"Docteur Fedelmann .... Une femme très sage, distinguée en philologie et en littérature."

Après avoir serré la main du médecin, Ferragut se mit indiscrètement au travail pour recueillir des informations.

"La Señora est allemande ?" dit-il en espagnol au plus jeune.

Les lunettes cerclées d'or parurent deviner la question et jetèrent un regard inquiet à son compagnon.

"Non," répondit-elle. "Mon ami est russe, ou plutôt polonais."

"Et toi, tu es polonais aussi ?" continua le marin.

"Non, je suis italien."

Malgré l'assurance avec laquelle elle disait cela, Ferragut fut tentée de s'exclamer : « Espèce de petit menteur ! Puis, en contemplant les yeux pleins, noirs et audacieux fixés sur lui, il se mit à douter.... Peut-être qu'elle disait la vérité.

Une fois de plus , il fut interrompu par les propos verbeux du médecin. Elle parlait maintenant en français, répétant ses éloges du pays de Ferragut . Elle savait lire le castillan dans les œuvres classiques, mais elle n'osait pas le parler. "Ah, l'Espagne ! Pays de nobles traditions...." Et puis, cherchant à atténuer ces éloges par quelque fort contraste, elle tordit son visage en une expression courroucée.

Le train longeait la côte, ayant d'un côté le désert bleu du golfe de Salerne et de l'autre les montagnes rouges et vertes parsemées de villages et de hameaux blancs. Le docteur a tout observé avec ses lunettes rutilantes.

« Un pays de bandits », dit-elle en serrant les poings. « Pays des mandolines-twangers, sans honneur et sans gratitude !... »

La jeune fille riait de cet éclat avec cette hilarité de légèreté où aucune impression n'est durable, considérant comme sans importance tout ce qui ne porte pas directement sur son propre égoïsme.

De quelques mots laissés échapper par les deux dames, Ulysse déduit qu'elles vivaient à Rome et qu'elles n'étaient à Naples que depuis peu de temps, peut-être contre leur gré. La plus jeune connaissait bien le pays, et sa compagne profitait de ce voyage forcé pour voir ce qu'elle avait tant de fois admiré dans les livres.

Tous trois descendirent à la gare de Battipaglia pour prendre le train pour Paestum. L'attente fut assez longue, et le marin les invita à entrer dans le restaurant, une petite cabane en bois imprégnée de la double odeur de résine et de vin.

Cette cabane rappelait à Ferragut et à la jeune femme les maisons improvisées dans les déserts sud-américains ; et ils recommencèrent à parler de leur voyage océanique. Elle consentit finalement à satisfaire la curiosité du capitaine.

"Mon mari était professeur, un érudit comme le médecin…. Nous avons passé un an en Patagonie, à faire des explorations scientifiques."

Elle avait fait le dangereux voyage à travers un océan de plaines désertiques qui s'étendaient devant eux à mesure que l'expédition avançait ; elle avait dormi dans des ranchs dont les toits abritaient des insectes assoiffés de sang ; elle avait voyagé à cheval à travers des tourbillons de sable qui l'avaient secouée de selle ; elle avait souffert les tourments de la faim et de la soif en s'égarant, et elle avait passé des nuits par mauvais temps, sans autre lit que son poncho et les agrès des chevaux. Ils avaient ainsi exploré ces lacs des Andes, entre l'Argentine et le Chili, qui gardent dans leur pure et intacte solitude désertique le mystère des premiers jours de la création.

Les voyageurs de ces terres vierges, bergers et bandits, parlaient d'apercevoir, à la tombée de la nuit, des animaux gigantesques au bord des lacs dévorant d'un seul coup des prairies entières ; et le docteur, comme beaucoup d'autres sages, avait cru à la possibilité de retrouver un animal préhistorique survivant, une bête des troupeaux monstrueux antérieurs à l'arrivée de l'homme, habitant encore cette partie inexplorée de la planète.

Ils aperçurent des squelettes longs de plusieurs dizaines de mètres dans les contreforts des Cordillères si fréquemment agitées par les cataclysmes volcaniques. Aux environs des lacs, les guides leur montraient les peaux de troupeaux dévorés et d'énormes montagnes de matières séchées qui semblaient avoir été déposées par quelque monstre. Mais peu importe jusqu'où ils s'enfonçaient dans la solitude, ils étaient toujours incapables de trouver un quelconque descendant vivant de la faune préhistorique.

Le marin écoutait distraitement, pensant à autre chose qui éveillait sa curiosité.

"Et toi tu t'appelles comment?" dit-il soudain.

Les deux femmes rirent de cette question amusante car tellement inattendue.

"Appelle-moi Freya. C'est un nom wagnérien. Cela signifie la terre, et en même temps la liberté…. Aimes-tu Wagner ?"

Et avant qu'il ait pu répondre, elle ajouta en espagnol, avec un accent créole et des yeux brillants :

« Appelez-moi, si vous le souhaitez, « la joyeuse veuve ». Le pauvre docteur est mort dès notre retour en Europe. »

Les trois ont dû courir pour attraper le train prêt à partir pour Paestum. Le paysage changeait des deux côtés du chemin, car ils traversaient désormais des zones marécageuses. Sur les douces prairies , des troupeaux de buffles, des animaux grossiers qui semblaient taillés à coups de hache, pataugeaient et paissaient.

Le docteur parla de Paestum, l'antique Poseidonia , la ville de Neptune, fondée par les Grecs de Sybaris six siècles avant Jésus-Christ.

La prospérité commerciale dominait autrefois toute la côte. Le golfe de Salerne était appelé par les Romains golfe de Paestum. Et cette ville aux montagnes comme celles d'Athènes s'était éteinte tout à coup, sans être engloutie par la mer, et sans volcan pour la couvrir de cendres.

La fièvre, les miasmes des marais, avaient été la lave mortelle de cette Pompéi. L'air empoisonné avait poussé les habitants à fuir, et les quelques habitants qui tenaient à vivre à l'ombre des anciens temples avaient dû échapper aux invasions sarrasines, fondant dans les montagnes voisines un nouveau pays : l'humble ville de Capaccio Vecchio. Puis les rois normands, précurseurs de Frédéric II (le père de Doña Constanza, l'impératrice bien-aimée de Ferragut), avaient pillé toute la ville déserte, emportant avec eux ses colonnes et ses sculptures.

Toutes les constructions médiévales du royaume de Naples étaient le butin de Paestum. Le médecin se souvient de la cathédrale de Salerne, vue l'après-midi d'avant, où fut enterré Hildebrand, le plus tenace et le plus ambitieux des papes. Ses colonnes, ses sarcophages, ses bas-reliefs provenaient de cette ville grecque, oubliée pendant des siècles et des siècles et ce n'est que dans les temps modernes, grâce aux antiquaires et aux artistes, qu'elle a retrouvé sa renommée.

Dans la gare de Paestum, l'épouse du seul employé regardait avec curiosité ce groupe arrivé après que la guerre avait bloqué la route des touristes.

Freya lui parlait, intéressée par son côté paludéen et résignée. Ils étaient pourtant à temps. Le soleil du printemps réchauffait ces plaines comme au milieu de l'été, mais elle était encore capable d'y résister. Plus tard, au cours de l'été, les gardiens des ruines et les ouvriers des fouilles devaient fuir vers leurs maisons dans les montagnes, livrant le pays aux reptiles et aux insectes des champs marécageux.

Le logeur et sa femme de la petite gare étaient les seuls témoignages d'une humanité encore capable d'exister dans cette solitude, tremblante de fièvre, essayant de supporter l'air corrompu, la piqûre venimeuse du moustique et le feu solaire qui aspirait. la boue les vapeurs de la mort. Tous les deux ans, cette humble halte par où transitaient les heureux de la terre, les millionnaires des deux hémisphères, les belles et curieuses dames, les chefs des nations et les grands artistes, était obligée de changer de chef de gare.

Les trois touristes sont passés à proximité des vestiges d'un aqueduc et d'un trottoir antique. Puis ils passèrent par la *Porta della Sirena* , un arc d'entrée dans un quartier oublié de la ville, et continuèrent le long d'une route bordée d'un côté par des terrains marécageux à la végétation exubérante et de l'autre par le long mur de boue d'une grange, à travers lequel du mortier dépassaient des fragments de pierres ou de colonnes. Au dernier tournant, le spectacle imposant de la ville morte, survivant encore dans les proportions magnifiques de ses temples, se présenta aux yeux.

Il y avait trois de ces temples, et leurs colonnades se dressaient comme des têtes de mât de navires encalminés dans une mer de verdure. Le médecin, guide à la main, les montrait avec une autorité magistrale : celle-là était celle de Neptune, celle-là de Cérès, et celle-là s'appelait la Basilique sans raison particulière.

Leur grandeur, leur solidité, leur élégance faisaient sombrer les édifices de Rome dans l'insignifiance. Athènes seule pouvait comparer les monuments de son Acropole à ces temples du style dorique le plus sévère. Celle de Neptune avait bien conservé ses colonnes hautes et massives, aussi rapprochées que les arbres d'une pépinière, ses énormes troncs de pierre qui soutenaient encore le haut entablement, la corniche en saillie et les deux murs triangulaires de ses façades. La pierre avait pris la couleur douce des pays sans nuages où le soleil grille volontiers et où la pluie ne dépose pas une couche crasseuse.

Le docteur se rappelait les beautés disparues et l'ancien revêtement de ces squelettes colossaux, - l'enduit fin et compact de stuc qui avait fermé les pores de la pierre, lui donnant une douceur superficielle comme le marbre, - les couleurs vives de ses cannelures et de ses murs faisant la ville antique un amas de monuments polychromes. Ce décor gai s'était volatilisé au fil des siècles et ses couleurs, emportées par le vent, étaient tombées comme une pluie de poussière sur une terre en ruine.

A la suite d'un vieux garde, ils gravirent les marches carrelées bleues du temple de Neptune. Au-dessus, à l'intérieur de quatre rangées de colonnes, se trouvait le véritable sanctuaire, la *cella* . Leurs pas sur les drapeaux carrelés, séparés par de profondes fissures remplies d'herbe, réveillaient tout le monde animal qui somnolait là au soleil.

Ces véritables habitants de la ville, d'énormes lézards au dos vert couvert de verrues noires, couraient dans toutes les directions. Dans leur fuite, ils couraient aveuglément au-dessus des pieds des visiteurs. Le docteur relevait ses jupes pour les éviter, tout en éclatant d'un rire nerveux pour cacher sa terreur.

Soudain, Freya poussa un cri en désignant la base de l'ancien autel. Un serpent couleur d'ébène, les flancs parsemés de taches rouges, déroulait lentement et solennellement ses cercles sur les pierres. Le marin leva sa canne, mais avant de pouvoir frapper , il sentit son bras saisi par deux mains nerveuses. Freya se jetait sur lui, le visage pâle et les yeux dilatés de peur et de supplication.

"Non, Capitaine !... Laissez-le tranquille !"

Ulysse frémit en sentant le contact de sa poitrine ferme et courbée et en notant sa respiration, son haleine chaude chargée de parfum lointain. Cela lui aurait convenu si elle était restée longtemps dans cette position, mais Freya se dégagea pour s'avancer vers le reptile, l'amadouant et lui tendant les mains comme si elle cherchait à caresser un animal domestique. La queue noire du serpent était en train de s'éloigner et de disparaître entre deux carreaux carrés. Le médecin qui s'était enfui dans les escaliers à cette apparition, par ses appels répétés, obligea Freya à descendre également.

L'attitude agressive du capitaine éveilla chez son compagnon une animosité nerveuse. Elle croyait connaître ce reptile. C'était sans doute la divinité du temple mort qui avait changé de forme pour vivre parmi les ruines. Ce serpent doit avoir vingt siècles. Sans Ferragut, elle aurait pu le reprendre entre ses mains…. Elle en aurait parlé…. Elle avait l'habitude de converser avec les autres….

Ulysse était sur le point d'exprimer rudement ses doutes quant à l'équilibre mental de la veuve exaspérée, lorsque le médecin les interrompit. Elle contemplait les plaines marécageuses d'acanthes et de fougères tremblantes sous le chant aigu des cigales, et ce spectacle de désolation verte lui rappelait les roses de Paestum que chantaient les poètes de la Rome antique. Elle récitait même quelques vers latins, les traduisant à ses auditeurs pour leur faire comprendre que les rosiers de cette terre fleurissaient deux fois par an. Freya lissa son front et recommença à sourire. Elle oublia sa mauvaise humeur récente et exprima une grande nostalgie d'un de ces merveilleux rosiers : et devant ce caprice de véhémence enfantine, Ferragut parla au gardien avec autorité. Il lui fallait tout de suite un rosier de Paestum, coûte que coûte.

Le vieux fit un geste d'ennui. Tout le monde demandait la même chose, et celui qui appartenait à ce pays n'avait jamais vu une rose de Paestum…. Parfois, juste pour satisfaire le caprice des touristes, il apportait des rosiers de

Capaccio Vecchio et d'autres villages de montagne, des rosiers comme les autres, sans différence que de prix.… Mais il ne voulait profiter de personne. Il était triste et très troublé par la possibilité d'une guerre.

"J'ai huit fils", dit-il au médecin, car elle semblait être la plus apte à recevoir ses confidences. "S'ils mobilisent l'armée, six d'entre eux me quitteront."

Et il ajouta avec résignation :

"C'est ainsi qu'il devrait en être si nous voulions mettre fin pour toujours, d'un seul coup, à notre éternelle inimitié avec les Goths. Mes fils se battront contre eux, tout comme mon père s'est battu."

Le docteur s'éloigna avec hauteur, puis dit à voix basse à ses compagnes que la vieille garde était un imbécile.

Ils errèrent pendant deux heures dans l'ancien quartier de la ville, explorant le réseau de ses rues, les ruines de l'amphithéâtre et la *Porta Aurea* qui ouvrait sur une route flanquée de tombeaux. Par la *Porta di Mare,* ils grimpèrent jusqu'aux murs, remparts de gros blocs de calcaire, s'étendant sur une distance de cinq kilomètres. La mer, qui depuis les basses terres ressemblait à une étroite bande bleue, apparaissait maintenant immense et lumineuse, une mer solitaire avec une crête de fumée en forme de plume, sans voile, entièrement livrée aux mouettes.

Le médecin marchait devant eux d'un pas raide, toujours de mauvaise humeur face à la remarque de la guide et consultant les pages de son guide. Derrière elle, Ulysse s'approcha de Freya, se rappelant leur ancien contact.

Il pensait qu'il serait désormais facile de s'emparer de cette femme capricieuse et libre. "Bien sûr, Capitaine !" Les triomphes rapides qu'il avait toujours remportés dans ses voyages lui assuraient qu'il n'y avait pas le moindre doute sur le succès. Il lui suffisait de voir le sourire de la veuve, ses yeux passionnés et les petits tours de coquetterie malicieuse par lesquels elle répondait à ses vaillantes avances. "En avant, loup de mer !"… Il lui prit la main pendant qu'elle parlait de la beauté de la mer solitaire, et la main céda sans protester à ses doigts caressants. Le médecin était loin et, soupirant hypocritement, il entoura la taille de Freya de son autre bras tout en inclinant la tête sur sa gorge ouverte comme s'il allait embrasser ses perles.

Malgré sa force, il se sentit énergiquement repoussé et vit Freya libérée de ses bras, à deux pas de lui, le regardant avec des yeux hostiles qu'il n'avait pas remarqués auparavant.

"Ce n'est pas un jeu d'enfant, Capitaine !… Cela ne sert à rien avec moi.… Vous perdez juste du temps."

Et elle n'en dit pas plus. Sa raideur et son silence pendant le reste de la marche firent comprendre au marin l'énormité de son erreur. En vain il essayait de rester auprès de la veuve. Elle a toujours manœuvré pour que le médecin se place entre les deux.

De retour à la gare , ils se réfugièrent de la chaleur dans une petite salle d'attente aux divans de velours poussiéreux. Pour tromper le temps en attendant le train, Freya sortit de son sac à main un étui à cigarettes en or et la légère fumée du tabac égyptien chargé d'opium tournoyait parmi les rayons du soleil par les fenêtres entrouvertes.

Ferragut , qui était sorti pour vérifier l'heure exacte de l'arrivée du train, s'arrêta en revenant près de la porte, étonné de l'animation avec laquelle les deux dames parlaient dans une langue nouvelle. Des souvenirs de Hambourg et de Brême resurgissaient dans sa mémoire. Ses compagnons parlaient allemand avec la facilité d'un idiome familier. A la vue du marin, ils poursuivirent aussitôt leur conversation en anglais.

Souhaitant participer au dialogue, il a demandé à Freya combien de langues elle parlait.

"Très peu, pas plus de huit. Le médecin en connaît peut-être vingt. Elle connaît les langues de personnes décédées il y a plusieurs siècles."

Et la jeune femme disait cela avec gravité, sans le regarder, comme si elle avait perdu à jamais ce sourire de femme légère qui avait tant trompé Ferragut .

Dans le train, elle ressemblait davantage à un être humain, perdant même son air offensé. Ils allaient bientôt se séparer. Le médecin devenait de moins en moins accessible à mesure que les voitures roulaient vers Salerne. C'était la froideur qui apparaît entre les compagnons d'un jour, quand l'heure de la séparation approche et que chacun se replie sur lui-même, pour ne plus se voir.

Les mots tombaient à plat, comme des morceaux de glace, sans trouver d'écho dans leur chute. A chaque tour de volant, l'imposante dame devenait plus réservée et silencieuse. Tout avait été dit. Eux aussi allaient rester à Salerne pour faire une promenade en calèche le long du golfe. Ils se rendaient à Amalfi et passeraient la nuit sur le sommet alpin de Ravello, ville médiévale où Wagner avait passé les derniers mois de sa vie, avant de mourir à Venise. Puis, passant au golfe de Naples, ils se reposeraient à Sorrente et pourraient peut-être se rendre à l'île de Capri.

Ulysse aurait voulu dire que sa marche était exactement la même, mais il avait peur du docteur. De plus, leur voyage devait s'effectuer dans un véhicule qu'ils avaient déjà loué et ils ne lui offriraient pas de siège.

Freya semblait deviner sa tristesse et souhaitait le consoler.

"C'est un court voyage. Pas plus de trois jours... Bientôt nous serons à Naples."

Les adieux à Salerne furent brefs. Le médecin se garda bien de mentionner leur lieu d'arrêt. Pour elle, l'amitié prenait fin à ce moment-là.

"Il est probable que nous nous reverrons", dit-elle laconiquement. "Il n'y a que les montagnes qui ne se rencontrent jamais."

Son jeune compagnon se montra plus explicite, mentionnant l'hôtel sur les rives de Sainte-Lucie dans lequel elle logeait.

Debout sur le marchepied de la voiture, il les vit partir, comme il les avait vu paraître dans une rue de Pompéi. Le médecin était perdu derrière une vitre, discutant avec le cocher venu à leur rencontre. Freya, avant de disparaître, se tourna pour lui faire un léger sourire puis leva sa main gantée avec un index raide, le menaçant comme s'il était un enfant espiègle et audacieux.

Se retrouvant seul dans le compartiment qui transportait vers Naples les traces et les parfums de l'absent, Ulysse se sentit aussi abattu que s'il revenait d'un enterrement, comme s'il venait de perdre un des accessoires de sa vie.

Son apparition à bord du *Mare Nostrum* fut considérée comme une calamité. Il était capricieux et intraitable, se plaignant de Toni et des deux autres fonctionnaires parce qu'ils ne hâtaient pas les réparations sur le navire. Dans le même temps, il a déclaré qu'il valait mieux ne pas trop précipiter les choses, afin que le travail soit mieux fait. Même Caragol fut victime de sa mauvaise humeur qui se manifestait sous forme de sermons cruels contre les dépendants du poison de l'alcool.

"Quand les hommes ont besoin de se remonter le moral, ils doivent avoir quelque chose de meilleur que le vin. Ce qui apporte plus d'extase que la boisson... c'est la femme, oncle Caragol . N'oublie pas ce conseil !"

Par simple force d' habitude , le cuisinier répondit : "C'est vrai, mon capitaine..." Mais au fond de lui-même, il plaignait l'ignorance de ces hommes qui concentrent tout leur bonheur dans les caprices et les grimaces de ce jouet le plus frivole.

Deux jours après, ceux qui étaient à bord respirèrent longuement en voyant le capitaine débarqué. Le navire était amarré dans un endroit très inconfortable, près de quelques déchargeurs de charbon, avec la poupe étayée pour que l'hélice du paquebot puisse être réparée. Les ouvriers remplaçaient les plaques endommagées et cassées par des martelages incessants. Puisqu'il faudrait sans doute attendre près d'un mois, il serait bien plus pratique pour le propriétaire d'aller à l'hôtel ; il envoya donc ses bagages à l' *Albergo Partenope* , sur l'ancienne côte de Sainte- Lucie, celui-là même dont Freya avait parlé.

En s'installant dans une chambre haute, avec vue sur le cercle bleu du golfe encadré par les contours du balcon, le premier geste de Ferragut fut de changer une facture de cinq lires en cuivres, avant de poser diverses questions. L'intendant jaunâtre et moustachu l'écoutait attentivement, avec la complaisance d'un intermédiaire, et parvenait enfin à formuler une personnalité complète avec toutes ses données. La dame qu'il cherchait était la *Signora* Talberg . Elle était actuellement en excursion, mais elle pourrait revenir à tout moment.

Ulysse passa une journée entière avec la tranquillité de celui qui attend dans un endroit sûr, regardant le golfe du balcon. Au-dessous de lui se trouvait le *Castello dell'Ovo* relié à la terre par un pont.

Les *bersaglieri* occupaient leur ancien château, œuvre du vice-roi Pierre de Tolède. De nombreuses tourelles de couleur rose foncé étaient entassées sur cette île étroite et en forme d'œuf, où, autrefois, la pusillanime garnison espagnole était enfermée dans la forteresse pour lancer bombardes et couleuvrines sur les Napolitains quand ils ne voulaient plus. payer des impôts et des impôts. Ses murs avaient été élevés sur les ruines d'un autre château dans lequel Frédéric II avait gardé ses trésors et dont Giotto avait peint la chapelle. Et le château médiéval dont il ne restait plus que le souvenir avait, à son tour, été érigé sur les restes du palais de Lucullus, qui avait situé le centre de ses célèbres jardins dans cette petite île alors appelée *Megaris* .

Les cornets des *bersaglieri* réjouissaient le capitaine comme l'annonce d'une entrée triomphale. "Elle va venir ! Elle va venir à tout moment !... " Et il regardait à travers la double montagne de l'île de Capri, noire au loin, fermant le golfe comme un promontoire, et la côte de Sorrente aussi rectiligne que un mur. "Elle est là…." Puis il suivait avec amour le parcours des petits bateaux à vapeur sillonnant l'immense surface bleue, ouvrant un triangle d'écume. Dans certains d'entre eux, Freya doit venir.

La première journée a été dorée et pleine d'espoir. Le soleil brillait dans un ciel sans nuages, et le golfe écumait de bulles de lumière sous une atmosphère si calme que pas le moindre zéphyr n'ondulait sa surface. Le panache de fumée du Vésuve était droit et mince, s'étendant à l'horizon comme un pin de vapeur blanche. Au pied du balcon, les musiciens ambulants se succédaient de temps en temps, chantant de voluptueuses barcarolles et sérenades d'amour…. Et... elle n'est pas venue !

La deuxième journée fut argentée et désespérée. Il y avait du brouillard sur le golfe ; le soleil n'était qu'un disque rougeâtre comme on en voit dans les pays du nord ; les montagnes étaient recouvertes de plomb ; les nuages cachaient le cône du volcan ; la mer semblait faite de fer blanc, et un vent froid distendait les voiles, les jupes et les pardessus, faisant courir les gens le long de la promenade et du rivage. Les musiciens continuaient leur chant, mais avec des soupirs mélancoliques, à l'abri d'un coin, pour se mettre à l'écart des détonations furieuses de la mer. « Mourir…. Mourir pour toi ! » gémit une voix de baryton entre les harpes et les violons. Et… elle est venue !

En apprenant du serveur que la *signora* Talberg était dans sa chambre à l'étage inférieur, Ulysse était ravi d'inquiétude. Que dirait-elle en le trouvant installé dans son hôtel ?…

L'heure du déjeuner était proche, et il attendait avec impatience les signaux habituels avant de descendre dans la salle à manger. D'abord, une explosion se faisait entendre derrière l' *albergo* , faisant trembler les murs et les toits, se gonflant dans l'immensité du golfe. C'était la canonnade de midi du haut château de S. Elmo. Alors les cornets du *Castello dell'Ovo* répondaient avec leur joyeux appel à l' *olio fumant* , et dans l'escalier de l'hôtel retentissait le battement du gong chinois, annonçant que le déjeuner était servi.

Ulysse descendit se mettre à table, regardant en vain les autres convives qui l'avaient précédé. Freya allait peut-être arriver avec le retard d'un voyageur qui vient d'arriver et qui est occupé à rafraîchir sa toilette.

Il déjeunait mal, regardant continuellement une grande porte vitrée décorée d'images de bateaux, de poissons et de mouettes, et chaque fois que ses feuilles polychromes s'écartaient, sa nourriture semblait lui rester dans la gorge. Enfin arriva la fin du déjeuner, et il sirota lentement son café. Elle n'est pas apparue.

De retour dans sa chambre, il envoya le steward moustachu chercher des nouvelles…. La *signora* n'avait pas déjeuné à l'hôtel ; la *signora* était sortie pendant qu'il était dans la salle à manger. Elle se montrerait sûrement le soir.

A l'heure du dîner, il vécut la même expérience désagréable, croyant que Freya allait apparaître à chaque fois qu'une main inconnue ou une vague silhouette de femme poussait la porte de l'autre côté de la vitre opaque.

Il déambula longuement dans le vestibule, mâchant un cigare avec rage, et se décida enfin à aborder le portier, une brune astucieuse dont les revers bleus brodés de clés d'or dépassaient le rebord de son bureau et regardaient tout, s'informant de tout, alors qu'il paraissait dormir.

L'approche d'Ulysse le fit sursauter comme s'il entendait un bruissement de papier-monnaie. Ses informations étaient très précises. La *signora* Talberg mangeait très rarement à l'hôtel. Elle avait des amis qui occupaient un appartement meublé dans le quartier de Chiaja , avec lesquels elle passait habituellement presque toute la journée. Parfois, elle ne se rendormait même pas…. Et il se rassit, la main serrée sur le billet que son imagination avait prévu.

Après une mauvaise nuit, Ulysse se leva, résolu à attendre la veuve à l'entrée de l'hôtel. Il prenait son petit déjeuner à une petite table du vestibule, lisait le journal, dut se présenter à la porte pour éviter le ménage du matin, poursuivi par la poussière des balais et des tapis secoués. Et une fois sur place, il feignit de s'intéresser beaucoup aux musiciens ambulants, qui lui dédaient leurs chants d'amour et leurs sérénades, retroussant le blanc des yeux en présentant leurs chapeaux contre des pièces de monnaie.

Quelqu'un est venu lui tenir compagnie. C'était le portier qui paraissait maintenant très familier et confidentiel, comme si depuis la nuit précédente une solide amitié, basée sur leur secret, s'était nouée entre les deux.

Il parla des beautés du pays, conseillant à l'Espagnol de faire diverses excursions…. Un sourire, un mot d'encouragement de Ferragut , et il aurait immédiatement proposé d'autres récréations dont l'annonce semblait papillonner autour de ses lèvres. Mais le marin repoussa toute cette amabilité, lançant un regard noir de mécontentement. Ce vulgaire allait gâcher par sa présence la rencontre tant attendue. Peut-être qu'il traînait juste pour voir et savoir…. Et profitant d'une de ses brèves absences, Ulysse s'en alla par la longue *via Partenope* , en suivant le parapet qui s'étend le long de la côte, feignant de s'intéresser à tout ce qu'il rencontrait, mais sans perdre de vue la porte de l'hôtel.

Il s'arrêta devant les stands des ostréiculteurs, examinant les valves de coquilles nacrées entassées sur les étagères, les paniers d'huîtres de Fusaro et les énormes conques dans les gorges creuses desquelles, au dire des colporteurs, le roulement lointain de la mer résonnait comme un souvenir obsédant. Un à un, il regarda toutes les vedettes à moteur, les petits bateaux de régate, les barques de pêche et les goélettes côtières ancrées dans le port tranquille de l'île *dell'Ova* . Il resta longtemps tranquillement à regarder les douces vagues qui peignent leur écume sur les rochers des digues sous les cannes à pêche horizontales des différents pêcheurs.

Soudain, il aperçut Freya qui suivait l'avenue à côté des maisons. Elle le reconnut aussitôt et cette découverte la fit s'arrêter près d'une ouverture de rue, hésitant entre continuer ou fuir vers l'intérieur de Naples. Puis elle s'approcha du trottoir du bord de mer, s'approchant de Ferragut avec un sourire placide, le saluant de loin, comme un ami dont on ne peut qu'attendre la présence.

Une telle assurance déconcerta un peu le capitaine. Ils se serrèrent la main et elle lui demanda calmement ce qu'il faisait là à regarder les vagues, et si les réparations de son bateau avançaient de manière satisfaisante.

"Mais avoue que ma présence t'a surpris !" dit Ulysse, plutôt irrité par cette tranquillité . « Avoue que tu ne t'attendais pas à me trouver ici.

Freya répéta ses sourires avec une expression de douce compassion.

"Il est naturel que je vous retrouve ici. Vous êtes dans votre quartier, en vue d'un hôtel… Nous sommes voisins."

Pour mieux s'amuser de l'étonnement du capitaine, elle fit une longue pause. Puis elle ajouta :

" J'ai vu votre nom sur la liste des arrivées hier, en rentrant à l'hôtel. Je les regarde toujours. Cela me fait plaisir de savoir qui sont mes voisins. "

" Et c'est pour cela que tu n'es pas descendu à la salle à manger ?… "

Ulysse posa cette question en espérant qu'elle répondrait négativement. Elle ne pouvait pas y répondre autrement, ne serait-ce que par respect des bonnes manières.

"Oui, pour cette raison," répondit simplement Freya. "J'ai deviné que vous attendiez de me rencontrer et je ne souhaitais pas entrer dans la salle à manger…. Je vous préviens que je ferai toujours la même chose."

Ulysse poussa un « Ah ! d'étonnement…. Aucune femme ne lui avait jamais parlé avec autant de franchise.

"Votre présence ici ne m'a pas non plus surprise", a-t-elle poursuivi. "Je m'y attendais. Je connais vos ruses innocentes, les hommes. "Comme il ne m'a pas trouvé à l'hôtel, il m'attendra aujourd'hui dans la rue", me suis-je dit en me levant ce matin… Avant de sortir, je suivais tes pas depuis la fenêtre de ma chambre…."

Ferragut la regarda avec surprise et consternation. Quelle femme!…

"J'aurais pu m'enfuir par n'importe quelle rue transversale alors que tu avais le dos tourné. Je t'ai vu avant que tu ne me voies…. Mais ces fausses situations qui s'étendent indéfiniment me déplaisent. Il vaut mieux dire toute la vérité face à face…. Et c'est pourquoi je suis venu à votre rencontre..."

Son instinct lui fit tourner la tête vers l'hôtel. Le portier se tenait à l'entrée, face à la mer, mais les yeux sans doute tournés vers eux.

" Continuons ", dit Freya. " Accompagne-moi un peu . Nous parlerons ensemble et ensuite tu pourras me quitter…. Peut-être que nous nous séparerons de plus grands amis que jamais. "

Ils déambulèrent en silence tout le long de la *Via Partenope* jusqu'à atteindre les jardins de la plage de Chiaja , perdant de vue l'hôtel. Ferragut voulut reprendre la conversation, mais ne put l'entamer. Il craignait de paraître ridicule. Cette femme le rendait timide.

La regardant avec des yeux admiratifs, il remarqua les grands changements qui avaient été apportés à la parure de sa personne. Elle n'était plus vêtue du tailleur sombre dans lequel il l'avait vue pour la première fois. Elle portait une robe en soie bleue et blanche avec une belle fourrure sur les épaules et une grappe de plumes de héron violet sur son large chapeau.

Le sac à main noir qui l'avait toujours accompagnée dans ses voyages avait été remplacé par un sac en maille d'or d'une richesse voyante, un or australien d'un ton verdâtre comme une superposition de bronze florentin. À ses oreilles se trouvaient deux grosses et épaisses émeraudes, et à ses doigts une demi-douzaine de diamants dont les facettes scintillaient au soleil. Le collier de perles était toujours autour de son cou et ressortait à travers l'ouverture en forme de V de sa robe. C'était la magnifique toilette d'une riche actrice qui met tout sur elle, d'une si amoureuse des bijoux qu'elle ne peut vivre sans leur contact, s'en parant dès qu'elle se lève du lit, quelle que soit l'heure et l'heure. les règles du bon goût.

Mais Ferragut n'a pas pris en considération l'inadaptation de tout ce luxe. Tout en elle lui paraissait admirable.

Sans savoir exactement comment, il commença à parler. Il s'étonnait d'entendre sa propre voix, disant toujours la même chose avec des mots différents. Ses pensées étaient incohérentes, mais elles étaient toutes regroupées autour d'une déclaration sans cesse répétée : son amour, son immense amour pour Freya.

Et Freya continuait à marcher en silence avec une expression de compassion dans les yeux et aux coins de la bouche. Cela faisait plaisir à sa fierté de femme de contempler cet homme fort bégayant dans une confusion enfantine. En même temps , elle s'impatientait devant la monotonie de ses paroles.

"N'en dites pas plus, Capitaine," l'interrompit-elle finalement. "Je devine tout ce que tu vas dire, et j'ai entendu plusieurs fois ce que tu as dit : Tu ne dors pas, tu ne manges pas, tu ne vis pas à cause de moi. Ton existence est impossible si je le fais. Je ne vous aime pas. Encore un peu de conversation et vous me menacerez de vous tirer une balle si je ne suis pas à vous…. Même vieille chanson ! Ils disent tous la même chose. Il n'y a pas de créatures avec moins d'originalité que vous les hommes quand vous souhaitez quelque chose… ".

Ils se trouvaient dans une des avenues de la promenade. À travers les palmiers et les magnolias brillants , on apercevait d'un côté le golfe lumineux et de l'autre les beaux édifices de la plage de Chiaja . Des gamins en haillons couraient autour d'eux et les suivaient jusqu'à ce qu'ils se réfugient dans un petit temple blanc et ornemental au bout de l'avenue.

"Très bien, alors, loup de mer amoureux", continua Freya ; "Tu n'as pas besoin de dormir, tu n'as pas besoin de manger, tu peux te suicider si l'envie t'en prend ; mais je ne suis pas capable de t'aimer ; je ne t'aimerai jamais. Tu peux abandonner tout espoir ; la vie n'est pas un simple divertissement et je avoir d'autres occupations plus sérieuses qui absorbent tout mon temps.

Malgré le sourire enjoué avec lequel elle accompagnait ces paroles, Ferragut devinait une volonté très ferme.

« Alors, dit-il désespéré, tout cela ne servira à rien ?… Même si je fais les plus grands sacrifices ?… Même si je donne des preuves d'amour plus grandes que vous n'en avez jamais connues ?… »

"Tout cela est inutile", répondit-elle franchement, sans le moindre sourire.

Ils s'arrêtèrent devant le petit bâtiment ornemental en forme de temple, avec son dôme soutenu par des colonnes blanches et une balustrade tout autour. Le buste de Virgile ornait le centre, une tête énorme d'une beauté un peu féminine.

Le poète était mort à Naples dans « Douce Parthénope », à son retour de Grèce et son corps, réduit en poussière, était peut-être mêlé à la terre de ce jardin. Le peuple napolitain du Moyen Âge lui avait attribué toutes sortes de choses merveilleuses, transformant même le poète en un puissant magicien. Le magicien Virgile avait construit en une nuit le *Château de l'Ovo* , en le plaçant de ses propres mains sur un grand œuf (*Ovo*) qui flottait dans la mer. Il avait également ouvert avec ses explosions magiques le tunnel de Posilipo près duquel se trouvent un vignoble et un tombeau visité pendant des siècles comme la dernière demeure du poète. Des petits coquins, jouant autour de la balustrade, jetaient des papiers et des pierres à l'intérieur du temple. La tête blanche du puissant sorcier les attirait et les remplissait en même temps d'admiration et de peur.

"Jusqu'ici et pas plus loin", ordonna Freya. "Vous continuerez votre chemin. Je vais vers la partie haute de Chiaja …. Mais avant de vous séparer en bons amis, vous allez me donner votre parole de ne pas me suivre, de ne pas m'importuner avec vos attentions amoureuses, de ne pas me suivre. mélange-toi dans ma vie."

Ulysse ne répondit pas, baissant la tête avec une véritable consternation. A sa désillusion s'ajoutait l'aiguillon d'un orgueil blessé. Lui qui avait imaginé des choses si différentes quand ils se reverraient ensemble, seuls !…

Freya avait pitié de sa tristesse.

"Ne sois pas un bébé !… Cela va bientôt passer. Pensez à vos affaires et à votre famille qui vous attend là-bas en Espagne…. En plus, le monde est plein de femmes ; je ne suis pas la seule. "

Mais Ferragut l'interrompit. « Oui, elle était la seule !... La seule !... » Et il le dit avec une conviction qui réveilla un autre de ses sourires compatissants.

La ténacité de cet homme commençait à l'irriter.

" Capitaine, je connais très bien votre type. Vous êtes un égoïste, comme tous les autres hommes. Votre bateau est amarré au port à cause d'un accident ; vous devez rester à terre un mois ; vous vous rencontrez lors d'un de vos voyages. une femme assez idiote pour avouer qu'elle se souvient de vous avoir rencontré à d'autres moments, et vous vous dites : Magnifique occasion de passer agréablement une fastidieuse attente !... » Si je cédais à votre désir, d'ici quelques semaines, dès que ton bateau était prêt, le héros de mon amour, le chevalier de mes rêves, se dirigeait vers la mer en disant en guise de salut d'adieu : « Adieu, niais ! »

Ulysse protesta avec énergie. Non : il aurait souhaité que son bateau ne soit jamais réparé. Il calculait avec angoisse les jours qui lui restaient. S'il le fallait, il l'abandonnerait et resterait pour toujours à Naples.

"Et qu'ai-je à faire à Naples ?" interrompit Freya. "Je ne suis ici qu'un simple oiseau de passage, tout comme vous. Nous nous sommes connus sur les mers d'un autre hémisphère et nous venons de nous croiser ici en Italie. La prochaine fois, si jamais nous nous reverrons, ce sera sera au Japon ou au Canada ou au Cap.... Continue ton chemin, vieux requin amoureux, et laisse-moi aller au mien. Imagine-toi que nous sommes deux bateaux qui se sont rencontrés en calme, se sont signalés, ont échangé des salutations, Nous nous sommes souhaité bonne chance, et nous avons ensuite continué notre route, peut-être pour ne plus jamais nous revoir.

Ferragut secoua négativement la tête. Une telle chose ne pouvait pas se produire, il ne pouvait pas se résigner à la perdre de vue pour toujours.

"Ces hommes!" continua-t-elle, chaque fois un peu plus irritée. "Vous imaginez tous que les choses doivent être arrangées entièrement selon vos caprices. 'Parce que je te désire, tu dois être à moi....' Et si je ne le veux pas ?... Et si je ne ressens aucune nécessité d'être aimé ?... Si je veux seulement vivre en liberté, sans autre amour que celui que je ressens pour moi-même ?... "

Elle considérait que c'était un grand malheur d'être une femme. Elle a toujours envié les hommes pour leur indépendance. Ils pourraient se tenir à l'écart, s'abstenir des passions qui gâchent la vie, sans que personne ne vienne les importuner dans leur retraite. Ils étaient libres d'aller où ils voulaient, de parcourir le monde entier, sans laisser derrière eux un cortège d'avocats.

" Vous m'apparaissez, capitaine, un homme très charmant. L'autre jour j'ai été ravi de vous rencontrer ; c'était une apparition du passé ; j'ai vu en vous la joie de ma jeunesse qui commence à s'effacer, et la mélancolie de certains souvenirs... Et pourtant, je vais finir par te haïr. M'entends-tu, vieil Argonaute ennuyeux ?... Je te détesterai parce que tu ne seras pas un simple ami ; parce que tu ne sais que parler éternellement de c'est la même chose ; parce que vous êtes une personne sortie d'un roman, une Latine, très intéressante peut-être pour les autres femmes, mais insupportable pour moi.

Son visage se contracta avec un geste de mépris et de pitié. « Ah, ces Latins !... »

"Ils sont tous pareils, Espagnols, Italiens, Français.... Ils sont nés pour la même chose. Ils rencontrent à peine une femme attirante mais ils croient qu'ils se soustraient à leurs obligations s'ils ne mendient pas son amour et ce qui vient. après... Un homme et une femme ne peuvent-ils pas simplement être amis ? Ne pourriez-vous pas être simplement un bon camarade et me traiter comme un compagnon ?

Ferragut protesta énergiquement. Non; non, il ne pouvait pas. Il l'aimait et, après avoir été repoussé avec tant de cruauté, son amour ne ferait que croître. Il en était sûr.

Un tremblement nerveux rendit la voix de Freya aiguë et coupante, et ses yeux prirent une lueur dangereuse. Elle regardait son compagnon comme s'il était un ennemi dont elle désirait ardemment la mort.

" Très bien donc, si vous voulez le savoir. J'abomine tous les hommes ; je les abomine, parce que je les connais si bien. Je voudrais la mort de tous, de chacun !... Le mal qu'ils ont fait en eux ma vie !... Je voudrais être immensément belle, la plus belle femme du monde, et posséder l'intellect de tous les sages concentré dans mon cerveau, être riche et être reine, pour que tous les hommes du monde , fous de désir, venaient se prosterner devant moi... Et je levais mes pieds avec leurs talons de fer, et j'allais les piétiner en leur écrasant la tête... alors... et ainsi... et ainsi ! ... »

Elle frappait le sable du jardin avec la semelle de ses petits souliers. Un ricanement hystérique lui déforma la bouche.

"Peut-être pourrais-je faire une exception à ton égard.... Toi qui, malgré toute ton arrogance fanfaronne, es, après tout, franc et simple. Je te crois capable d'assurer à une femme toutes sortes de mensonges amoureux... en les croyant toi-même. surtout. Mais les autres !... *Oui, les autres ! ...* Comme je les déteste !... "

Elle regarda vers le palais de l'Aquarium, luisant de blanc entre la colonnade d'arbres.

"J'aimerais être," poursuivit-elle pensivement, "un de ces animaux de la mer qui peuvent couper avec leurs griffes, qui ont des bras comme des ciseaux, des scies, des pinces… qui dévorent les siens et absorbent tout autour d'eux."

Puis elle regarda la branche d'un arbre à laquelle pendaient plusieurs fils d'argent, soutenant des insectes aux tentacules actifs.

« Je voudrais être une araignée, une araignée énorme, pour que tous les hommes soient attirés vers ma toile aussi irrésistiblement que les mouches. Avec quelle satisfaction les croquerais-je entre mes griffes ! Comme j'attacherais ma bouche à leur cœur ! … Et Je les sucerais…. Je les sucerais jusqu'à ce qu'il ne reste plus une goutte de sang, jetant ensuite leurs carcasses vides !… "

Ulysse commença à se demander s'il n'était pas tombé amoureux d'une folle. Son inquiétude, son regard surpris et interrogateur redonnèrent peu à peu la sérénité de Freya.

Elle passa une main sur son front, comme si elle se réveillait d'un cauchemar et souhaitait par ce geste bannir le souvenir. Son regard devint plus calme.

" Au revoir, Ferragut ; ne me fais plus parler. Tu douteras bientôt de ma raison…. Tu le fais déjà. Nous serons amis, juste amis et rien de plus. Il est inutile de penser à autre chose…. Ne me suivez pas... Nous nous reverrons... Je vous retrouverai... Au revoir !... Au revoir !"

Et bien que Ferragut fût tenté de la suivre, il restait immobile, la voyant s'éloigner rapidement, comme pour fuir les paroles qu'elle venait de laisser tomber devant le petit temple du poète.

CHAPITRE V

L'AQUARIUM DE NAPLES

Malgré sa promesse, Freya ne fit aucun effort pour rencontrer le marin. "Nous nous reverrons…. Je vais te retrouver." Mais c'est Ferragut qui faisait la chasse, posté autour de l'hôtel.

« Comme j'étais fou l'autre matin !… Je me demande ce que tu as pu penser de moi ! dit-elle la première fois qu'elle lui reparla.

Ulysse n'avait pas tous les jours le plaisir d'une conversation qui se déroulait invariablement depuis la *Via Partenope* jusqu'au monument de Virgile. La plupart du temps, il attendait en vain devant les stands d'huîtres, écoutant les musiciens qui bombardaient les fenêtres fermées de l'hôtel de leurs romances sentimentales et de leurs mandolines. Freya n'apparaîtrait pas.

Son impatience entraînait habituellement Ulysse jusqu'à l'hôtel pour demander des renseignements au portier. Animé par l'espoir d'une nouvelle facture, le larbin allait au téléphone et s'enquérait auprès des domestiques de l'étage. Et puis avec un sourire triste et obséquieux, comme pour se lamenter sur ses propres paroles : « La *signora* n'est pas là. La *signora* a passé la nuit dehors de l' *albergo* . Et Ferragut s'en allait furieux.

Parfois, il allait voir comment se déroulaient les réparations de son bateau, excellent prétexte pour exprimer sa colère contre quelqu'un. D'autres matins, il se rendait au jardin de la plage de Chiaja , aux mêmes endroits où il s'était promené avec Freya. Il cherchait toujours à ce qu'elle apparaisse d'un instant à l'autre. Tout autour suggérait un souvenir d'elle. Les arbres et les bancs, les trottoirs et les lumières électriques la connaissaient parfaitement car ils faisaient partie de sa promenade régulière.

Devenu convaincu qu'il attendait en vain, un dernier espoir lui fit jeter un regard vers le bâtiment blanc de l'Aquarium. Freya en avait souvent parlé. Elle avait l'habitude de s'amuser, y passant souvent des heures entières, à contempler la vie des habitants de la mer. Et Ferragut cligna involontairement des yeux en passant rapidement du jardin bouillant sous le soleil à l'ombre des galeries humides, sans autre illumination que celle du jour qui pénétrait jusqu'à l'intérieur de l' Aquarium, lumière qui, vue à travers l'eau et le verre, prit un ton mystérieux, la teinte verte et diffuse des profondeurs sous-marines.

Cette visite lui permit de tuer le temps plus tranquillement. D'anciennes lectures lui revinrent à l'esprit, confirmées maintenant par la vision directe. Ce n'était pas le genre de marin qui navigue sans se préoccuper de ce qui existe sous sa quille. Il voulait connaître les mystères de l'immense palais bleu sur le toit duquel il naviguait habituellement, se consacrant à l'étude de l'océanographie, la plus récente des sciences.

Dès ses premiers pas dans l'Aquarium, il imagine immédiatement les profondeurs marines que l'exploration avait si inégalement divisées et cartographiées. Près des rivages, dans la zone appelée « le littoral » où les rivières se vident, les matières alimentaires s'accumulaient sous l'impulsion des marées et des courants, et là s'épanouissait une végétation subaquatique. C'était la zone des grands poissons et elle s'étendait jusqu'à deux cents toises du fond, profondeur où les rayons du soleil ne pénètrent jamais. Au-delà, il n'y avait pas de lumière ; la vie végétale a disparu et avec elle les animaux herbivores.

La pente sous-marine, jusqu'alors douce, devient maintenant très raide, descendant rapidement vers les abîmes océaniques, cette immense masse d'eau (presque tout l'océan), sans lumière, sans vagues, sans marées, sans courants, sans oscillations de température, appelée zone « abyssale ».

Sur le littoral, les eaux, sainement agitées, varient en salinité selon la proximité des rivières. Les rochers et les profondeurs sont recouverts d'une végétation qui est verte en surface, devenant de plus en plus foncée, virant même au rouge foncé et au jaune cuivré à mesure qu'on s'éloigne de la lumière. Dans ce paradis océanique d'eaux nutritives et lumineuses chargées de bactéries et de nourritures microscopiques, la vie se développe dans l'exubérance. Malgré les pièges continus des pêcheurs, les troupeaux marins se maintiennent intacts grâce à leurs pouvoirs infinis de reproduction.

La faune des profondeurs abyssales, où le manque de lumière rend toute végétation impossible, est en grande partie carnivore, les habitants faibles dévorant généralement les résidus et les animaux morts qui descendent de la surface. Les plus forts, à leur tour, se nourrissent de la nourriture concentrée des petits cannibales.

Le fond de l'océan, désert monotone de boue et de sable, sédiments accumulés pendant des centaines de siècles, présente parfois des oasis d'une végétation étrange. Ces végétations ressemblant à des bosquets surgissent comme des points de lumière là où la rencontre des courants de surface fait pleuvoir une manne de minuscules cadavres. Les plantes calcaires tordues, dures comme la pierre, ne sont en réalité pas du tout des plantes, mais des animaux. Leurs feuilles ne sont que des tentacules inertes et traîtres qui se contractent très brusquement, et leurs fleurs, des bouches avides, qui se penchent sur leur proie et l'aspirent par leurs ouvertures gloutons.

Une lumière fantastique zèbre ce monde de ténèbres de rayons multicolores, lumière animale produite par les organismes vivants. Dans les abîmes les plus profonds, les êtres aveugles sont très rares, contrairement à l'opinion commune, qui imagine que presque tous manquent d'yeux à cause de leur éloignement du soleil. Les filaments des arbres carnivores sont des guirlandes de lampes ; les yeux des animaux de chasse, les globes électriques ; les insignifiantes bactéries, petites glandes productrices de lumière, qui s'ouvrent ou se ferment toutes avec des interrupteurs phosphorescents selon les nécessités du moment, tantôt pour persécuter et dévorer, tantôt pour se cacher dans l'ombre.

Les plantes-animaux, immobiles comme des étoiles, entourent leur gueule féroce d'un cercle de lumières clignotantes, et aussitôt leurs petites proies se sentent attirées vers elles aussi irrésistiblement que les papillons de nuit qui volent vers la lampe et les oiseaux de mer qui battent. contre le phare.

Aucune des lumières de la terre ne peut se comparer à celles de ce monde abyssal. Tous les feux artificiels pâlissent devant les variétés de son éclat organique.

Les branches vivantes des polypes, les yeux des animaux, la boue même semée de pointes brillantes, émettent des tiges phosphoriques comme des étincelles dont les splendeurs s'évanouissent et réapparaissent sans cesse. Et ces lumières traversent de nombreuses nuances de couleurs : violet, pourpre, orange, bleu et surtout vert. En apercevant une victime à proximité, les gigantesques seiches s'illuminent comme des soleils livides, remuant leurs bras avec des coups mortels.

Tous les êtres abyssaux ont leurs organes de vision énormément développés afin de capter même les rayons de lumière les plus faibles. Beaucoup ont des yeux énormes et saillants. D'autres les ont détachés du corps au bout de deux tentacules cylindriques comme des télescopes.

Ceux qui sont aveugles et ne projettent aucun rayonnement sont compensés de cette infériorité par le développement des organes tactiles. Leurs antennes et organes nageurs s'étendent infiniment dans l'obscurité. Les filaments de leur corps, poils longs riches en terminaisons nerveuses, permettent de distinguer instantanément la proie appétissante, ou l'ennemi qui l'attend.

Les profondeurs abyssales ont deux étages ou toits. Au plus haut se trouve la zone dite néritique , la surface océanique, diaphane et lumineuse, éloignée de toute côte. On voit ensuite la zone pélagique, beaucoup plus profonde, où résident les poissons au mouvement incessant, capables de vivre sans reposer sur le fond.

Les cadavres des animaux néritiques et de ceux qui nagent entre les deux eaux sont la subsistance directe ou indirecte de la faune abyssale. Ces êtres au faible équipement dentaire et à la vitesse lente, mal armés pour la conquête de proies vivantes, se nourrissent du déversement de cette pluie de matière alimentaire. Les grands nageurs, munis de mandibules redoutables et d'estomacs immenses et élastiques, préfèrent les hasards de la guerre, la poursuite des proies vivantes, et dévorent, comme les carnivores dévorent les herbivores sur terre, tous les petits se nourrissant de débris et *de plancton* . Ce mot d'invention scientifique récente présentait à l'esprit du capitaine Ferragut le plus humble et le plus intéressant des habitants océaniques. Le *plancton* est la vie qui flotte en amas lâches ou forme des groupes semblables à des nuages sur la surface néritique, descendant même jusqu'aux profondeurs abyssales.

Partout où passe le *plancton* , il y a une animation vivante, se regroupant en colonies serrées. L'eau salée la plus pure et la plus translucide montre sous certains rayons lumineux une multitude de petits corps aussi agités que les grains de poussière qui dansent dans les rayons du soleil. Ces êtres transparents mêlés d'algues microscopiques et de mucosités embryonnaires sont le *plancton* . Dans sa masse dense, à peine visible à l'œil humain, flottent les *siphonoforas* , guirlandes d'entités unies par un fil transparent aussi fragile, délicat et lumineux que le cristal de Bohême. D'autres organismes tout aussi subtils ont la forme de petites torpilles de verre. La somme de toutes les matières albumineuses flottant sur la mer est condensée dans ces nuages nutritifs auxquels s'ajoutent les sécrétions d'animaux vivants, les restes de cadavres, les cadavres apportés par les rivières et les fragments nourrissants des prairies d'algues.

Lorsque le *plancton* , soit par hasard, soit à la suite de quelque attraction mystérieuse, s'accumule sur quelque point déterminé du rivage, les eaux bouillonnent de poissons d'une étonnante fertilité. Les villes balnéaires se multiplient, la mer se remplit de voiles, les tables sont plus opulentes, les industries s'établissent, les usines s'ouvrent et l'argent circule le long de la côte, attiré là de l'intérieur par le commerce du poisson frais et séché.

Si le *plancton* se retire capricieusement, flottant vers un autre rivage, les troupeaux marins émigrent derrière ces prairies vivantes, et la plaine bleue reste aussi vide qu'un désert maudit. Les flottes de bateaux de pêche sont posées haut et sec sur la plage, les magasins sont fermés, la marmite ne fume plus, les chevaux de la gendarmerie chargent les foules protestataires et affamées , l'opposition hurle dans les Chambres et les journaux font le gouvernement est responsable de tout.

Cette poussière animale et végétale nourrit les espèces les plus nombreuses qui, à leur tour, servent de pâturage aux grands nageurs armés de dents.

Les baleines, les plus volumineuses de tous les habitants océaniques, ferment ce cycle destructeur, puisqu'elles se dévorent les unes les autres pour vivre. Le géant du Pacifique, sans dents, alimente son organisme uniquement en *plancton* , qu'il absorbe par tonnes ; cette manne imperceptible et cristalline nourrit son corps (ressemblant à un beffroi renversé), et fait circuler sous sa peau huileuse des rivières pourpres et grasses de sang chaud.

La transparence des êtres du *plancton* rappelait à la mémoire de Ferragut les merveilleuses colorations des habitants de la mer, ajustées exactement à leurs besoins de conservation. Les espèces qui vivent en surface ont, en règle générale, un dos bleu et un ventre argenté. De cette manière, il leur est possible d'échapper à la vue de leurs ennemis ; vus des ombres des profondeurs, ils se confondent avec la couleur blanche et lumineuse de la surface. Les sardines qui nagent en bancs sont capables de passer inaperçues, grâce à leur dos bleu comme l'eau, échappant ainsi aux poissons et aux oiseaux qui les chassent.

Vivant dans des abysses où la lumière ne pénètre jamais, les animaux pélagiques ne sont pas obligés d'être transparents ou bleus comme les êtres néritiques en surface. Certains sont opaques et incolores, d'autres bronzés et noirs ; la plupart sont vêtus de teintes sombres, dont la splendeur est le désespoir du pinceau de l'artiste, incapable de les imiter. Un rouge magnifique semble être la base de cette palette de couleurs, passant progressivement au rose pâle, au violet, à l'ambre, se perdant même dans l'iris laiteux des perles et dans l'opalescence de la nacre des mollusques. Les yeux de certains poissons placés au bout des os de la mâchoire séparés du corps, scintillent comme des diamants aux extrémités d'une double épingle. Les glandes saillantes, les verrues, les dos courbés, prennent les colorations des bijoux.

Mais les pierres précieuses de la terre sont des minéraux morts qui ont besoin de rayons de lumière pour émettre le moindre éclair. Les joyaux animés de l'océan – poissons et coraux – scintillent de leurs propres couleurs, reflets de leur vitalité. Leur vert, leur couleur rose, leur jaune intense, leurs irisations métalliques, toutes leurs teintes liquides sont éternellement vernissées par un vernis humide qui ne peut exister dans le monde atmosphérique.

Certains de ces êtres sont capables d'un merveilleux pouvoir de mimétisme qui les fait s'identifier à des objets inanimés, ou parcourir en quelques instants toutes les gammes de couleurs. Quelques-uns, d'une grande activité nerveuse, se rendent absolument immobiles et se contractent, se remplissent de rides, prennent le ton sombre des rochers. D'autres, dans des moments d'irritation ou de fièvre amoureuse, se couvrent de stries lumineuses et de taches tremblantes, de nuages de différentes couleurs passant sur leur épiderme à chaque frémissement. Les seiches et les poissons-encre, en se sentant poursuivis, s'enveloppent dans un nuage d'invisibilité, tout comme le faisaient les enchanteurs d'autrefois dans les livres de chevalerie, assombrissant l'eau avec l'encre emmagasinée dans leurs glandes.

Ferragut continuait de longer lentement l'Aquarium entre les deux rangées de cuves verticales, vitrines de pierre aux vitres épaisses qui permettaient de voir pleinement l'intérieur. Les murs clairs et brillants qui recevaient le feu du soleil par leur partie supérieure, répandaient un reflet vert sur les ombres des couloirs. Au fur et à mesure de leurs rondes, les visiteurs prenaient une pâleur livide, comme s'ils traversaient un défilé sous-marin.

L'eau tranquille à l'intérieur des réservoirs était à peine visible. Derrière l'épaisse vitre ne semblait exister qu'une atmosphère merveilleuse, un air de pays de rêve dans lequel flottaient divers êtres flottants de toutes les couleurs. Seules les bulles de leur respiration annonçaient la présence du liquide. Dans la partie supérieure de ces cages aquatiques, l'atmosphère lumineuse vibrait sous un continuel jet de poussière transparente, l'eau de mer additionnée d'air qui renouvelait les conditions d'existence de ces hôtes de l'Aquarium.

En voyant ces ruisseaux vivifiants, le capitaine admira la force nourricière de l'eau bleue sur laquelle il avait passé presque toute sa vie.

La Terre a perdu sa fierté face à l'immensité aquatique. Dans l'océan étaient apparues les premières manifestations de la vie, poursuivant ensuite son cycle évolutif sur les montagnes qui étaient également sorties de ses profondeurs. Si la terre était la mère de l'homme, la mer était sa grand-mère.

Le nombre d'animaux terrestres est très insignifiant comparé à celui des animaux marins. A la surface de la terre (beaucoup plus petite que l'océan) les êtres n'occupent que la surface du sol, et une canopée atmosphérique d'un certain nombre de mètres. Les oiseaux et les insectes dépassent rarement cette limite dans leurs vols. Dans la mer, les animaux sont dispersés sur tous ses niveaux, sur plusieurs kilomètres de profondeur multipliés par des milliers et des milliers de lieues longitudinales. Des quantités infinies de créatures, dont il est impossible de calculer le nombre, nagent sans cesse dans toutes les strates de ses eaux. La terre est une surface, un plan ; la mer est un volume.

L'immense masse aquatique, trois fois plus salée qu'au début de la planète, à cause d'une évaporation millénaire qui a diminué le liquide sans absorber ses composants, retient mélangés à ses chlorures, du cuivre, du nickel, du fer, du zinc, du plomb, et même l'or, provenant des veines métalliques que les bouleversements planétaires déposent sur le fond océanique ; comparées à cette masse, les veines des montagnes avec leurs sables dorés déposés par les rivières ne sont que des tentacules insignifiants.

L'argent est également dissous dans ses eaux. Ferragut savait par certains calculs qu'avec l'argent flottant dans l'océan on pouvait ériger des pyramides plus énormes que celles d'Egypte.

Les hommes qui avaient autrefois pensé à exploiter ces richesses minérales avaient abandonné cette idée visionnaire car les minéraux étaient trop dilués et il était impossible de les exploiter. Les êtres océaniques savent mieux reconnaître leur présence, les laissant filtrer à travers leur corps pour le renouvellement et la coloration de leurs organes. Le cuivre s'accumule dans leur sang ; l'or et l'argent se découvrent dans la texture des animaux-plantes ; le phosphore est absorbé par les éponges ; le plomb et le zinc par espèces d'algues.

Chaque créature océanique est capable d'extraire de l'eau les résidus de certains métaux dissous en particules si incalculablement minuscules qu'aucun processus chimique ne pourrait jamais les capturer. Les carbonates de chaux déposés par les rivières ou charriés de la côte servent à d'innombrables espèces pour la construction de leurs revêtements, de leurs squelettes et de leurs coquilles spiralées. Les coraux, filtrant l'eau à travers leurs corps flasques et muqueux, solidifient leurs squelettes durs pour finalement se transformer en îles habitables.

Les êtres d'une diversité déconcertante qui flottaient, plongeaient ou se tortillaient autour de Ferragut n'étaient que des eaux océaniques. Les poissons étaient de l'eau transformée en chair ; les animaux visqueux et mucilagineux étaient de l'eau à l'état gélatineux ; les crustacés et les polypes étaient de l'eau transformée en pierre.

Dans l'un des chars , il aperçut un paysage qui ressemblait à celui d'une autre planète, grandiose et en même temps réduit, comme un bois vu dans un diorama. C'était une palmeraie qui surgissait entre les rochers, mais les rochers n'étaient que des cailloux, et les palmiers , annélides de la mer, n'étaient que des vers se tenant debout, immobiles.

Ils gardaient leur corps annelé dans un tube de cuir qui formait leur étui protecteur, et de ce tronc rectiligne couleur de marbre sortaient, comme un bec de branches, les tentacules en mouvement constant qui leur servaient d'organes de respiration et de nourriture.

Doués d'une rare sensibilité, il suffisait du passage d'un nuage devant le soleil pour les faire rétrécir rapidement au sein de ces tubes, privés de leurs chapiteaux éclatants, tels des palmiers décapités. Puis, lentement et prudemment, les pinces animées ressortaient par l'ouverture de leur fourreau cylindrique, flottant dans l'eau avec un espoir anxieux. Tous ces arbres et animaux-fleurs développaient une voracité mécanique chaque fois qu'une victime microscopique tombait sous la puissance de leurs tentacules ; alors les douces touffes de branches se contractaient, se refermaient, attirant leur proie, et le ver, se retirant dans la partie la plus basse de la tour élancée qu'il avait secrète, digérait sa conquête.

Les autres chars attirèrent alors l'attention du marin.

Glissant sur les pierres, s'introduisant dans leurs cavernes, somnolent, à demi enfouis dans le sable, toutes les espèces variées et tumultueuses de crustacés remuaient leurs broyeurs tranchants et tentaculaires et faisaient briller leurs armures japonaises : certaines de leurs montures étaient rouges — presque noir – comme s'il gardait le sang sec d'un combat lointain ; d'autres étaient d'une fraîcheur écarlate, comme si elles reflétaient les premiers feux de l'aube flamboyante.

Le plus gros des homards (le *homard*, souverain des tables des riches) reposait sur les ciseaux de ses pinces antérieures, aussi puissants qu'un bras ou une double hache d'armes. La langouste bondissait avec agilité par-dessus les cimes, grâce aux crochets de ses pinces, à ses armes de guerre et de nourriture. Son plus proche parent, le grillon des mers, animal ennuyeux et lourd, boudait dans les coins couverts de fange et d'algues, dans une immobilité qui le faisait facilement confondre avec les pierres. Autour de ces géants, comme une démocratie habituée à subir de temps en temps l'attaque des forts, écrevisses et crevettes nageaient en bancs. Leurs mouvements étaient libres et gracieux, et leur sensibilité si aiguë que la moindre agitation les faisait sursauter, prenant des ressorts formidables.

Ulysse ne cessait de penser à l'esclavage que la nature avait imposé à ces animaux, leur donnant leur bel enveloppement défensif.

Ils sont nés blindés et leur développement les a obligés à changer à plusieurs reprises de forme d'armes. Ils se dépouillaient comme les reptiles, mais, grâce à leur forme cylindrique, pouvaient effectuer cette opération avec la facilité d'une patte qui abandonne son bas. Lorsqu'elle commence à se fissurer, les crustacés doivent retirer de leur cuirasse le mécanisme multiple de leurs membres et appendices, griffes, antennes et grandes pinces, opération lente et dangereuse dans laquelle beaucoup périssent, lacérés par leurs propres efforts. Puis, nus et désarmés, ils doivent attendre que se forme une nouvelle peau qui, avec le temps, se transformera également en cotte de mailles, et ce, au milieu d'un environnement hostile, entourés de bêtes avides, grandes et petites, attirées par leur chair riche, et sans autre défense que celle de se cacher.

Parmi la nuée de petits crustacés qui se déplacent sur le fond sableux, chassant, mangeant ou combattant avec un féroce enchevêtrement de griffes, les badauds recherchent toujours une petite créature bizarre et extravagante, le *paguro*, surnommé "Bernard l'Ermite". C'est un escargot qui s'avance debout comme une tour, sur des pinces de crabe, et qui a pourtant pour couronnement les longs poils d'une anémone de mer.

Cette apparition comique est composée de trois animaux distincts superposés, ou plutôt de deux êtres vivants portant entre eux un cercueil. Le crabe *paguro* naît avec la partie inférieure de son étui non protégée, une excellente friandise , tendre et savoureuse pour les poissons affamés. La nécessité de se défendre le pousse à chercher une coquille d'escargot pour protéger la partie faible de son organisme. S'il rencontre une habitation vide de cette classe, il se l'approprie. Dans le cas contraire, il mange l'habitant, introduisant son postérieur armé de deux griffes crochues dans son refuge de nacre.

Mais ces précautions défensives ne suffisent pas pour le faible *paguro* . Pour vivre, il a plutôt besoin de se mettre à l'offensive, d'inspirer le respect aux monstres dévoreurs, notamment aux poulpes qui recherchent comme proies sa trompe et ses griffes velues, exposées à la locomotion à l'extérieur de sa tour.

Au fil du temps, une anémone de mer arrive et s'attache au pic calcaire, le nombre s'élevant souvent à cinq ou six, bien qu'il n'y ait aucune relation corporelle entre le *paguro* et les organismes qui se trouvent au sommet. Ce sont simplement des partenaires ayant un intérêt réciproque. Les plantes-animaux piquent comme des orties ; tous les monstres sans carapace fuient le venin de leurs organes picotant, et les fragments de leurs cheveux brûlent comme des épingles de feu. Ainsi l'humble *paguro* , portant sur son dos sa tour couronnée de batteries redoutables, inspire la terreur aux bêtes gigantesques des profondeurs. Les anémones, de leur côté, lui sont reconnaissantes de pouvoir ainsi passer sans cesse d'un côté à l'autre, entrant en contact avec toutes les classes d'animaux. De cette façon, elles peuvent manger avec plus de facilité que leurs sœurs fixées sur les rochers ; car ils n'ont pas à attendre, comme les autres, que la nourriture dérive négligemment vers leurs tentacules. En outre, flottent toujours au-dessus quelques-uns des restes du butin que le rusé crabe, dans son impunité errant, a rassemblé en-dessous.

Ferragut , en passant d'un bassin à l'autre, établissait mentalement la gradation de la faune depuis le protoplaste primitif jusqu'à l'organisme parfait.

Les éponges de Méditerranée nageaient dès leur naissance, lorsqu'elles étaient comme des têtes d'épingles, avec des mouvements vibratoires. Puis ils restaient immobiles, l'eau s'infiltrant par les fissures et les recoins de leur texture, protégeant leur chair délicate d'un hérissement de pointes , aiguilles acérées de calcaire avec lesquelles ils transperçaient les poissons qui passaient et les rendaient immobiles, profitant de la nourriture de leurs poissons. restes putréfiants.

Les orties de mer étalent par milliers leurs fils urticants, libérant un venin qui stupéfie la victime et la fait tomber dans leur corolle. D'une voracité illimitée, et attachés aux rochers, ils dominent des poissons beaucoup plus gros qu'eux, et au premier signe de danger se resserrent de telle manière qu'il est très difficile de les voir. Les panaches marins restent flasques et sombres comme des animaux morts, jusqu'à ce qu'absorbant l'eau, ils se dressent soudainement, transparents et pleins de feuilles. Ainsi ils vont d'un côté à l'autre avec la légèreté d'une plume, ou, s'enfonçant dans le sable, émettent une lueur phosphorique. Les belles de la mer, les élégantes Méduses, ouvrent le cercle flottant de leur fragile beauté. Ce sont des champignons transparents, des parapluies de verre ouverts qui avancent grâce à leurs contractions. Au centre intérieur de leur dôme pend un tube également transparent et gélatineux : la gueule de l'animal. De longs filaments dépendent des bords de leurs formes circulaires, tentacules sensibles qui maintiennent en même temps leur équilibre flottant.

Ces êtres fragiles, qui semblent appartenir à une faune enchantée, blancs comme du cristal de roche avec de douces bordures de couleur rose ou violette, piquent comme des orties et se défendent par leur contact enflammé. Quelques parasols subtils et incolores vivaient ici dans le bassin, sous la protection d'une seconde enceinte de cristal, et leur brume muqueuse ne se manifestait guère au sein de ce verre en forme de cloche que par une pâle ligne de vapeur bleue.

Au-dessous de ces formes transparentes et éthérées qui brûlent tout ce qu'elles touchent, s'aventurant à capturer des proies bien plus grosses qu'elles, étaient regroupés comme dans les jardins ce qu'on appelle la « fleur de sang », le corail rouge, et surtout l'étoile de mer, formant avec leur corolle un anneau de couleur orange.

Le capitaine avait aperçu ces végétations pierreuses, comme des bosquets submergés, dans les profondeurs de la mer Morte et aussi dans les mers du sud. Il les avait survolés avec l'illusion que, dans les profondeurs bleutées de l'océan, circulaient de larges fleuves de sang.

Les *oseznos* (oursons) et les étoiles de mer agitaient lentement les formes qui avaient donné leur nom, sécrétant des poisons pour paralyser leurs victimes, se contractant jusqu'à former une boule de lances qui saisissait leur proie dans un mouvement mortel. l'embrasser ou le couper avec les couteaux osseux de leur corps rayonnant. Les iris de la mer se balançaient, remuant leurs membres comme s'ils étaient des pétales.

Sur les fonds de sable fin ou accrochés aux rochers, les mollusques vivaient à l'abri de leurs coquilles.

La nécessité de s'endormir avec une relative sécurité, sans craindre la rapacité générale qui est la loi océanique, préoccupe tous ces êtres marins, les rendant constructifs et inventifs. Les crustacés vivent dans leurs coquilles ou profitent de refuges calcaires tout faits, chassant leurs anciens propriétaires ; les animaux-plantes exhalent des toxines ; les êtres *planctoniques* , transparents et gélatineux, brûlent comme un cristal exposé au feu ; certains organismes, apparemment faibles et flasques, ont dans leur queue la force d'un mors de charpentier, perçant suffisamment la roche pour créer une caverne de refuge dans son intérieur dur.... Et les mollusques timides, pulpe tremblante et succulente, ont fabriqué pour leur protection les forts boucliers de leurs valves, deux parois concaves qui, en s'ouvrant, forment leur porte, et en se fermant, leur maison.

Un peu de chair dépasse de ces coquilles, comme une langue blanche. Dans quelques-uns, elle prend la forme d'une semelle et sert de pied, le mollusque marchant avec sa demeure sur le dos de cet unique support. Dans d'autres, c'est un nageur, et la coquille, ouvrant et fermant ses valves comme une bouche propulsive, monte en ligne droite jusqu'à la surface, retombant ensuite avec les deux boucliers fermés.

Ces animaux herbivores d'eau douce vivent en s'abreuvant de la lumière, ressentant le besoin des eaux superficielles ou des petits fonds avec leurs clairières limpides, et cette lumière, se répandant sur l'intérieur blanc de leur demeure, la décore de toutes les couleurs passagères. de l'iris, donnant au calcaire le miroitement mystérieux de la nacre.

Ulysse admirait les formes étranges de leurs passages sinueux. Ils ressemblaient aux palais d'Orient, sombres et inhospitaliers à l'extérieur, scintillants à l'intérieur comme un lac de perles. Certains ont reçu leur nom terrestre en raison de la forme particulière de leur coquille : le lapin, le casque, la corne de triton, le tonneau, l'ombrelle méditerranéenne.

Ils paissaient avec une tranquillité bucolique sur les pâturages maritimes, contemplés de loin par les moules, les huîtres et autres bivalves, attachées aux rochers par un écheveau de soie dur et corné qui enveloppait leurs enclos. Quelques-unes de ces coquilles, appelées jambons, — palourdes de grande taille, munies de valves en forme de massue, — s'étaient fixées debout dans la fange, donnant l'apparence d'un camp celtique immergé, avec une succession d'obélisques engloutis par les flots. profondeurs de la mer.

Celui qu'on appelle coquille de datte peut, aidé de son acide liquide, percer la pierre la plus dure avec sa vrille cylindrique. Les colonnes des temples helléniques, immergées dans le golfe de Naples et mises au jour par un tremblement de terre, sont percées d'un bout à l'autre par ce minuscule perforateur.

Des cris de surprise et des rires nerveux parvinrent soudain à Ferragut . Ils venaient de la partie de l'Aquarium où se trouvaient les aquariums. Dans le couloir, il y avait un petit abreuvoir et au fond une sorte de chiffon, flasque et gris, avec des anneaux noirs sur le dos. Cet animal attirait toujours la curiosité immédiate des visiteurs. Tout le monde le demanderait.

Des groupes de campagnards, des familles citadines précédées de leurs rejetons, des couples de soldats, se consultaient devant elle et expérimentaient, avançant leurs mains sur l'abreuvoir avec une certaine hésitation. Enfin, ils touchaient le chiffon vivant du fond, la chair gélatineuse du poisson-torpille, recevant une série de décharges électriques qui les faisaient rapidement détacher leur proie, riant et levant l'autre main vers leurs bras saccadés.

Ulysse, en arrivant aux aquariums, eut la sensation d'un voyageur qui, après avoir vécu parmi une humanité inférieure, rencontre des êtres qui sont presque de sa propre race.

Il y avait l'aristocratie océanique, les poissons libres comme la mer, rapides, ondulants et glissants comme les vagues. Ils l'accompagnaient tous depuis de nombreuses années, apparaissant sur les transparents ouverts par la proue de son navire.

Ils étaient vigoureux et n'avaient donc pas de cou, partie la plus fragile et la plus délicate de l'organisme terrestre, ce qui les rendait plus semblables au taureau, à l'éléphant et à tous les animaux battants. Ils devaient être légers et, pour l'être, ils avaient renoncé à la coque rigide et dure du crustacé qui empêche le mouvement, préférant la cotte de mailles couverte d'écailles, qui se dilate et se contracte, cède au coup mais ne se blesse pas. Ils voulaient être libres, et leur corps, comme celui des lutteurs antiques, était recouvert d'une huile glissante, le mucus océanique qui se volatilise à la moindre pression.

Les animaux les plus libres de la planète ne peuvent leur être comparés. Les oiseaux ont besoin de se percher et de se reposer pendant leur sommeil, mais les poissons continuent de flotter et de se déplacer d'un endroit à l'autre pendant leur sommeil. Le monde entier leur appartient. Partout où il y a une masse d' eau, un océan, une rivière ou un lac, à quelque altitude ou latitude que ce soit, un sommet de montagne perdu dans les nuages, une vallée bouillonnante comme un tourbillon, une mer étincelante et tropicale avec une forêt de couleurs dans son sein, ou bien une mer polaire incrustée de glace et de monde, d'otaries et d'ours blancs, — là apparaît toujours le poisson.

Le public de l'Aquarium, voyant les têtes plates des animaux nageurs près de la vitre, criait et agitait les bras comme s'il pouvait être vu par les yeux de poisson d'une stupide fixité. Alors ils éprouvaient un certain désarroi en s'apercevant que les poissons poursuivaient leur course avec indifférence.

Ferragut sourit devant cette tromperie. Le cristal qui séparait l'eau de l'atmosphère avait une densité de millions de lieues, obstacle infranchissable interposé entre deux mondes qui ne se connaissent pas.

Le marin a rappelé la vision imparfaite des habitants de l'océan. Malgré leurs yeux exorbités et mobiles qui leur permettent de voir devant et derrière eux, leur pouvoir visuel ne s'étend que sur une courte distance. Les splendeurs dont la nature revêt le papillon ne peuvent être appréciées par eux.

Absolument daltoniens, ils ne peuvent apprécier que la différence entre la lumière et l'obscurité.

Un silence complet accompagne leur vision incomplète. Tous les animaux aquatiques sont sourds, ou plutôt dépourvus complètement d'organes auditifs, parce qu'ils leur sont inutiles. Les agitations atmosphériques, les coups de foudre et les ouragans ne pénètrent pas dans l'eau. Seuls le craquement de la carapace de certains crabes et les gémissements douloureux près de la surface de certains poissons, appelés ronfleurs, modifient ce silence.

L'océan étant dépourvu d'ondes acoustiques, ses habitants n'ont jamais eu besoin de former les organes qui les transforment en son. Ils ressentent impétueusement les nécessités premières de la vie animale : la faim et l'amour. Ils souffrent follement de la cruauté de la maladie et de la douleur ; entre eux, ils se battent jusqu'à la mort pour un repas ou un compagnon. Mais tout cela dans un silence absolu, sans les hurlements de triomphe ou d'agonie avec lesquels les animaux terrestres accompagnent les mêmes manifestations de leur existence.

Leur sens principal est celui de l'odorat, tout comme celui de la vue chez l'oiseau. Dans le monde crépusculaire de l'océan, strié de splendeurs phosphorescentes et trompeuses, les gros poissons ne se fient qu'à leur odorat et parfois à celui du toucher.

Parfois enfouis dans la boue, ils remontent des centaines de mètres, attirés par l'odeur des poissons qui nagent à la surface. Cette faculté prodigieuse rend inutiles, en partie, les couleurs dont s'habillent les espèces timides pour se confondre avec les lumières ou les ombres. Les plus grands carnivores voient mal, mais ils grattent le fond avec un toucher divinatoire et flairent leurs proies à des distances étonnantes.

Seuls les poissons de la Méditerranée, notamment ceux du Golfe de Naples, vivaient dans les bassins de cet Aquarium. Il en manquait quelques-uns , le dauphin, au mouvement nerveux, et le thon, si impétueux dans sa carrière. Le capitaine sourit en pensant aux malices de ces invités ingouvernables dont la présence avait été déclinée.

Le requin vorace (*cabeza de olla*), le loup persécuteur des troupeaux méditerranéens, n'était pas là non plus. A sa place nageaient d'autres animaux de la même espèce, blanchâtres et longs, avec de grandes nageoires, les yeux toujours ouverts faute de paupières mobiles, et une bouche fendue en demi-lune, sous la tête au début de l'estomac.

Ferragut cherchait au fond des bassins les poissons des profondeurs, animaux aplatis qui passent la plus grande partie de leur temps enfoncés dans le sable sous une couverture d'algues. L' *uranoscopo* sombre, avec ses yeux presque unis au sommet de son énorme tête et son corps en forme de massue, ne laisse visible qu'un long fil sortant de sa mâchoire inférieure, l'agitant dans toutes les directions afin d'attirer ses proies. Croyant qu'il s'agit d'un ver, les victimes poursuivent généralement l'appât en mouvement jusqu'à ce qu'elles soient attaquées par les dents du chasseur qui jaillit alors de son lit, flotte quelques instants et tombe lourdement au fond, ouvrant une nouvelle fosse avec son pectoral. vessies natatoires en forme de pelle.

Le poisson crapaud, l'animal le plus hideux de la Méditerranée, chasse de la même manière. Les trois quarts de son corps aplati sont constitués de tête, principalement de bouche, armée de crochets et de couteaux recourbés. Guidé par ses yeux jaunâtres fixés au sommet, il agite sa petite barbe pointue, coupée comme des feuilles, et une paire d'appendices dorsaux comme des plumes. Ce faux appât attire les imprudents et bientôt les mandibules caverneuses se referment sur eux.

Les platanes nagent rapidement sur ces monstres de la fange, qui sont toujours horizontalement plats et appuyés sur leur ventre, tandis que la planéité des semelles et d'autres de la même espèce est verticale. Les deux faces des corps des semelles, comprimées latéralement, ont des colorations différentes. De cette façon, lorsqu'ils sont couchés, ils sont capables de se fondre à la fois dans la lumière de la surface et dans l'ombre du fond, se débarrassant ainsi de leurs persécuteurs.

Toutes les variétés infinies de la faune méditerranéenne se déplaçaient dans les autres bassins.

Là passaient devant les plaques de verre verdâtres les dorades, les caquets et les gardons de mer, vêtus d'argent vif, avec des bandes d'or sur les flancs. Là aussi défilaient la pourpre des salmonoïdes, la majesté éclatante du poisson rouge, le ventre bleuâtre de la daurade, le dos rayé de la tête du mouton, le poisson-lune marin à la bouche de trompette, le ricanement immobile du soi-disant appelé "joker", le pinacle dorsal du poisson-paon qui semble fait de plumes, la queue agitée et profondément bifurquée du chinchard, le battement du mulet avec ses triples ailes, la rotondité grotesque du poisson-sanglier et le le poisson-cochon, la douceur sombre de la raie pastenague, flottant comme une frange, le long museau de la bécasse, la finesse de l'églefin, agile et rapide comme une torpille, le grondin rouge tout d'épines, l'ange du la mer avec ses ailes charnues, le goujon hérissé d'angularités nageuses, le notaire, rouge et blanc, avec des bandes noires semblables aux fioritures des signatures, le modeste *esmarrido* , le petit poisson des sables, le superbe turbot presque rond avec une queue en éventail et un la frange nageuse tachetée de cercles, et le sombre congre dont la peau est aussi noire bleuâtre que celle des corbeaux.

Cachée entre deux rochers, comme les crustacés chasseurs, se trouvait la *rascaza* , le scorpion de la mer valencienne que Ferragut avait connu dans son enfance, l'animal aimé de son oncle, le *Triton* , pour sa chair substantielle qui épaississait la soupe des marins, le précieux composant recherché par l'oncle Caragol pour le bouillon de ses succulents plats de riz. L'énorme tête avait une paire d'yeux entièrement rouges. Ses grosses vessies natatoires piquaient de manière venimeuse. Le corps lourd avec ses bandes et rayures sombres était couvert d'appendices singuliers en forme de feuilles et pouvait facilement prendre la couleur des profondeurs où, dans la semi-obscurité, il ressemblait à une pierre recouverte de plantes. Grâce à ce mimétisme, il était habitué à échapper à ses ennemis et pouvait mieux détecter ses proies.

Une créature sombre, semblable aux yeux de Ferragut à un bedeau du Saint-Office, paradait dans la partie supérieure des cuves, passant de verre en verre, se reflétant comme un double animal lorsqu'elle approchait de la surface. C'était une raie avec une tête plate, des yeux féroces et une queue en forme de lanière, remuant le manteau noir de ses ailes charnues avec une délibération qui ondulait les bords.

Du fond sablonneux sortait un bouclier convexe qui, en flottant, montrait sa face inférieure lisse et jaune. Les quatre pattes ridées et la tête serpentine de la tortue sortaient de sa cuirasse d'écaille. Les petits hippocampes, élancés et gracieux comme des pièces d'échecs, montaient et descendaient dans l'environnement bleuâtre, remuant la queue et se tordant en forme de points d'interrogation.

Lorsque le capitaine approcha du bout des quatre galeries de l'Aquarium sans avoir vu autre chose que les animaux marins derrière les lunettes luisantes et quelques personnages sans intérêt dans la pénombre verdâtre, il éprouva tout le découragement d'une journée perdue.

« Elle ne viendra pas maintenant !… »

En passant de cette atmosphère humide de cave au jardin ensoleillé, le coup de canon de midi le frappa comme un coup atmosphérique. Heure du déjeuner !… Et Freya n'allait sûrement pas déjeuner à l'hôtel !

Au cours de l'après-midi, ses pas se sont instinctivement dirigés vers les rues des collines du quartier de Chiaja . Tous les bâtiments anciens d'aspect seigneurial attiraient invariablement son attention. C'étaient de grandes maisons rougeâtres du temps des vice-rois d'Espagne, ou des palais du règne de Charles III. Leurs larges escaliers étaient ornés de bustes polychromes provenant des premières fouilles d'Herculanum et de Pompéi.

Ulysse avait peu d'espoir de croiser la veuve en passant devant l'un de ces hôtels particuliers, désormais loués en étages et arborant de petites plaques de porte métalliques évoquant un bureau et un entrepôt. Dans l'un d'eux devait sans aucun doute vivre la famille si amicale avec Freya.

Puis, remarquant la blancheur des constructions voyantes qui s'élevaient autour des vieux quartiers, il devint dubitatif. Le médecin n'habiterait que dans un édifice moderne et hygiénique. Mais n'osant pas poser de questions, il s'éloigna, craignant d'être vu depuis une fenêtre.

Finalement, il y a renoncé. Chiaja avait de nombreuses rues et il errait sans but, puisque le concierge de l'hôtel n'avait pas pu lui donner des indications précises. La *signora* Talberg était visiblement déterminé à déjouer toute sa finesse, essayant de lui cacher l'adresse de ses amis.

Le lendemain matin, le capitaine prit son quart habituel sur la promenade près du Virgile blanc. Tout cela a été en vain. Après dix heures, il entra de nouveau dans l'Aquarium, animé d'un vague espoir.

"Peut-être qu'elle viendra aujourd'hui..."

Avec la superstition des amoureux et de tous ceux qui attendent, il recherchait certains endroits préférés de la veuve, croyant ainsi l'attirer de sa préoccupation lointaine, l'obligeant à venir à lui.

Les aquariums des mollusques l'avaient toujours particulièrement intéressée. Il a rappelé que Freya lui avait parlé à plusieurs reprises de cette section.

Parmi ses cas aquatiques, elle préféra toujours celui marqué du numéro quinze, la domination exclusive des polypes (seiches). Un vague pressentiment l'avertissait que quelque chose de très important dans sa vie allait se dérouler à cet endroit précis. Chaque fois que Freya visitait l'Aquarium, c'était pour voir manger ces animaux répugnants et gloutons. Il n'y avait plus qu'à l'attendre devant cette caverne d'horreurs.

Et pendant qu'elle s'y rendait, le capitaine devait s'amuser comme n'importe quel terrien, à contempler la poursuite féroce et la digestion laborieuse de ces monstres.

Il en avait vu beaucoup plus gros dans les zones de pêche hauturière ; mais en limitant ses facultés imaginatives, il pouvait prétendre que la feuille bleue du char était la masse entière de l'océan - les morceaux de pierre bruts au fond de ses montagnes sous-marines, et en contractant sa propre personnalité, il pouvait se réduire au même à l'échelle des petites victimes qui tombaient sous les tentacules dévorants. Il pouvait ainsi imaginer de dimensions gigantesques ces seiches de l'Aquarium, tout comme devaient l'être les monstrueuses pieuvres océaniques qui, à des milliers de mètres de profondeur, illuminaient l'obscurité des eaux de l'étoile verdâtre de leurs noyaux phosphorescents.

Dès la préhistoire, les hommes de la mer connaissaient cette grande bête filandreuse des abysses. Les géographes de l'Antiquité en parlaient en donnant la mesure de ses terribles armes.

Pline racontait la destruction accomplie par une pieuvre géante dans le vivarium de la Méditerranée. Lorsque quelques marins réussirent à le tuer, ils le portèrent à l'épicurien Lucullus, la tête grosse comme un tonneau et certains de ses tentacules si énormes qu'une seule personne pouvait à peine les atteindre. Les chroniqueurs du Moyen Âge avaient aussi parlé de la seiche géante qui, à plusieurs reprises, avec ses bras serpentins, avait arraché les hommes sur les ponts des navires.

Les navigateurs scandinaves, qui ne l'avaient jamais rencontré dans leurs fjords, le surnommèrent le *kraken* , exagérant ses proportions et le transformant même en un être fabuleux. S'il remontait à la surface, ils le confondaient avec une île ; s'il restait entre les deux eaux, les capitaines, en faisant leurs sondages, se trompaient dans leurs calculs, trouvant la profondeur moindre que celle indiquée sur leurs cartes. Dans de tels cas, ils devaient s'échapper avant que le *kraken* ne se réveille et ne coule le navire comme s'il s'agissait d'un fragile canot au milieu de ses tourbillons d'écume.

Pendant de longues années, la science s'était moquée du polype gigantesque et du serpent de mer, autre animal préhistorique maintes fois rencontré, en supposant qu'ils n'étaient que les inventions d'un marin imaginatif, les histoires du gaillard d'avant fabriqué pour passer le quart de nuit. Les sages ne peuvent croire que ce qu'ils peuvent étudier directement et ensuite cataloguer dans leurs musées....

Et Ferragut se moquait à son tour de la pauvre Science, ignorante et sans défense devant l'immensité mystérieuse de l'Océan, et ayant à peine atteint la mesure de sa grande profondeur. L'appareil du plongeur ne pouvait descendre que de quelques mètres ; leur seul instrument d'exploration était la cloche de plongée en métal, moins importante qu'un fil de toile d'araignée qui pourrait tenter d'explorer la terre en flottant dans son atmosphère.

Les grandes seiches qui vivent dans les profondeurs immenses ne daignent pas remonter à la surface pour faire connaissance avec les hommes. La maladie et la guerre océanique sont les seuls agents qui, de temps à autre, annoncent leur existence de manière informelle, alors qu'ils flottent sur les vagues avec les membres détendus, saisis par les mâchoires de fer des poissons carnivores. Le grand danger pour eux est qu'un courant fortuit place ce pillage de l'immense désert marin devant la proue d'un voilier au lent.

Une corvette de la marine française rencontra un jour près des îles Canaries un spécimen complet d'un de ces monstres flottant sur la mer, malade ou blessé. Les fonctionnaires dessinèrent sa forme et remarquèrent sa phosphorescence et ses changements de couleur, mais après deux heures de lutte contre sa force indomptable et sa muqueuse glissante échappant sans cesse à la pression des coups et des harpons, ils durent le laisser retomber dans l'océan.

C'est le Prince de Monaco, pontife suprême de la science océanographique, qui a établi à jamais l'existence du fabuleux *kraken* . Au cours d'une de ses intelligentes excursions à travers les solitudes océaniques, il pêcha un bras de seiche long de huit mètres. D'ailleurs les estomacs des requins, en s'ouvrant, lui avaient révélé les gigantesques fragments de l'adversaire.

Des combats courts et terribles agitaient l'eau noire et phosphorescente, à des milliers de brasses de la surface, de tourbillons de mort.

Le requin descendait, attiré par la perspective appétissante d'un animal désossé, tout en chair et pesant plusieurs tonnes. Il ferait son invasion hostile en toute hâte pour ne pas être obligé de supporter longtemps la formidable pression de l'abîme. La lutte entre les deux féroces guerriers qui se disputaient la domination océanique était généralement brève et mortelle : la mandibule luttant contre le meunier ; l'équipement solide et coupant des dents à la muqueuse phosphorescente glisse sans cesse et s'oppose au coup de tête démolisseur comme un bélier, au coup cinglant de tentacules plus épais et plus lourds qu'une trompe d'éléphant. Parfois, le requin restait pour toujours, empêtré dans un écheveau de serpents mous, l'absorbant avec une délibération gloutonne ; d'autres fois, il remontait à la surface avec la peau hérissée de tumeurs noires, la bouche ouverte et des coupures grosses comme des assiettes, mais l'estomac plein de viande gélatineuse.

Ces seiches de l'Aquarium n'étaient que les habitants des bords de mer de la Méditerranée , parents pauvres des poulpes géants qui éclairent les ténèbres noires de la nuit océanique de leur lueur bleutée des planètes calcinées. Mais malgré leur relative petitesse, ils sont animés de la même iniquité destructrice que les autres. Ce sont des estomacs enragés qui nettoient les eaux de toute vie animale, les digérant dans le vide de la mort. Même les bactéries et les infusoires semblent fuir le liquide qui enveloppe ces féroces solitudes.

Ferragut passait de nombreuses matinées à contempler leur immobilité perfide, suivies de déploiements mortels au moment où leur proie descendait dans le réservoir. Il a commencé à détester ces monstres pour la seule raison qu'ils étaient si intéressants pour Freya. Leur stupide cruauté ne lui apparaissait qu'un réflexe du caractère de cette femme incompréhensible qui le rebutait en le fuyant et pourtant, en même temps, par ses sourires et ses signaux, envoyait une radio pour le garder prisonnier.

La colère masculine convulsait le marin après chaque vaine navigation quotidienne à la recherche de sa personnalité invisible.

« Elle fait juste ça pour me guider !... » s'exclama-t-il. "Il faut que ça finisse !
Je ne supporterai plus les attaques de taureaux… Je vais juste lui montrer que
je suis capable de vivre sans elle !"

Il jura de ne plus la chercher. C'était une diversion agréable pour les semaines
qu'il devait passer à Naples, mais pourquoi continuer ainsi alors qu'elle le
fatiguait d'une manière si insupportable ?...

« Tout est fini », répéta-t-il en serrant les mains.

Et le lendemain, il l'attendait devant l'hôtel, comme les autres jours. Puis il
faisait sa promenade habituelle, puis entra dans l'Aquarium avec le même
vieux espoir de la voir devant les bassins des seiches.

Il l'y rencontra finalement un matin, vers midi. Il s'était dirigé vers son bateau
et, en revenant, il y était entré, par habitude, sûr qu'à cette heure il ne
trouverait personne d'autre que les employés en train de nourrir les poissons.

Ses yeux éblouis furent affectés d'une cécité quasi instantanée avant de
s'habituer aux ombres des galeries verdâtres…. Et lorsque les premières
images commencèrent à se dessiner vaguement sur sa rétine, il recula
précipitamment, tant sa surprise était grande.

Il n'en revenait pas et leva la main vers ses yeux comme s'il souhaitait clarifier
sa vision par un frottement énergique. Était-ce vraiment Freya ?… Oui, c'était
elle, vêtue de blanc, appuyée sur la barre de fer qui séparait les chars du public,
regardant fixement la vitre qui recouvrait la caverne rocheuse comme une
porte transparente. Elle venait d'ouvrir son sac à main, en donnant quelques
pièces au gardien qui disparaissait au fond de la galerie.

"Oh, c'est toi ?" dit-elle en apercevant Ferragut , sans aucune surprise, comme
si elle l'avait quitté peu de temps auparavant.

Puis elle expliqua sa présence à cette heure tardive. Cela faisait longtemps
qu'elle n'avait pas visité l'Aquarium. Le vivier de seiches était pour elle comme
une cage d'oiseaux tropicaux, pleine de couleurs et de cris qui égayaient la
solitude d'une matrone mélancolique.

Elle avait toujours adoré les monstres vivant de l'autre côté de ces cristaux,
et avant d'aller déjeuner elle avait ressenti une irrésistible envie de les voir.
Elle craignait que le gardien n'ait pas bien pris soin d'eux pendant son
absence.

« Voyez comme ils sont beaux !... »

Et elle montra un réservoir qui semblait vide. Ni dans ses eaux tranquilles ni
sur le sol de sable huileux, on ne pouvait voir le moindre mouvement animal.
Ferragut suivit la direction de son regard et après une longue contemplation
y découvrit trois occupants. Grâce à l'étonnant mimétisme de leur espèce, ils

s'étaient transformés pour ressembler à des minéraux. Seuls deux yeux experts auraient pu les découvrir, entassés, chacun blotti dans une fissure des rochers, soulevant volontairement sa peau lisse en protubérances et en crêtes semblables à des pierres. Leur faculté de changer de couleur leur permettait de prendre celle de leur base dure et, ainsi déguisés comme trois excroissances rocheuses, ils attendaient traîtreusement le passage de leur victime, comme s'ils étaient en pleine mer.

"Bientôt, nous les verrons dans toute leur majesté", continua Freya comme si elle parlait de quelque chose qui lui appartenait. "Le gardien va les nourrir... Les pauvres ! Personne ne leur fait attention, tout le monde les déteste. Ils me doivent tout ce qu'ils mangent entre les repas."

Comme pour flairer la proximité de la nourriture, l'une des trois pierres frémit soudain d'un frisson polychrome. Son enveloppe élastique commença à gonfler. Il passait à sa surface des bandes de couleur, des nuages rougeâtres passant du cramoisi au vert, des taches circulaires qui se gonflaient dans le renflement, formant des excroissances tremblantes. Entre deux fissures apparaissait un œil jaunâtre d'une fixité féroce et stupide ; un globe sombre et malin comme celui des serpents, regardait maintenant vers le cristal comme s'il voyait bien au-delà de ce mur de diamant.

"Ils me connaissent!" s'exclama joyeusement Freya. « Je suis sûr qu'ils me connaissent !... »

Et elle énumérait les traits astucieux de ces monstres auxquels elle attribuait une grande intelligence. C'étaient eux qui, en bâtisseurs astucieux, avaient tacheté les pierres entassées au fond, formant des remparts à l'abri desquels ils s'étaient déguisés pour se jeter sur leurs victimes. Dans la mer, lorsqu'ils voulaient surprendre une huître charnue et savoureuse, ils attendaient, cachés, que les deux valves s'ouvrent pour se nourrir de l'eau et de la lumière, et avaient souvent introduit un caillou entre les coquilles, puis inséré leurs tentacules dans la crevasse. .

Leur amour de la liberté était une autre chose qui suscitait l'enthousiasme de Freya. S'ils devaient supporter plus d'un an d'enfermement dans l'Aquarium, ils tomberaient malades de tristesse et se rongeraient les griffes jusqu'à se suicider.

"Ah, les bandits charmants et vigoureux !" continua t elle avec un enthousiasme hystérique. "Je les adore. J'aimerais les avoir chez moi, comme ils ont des poissons rouges dans un globe, les nourrir toutes les heures, voir comment ils dévoreraient..."

Ferragut sentit resurgir le même malaise qu'il avait éprouvé un matin dans le temple de Virgile.

"Elle est folle!" il s'est dit.

Mais malgré sa folie, il appréciait grandement le léger parfum qui s'exhalait par l'ouverture de sa gorge.

Il ne voyait plus le monde silencieux qui, scintillant de couleurs, nageait ou pagayait derrière le cristal. Elle était désormais la seule créature qui existait pour lui. Et il écoutait sa voix comme une musique lointaine qui continuait à expliquer brièvement tous les détails de ces pierres qui étaient en réalité des animaux, de ces globes qui, en se distendant, montraient leurs organes et se cachaient à nouveau sous une succession gélatineuse d'ondes. .

C'étaient un sac, une poche, un masque élastique, à l'intérieur duquel il n'existait que de l'eau ou de l'air. Entre leurs aisselles se trouvait leur bouche, armée de longues mâchoires, comme un bec de perroquet. Lors de la respiration, une fissure de leur peau s'ouvrait et se fermait alternativement. De l'un de leurs côtés sortait un tube en forme de tunnel qui avalait également l'eau respirable et l'entraînait par les deux entrées dans sa cavité ramifiée. Leurs multiples bras, équipés de ventouses, fonctionnaient comme des appareils à haute pression pour saisir et retenir les proies, pour pagayer et pour courir.

L'œil vitreux d'un des monstres apparaissant et disparaissant parmi ses doux plis remua les souvenirs de Freya. Elle commença à parler à voix basse, comme pour elle-même, sans prêter aucune attention à Ferragut qui était perplexe devant l'incohérence de ses paroles. L'apparition de cette pieuvre lui fit penser à « l'œil du matin ».

Le marin demanda : « Qu'est-ce que « l'œil du matin » ? »… Et il se répéta que Freya était folle lorsqu'il apprit que c'était le nom d'un serpent apprivoisé, un reptile aux côtés en damier qu'elle portait en collier ou en collier. bracelet là-bas, chez elle, dans l'île de Java, une île où les bosquets exhalaient un parfum irrésistible, couverte au soleil de fleurs tremblantes et monstrueuses comme des animaux, peuplée la nuit d'étoiles phosphorescentes qui sautaient d'arbre en arbre.

« Je dansais nue, avec un voile transparent noué autour de mes hanches et un autre flottant sur ma tête… Je dansais des heures et des heures, telle une prêtresse brahmane devant l'image du terrible Siva et l'œil du matin. ' suivrait mes danses avec d'élégantes ondulations… Je crois au divin Siva. Ne sais-tu pas qui est Siva ?… "

Ferragut adressa un aparté impatient au dieu sombre. Ce qu'il voulait savoir, c'était la raison qui l'avait amenée à Java, l'île paradisiaque et mystérieuse.

"Mon mari était un commandant néerlandais", a-t-elle déclaré. "Nous nous sommes mariés à Amsterdam et je l'ai suivi en Asie."

Ulysse protesta contre cette nouvelle. Son mari n'avait-il pas été un grand élève ?… Ne l'avait-il pas emmené dans les Andes à la recherche de bêtes préhistoriques ?…

Freya hésita un moment pour en être sûre, mais ses doutes furent brefs.

"Il l'était donc", dit-elle naturellement. "Ce professeur était mon deuxième mari. J'ai été marié deux fois."

Le capitaine n'eut pas le temps d'exprimer sa surprise. Au-dessus du réservoir, sur la surface cristalline argentée par le soleil, passait une ombre humaine. C'était la silhouette du gardien. En bas, les trois sacs informes commencèrent à bouger. Freya tremblait d'émotion comme une spectatrice enthousiaste et impatiente.

Quelque chose tomba dans l'eau, descendit peu à peu, un morceau de sardine morte qui éparpillait des filaments de chair et des écailles jaunes. Un étrange intérêt communautaire semblait exister parmi ces monstres : seul celui le plus proche de la proie se remuait pour manger. Peut-être se sont-ils volontairement relayés ; peut-être que leur regard dépassait seulement un peu leurs tentacules.

Celle la plus proche de la vitre se déploya soudain avec la violence d'un ressort s'échappant d'un projectile explosif. Il fit un bond, restant fixé au sol par un de ses radiants , et souleva les autres comme un fagot de reptiles. Soudain, il se transforma en une étoile monstrueuse, remplissant presque tout le réservoir vitreux, gonflé de rage, et colorant son enveloppe extérieure de vert, de bleu et de rouge.

Ses tentacules agrippaient la misérable proie, la doublant vers l'intérieur afin de la porter à sa bouche. La bête se contracta alors et s'aplatit pour reposer sur le sol. Ses pieds armés disparurent et il ne resta plus visible qu'un sac tremblant dans lequel passait comme une succession de vagues, d'un extrême à l'autre, la masse digestive gonflée qui devenait une pulpe bouillonnante et muqueuse dans un pot de teinture qui se colorait et se décolorait. avec des contorsions de fureur assimilatrice ; de temps à autre, l'agglomération montrait ses yeux bêtes et féroces.

De nouvelles victimes continuaient de tomber dans les eaux et d'autres monstres bondissaient à leur tour, étalant leurs étoiles, puis se rétrécissant les uns contre les autres pour écraser leurs proies dans leurs entrailles avec l'assimilation d'un tigre.

Freya contemplait cet horrible processus digestif avec des frissons de ravissement. Ulysse la sentit instinctivement s'appuyer sur lui avec un contact de plus en plus intime à chaque instant. De l'épaule à la cheville, le capitaine voyait les doux reliefs de sa chair moelleuse dont la chaleur se faisait perceptible à travers ses vêtements et le remplissait de tremblements nerveux.

Souvent, elle détournait les yeux du spectacle cruel, le regardant rapidement avec une expression étrange. Ses pupilles semblaient élargies et le blanc de ses yeux avait un reflet morbide. Ferragut pensait que c'était ainsi que les fous devaient se comporter dans leurs grandes crises.

Elle parlait entre ses dents, avec des pauses émues, admirant la férocité des seiches, regrettant de ne pas posséder leur vigueur et leur cruauté.

"Si seulement je pouvais être comme eux !... Pouvoir parcourir les rues... parcourir le monde en étendant mes serres !... Dévorer !... dévorer ! Ils lutteraient inutilement pour se dégager de l'enroulement de mes tentacules... . Pour les absorber !... Pour les manger !... Pour les faire disparaître !... »

Ulysse la vit comme au premier jour près du temple du poète, possédée d'une colère féroce contre les hommes, désirant avec extravagance leur extermination.

Leur digestion terminée, les polypes s'étaient mis à nager et formaient désormais des écheveaux horizontaux cannelant l'aquarium avec élégance. Ils ressemblaient à des torpilleurs à proue conique, traînant les poils lourds, épais et longs de leurs tentacules. Leur appétit excité les faisait glisser dans toutes les directions sur l'eau, à la recherche de nouvelles victimes.

Freya a protesté. Le gardien ne leur avait apporté que des cadavres. Ce qu'elle voulait, c'était la lutte, le sacrifice, la mort. Les morceaux de sardine étaient un repas sans substance pour ces bandits qui n'avaient du goût que pour la nourriture assaisonnée d'assassinat.

Comme si les pulpes avaient compris ses plaintes, elles étaient tombées sur le fond sableux, flasques, inertes, respirant par leurs entonnoirs.

Un petit crabe commença à descendre au bout d'un fil en remuant désespérément ses griffes.

Freya se serra encore plus près d'Ulysse, excitée à l'idée du spectacle qui approchait. L'un des sacs, transformé en étoile, bondit soudain en avant. Ses bras se tordaient comme des serpents à la recherche de l'arrivée récente. En vain le garde remonta le fil, voulant prolonger la poursuite. Les tentacules serraient leurs ouvertures irrésistibles sur le corps de la victime, tirant sur la ligne avec une telle force qu'elle se brisait, la pieuvre tombant au fond avec sa proie.

Freya a applaudi dans ses mains.

" Bravo !... " Elle était extrêmement pâle, même si une chaleur fébrile parcourait son corps.

Elle se pencha vers le cristal pour mieux voir l'activité dévorante de cet estomac pyramidal qui avait sur sa pointe acérée une petite tête de perroquet à deux yeux féroces et autour de sa base les écheveaux tordus de ses bras pleins de disques saillants. Avec ceux-ci, il pressait le crabe contre sa bouche, injectant sous sa coquille le produit venimeux de ses glandes salivaires, paralysant ainsi tout mouvement de l'existence. Puis il avalait lentement sa proie avec la déglutition d'un boa constrictor.

"Comme c'est beau!" dit-elle.

Les autres bêtes s'emparaient également de leurs victimes vivantes, les paralysaient et les dévoraient, remuant leurs corps flasques pour laisser passer leurs ondes nutritives gonflées et leurs nuages de diverses couleurs.

Ensuite, le garde a jeté un crabe, mais sans aucune ficelle. Freya a crié avec enthousiasme.

C'était le genre de chasse qui se déroule dans le mystère féroce de la mer, une course avec la mort, une destruction précédée d'angoisses émotionnelles et de dangers. Le pauvre crustacé, devinant son danger, nageait vers les rochers espérant se réfugier dans la crevasse la plus proche. Un polype surgit derrière lui, tandis que les autres continuaient leur digestion.

"Ça s'échappe !... C'est s'échappe !" s'écria Freya, palpitante d'intérêt.

Le crabe se faufilait entre les pierres, s'abritant dans leurs méandres. Le polype ne nageait plus ; il courait comme un animal terrestre, grimpant sur les rochers par ses extrémités armées, qui lui servaient désormais d'appareil de locomotion. C'était la lutte d'un tigre avec une souris. Lorsque le crabe avait déjà la moitié de son corps caché dans les lichens verts d'un trou, un des lourds serpents tomba sur son dos, le serrant avec la succion irrésistible de ses trous d'air, et le faisant disparaître dans son écheveau de tentacules.

"Ah!" soupira Freya en se rejetant en arrière comme si elle allait s'évanouir sur la poitrine d'Ulysse.

Il frissonna, sentant qu'une bande serpentine de pression tremblante avait encerclé son corps. Les actes de cette créature déséquilibrée lui mettaient les nerfs à rude épreuve.

Il avait l'impression qu'un monstre de la même classe que ceux du réservoir mais beaucoup plus gros – une gigantesque pieuvre venue des profondeurs océaniques – avait dû se glisser traîtreusement derrière lui et le serrer dans l'un de ses tentacules. Il pouvait sentir la pression de ses antennes autour de sa taille, se rapprochant et se faisant plus féroces.

Freya le tenait captif avec un de ses bras. Elle s'était étroitement enroulée autour de lui et lui serrait la taille de toutes ses forces, comme pour tenter de briser en deux son corps vigoureux.

Puis il vit la tête de cette femme s'approcher de lui avec une rapidité agressive comme si elle allait le mordre…. Ses yeux agrandis, larmoyants et embués, semblaient lointains, très lointains. Peut-être qu'elle ne le regardait même pas…. Sa bouche tremblante, bleuie d'émotion, bouche ronde et saillante comme un conduit absorbant, cherchait la bouche du marin, s'en emparait et la dévorait de ses lèvres.

C'était le baiser d'une ventouse, long, dominateur, douloureux. Ulysse se rendit compte qu'il n'avait jamais été embrassé de cette façon. L'eau de cette bouche, déferlant sur sa rangée de dents, se déversait dans la sienne comme un poison rapide. Un frisson inconnu jusqu'alors parcourut toute la longueur de son dos, lui faisant fermer les yeux.

Il avait l'impression que tout son intérieur était devenu liquide. Il pressentait que sa vie allait dater de ce baiser, qu'avec lui allait commencer une nouvelle existence, que jamais il ne pourrait se libérer de ces lèvres mortelles et caressantes au léger parfum de cannelle, d'encens. , de forêts asiatiques hantées de sensualité et d'intrigues.

Et il se laissa entraîner par la caresse de cette bête sauvage, la pensée perdue et le corps inerte et résigné, comme un naufragé qui descend et descend les strates infinies de l'abîme sans jamais atteindre le fond.

CHAPITRE VI

LES Ruses DE CIRCÉ

Après ce baiser, l'amant crut que tous ses désirs étaient sur le point de se réaliser immédiatement. La partie la plus difficile du chemin a déjà été franchie. Mais avec Freya, il fallait toujours s'attendre à quelque chose d'absurde et d'inconcevable.

Le coup de canon de midi les tira d'un ravissement qui n'avait duré que quelques secondes aussi longues que des années. Les pas du garde, de plus en plus rapprochés, finirent par séparer les deux et débloquèrent leurs bras.

Freya fut la première à se calmer. Seule une légère brume flottait désormais sur ses pupilles, comme la vapeur d'un incendie récemment éteint.

"Au revoir…. Ils m'attendent."

Et elle sortit de l'Aquarium suivie de Ferragut , toujours balbutiant et tremblant. Les questions et les supplications dont il la poursuivait en traversant la promenade ne servaient à rien.

"Jusqu'ici et pas plus loin", a-t-elle déclaré dans l'une des rues transversales de
Chiaja . "Nous nous reverrons…. Je vous le promets formellement…. Maintenant, laissez-moi."

Et elle disparut d'un pas ferme de belle chasseresse, d'un visage aussi serein, comme si elle ne se rappelait pas le moindre souvenir de son paroxysme primitif et passionnel.

Cette fois, elle a tenu sa promesse. Ferragut la voyait tous les jours.

Ils se rencontraient le matin près de l'hôtel, et parfois elle descendait dans la salle à manger, échangeant des sourires et des regards avec le marin, heureusement assis à une table éloignée. Puis ils se promenèrent et discutèrent ensemble, Freya riant bon enfant des vœux amoureux du capitaine…. Et c'était tout.

Avec l'habileté d'une femme à sonder les profondeurs d'un homme et à pénétrer dans ses secrets, gardant les siens bien fermés et inaccessibles, elle s'informa peu à peu des incidents et des aventures de la vie d'Ulysse. En vain il parlait, dans une réciprocité naturelle, de l'île de Java, des danses mystérieuses devant Siva, des voyages à travers les lacs des Andes. Freya dut faire un effort pour les rappeler. " Ah oui!" Et après avoir poussé cette exclamation distraite à chaque réponse, elle continuait à se plonger avec avidité dans l'ancienne vie de son amant Ulysse commençait parfois à se demander si cette étreinte dans l'Aquarium avait pu se produire dans ses rêves.

Un matin, le capitaine réussit à réaliser une de ses ambitions. Il était jaloux des amis inconnus qui déjeunaient avec Freya. En vain elle affirmait que le médecin était le seul compagnon des heures qu'elle passait en dehors de l'hôtel. Pour se calmer, le marin insista pour que la veuve accepte ses invitations. Ils devraient prolonger leurs promenades ; ils devraient visiter les belles banlieues de Naples, déjeuner dans leurs petites *trattorias* ou restaurants gais.

Ils gravirent ensemble le funiculaire du Monte Vomero jusqu'aux hauteurs couronnées par le château de S. Elmo et le monastère de S. Martino. Après avoir admiré au musée de l'abbaye les souvenirs artistiques de la domination des Bourbons et de celle de Murat, ils entrèrent dans une *trattoria voisine* avec des tables placées sur une esplanade depuis les balcons de laquelle ils purent admirer le spectacle inoubliable du golfe, voir le Vésuve au loin. la distance et la chaîne de montagnes fumant à l'horizon comme une succession immobile de vagues rose foncé.

Naples s'étendait en fer à cheval sur le bord en forme d'arc de la mer, soulevant de son énorme masse blanche, comme des morceaux d'écume, les groupes de maisons des faubourgs.

Un ostréiculteur basané, svelte, aux yeux de braise et aux moustaches énormes, se tenait à la porte du restaurant, offrant des coques et des coquillages à forte odeur qui avaient mis une demi-semaine peut-être à remonter de la ville jusqu'aux hauteurs de Voméro . Freya se moquait de la beauté typique de l'ostréiculteur et des regards langoureux qu'il jetait sans cesse vers toutes les dames qui entraient dans l'établissement... une découverte privilégiée pour un touriste avide d'aventures aux couleurs locales.

Au fond, un petit orchestre accompagnait une voix de ténor ou jouait seul, élargissant les mélodies et amplifiant les mesures avec une exagération napolitaine.

Freya ressentit une hilarité enfantine en s'asseyant à table, apercevant par-dessus la nappe le sommet lumineux. Traversé au premier plan par un vase de cristal rempli de fleurs, le panorama lointain de la ville, du golfe et de ses caps s'étalait devant ses yeux avides. L'air de ce pic l'enchantait après deux semaines passées sans bouger en dehors de Naples. Les harpes et les violons donnaient à la situation un frémissement pathétique et servaient de fond de conversation, tout comme les murmures vagues d'un orchestre caché donnent au théâtre l'effet d'une psalmodie ou de vers mélancoliques émouvant jusqu'aux larmes l'auditeur.

Ils mangèrent avec la nervosité que procure la joie. A quelques tables plus loin, un jeune homme et une jeune femme oubliaient les cours pour serrer les mains sous la nappe et poser genou contre genou avec une pression frénétique. Les deux souriaient, regardant le paysage puis l'un l'autre. Peut-être s'agissait-il d'étrangers récemment mariés, peut-être d'amants fugitifs, réalisant dans cet endroit pittoresque les roucoulements et les roucoulements tant de fois anticipés lors de leur cour lointaine.

Deux médecins anglais d'un navire-hôpital, aux cheveux blancs et en uniforme, négligeaient leur repas pour peindre directement dans leurs albums, avec une grossièreté enfantine et minutieuse, le même panorama qui figurait sur les cartes postales proposées à la vente à la porte du restaurant.

Une bouteille au ventre gras, avec un jupon de paille et un long col, attira les mains de Freya vers la table. Elle ridiculisait la sobriété de Ferragut , qui diluait avec de l'eau la noirceur rougeâtre du vin italien.

— Ainsi vos ancêtres, les Argonautes, ont dû boire, dit-elle gaiement. "Ainsi, ton grand-père, Ulysse, buvait sans doute."

Et remplissant elle-même le verre du capitaine en partageant avec une attention exagérée les parts d'eau et de vin, elle ajouta gaiement :

"Nous allons faire une libation aux dieux."

Ces libations étaient très fréquentes. Les éclats de rire de Freya firent tourner les regards vers elle aux Anglais, interrompus dans leur travail consciencieux. Le marin se sentait envahi par un chaleureux sentiment de bien-être, par une sensation de repos et de confiance, comme si cette femme lui appartenait incontestablement déjà.

Voyant que les deux amants, terminant précipitamment leur déjeuner, se levaient avec une précipitation rougissante, comme accablés par quelque désir soudain, son regard devint tendre et fraternel…. Adieu, adieu, compagnons !

La voix de la veuve le rappela à la réalité.

"Ulysse, fais-moi l'amour…. Tu ne m'as pas encore dit de toute la journée que tu m'aimais."

Malgré le ton souriant et moqueur de cet ordre, il lui obéit, répétant une fois de plus ses promesses et ses désirs. Le vin donnait à ses paroles un frémissement d'émotion ; les gémissements musicaux de l'orchestre excitaient sa sensibilité et il était si touché par sa propre éloquence que ses yeux se remplissaient légèrement de larmes.

La voix haute du ténor, comme si elle était un écho de la pensée de Ferragut , chantait une romance de la fête de Piedigrotta , une lamentation d'un amour mélancolique, un cantique de la mort, la dernière mère des amants désespérés.

"Tout n'est qu'un mensonge !" dit Freya en riant. « Ces Méditerranéens …. Quels comédiens ils sont par amour !… »

Ulysse ne savait pas si elle faisait référence à lui ou au chanteur. Elle continua à parler, placide et dédaigneuse à la fois, à cause de leur environnement.

" L'amour,… l'amour ! Dans ces pays-là, on ne peut pas parler d'autre chose. C'est presque une industrie, un peu scrupuleusement préparée pour les gens crédules et simples du Nord. Ils parlent tous d'amour : ce chanteur hurlant, vous… même l'huîtrier..."

Puis elle ajouta malicieusement :

"Je dois te prévenir que tu as un rival. Fais très attention, Ferragut !"

Elle tourna la tête pour regarder l'huîtrier. Il était occupé à contempler une grosse dame aux cheveux grisonnants et aux bijoux abondants, une dame escortée de son mari, qui regardait avec étonnement les regards meurtriers du vendeur sans pouvoir les comprendre.

Le tueur à dame caressait affectueusement sa moustache, regardant de temps en temps son costume de drap pour en lisser les rides et enlever les grains de poussière. C'était un beau pirate déguisé en gentleman. En remarquant l'intérêt de Freya, il changea le cours de ses regards, redressa sa belle silhouette et répondit à ses yeux interrogateurs avec le sourire d'un mauvais ange, lui faisant comprendre sa discrétion et son habileté à se faire plaisir derrière les maris et les escortes.

"Le voilà!" s'écria Freya avec des éclats de rire. « J'ai déjà un nouvel admirateur !… »

Le charmeur basané était retenu par la publicité scandaleuse avec laquelle cette dame recevait ses mystérieuses insinuations. Ferragut parlait d'avoir renversé le coquin sur ses coquilles d'huîtres avec une bonne paire de coups.

"Maintenant, ne sois pas ridicule", protesta-t-elle. "Pauvre homme ! Peut-être qu'il a une femme et de nombreux enfants… Il est père de famille et veut rapporter de l'argent à la maison."

Il y eut un long silence entre les deux. Ulysse parut offensé par la légèreté et la cruauté de son compagnon.

"Maintenant, ne sois pas fâché", dit-elle. "Regarde, mon requin ! Souris un peu. Montre-moi tes dents…. Les libations aux dieux sont en cause. Es-tu offensé parce que j'ai voulu te comparer à ce clown ?… Et si tu étais le seul homme que j'apprécie du tout !... Ulysse, je te parle sérieusement, — avec toute la franchise que donne le vin. Je ne devrais pas te le dire, mais je l'avoue... Si jamais je devais aimer un homme, cet homme ce serait toi. "

Ferragut oublia aussitôt toute son irritation pour l'écouter et l'envelopper de la lumière adoratrice de ses yeux. Freya détourna son regard tout en parlant, ne voulant pas croiser son regard, comme si elle pesait ce qu'elle disait tandis que son regard errait sur le vaste paysage.

L'origine d'Ulysse était ce qui l'intéressait le plus. Elle qui avait parcouru presque le monde entier, avait foulé le sol espagnol quelques heures seulement, en débarquant à Barcelone du paquebot transatlantique qu'il avait commandé. Les Espagnols lui inspiraient à la fois de la peur et de l'attirance. Une noble gravité reposait au fond de leur ardente hyperbole.

"Tu es un être exagéré, un méridional qui agrandit tout et qui ment sur tout, croyant à tous ses propres mensonges. Mais je suis sûr que si jamais tu étais vraiment amoureux de moi, sans belles phrases ni fictions passionnées, ton affection serait plus sain d'esprit et plus profond que celui des autres hommes…. Mon ami le médecin dit que vous êtes un peuple grossier et que vous n'avez fait que simuler la nervosité, les comportements déséquilibrés et les intrigues qui accompagnent l'amour dans d'autres pays civilisés jusqu'au raffinement.

Freya regarda le marin, faisant une longue pause.

" C'est pourquoi vous frappez, continua-t-elle, donc vous tuez quand vous ressentez de l'amour et de la jalousie. Vous êtes des brutes mais pas médiocres. Vous n'abandonnez pas une femme intentionnellement ; vous ne l'exploitez pas... Vous êtes une nouvelle espèce d'homme pour moi qui en ai connu tant. Si je pouvais croire en l'amour, je t'aurais à mes côtés toute ma vie… Toute ma vie!"

Une musique légère et douce, comme la vibration d'un cristal fragile et délicat, se répandait sur la terrasse. Freya suivit son rythme d'un léger mouvement de tête. Elle était habituée à cette musique écoeurante, cette *Serenata* de Toselli , plainte passionnée qui touche toujours l'âme du touriste dans les couloirs des grands hôtels. Elle, qui autrefois avait ridiculisé cette petite musique artificielle et raffinée, sentait maintenant les larmes lui monter aux yeux.

"Ne pouvoir aimer personne !" murmura-t-elle. "Se promener seul à travers le monde !... Et l'amour est une si belle chose !"

Elle devina ce que Ferragut allait dire, sa protestation de passion éternelle, sa proposition d'unir pour toujours sa vie à la sienne, et elle coupa court à ses paroles d'un geste énergique.

"Non, Ulysse, tu ne me connais pas, tu ne sais pas qui je suis… Éloigne-toi de moi. Il y a quelques jours , cela m'était indifférent. Je déteste les hommes et je ne me soucie pas de leur faire du mal, mais maintenant tu inspirez-moi un certain intérêt car je vous crois bon et franc malgré votre extérieur hautain…. Allez ! Ne me cherchez pas. C'est la meilleure preuve d'affection que je puisse vous donner.

Elle disait cela avec véhémence, comme si elle voyait Ferragut courir vers le danger et crier pour l'en conjurer.

"Sur scène, poursuit-elle, il y a un rôle qu'on appelle "La Femme Fatale", et certains artistes ne sont pas capables de jouer un autre rôle. Ils sont nés pour représenter ce personnage... Je suis une "Femme Fatale". ", mais vraiment et véritablement.... Si tu pouvais connaître ma vie !... Il vaut mieux que tu ne la connaisses pas ; même moi je veux l'ignorer. Je ne suis heureux que quand je l'oublie.... Ferragut , mon ami, dis-moi adieu, et ne croise plus mon chemin.

Mais Ferragut protesta comme si elle lui proposait une chose lâche. Fuir? L'aimer tellement ? Si elle avait des ennemis, elle pouvait compter sur lui pour sa défense ; si elle voulait de la richesse, il n'était pas millionnaire, mais….

"Capitaine", interrompit Freya, "retournez auprès des vôtres. Je n'étais pas fait pour vous. Pensez à votre femme et à votre fils; suivez votre propre vie. Je ne suis pas la conquête chérie pendant quelques semaines, pas plus. Personne ne peut me faire confiance impunément. J'ai des drageons comme les animaux que nous avons vus l'autre jour ; je brûle et je pique comme ces parasols transparents de l'Aquarium. Fuis, Ferragut !… . Laisse-moi tranquille…. Seul !"

Et l'image de l'immense stérilité de son avenir solitaire lui faisait jaillir les larmes aux yeux.

La musique avait cessé. Un serveur immobile faisait semblant de regarder au loin, tout en écoutant réellement leur conversation. Les deux Anglais avaient interrompu leur peinture pour regarder ce *monsieur* qui faisait pleurer une dame. Le marin commença à ressentir l'inquiétude nerveuse que crée une situation difficile.

" Ferragut , paye et partons", dit-elle, devinant son état d'esprit.

Pendant qu'Ulysse donnait de l'argent aux garçons et aux musiciens, elle s'essuyait les yeux et réparait les ravages de son teint, tirant de son sac de maille d'or une houppette et un petit miroir dans l'ovale duquel elle se contempla longuement.

Au moment où ils s'évanouissaient, l'huîtrier leur tourna le dos, feignant d'être très occupé à ranger les citrons qui ornaient son stand. Elle ne voyait pas son visage, mais elle devinait néanmoins qu'il murmurait un gros mot, le plus terrible qu'on puisse dire d'une femme.

Ils se dirigèrent lentement vers la station du funiculaire, à travers des rues solitaires et entre des murs de jardins dont un côté était jaune sous le soleil doré et l'autre bleu dans l'ombre. C'est elle qui cherchait le bras d'Ulysse, s'y appuyant avec un abandon enfantin, comme si la fatigue l'avait envahie après les premiers pas.

Ferragut pressa ce bras contre son corps, ressentant aussitôt le stimulus du contact. Personne ne pouvait les voir ; leurs pas résonnaient sur les trottoirs avec l'écho d'un lieu abandonné. L'ardeur fermentée de ces libations aux dieux donnait au capitaine une audace nouvelle.

"Mon pauvre petit chéri !… Cher petit fou !… " murmura-t-il en rapprochant de lui la tête de Freya qui reposait sur une de ses épaules.

Il l'embrassa sans qu'elle oppose la moindre résistance. Et elle l'embrassa à son tour, mais d'un baiser triste, léger, pusillanime, qui ne rappelait en rien la caresse hystérique de l'Aquarium. Sa voix, qui semblait venir de loin, répétait ce qu'elle lui avait conseillé dans la *trattoria* .

" Va-t'en, Ulysse ! Ne me vois plus . Je te dis cela pour ton bien… Je te cause des ennuis. Je serais désolé que tu maudisses le moment où tu m'as rencontré. "

Le marin profitait de tous les détours des rues pour couper court à ces recommandations par ses baisers. Elle avançait mollement comme si elle était remorquée par lui sans aucune volonté propre, comme si elle marchait dans son sommeil. Une voix chantait avec une satisfaction diabolique dans le cerveau du capitaine :

"Maintenant, c'est mûr !… Maintenant, c'est mûr !… "

Et il continuait à l'entraîner toujours en ligne droite, ne sachant où il allait, mais sûr de son triomphe.

, un vieil homme s'approcha des deux hommes , un gentleman respectable aux cheveux blancs, avec une vieille veste et des lunettes. Il leur remit la carte d'un hôtel qu'il possédait dans le quartier, se vantant de la qualité de ses chambres. "Tout le confort moderne…. Eau chaude." Ferragut lui parla familièrement :

« Voulez-vous ?… Voudriez-vous ?… »

Elle parut se réveiller en lâchant brusquement son bras.

"Ne sois pas fou, Ulysse… Cela ne le sera jamais… Jamais !"

Et se redressant magnifiquement, elle entra dans la gare d'un pas hautain, sans regarder autour d'elle, sans remarquer si Ferragut la suivait ou l'abandonnait.

Pendant la longue attente et la descente vers la ville, Freya parut aussi ironique et frivole que si elle n'avait aucun souvenir de sa récente indignation. Le marin, sous le poids de son échec et des libations inhabituelles, retombait dans un silence maussade.

Dans le district de Chiaja , ils se séparèrent. Ferragut , se trouvant seul, ressentait plus fortement que jamais les effets de l'ivresse qui le dominait, l'ivresse d'un homme tempérant vaincu par l'intense surprise de la nouveauté.

L'espace d'un instant, il eut l'idée désespérée de rejoindre son bateau. Il avait besoin de donner des ordres, d'affronter quelqu'un ; mais la faiblesse de ses genoux le poussa vers son hôtel et il se jeta la face contre terre sur le lit, tandis que son chapeau roulait par terre, content de la sobriété avec laquelle il était arrivé dans sa chambre sans attirer l'attention des domestiques.

Il s'endormit aussitôt, mais à peine la nuit était-elle tombée que ses yeux se rouvrirent, ou du moins il crut qu'ils s'ouvraient, voyant tout sous une lumière qui n'était pas celle du soleil.

Quelqu'un était entré dans la chambre et se dirigeait sur la pointe des pieds vers son lit. Ulysse, qui ne pouvait pas bouger, vit du bout de son œil que ce qui approchait était une femme et que cette femme semblait être Freya. Était-ce vraiment elle ?...

Elle avait le même visage, les cheveux blonds, les yeux noirs et orientaux, le même visage ovale. C'était Freya et ce n'était pas le cas, de même que les jumeaux exactement pareils physiquement, ont pourtant un quelque chose d'indéfinissable qui les différencie.

Les pensées vagues qui, depuis quelque temps, minaient lentement son subconscient par un travail ennuyeux et souterrain, clarifiaient maintenant l'air avec une force explosive. Chaque fois qu'il avait vu la veuve , ce subconscient s'était affirmé, l'avertissant qu'il l'avait connue bien avant ce voyage transatlantique. Maintenant, sous une lumière d'une splendeur fantastique, ces vagues pensées prenaient une forme définitive.

Le dormeur crut regarder Freya vêtue d'un corsage aux manches fluides ajustées aux bras par des boutons en filigrane d'or ; des pierreries un peu barbares ornaient sa poitrine et ses oreilles, et une jupe fleurie couvrait le reste de sa personne. C'était le costume classique d'une femme ou d'une fille de fermier d'autres siècles qu'il avait vu quelque part dans un tableau. Où?... Où?...

« Doña Constanza !... »

Freya était la contrepartie de cette auguste reine byzantine. Peut-être était-elle bien la même, perpétuée à travers les siècles, à travers des incarnations extraordinaires. À ce moment-là, Ulysse aurait cru que tout était possible.

D'ailleurs, il se souciait très peu du caractère raisonnable des choses en ce moment ; l'important pour lui était qu'ils existent ; et Freya était à ses côtés ; Freya et cette autre, soudées en une seule et même femme, vêtue comme la souveraine grecque.

Il répéta encore le doux nom qui avait illuminé son enfance d'une splendeur romantique. "Doña Constanza! Oh, Doña Constanza!... " Et la nuit le submergea, blottissant son oreiller comme lorsqu'il était enfant, et s'endormant ravi des pensées de la jeune veuve de " Vatacio l'Hérétique".

Lorsqu'il rencontra à nouveau Freya le lendemain, il se sentit attiré par une force nouvelle : l'intérêt redoublé qu'inspirent les gens dans les rêves. Elle pouvait bien être l'impératrice ressuscitée sous une forme nouvelle comme dans les livres de chevalerie, ou simplement la veuve errante d'un savant sage, — pour le marin, c'était la même chose. Il la désirait, et à son désir charnel s'en ajoutaient d'autres moins matériels, la nécessité de la voir pour le simple plaisir de la voir, de l'entendre, de subir ses négatifs, d'être repoussé dans toutes ses avances.

Elle gardait d'agréables souvenirs de l'expédition sur les hauteurs de S. Martino.

"Tu as dû me trouver ridicule à cause de ma sensibilité et de mes larmes. Toi, par contre, tu étais comme toujours, impétueux et audacieux… La prochaine fois, nous boirons moins."

La « prochaine fois » était une invitation que Ferragut répétait quotidiennement. Il voulait l'emmener dîner dans une des *trattorias* sur la route de Posilipo où l'on voyait s'étendre à ses pieds tout le golfe coloré de rose par le soleil couchant.

Freya avait accepté son invitation avec l'enthousiasme d'une écolière. Ces promenades représentaient pour elle des heures de joie et de liberté, comme si ses longs séjours chez le médecin étaient remplis d'un service monotone.

Un soir, Ulysse l'attendait loin de l'hôtel pour éviter les regards curieux du portier. Dès qu'ils se rencontrèrent et jetèrent un coup d'œil vers la station de taxis voisine, quatre véhicules s'avançaient en même temps, comme une rangée de chars romains impatients de remporter le prix au cirque, avec un bruit de sabots bruyant, des claquements de fouets, des gesticulations courroucées. et des appels menaçants à la Madone. En écoutant leurs injures napolitaines, Ferragut crut un instant qu'ils allaient s'entre-tuer.... Les deux hommes montèrent dans le véhicule le plus proche et aussitôt le tumulte cessa. Les voitures vides revinrent occuper leur ancienne place dans la file, et les rivaux mortels reprirent leur conversation placide et rieuse.

Un énorme panache dressé ondulait sur la tête de leurs chevaux. Le cocher, pour ne pas manquer de courtoisie envers ses deux clients, se retournait parfois à mi-chemin pour leur donner des explications.

"Là-bas," et il montra avec son fouet, "est la route de Piedigrotta . Le monsieur devrait la voir un jour de fête en septembre. Rares sont ceux qui en reviennent d'un pas ferme. *S. Maria di Piedigrotta* a permis à Charles III pour mettre en fuite les Autrichiens à Velletri…. *Aooo !* "

Il déplaça son fouet comme une canne à pêche sur le panache vertical, augmentant l'allure du cheval avec un hurlement professionnel…. Et comme si son cri était une des plus douces mélodies, il continua à parler, par association d'idées :

"A la fête de *Piedigrotta* , quand j'étais petit, on jouait les meilleures chansons de l'année. On y proclamait la dernière chanson d'amour à la mode, et longtemps après que nous l'avions oubliée, les étrangers venaient ici la répéter comme si c'était un nouveauté."

Il fit une courte pause.

" Si madame et monsieur le souhaitent, " continua-t-il, " je les emmènerai, en revenant, à *Piedigrotta* . Ensuite nous verrons la petite église de *S. Vitale* . Beaucoup de dames étrangères la recherchent pour mettre des fleurs sur le sépulcre d'un bossu qui faisait des vers, Giacomo Leopardi.

Le silence avec lequel ses deux clients recevaient ces explications lui fit abandonner son oratoire mécanique pour les bien regarder. Le monsieur prenait la main de la dame et la serrait en parlant à voix très basse. La dame faisait semblant de ne pas l'écouter, en regardant les villas et les jardins à gauche de la route qui descend vers la mer.

Mais avec une noble magnanimité, le chauffeur tenait toujours à instruire ses clients indifférents, leur montrant de la pointe de son fouet la beauté et les merveilles de son répertoire.

"Cette église est *S. Maria del Parto* , parfois appelée par d'autres la *Sannazaro* . *Sannazaro* était aussi un poète réputé qui décrivait les amours des bergères, et Frédéric II d'Aragon lui fit don d'une villa avec jardins pour qu'il puisse écrire avec plus de confort… C'était d'autres jours, monsieur ! Ses héritiers l'ont converti en église et… "

La voix du cocher s'arrêta net. Derrière lui, les deux hommes parlaient dans un langage incompréhensible, sans lui prêter la moindre attention, sans prêter attention à ses explications érudites. Étrangers ignorants !... Et il n'en dit pas plus, s'enveloppant dans un silence offensé, soulageant sa verbosité napolitaine par une série de cris et de grognements à son cheval.

La nouvelle route de Posilipo , œuvre de Murat, longeait le golfe, s'élevant le long du bord de la montagne et soulignant constamment la pente entre le revêtement de ses pieds et le bord de la mer. Sur ce versant suspendu, on aperçoit des villas aux façades blanches ou roses au milieu de la splendeur d'une végétation toujours verte et luisante. Au-delà des colonnades de palmiers et de pins parasols, le golfe apparaissait comme un rideau bleu, dont le bord supérieur dépassait le murmure des cimes des arbres.

Un énorme édifice apparut face à l'eau. C'était un palais en ruines, ou plutôt un palais sans toit, jamais achevé, avec des murs épais et d'immenses fenêtres. A l'étage inférieur, les vagues entraient doucement par les portes et les fenêtres qui servaient de refuge aux barques des pêcheurs.

Les deux voyageurs parlaient sans doute de cette ruine, et le cocher indulgent oublia son camouflet pour leur venir en aide.

"C'est ainsi que beaucoup de gens appellent le Palais de la Reine Jeanne.... Une erreur, monsieur. L'ignorance des gens sans instruction ! C'est le *Palais de Donn' Anna* , et *Donna Anna Carafa* était une grande *signora napolitaine* , épouse du duc de Médine. , le vice-roi espagnol qui a construit le palais pour elle et n'a pas pu le terminer. "...

Il était sur le point d'en dire plus mais s'arrêta. Ah non! Par la Madone !... Ils avaient recommencé à parler, sans l'écouter.... Et il finit par se réfugier dans un silence offensé, tandis qu'ils bavardaient continuellement dans son dos.

Ferragut s'intéressait aux liaisons amoureuses lointaines de la grande dame napolitaine avec le prudent et aristocratique magnat espagnol. Sa passion avait fait commettre au grave vice-roi la folie de construire un palais sur la mer. Le marin était également amoureux d'une femme d'une autre race et éprouvait le même désir de faire des choses fantaisistes pour elle.

« J'ai lu les mandats de Nietzsche, lui dit-il pour expliquer son enthousiasme, cherche ta femme hors de ton pays. C'est la meilleure chose."

Freya sourit tristement.

" Qui sait ?... Cela compliquerait l'amour avec les préjugés de l'antagonisme national. Cela créerait des enfants avec un double pays qui finiraient par n'appartenir à personne, qui erreraient à travers le monde comme des mendiants sans refuge.... Je sais quelque chose. à propos de ça."

Et encore une fois , elle sourit avec tristesse et scepticisme.

Ferragut lisait les panneaux des *trattorias* des deux côtés de la route : « Le rebord de la sirène », « La joie du Parthénope », « La grappe de fleurs ». Et pendant ce temps, il serrait la main de Freya, posant ses doigts dessus. l'intérieur de son poignet et caressant sa peau qui tremblait à chaque contact.

Le cocher laissa le cheval gravir lentement l'ascension continue du Posilipo . Il avait maintenant le souci de ne pas se retourner et de ne pas être gênant. Il savait bien de quoi ils parlaient derrière lui. — Des amoureux, des gens qui ne veulent pas arriver trop tôt ! Et il oubliait de s'offusquer, se réjouissant de la probable générosité d'un gentleman en si bonne compagnie.

Ulysse le fit s'arrêter sur les hauteurs de Posilipo . C'est là qu'il avait mangé une fameuse « soupe du marin » et qu'on vendait les meilleures huîtres de Fusaro . A droite de la route, se dressait un édifice prétentieux et moderne portant le nom d'un restaurant en lettres d'or. De l'autre côté se trouvait l'annexe, un jardin en terrasses qui descendait jusqu'à la mer, et sur ces terrasses se trouvaient des tables en plein air ou de petites chaumières aux toits bas et dont les murs étaient couverts de vignes grimpantes. Ces dernières constructions possédaient des fenêtres discrètes ouvrant sur le golfe à grande hauteur, empêchant ainsi toute curiosité extérieure.

Après avoir reçu le généreux pourboire de Ferragut , le cocher l'accueillit avec un sourire narquois, ce geste confidentiel de camaraderie qui traverse toutes les couches sociales, les unissant comme des hommes simples. Il avait amené beaucoup de monde dans ce jardin discret avec ses salles à manger fermées à clé et dominant le golfe. "Bon appétit à vous, *Signore* !"

Le vieux garçon venu à leur rencontre sur le petit sentier en pente fit la même grimace dès qu'il aperçut Ferragut . "J'ai tout ce dont ce monsieur peut avoir besoin." Et traversant une terrasse basse et boisée où se trouvaient diverses tables inoccupées, il ouvrit une porte et leur fit entrer dans une pièce n'ayant qu'une seule fenêtre.

Freya s'y dirigeait instinctivement comme un insecte vers la lumière, laissant derrière elle la pièce humide et sombre dont les papiers pendaient par intervalles. "Que c'est beau!" Le gouffre représenté à travers la fenêtre apparaissait comme une toile sans cadre, l'original, vivant et palpitant, des copies infinies à travers le monde.

Pendant ce temps, le capitaine, tout en s'informant des plats disponibles, suivait secrètement le langage des signes discret du serveur. D'une main, il tenait la porte entrouverte, ses doigts tâtonnant sur le dessous d'un énorme verrou archaïque qui avait appartenu à une porte beaucoup plus grande et qui semblait sur le point de tomber du bois à cause de sa taille excessive…. Ferragut devinait que cet éclair allait peser lourdement, de tout son poids, sur l'addition du dîner.

Freya interrompit sa contemplation du panorama en sentant les lèvres de Ferragut tenter de lui caresser le cou.

"Rien de tout cela, Capitaine !... Vous savez bien ce que nous avons convenu. N'oubliez pas que j'ai accepté votre invitation à la condition que vous me laissiez tranquille."

Elle laissa son baiser passer sur sa joue, atteignant même sa bouche. Cette caresse était déjà une chose acceptée. Comme il avait force d'usage, elle n'y résista pas, se souvenant des précédents, mais la crainte qu'il en abusât la fit s'éloigner de la fenêtre.

« Examinons le palais enchanté que m'a promis mon véritable amour », dit-elle gaiement pour détourner Ulysse de son insistance.

Au centre se trouvait une table faite de planches mal rabotées et aux pieds rugueux. Les couvertures et la vaisselle cacheraient cette horreur. Passant son regard scrutateur sur les vieux sièges, les murs aux papiers flottants et les chromos aux cadres verdâtres, elle aperçut quelque chose de sombre, de rectangulaire et de profond occupant un coin de la pièce. Elle ne savait pas si c'était un divan, un lit ou un catafalque funéraire. Les couvertures défraîchies qui y étaient étalées rappelaient les lits de caserne ou de prison.

" Ah, non !... " Freya fit un bond vers la porte. Elle ne pourrait jamais manger à côté de ce meuble immonde sorti de la racaille de Naples. "Ah, non ! Comme c'est répugnant !"

Ulysse se tenait près de la porte, craignant que les découvertes de Freya n'aillent plus loin, et cachant de son dos ce verrou qui faisait la fierté du garçon. Il balbutia des excuses mais elle se méprena sur son insistance, pensant qu'il essayait de l'enfermer.

« Capitaine, laissez-moi passer ! dit-elle d'une voix colérique. "Tu ne me connais pas. Ce genre de chose est pour les autres.... Revenez, si vous ne souhaitez pas que je vous considère comme le type le plus bas...."

Et elle le poussa en sortant, malgré le fait qu'Ulysse la laissait passer librement, réitérant ses excuses et faisant porter toute la responsabilité sur la bêtise du domestique.

Elle s'arrêta sous la tonnelle, soudain calmée en se retrouvant dos à la pièce.

"Quelle tanière !"... dit- elle . "Viens par ici, Ferragut . Nous serons beaucoup plus à l'aise en plein air, face au golfe. Viens, maintenant, et ne sois pas bébé !... Tout est oublié. Tu n'étais pas coupable."

Le vieux garçon, qui revenait avec des nappes et des plats, ne trahit pas le moindre étonnement en voyant le couple installé sur la terrasse. Il était habitué à ces surprises et évitait le regard de la dame comme un criminel condamné, regardant le monsieur avec cet air désespéré qu'il employait toujours pour annoncer qu'il n'y avait plus de tel plat sur la carte. Ses gestes de protection discrète tentaient de consoler Ferragut de son échec. « Patience et ténacité ! »… Il avait vu surmonter des difficultés bien plus grandes par sa clientèle.

Avant de servir le dîner, il déposa sur la table, en guise d'apéritif, une grosse bouteille de vin indigène, un nectar des pentes du Vésuve au léger goût de soufre . Freya avait soif et se méfiait de l'eau de la *trattoria* . Ulysse doit oublier sa récente mortification…. Et tous deux firent leurs libations aux dieux, avec une boisson pure, dans laquelle pas une goutte d'eau ne coupait la transparence ornée du précieux vin.

Un groupe de chanteurs et de danseurs envahit désormais la terrasse. Une jeune fille cuivrée, belle et sale, avec des cheveux ondulés, de grands cerceaux d'or aux oreilles et un tablier à nombreuses rayures colorées, dansait sous la tonnelle, agitant haut un tambourin qui avait presque la taille d'un parasol. Deux jeunes aux jambes arquées, vêtus comme d'anciens lazzarones avec des bonnets rouges, accompagnaient de cris la danse agitée de la *tarentelle* .

Le golfe prenait une lumière rosâtre sous les rayons obliques du soleil, comme s'il poussait en son sein d' immenses bosquets de corail. Le bleu du ciel était également devenu rose et la montagne semblait enflammée dans la rémanence. Le panache du Vésuve était moins blanc que le matin ; sa colonne nébuleuse, striée de cannelures rougeâtres par la lumière mourante, semblait refléter son feu intérieur.

Ulysse ressentait cette placidité amicale qu'inspire toujours un paysage contemplé dans son enfance. Il avait souvent vu ce même panorama avec ses danseuses et son volcan, là, dans son ancienne maison de Valence ; il l'avait vu sur les éventails appelés "Roman Style" que son père collectionnait.

Freya se sentit aussi émue que sa compagne. Le bleu du golfe était d'une extrême intensité dans les parties non réfléchies par le soleil ; la côte paraissait ocre ; bien que les maisons aient des façades sordides, tous ces éléments discordants étaient désormais mélangés et mélangés dans une harmonie tamisée et exquise. Les buissons tremblaient en rythme sous la brise. L'air lui-même était musical, comme si dans ses vagues vibraient les cordes de harpes invisibles.

C'était pour Freya la vraie Grèce imaginée par les poètes, et non l'île aux rochers calcinés et dénués de végétation qu'elle avait vue et entendu parler lors de ses excursions à travers l'archipel hellénique.

"Vivre ici le reste de ma vie !" murmura-t-elle avec des yeux embués. « Mourir ici, oublié, seul, heureux !… »

Ferragut aussi voudrait mourir à Naples... mais avec elle !... Et son imagination vive et exubérante décrivait les délices de la vie pour tous deux, une vie d'amour et de mystère dans l'une des petites villas, avec un jardin qui surplombait la mer sur les pentes de Posilipo .

Les danseurs étaient descendus sur la terrasse inférieure où la foule était plus nombreuse. De nouveaux clients entraient, presque tous par deux, à mesure que le jour avançait . Le garçon avait introduit dans la salle à manger fermée à clé des femmes très peintes et coiffées d'énormes chapeaux, suivies de quelques jeunes hommes. Par la porte entrouverte parvenaient des bruits de poursuite, de collision et de rebondissements avec des éclats de rire brutaux.

Freya lui tourna le dos, comme si le souvenir de son passage dans cette tanière l'offensait.

Le vieux garçon s'y consacra désormais et commença à servir le dîner. A la bouteille de vin vésuvienne avait succédé une autre sorte, perdant peu à peu son contenu.

Tous deux mangèrent peu mais éprouvèrent une soif nerveuse qui les faisait souvent tendre les mains vers le verre. Le vin était déprimant pour Freya. La douceur du crépuscule semblait la faire fermenter, lui donnant le parfum âcre des tristes souvenirs.

Le marin sentait monter en lui la fièvre agressive des hommes tempérés lorsqu'ils s'enivraient. S'il avait été avec un homme, il aurait entamé une violente discussion sous n'importe quel prétexte. Il n'appréciait pas les huîtres, la soupe du marin, le homard, tout ce qui une autre fois, mangé seul ou avec un ami de passage sur le même site, lui serait apparu comme des délices.

Il regardait Freya avec des yeux énigmatiques tandis que, dans sa pensée, la colère commençait à bouillonner. Il la détestait presque en se rappelant l'arrogance avec laquelle elle l'avait traité en fuyant cette pièce. " Hypocrite !... " Elle ne faisait que s'amuser avec lui. C'était une chatte joueuse et féroce prolongeant l'agonie de la souris prise dans ses griffes. Dans son cerveau, une voix brutale lui disait, comme si elle conseillait un meurtre : « Ce sera son dernier jour !... J'en finirai aujourd'hui !... Plus rien après aujourd'hui !... » Après plusieurs répétitions, il fut disposé. avec la plus grande violence pour se sortir d'une situation qu'il juge ridicule.

Et elle, ignorant la pensée de son compagnon, trompée par l'impassibilité de son visage, continuait de causer, le regard fixé sur l'horizon, parlant à voix basse, comme si elle se racontait ses illusions.

L'idée momentanée de vivre dans une chaumière de Posilipo , complètement seule, une existence d'isolement monastique avec toutes les commodités de la vie moderne, la dominait comme une obsession.

" Et pourtant, après tout, continua-t-elle, cette atmosphère n'est pas favorable à la solitude ; ce paysage est pour l'amour. Vieillir lentement, deux qui s'aiment, devant la beauté éternelle du golfe !... Quel dommage que Je n'ai jamais été vraiment aimé !... "

C'était une offense à l'égard d'Ulysse qui exprimait son agacement avec toute l'agressivité qui bouillonnait sous sa mauvaise humeur. Et lui ?... Ne l'aimait-il pas et n'était-il pas disposé à le lui prouver par toutes sortes de sacrifices ?...

Les sacrifices comme preuves d'amour laissaient toujours cette femme froide, les acceptant avec un geste sceptique.

« Tous les hommes m'ont dit la même chose, ajouta-t-elle ; "Ils promettent tous de se suicider si je ne les aime pas... Et pour la plupart d'entre eux, ce n'est qu'une phrase de rhétorique passionnée. Et s'ils se suicidaient vraiment ? Qu'est-ce que cela prouve ?... Quitter la vie sur l'impulsion d'un moment qui ne donne aucune occasion de repentance ; — un simple éclair nerveux, une posture souvent prise simplement pour ce qu'on dira, avec l'orgueil frivole d'un acteur qui aime poser dans des attitudes gracieuses. Je sais ce que tout ça veut dire. Un homme s'est suicidé un jour pour moi..."

En entendant ces derniers mots, Ferragut sortit brusquement de son silence maussade. Une voix malveillante scandait dans son cerveau : « Maintenant, il y en a trois !... »

" Je l'ai vu mourir, " continua-t-elle, " sur un lit de l'hôtel. Il avait une tache rouge comme une étoile sur le bandeau de son front, le trou du coup de pistolet. Il est mort en me serrant les mains, jurant qu'il m'aimait et qu'il s'était suicidé pour moi... scène ennuyeuse, horrible... Et pourtant je suis sûr qu'il se trompait, qu'il ne m'aimait pas. Il s'est suicidé par vanité blessée en voyant que je n'aurais rien à faire avec lui,— juste par entêtement, pour effet théâtral, influencé par ses lectures.... C'était un ténor roumain . C'était en Russie.... J'ai été actrice une partie de ma vie...."

Le marin voulut exprimer l'étonnement que produisaient en lui les différents changements de cette mystérieuse existence errante, montrant toujours une facette nouvelle ; mais il se contenait pour mieux écouter les conseils cruels de la voix maligne qui parlait dans sa pensée.... Il n'essayait pas de se suicider pour elle. Bien au contraire! Son agressivité maussade la considérait comme la prochaine victime. Il y avait dans ses yeux quelque chose du *Triton mort* alors qu'il poursuivait au loin la jupe d'une femme sur la côte.

Freya a continué à parler.

" Se suicider n'est pas une preuve d'amour. Ils me promettent tous le sacrifice de leur existence dès les premiers mots. Les hommes ne connaissent pas d'autre chanson. Ne les imitez pas, Capitaine. "

Elle resta longtemps pensive. Le crépuscule tombait rapidement ; la moitié du ciel était ambrée et l'autre moitié d'un bleu nuit dans lequel les premières étoiles commençaient à scintiller. Le golfe somnolait sous la couverture plombée de ses eaux, exhalant une fraîcheur mystérieuse qui se répandait jusqu'aux montagnes et aux arbres. Tout le paysage semblait acquérir la fragilité du cristal. L'air silencieux tremblait avec une résonance exagérée, répétant la chute d'une rame dans les bateaux qui, petits comme des mouches, glissaient sous le ciel se cambrant au-dessus du golfe, et prolongeant les voix féminines et invisibles passant dans les bosquets des hauteurs.

Le garçon allait de table en table, distribuant des bougies enfermées dans des abat-jour en papier. Les moustiques et les papillons de nuit, ravivés par le crépuscule, bourdonnaient autour de ces fleurs de lumière rouges et jaunes.

Sa voix résonnait de nouveau dans l'air crépusculaire avec le vague de quelqu'un qui parle en rêve.

« Il y a un sacrifice plus grand que celui de la vie, le seul qui puisse convaincre une femme qu'elle est aimée. Que signifie la vie pour un homme comme vous ?... Votre métier le met chaque jour en danger et je vous crois capable de risquer sa vie, quand on est fatigué de la terre, pour le moindre motif..."

Elle fit une nouvelle pause puis continua.

"L'honneur vaut plus que la vie pour certains hommes, la respectabilité, la conservation de la place qu'ils occupent. Seul l'homme qui risquerait son honneur et sa position pour moi, qui descendrait au plus bas sans perdre sa volonté de vivre, Je serais un jour capable de me convaincre... Ce serait en effet un sacrifice ! »

Ferragut fut alarmé par de telles paroles. Quel genre de sacrifice cette femme allait-elle lui proposer ?... Mais il se calmait à mesure qu'il l'écoutait. Tout cela n'était qu'une fantaisie de son imagination désordonnée. "Elle est folle", affirmait encore la conseillère cachée dans son cerveau.

« J'ai souvent rêvé, continua-t-elle, d'un homme qui volerait pour moi, qui tuerait s'il le fallait et qui pourrait devoir passer le reste de ses années en prison.... Mon pauvre voleur !... Je vivrais rien que pour lui, passer nuit et jour près des murs de sa prison, scruter les barreaux, travailler comme une femme du village pour offrir un bon dîner à mon hors-la-loi... C'est ça l'amour véritable et non les froids mensonges, le vœux théâtraux de notre monde.

Ulysse répéta son commentaire mental : « Elle est certainement folle » – et sa pensée se reflétait si clairement dans ses yeux qu'elle le devina.

"N'aie pas peur, Ferragut ", dit-elle en souriant. "Je n'ai pas songé à exiger de vous un pareil sacrifice. Tout cela dont je parle n'est qu'une fantaisie, une fantaisie inventée pour combler le vide de mon âme. C'est la faute du vin, de nos libations exagérées, que aujourd'hui, nous n'avons pas eu d'eau, aux dieux… Regardez !

Et elle montra avec une gravité comique les deux bouteilles vides qui occupaient le centre de la table.

La nuit était tombée. Dans le ciel sombre brillaient des yeux infinis de lumière étoilée. L'immense cuvette du golfe reflétait leurs étincelles comme des milliers de feux follets. Les abat-jour des bougies du restaurant jetaient des taches violacées sur les nappes, projetant sur les visages de ceux qui mangeaient autour d'eux de violents contrastes d'ombre et de lumière. Des pièces fermées à clé s'échappaient des bruits de baisers, de poursuites et de chutes de meubles.

"Laisse nous partir!" ordonna Freya.

Le bruit de cette orgie vulgaire l'agaçait comme s'il déshonorait la majesté de la nuit. Elle avait besoin de bouger, de marcher dans l'obscurité, de respirer la fraîcheur de l'ombre mystérieuse.

A la porte du jardin, ils hésitaient devant les appels des différents cochers. C'est Freya qui a refusé leurs offres. Elle souhaitait rentrer à Naples à pied, en suivant la descente facile de la route de Posilipo après leur longue inaction au restaurant. Son visage était chaud et rouge à cause de l'excès de vin.

Ulysse lui tendit le bras et ils commencèrent à avancer dans l'ombre, insensiblement poussés dans leur marche par la facilité de la pente. Freya savait exactement ce que ce voyage signifierait. Dès le premier pas, le marin la conseilla en lui embrassant le cou. Il allait profiter de tous les détours de la route, des collines et des terrasses découpées en certains endroits pour montrer le gouffre phosphorescent à travers les feuillages, et de la longue étendue d'ombre interrompue seulement de temps à autre par les échos publics ou les lanternes de voitures et de tramways….

Mais ces libertés étaient déjà acceptées. Elle avait fait le premier pas dans l'Aquarium : d'ailleurs, elle était sûre de sa capacité à retenir son amant quelle que soit la distance qu'elle choisirait de fixer…. Et convaincue de son pouvoir de se contrôler dans le temps, elle s'abandonna comme une femme perdue.

Jamais Ferragut n'avait eu une occasion aussi propice. C'était un rendez-vous dans le mystère de la nuit avec beaucoup de temps devant eux. Le seul ennui était la nécessité de marcher, d'accompagner ses étreintes et ses protestations d'amour de l'activité incessante de la marche. » protestait-elle, sortant de son ravissement chaque fois que l'amoureux lui proposait de s'asseoir sur le bord de la route.

L'espoir rendit Ulysse très obéissant à Freya, désireux d'atteindre Naples le plus tôt possible. Là-bas, dans la courbe de lumière, près du golfe, se trouvait l'hôtel, et le marin le considérait comme un lieu de bonheur.

« Dis oui, lui murmura-t-il à l'oreille en ponctuant ses mots de baisers, dis que ce sera ce soir !… »

Elle ne répondit pas, s'appuyant sur le bras que le capitaine lui avait passé autour de la taille, se laissant entraîner comme si elle était à moitié évanouie, roulant des yeux et offrant ses lèvres.

Pendant qu'Ulysse répétait ses supplications et ses caresses, la voix dans son cerveau scandait victorieusement : "Le voilà !… C'est réglé maintenant… Il s'agit maintenant de la conduire à l'hôtel."

Ils errèrent pendant près d'une heure, croyant que quelques minutes seulement s'étaient écoulées.

En approchant des jardins de la *Villa Nazionale* , près de l'Aquarium, ils s'arrêtèrent un instant. Il y avait moins de monde et plus de vie ici que sur la route de Posilipo . Ils évitèrent les lumières électriques de la *via Caracciolo* qui se reflétaient dans la mer, tous deux s'approchant instinctivement d'un banc et cherchant l'ombre ébène des arbres.

Freya était soudain devenue très calme. Elle semblait ennuyée par sa langueur pendant la promenade. Se trouvant à proximité de l'hôtel, elle reprit ses forces comme en présence d'un danger.

" Au revoir, Ulysse ! Nous nous reverrons demain… Je vais passer la nuit chez le docteur. "

Le marin recula un peu sous le choc de la surprise. « C'était une plaisanterie ?… » Mais non, il ne pouvait pas penser ça. Le ton même de ses paroles témoignait d'une ferme résolution.

Il la suppliait humblement, d'une voix épaisse et menaçante, de ne pas s'éloigner. Au même moment, son conseiller mental scandait avec rancune : « Elle se moque de vous !… Il est temps de mettre fin à tout cela…. Faites-lui sentir votre autorité masculine. Et cette voix avait le même son que celle du mort *Triton* .

Soudain, une chose violente, brutale et déshonorante s'est produite. Ulysse se jeta sur elle comme s'il allait la tuer, la tenant fermement dans ses bras, et tous deux tombèrent sur le banc, haletant et luttant. Mais cela n'a duré qu'un instant.

Le vigoureux Ferragut , tremblant d'émotion, n'utilisait que la moitié de ses pouvoirs. Il recula brusquement, portant ses deux mains à ses épaules. Il ressentit une vive douleur, comme si un de ses os venait de se briser. Elle l'avait repoussé avec une certaine astuce d'escrime japonaise qui utilise les mains comme des armes irrésistibles.

" Ah!… *Tal!* … " rugit-il en lui lançant la pire des insultes féminines.

Et il se retomba sur elle comme s'il était un homme, unissant à son dessein premier le désir de la maltraiter, de l'avilir, de la faire sienne.

Freya l'attendait de pied ferme… En voyant l'éclat glacé de ses yeux, Ulysse, sans savoir pourquoi, se souvint de « l'œil du matin », le reptile compagnon de ses danses.

Dans cet assaut furieux, il fut stoppé par le simple contact sur son front d'un minuscule cercle métallique, sorte de dé à coudre gelé qui reposait sur sa peau.

Il regarda… C'était un petit revolver, un jouet mortel en nickel brillant. Il était apparu dans la main de Freya, sorti secrètement de ses vêtements, ou peut-être de ce sac en maille dorée dont le contenu semblait inépuisable.

Elle le regardait fixement, le doigt sur la gâchette. Il supposait qu'elle connaissait l'arme qu'elle avait à la main. Ce ne pouvait pas être la première fois qu'elle y avait recours.

L'indécision du marin fut brève. Avec un homme, il aurait pris possession de la main menaçante, la tordant jusqu'à la casser, sans la moindre crainte du revolver. Mais il avait en face de lui une femme… et cette femme était tout à fait capable de le blesser, et en même temps de le mettre dans une situation ridicule.

« Prenez votre retraite, monsieur ! » ordonna Freya d'un ton cérémonieux et menaçant comme si elle s'adressait à un parfait inconnu.

Mais ce fut elle qui se retira finalement, voyant qu'Ulysse reculait, pensif et confus. Elle lui tourna le dos au moment même où le revolver disparaissait de sa main.

Avant de partir, elle murmura quelques mots que Ferragut ne parvint pas à comprendre, le regardant une dernière fois avec des yeux méprisants. Ce devaient être de terribles insultes, et justement parce qu'elle les prononçait dans une langue mystérieuse, il ressentait plus profondément son mépris.

"Cela ne peut pas être…. Tout est fini. C'est fini pour toujours !… "

Elle l'a répété à plusieurs reprises avant de retourner à son hôtel. Et il y pensait pendant toute la nuit de veille, entre d'angoissantes crises de cauchemar. Quand la matinée était bien avancée, les clairons des *bersaglieri* le réveillaient d'un lourd sommeil.

Il paya sa note au bureau du directeur et donna un dernier pourboire au porteur en lui annonçant que quelques heures plus tard, un homme du navire viendrait chercher ses bagages.

Il était heureux, du bonheur forcé de quelqu'un obligé de s'accommoder des circonstances. Il se félicitait de sa liberté comme s'il l'avait conquise de son plein gré et qu'elle ne lui avait pas été imposée par son mépris. Puisque le souvenir de la veille le peinait, le mettait sous un jour ridicule et grossier, il valait mieux ne pas se remémorer le passé.

Il s'arrêta dans la rue pour jeter un dernier coup d'œil à l'hôtel. "Adieu, maudit *albergo* !… Je ne te reverrai plus. Puisses-tu brûler avec tous tes occupants !"

En foulant le pont du *Mare Nostrum* , sa satisfaction forcée s'est infiniment accrue. Ici seulement il pouvait vivre loin des complications et des illusions de la vie terrestre.

Tous ceux à bord qui, les semaines précédentes, avaient craint l'arrivée du capitaine de mauvaise humeur, souriaient maintenant comme s'ils voyaient le soleil se lever après une tempête. Il distribuait des paroles aimables et des poignées de main affectueuses. Les réparations allaient être terminées le lendemain…. Très bien! Il était entièrement content. Bientôt, ils seraient de nouveau en mer.

Dans la cuisine, il salua l'oncle Caragol …. Cet homme *était* un philosophe. Selon lui, toutes les femmes du monde ne valaient pas un bon plat de riz. Ah, le grand homme !… Il allait sûrement vivre jusqu'à cent ans ! Et le cuisinier, flatté de tels éloges, dont il ne comprenait pas l'origine, répondit comme toujours : « C'est vrai, mon capitaine.

Toni, silencieux, discipliné et familier, ne lui inspirait pas moins d'admiration. Sa vie était une vie droite, ferme et claire, comme la voie du devoir. Lorsque les jeunes fonctionnaires discutaient en sa présence lors de dîners bruyants à terre avec des femmes venues de pays lointains, le pilote haussait toujours les épaules. « L'argent et le plaisir doivent être réservés au foyer », disait-il sentencieusement.

Ferragut s'était moqué à maintes reprises de la vertu de son compagnon qui, timide et engourdi, parcourait une grande partie de la planète sans se permettre aucune distraction, mais se réveillait avec une tension accablante chaque fois que les hasards de leur voyage lui apportaient le opportunité de passer quelques jours dans sa maison de la *Marina* .

Et avec la tranquille grossièreté du vertueux au foyer, il avait l'habitude de calculer les dates de ses voyages en fonction de l'âge de ses huit enfants. "

Celui-ci était à mon retour des Philippines…. Cet autre après que j'étais dans le commerce côtier dans le golfe de Californie…. "

Sa sérénité méthodique, incapable d'être troublée par des aventures frivoles, lui fit deviner d'abord le secret de l'enthousiasme et de la colère du capitaine. « Ce doit être une femme », se dit-il en le voyant installé dans un hôtel de Naples, et après avoir ressenti les effets de sa mauvaise humeur dans les apparitions fugaces qu'il faisait à bord.

Maintenant, écoutant les commentaires joviaux de Ferragut sur la vie tranquille et la sagacité philosophique de son compagnon, Toni éjacula de nouveau mentalement, sans que le capitaine ne soupçonne quoi que ce soit à son air impassible : "Maintenant, il s'est disputé avec la femme. Il en a assez d'elle. Mais mieux encore ! "

Il fut plus que jamais confirmé dans cette conviction en entendant les projets de Ferragut . Dès que le bateau pourrait être prêt, ils allaient jeter l'ancre dans le port de commerce. On lui avait parlé d'une certaine cargaison pour Barcelone, une cargaison bon marché, mais c'était mieux que de partir à vide…. Si la cargaison était retardée, ils appareilleraient simplement avec du lest. Plus que toute autre chose, il souhaitait renouveler ses voyages. Les bateaux étaient de plus en plus rares et de plus en plus demandés. Il était grand temps de mettre un terme à cette inertie forcée.

"Oui, il est grand temps", répondit Toni qui, pendant tout le mois, n'avait débarqué que deux fois.

Le *Mare Nostrum* a quitté le quai de réparation pour venir jeter l'ancre face au quai commercial, brillant et rajeuni, sans aucune imperfection rappelant ses récentes blessures.

Un matin, alors que le capitaine et son second étaient dans le salon sous la dunette, indécis s'ils devaient partir cette nuit-là ou attendre quatre jours de plus, comme le demandaient les propriétaires de la cargaison, le troisième officier, un jeune andalou, se présenta très excité. par la nouvelle dont il était porteur. Une dame très belle et élégante (le jeune homme soulignait son admiration par ces détails) venait d'arriver dans une chaloupe et, sans demander la permission, avait grimpé sur l'échelle, entrant dans le navire comme si c'était sa propre demeure.

Toni sentit son cœur battre à tout rompre. Son visage basané devint pâle et cendré. " *Cristo !* ... La femme de Naples ! " Il ne savait pas vraiment si elle était de Naples ; il ne l'avait jamais vue, mais il était certain qu'elle survenait comme un obstacle fatal, comme une calamité inattendue…. Juste au moment où ça allait si bien aussi !…

Le capitaine se retourna dans son fauteuil, sauta de la table et, en deux bonds, il était sur le pont.

Quelque chose d'extraordinaire perturbait l'équipage. Eux aussi étaient tous sur le pont, comme si une puissante attraction les avait tirés de l'orlop, des profondeurs de la cale, des couloirs métalliques des salles des machines. Même l'oncle Caragol sortait sa face épiscopale par la porte de la cuisine, tenant une main fermée en forme de lunette à l'un de ses yeux, sans pouvoir distinguer clairement la merveille annoncée.

Freya était à quelques pas, vêtue d'un costume bleu un peu comme celui d'un marin , comme si cette visite au navire nécessitait l'élégance et l'allure imitatives des multimillionnaires qui vivent sur leurs yachts. Les marins, nettoyant les cuivres ou polissant le bois, feignaient des occupations extraordinaires pour s'approcher d'elle. Ils éprouvaient le besoin d'être dans son atmosphère, de vivre dans l'air parfumé qui l'enveloppait, en suivant ses pas.

En apercevant le capitaine, elle lui tendit simplement la main, comme si elle avait pu l'avoir vu la veille.

"Ne t'oppose pas, Ferragut !… Comme je ne t'ai pas trouvé à l'hôtel, je me suis senti obligé de te rendre visite sur ton bateau. J'ai toujours voulu voir ta maison flottante. Tout chez toi m'intéresse."

Elle apparaissait comme une femme complètement différente. Ulysse remarqua le grand changement qui s'était produit dans sa personne au cours des derniers jours. Ses yeux étaient audacieux, provocateurs, d'une séduction calme. Elle semblait s'abandonner entièrement. Ses sourires, ses paroles, sa manière de traverser le pont vers les cabines du navire proclamaient sa détermination à mettre fin au plus vite à sa longue résistance, en cédant aux désirs du marin.

Malgré ses échecs antérieurs, il ressentit de nouveau la joie du triomphe. "Maintenant, ça va l'être ! Mon absence l'a conquise..." Et en même temps qu'il prévoyait la douce satisfaction de l'amour et de l'orgueil triomphant, naissait en lui un vague instinct de suspicion à l'égard de cette femme si subitement transformée, l'aimant peut-être moins qu'autrefois où elle résistait et lui conseillait de se retirer. disparu.

Dans la cabine avant, il la présenta à son compagnon. Le brut Toni éprouva la même hallucination qui avait perturbé tous les autres sur le bateau. Quelle femme !… Au premier coup d'œil, il comprit et excusa la conduite du capitaine. Puis il fixa sur elle ses yeux avec une expression alarmée, comme si sa présence le faisait trembler pour le sort du paquebot : mais finalement il succomba, dominé par cette dame qui examinait le salon comme si elle était venue pour y rester. pour toujours.

Pendant quelques instants, Freya s'intéressa à la laideur poilue de Toni. C'était un véritable Méditerranéen, exactement celui qu'elle s'était imaginé : un faune poursuivant des nymphes. Ulysse se moquait des éloges qu'elle faisait à son compagnon.

" Dans ses chaussures, continua-t-elle, il devrait avoir de jolis petits sabots comme ceux d'une chèvre. Il faut qu'il sache jouer de la flûte. Vous ne trouvez pas, capitaine ?... "

Le faune, ridé et courroucé, s'éloigna, la saluant d'un air impassible en s'éloignant. Ferragut se sentait grandement soulagé de son absence, car il craignait des propos grossiers de la part de Toni.

Se retrouvant seule avec Ulysse, elle parcourut la grande salle d'un côté à l'autre.

"Est-ce ici que tu habites, mon cher requin ?... Laisse-moi tout voir. Laisse-moi fouiner partout. Tout à toi m'intéresse. Tu ne diras pas maintenant que je ne t'aime pas. Quelle vantardise pour le capitaine Ferragut ! Les dames venez le chercher sur son navire...."

Elle interrompit son bavardage ironique et affectueux pour se défendre doucement contre le marin. Lui, oubliant le passé et voulant profiter du bonheur qui s'offrait si soudainement à lui, lui baisait la nuque.

" Là là!" elle soupira. "Maintenant, laissez-moi regarder autour de moi. Je ressens la curiosité d'un enfant."

Elle ouvrit le piano, le pauvre piano du capitaine écossais, et quelques accords fins et plaintifs, témoignant de plusieurs années de manque d'accord, remplirent le salon de la mélancolie des souvenirs ressuscités.

La mélodie était comme celle des boîtes à musique qu'on retrouve oubliées au fond d'une armoire parmi les vêtements de quelque vieille dame décédée. Freya a déclaré que ça sentait les roses fanées.

Puis, quittant le piano, elle ouvrit l'une après l'autre toutes les portes des cabines entourant le carré. Elle s'arrêta devant la chambre du capitaine sans vouloir franchir le seuil, sans desserrer la poignée de cuivre qu'elle tenait dans sa main droite. Ferragut , derrière elle, la poussait avec une douceur perfide, tout en répétant ses caresses sur son cou.

"Non; ici, non", dit-elle. "Pour rien au monde !... Je serai à toi, je te le promets ; je te donne ma parole d'honneur. Mais où je le ferai et quand cela me semblera le mieux... A très bientôt, Ulysse !"

Il éprouvait une satisfaction totale dans toutes ces affirmations faites d'une voix caressante et soumise, toute la fierté possible d'une adresse aussi spontanée et affectueuse, équivalente au premier abandon.

L'arrivée d'un des acolytes de l'oncle Caragol leur fit retrouver leur calme. Il apportait deux énormes verres remplis d'un cocktail vermeil et mousseux, mélange enivrant et sucré, composé de toutes les connaissances acquises par le *chef* dans ses relations avec les ivrognes des principaux ports du monde.

Elle testa le liquide en levant les yeux comme un chat tigré gourmand. Puis elle se lança dans des louanges en levant le verre d'un air solennel. Elle offrait sa libation à Éros, le dieu de l'Amour, le plus beau des dieux, et Ferragut , qui avait toujours une certaine terreur des préparations infernales et agréables de son cuisinier, avala le verre d'une seule gorgée, pour se joindre à elle. l'invocation.

Tout était arrangé entre les deux. Elle donnait les ordres. Ferragut reviendrait à terre, logeant dans le même *hôtel* . Ils continueraient leur vie comme avant, comme si de rien n'était.

« Ce soir tu m'attendras dans les jardins de la *Villa Nazionale* …. Oui, là où tu as voulu me tuer, bandit de grand chemin !… »

Avant qu'il puisse se remémorer clairement cette nuit de violence, Freya poursuivit ses souvenirs avec une astuce féminine…. C'était Ulysse qui avait voulu la tuer ; elle le réitéra sans admettre aucune réponse.

"Nous allons consulter le médecin", a-t-elle poursuivi. "La pauvre femme veut te voir et m'a demandé de t'amener. Elle s'intéresse beaucoup à toi car elle sait que je t'aime, mon pirate !"

Après avoir fixé l'heure du rendez-vous, Freya souhaita partir. Mais avant de regagner sa vedette, elle eut la curiosité d'inspecter le bateau, comme elle avait examiné le carré et les cabines.

D'un air de princesse régnante, précédée du capitaine et suivie des fonctionnaires, elle parcourait les deux ponts, pénétrait dans les galeries de la salle des machines et dans le gouffre à quatre pans des écoutilles, reniflant l'odeur de moisi de la cale. Sur la passerelle, elle toucha avec un enthousiasme enfantin le grand capot en laiton de l'habitacle et les autres instruments de pilotage luisant comme de l'or.

Elle voulut voir la galère et envahit les domaines de l'oncle Caragol , mettant ses lignes formelles de cocottes dans un désordre lamentable, et fourrant le bout de son petit nez rose dans la vapeur qui sortait du grand ragoût où bouillait le désordre de l'équipage.

Le vieil homme pouvait la voir de près avec ses yeux à moitié aveugles. "Oui, en effet, elle était jolie !" Le froufrou de ses jupes et les fréquents petits heurts qu'il avait avec elle dans ses allées et venues, troublaient l'apôtre. Son odorat de *chef le faisait se sentir agacé par le parfum de cette dame.* "Joli, mais avec une odeur de…" répéta-t-il mentalement. Pour lui, tout parfum féminin méritait ce titre scandaleux. Les bonnes femmes sentaient le poisson et les marmites ; il en était sûr…. Dans sa jeunesse lointaine, les connaissances du pauvre Caragol n'avaient jamais dépassé ce stade.

Dès qu'il fut seul, il saisit un chiffon et l'agita violemment, comme pour chasser les mouches. Il souhaitait purifier l'atmosphère des mauvaises odeurs. Il se sentit aussi scandalisé que si elle avait laissé tomber un morceau de savon dans l'un de ses délicieux plats de riz.

Les hommes de l'équipage se pressaient contre la grille pour suivre la route de la petite chaloupe qui se dirigeait vers le rivage.

Toni, debout sur le pont, la contemplait aussi avec des yeux énigmatiques.

"Tu es beau, mais que la mer t'engloutisse avant ton retour !"

Un mouchoir s'agitait à l'arrière du petit bateau. "Au revoir, Capitaine !" Et le capitaine hochait la tête, souriant et satisfait de ce salut féminin tandis que les matelots lui enviaient sa bonne chance.

De nouveau, l'un des hommes de l'équipage transporta les bagages de Ferragut jusqu'à l' *albergo* sur la côte de *Sainte-Lucie* . Le portier, comme s'il prévoyait la possibilité d'obtenir une rémunération facile de son client, se chargea de lui choisir une chambre, un appartement à un étage plus bas que lors de son précédent séjour, à proximité de celui où la *signora* Talberg occupait.

Ils se sont retrouvés en milieu d'après-midi à la *Villa Nazionale* et ont commencé leur promenade ensemble dans les rues de Chiaja . Ulysse allait enfin savoir où le docteur cachait sa majestueuse personnalité. Il s'attendait à quelque chose d'extraordinaire dans cette demeure, mais il était disposé à cacher ses impressions de peur de perdre l'affection et le soutien de la sage dame qui semblait exercer un si grand pouvoir sur Freya.

Ils entrèrent dans le vestibule d'un ancien palais. Bien des fois le marin s'était arrêté devant cette porte, mais avait continué son chemin, trompé par les petites plaques métalliques annonçant les bureaux et les comptoirs installés aux différents étages.

Il aperçut une cour à arcades pavée de grandes dalles de tuiles sur lesquelles ouvraient les balcons courbes des quatre côtés intérieurs du palais. Ils gravirent un escalier aux échos retentissants, grand comme une des rues à flanc de colline, avec de larges détours qui permettaient autrefois le passage des litières et des présidents. Comme souvenirs des personnages aux perruques blanches et des dames aux gros farthingales qui avaient traversé ce palais, il y avait encore quelques bustes classiques sur les débarcadères, une balustrade en fer forgé à la main et diverses immenses lanternes d'or mat et de verre flou.

Ils s'arrêtèrent au premier étage devant une rangée de portes un peu patinées par les années.

"Le voici", dit Freya.

Et là-dessus elle montra la seule porte recouverte d'un paravent de cuir vert arborant une enseigne commerciale, énorme, dorée et prétentieuse. Le médecin logeait dans un bureau.... Comment aurait-il pu le trouver !

La première pièce était en réalité un bureau, une chambre de marchand avec des dossiers pour les papiers, des cartes, un coffre-fort pour les stocks et diverses tables. Un seul employé travaillait ici, un homme d'âge incertain, au visage enfantin et à la barbe tondue. Son attitude obséquieuse et souriante contrastait de façon frappante avec son regard évasif, un regard alarmé et méfiant.

En voyant Freya, il se leva de son siège. Elle le salua en l'appelant Karl et s'éloigna comme s'il n'était qu'un simple porteur. Ulysse, en la suivant, devina que le regard soupçonneux de l'écrivain était fixé sur son dos.

"Est-ce qu'il est Polonais aussi ?" Il a demandé.

"Oui, un Polonais.... C'est un protégé du docteur ."

Ils entrèrent dans un salon visiblement meublé en toute hâte, avec le talent insouciant et individuel de ceux qui sont habitués à voyager et à improviser une demeure : des divans aux chintz bon marché et voyants, des peaux de lama américain, des tapis imitation d'Orient criants. , et sur les murs, des gravures de périodiques entre des moulures dorées. Sur une table étaient exposés leurs ornements en marbre et leurs objets en argent, une grande coiffeuse recouverte de cuir découpé et quelques petites statuettes napolitaines achetées au dernier moment pour donner un certain air de respectabilité sédentaire à ce personnage. pièce qui pouvait être démontée brusquement et dont les ornements les plus précieux étaient acquis *en cours de route* .

portière à moitié tirée, ils aperçurent le docteur qui écrivait dans la chambre voisine. Elle était penchée sur un bureau américain, mais elle les aperçut aussitôt dans un miroir qu'elle gardait toujours devant elle pour espionner tout ce qui se passait derrière elle.

Ulysse devina que l'imposante dame avait fait certains ajouts à sa toilette pour le recevoir. Une robe aussi serrée qu'un fourreau moulait l'exubérance de sa silhouette. La jupe étroite, bien serrée sur le bord de ses genoux, ressemblait au manche d'un énorme gourdin. Sur la mer verte de sa robe , elle portait un tulle blanc pailleté drapé comme un châle. Le capitaine, malgré son respect pour cette sage dame, ne pouvait s'empêcher de la comparer à une mère-sirène bien nourrie des pâturages océaniques.

Les mains tendues et une expression joyeuse sur le visage irradiant même ses lunettes, elle s'avança vers Ferragut . Sa rencontre était presque une étreinte.... " Mon cher capitaine ! Il y a si longtemps que je ne vous ai pas vu !... " Elle avait souvent entendu parler de lui par l'intermédiaire de sa jeune amie, mais malgré cela, elle ne pouvait que considérer comme un malheur que le marin ne soit jamais venu la voir.

Elle semblait avoir oublié sa froideur en lui faisant ses adieux à Salerne et le soin qu'elle avait pris de lui cacher l'adresse de son domicile.

Ferragut ne s'en souvenait pas non plus, maintenant qu'il était si agréablement touché par l'amabilité du docteur. Elle s'était assise entre les deux, comme si elle voulait les protéger de toute la majesté de sa personne et de l'affection de ses yeux. Elle était une vraie mère pour son jeune ami. Tout en parlant, elle caressait les grosses mèches de cheveux de Freya, qui venaient de s'échapper de dessous son chapeau, et Freya, s'adaptant à la tendresse de la situation, se blottit contre le docteur, prenant l'air d'une enfant timide et dévouée tandis qu'elle fixa sur Ulysse ses yeux de douce promesse.

"Vous devez l'aimer beaucoup, capitaine", continua la matrone. « Freya ne parle que de toi. Elle a été si malheureuse !... La vie a été si cruelle avec elle !... »

Le marin avait l'impression d'être dans le sein placide d'une famille. Cette dame prenait discrètement tout pour acquis et lui parlait comme à un gendre. Son regard bienveillant était quelque peu mélancolique. C'était la douce tristesse des personnes mûres qui trouvent le présent monotone, l'avenir limité, et se réfugiant dans les souvenirs du passé, envient les jeunes qui jouissent de la réalité de ce qu'ils ne peuvent goûter que dans leur mémoire.

" Vous êtes heureux !... Vous vous aimez tellement !... La vie ne vaut la peine d'être vécue que grâce à l'amour."

Et Freya, comme irrésistiblement touchée par ces conseils, passa un bras autour de la silhouette globuleuse et corsetée du docteur, tout en serrant convulsivement la main droite d'Ulysse.

Les lunettes cerclées d'or, avec leur éclat protecteur, semblaient les inciter à une intimité encore plus grande. "Vous pouvez vous embrasser..." Et l'imposante dame, inventant un prétexte insignifiant, pour faciliter leurs ébats, allait sortir lorsque la draperie de la porte entre le salon et le bureau se souleva.

Là entra un homme de l'âge de Ferragut , mais plus petit, avec un visage buriné par les intempéries. Il était habillé à l'anglaise avec une exactitude scrupuleuse. Il était évident qu'il avait l'habitude de porter l'intérêt le plus excessif et le plus enfantin à tout ce qui concernait la parure de sa personne.

Le costume de laine grise semblait avoir atteint sa touche finale dans l'harmonie de la cravate, des chaussettes et du mouchoir sortant de sa poche, le tout sur le même ton. Les trois pièces étaient bleues, sans la moindre variation de teinte, choisies avec l'exactitude d'un homme qui souffrirait sans doute d'un cruel inconfort s'il était obligé de sortir dans la rue avec sa cravate d'une couleur et ses chaussettes d'une autre. Ses gants avaient le même ton beige foncé que ses chaussures.

Ferragut pensait que ce dandy, pour être absolument parfait, devait être rasé de près. Et pourtant, il portait une barbe bien taillée sur les joues et formant sur le menton une pointe courte et pointue. Le capitaine soupçonnait qu'il était un marin. Dans la flotte allemande, dans la flotte russe, dans toutes les marines du Nord où l'on ne se rase pas à l'anglaise, on utilise cette petite barbe traditionnelle.

Le nouveau venu s'inclina, ou, pour mieux dire, se plia à angle droit, avec une brusque raideur, en baisant les mains des deux dames. Puis il leva son impertinent monocle et le fixa dans un de ses yeux pendant que le médecin faisait les présentations.

"Comte Kaledine … Capitaine Ferragut ."

Le comte donna au marin sa main, une main dure, soignée et vigoureuse, qui enferma longtemps celle d'Ulysse, voulant la dominer d'une pression inefficace.

La conversation se poursuivit en anglais, langue employée par le médecin dans ses relations avec Ulysse.

"Ce monsieur est marin ?" » a demandé Ferragut pour clarifier ses doutes.

Le monocle ne bougea pas de son orbite, mais une légère ondulation de surprise apparut traverser sa convexité lumineuse. Le médecin s'empressa de répondre.

"Le comte est un illustre diplomate qui est aujourd'hui en congé, en train de recouvrer la santé. Il a beaucoup voyagé, mais ce n'est pas un marin."

Et elle continua ses explications.

Les Kaledines appartenaient à une famille russe anoblie au temps de Catherine la Grande. Le médecin, étant une Polonaise, était en relation avec eux depuis de nombreuses années…. Et elle cessa de parler, donnant le signal à Kaledine dans la conversation.

Au début, le comte paraissait froid et plutôt dédaigneux dans ses propos, comme s'il ne pouvait pas se départir de sa hauteur diplomatique. Mais cette hauteur s'estompa peu à peu.

Par l'intermédiaire de sa « distinguée amie, Madame Talberg », il avait entendu parler de nombreuses aventures nautiques de Ferragut . Les hommes d'action, les héros de l'océan, l'intéressaient toujours beaucoup.

Ulysse remarqua soudain chez son noble interlocuteur une affection chaleureuse, un désir de se rendre agréable, tout comme celui du docteur. Quelle belle maison dans laquelle tout le monde s'efforçait d'être aimable envers le capitaine Ferragut !

Le comte, souriant aimablement, cessa de profiter de son anglais et se mit bientôt à lui parler en espagnol, comme s'il avait réservé cette dernière touche pour captiver l'affection d'Ulysse par cette flatterie la plus irrésistible.

"J'ai vécu au Mexique", a-t-il déclaré pour expliquer sa connaissance de la langue. "J'ai fait un long voyage à travers les Philippines lorsque je vivais au Japon."

Les mers de l'Extrême-Orient étaient les moins fréquentées par Ulysse. Il n'était entré que deux fois dans les ports chinois et nippons, mais il les connaissait suffisamment pour poursuivre sa conversation avec ce voyageur qui montrait dans ses goûts un certain raffinement artistique. Pendant une demi-heure défilèrent dans l'atmosphère vulgaire de ce salon des images d'énormes pagodes aux toits superposés dont les cordes de cloches vibraient au vent comme une harpe éolienne, des idoles monstrueuses, sculptées dans l'or, dans le bronze ou dans des maisons de marbre. en papier, trônes en bambou, meubles incrustés de nacre, paravents avec des volées de cigognes volantes.

Le médecin disparut, ennuyé par un dialogue dont elle ne comprenait que quelques mots. Freya, immobile, les yeux somnolents, un genou entre les mains croisées, se tenait à l'écart, comprenant la conversation, mais sans y prendre part, comme si elle s'offusquait de l'oubli dans lequel les deux hommes la laissaient. Finalement, elle s'éclipsa discrètement, répondant à l'appel d'une main qui regardait par les portières . Le médecin préparait du thé et avait besoin d'aide.

La conversation se poursuivit sans que leur absence les affecte. Kaledine avait abandonné les eaux asiatiques pour passer vers la Méditerranée, et là il s'ancra avec une admirable insistance. Encore un signe d'affection pour Ferragut qui le trouvait de plus en plus charmant malgré son attitude un peu glaciale.

Il remarqua soudain que ce n'était pas en russe qu'il parlait puisque, par des questions brèves et précises, il faisait répondre à Ferragut comme s'il subissait un examen.

Ces marques d'intérêt manifestées par le grand voyageur pour la petite *mare nostrum* , et surtout pour les détails de sa cuvette occidentale qu'il désirait connaître le plus minutieusement, plurent beaucoup à Ferragut .

Il pouvait lui demander ce qu'il voulait. Ferragut connaissait kilomètre par kilomètre toutes ses côtes, espagnoles, françaises et italiennes, la surface et aussi les profondeurs.

Peut-être parce qu'il séjournait à Naples, Kaledine tenait à se renseigner spécialement sur cette partie de la Méditerranée comprise entre la Sardaigne, l'Italie du Sud et la Sicile, celle que les anciens appelaient la mer Tyrrhénienne. Le capitaine connaissait-il par hasard ces îles peu fréquentées et presque oubliées, face à la Sicile ?

"Je les connais tous", répondit le marin avec vantardise. Et sans savoir exactement s'il s'agissait d'une curiosité de la part de l'auditeur ou s'il était soumis à un examen intéressant, il parlait encore et encore.

Il connaissait bien l'archipel des îles Lipari, avec leurs mines de soufre et de pierre ponce, groupe de pics volcaniques qui surgissent des profondeurs de la Méditerranée. Les anciens y avaient placé Éole, seigneur des vents ; dans celles-ci se trouvait Stromboli, vomissant d'énormes boules de lave qui explosaient avec le grondement du tonnerre. Ses scories volcaniques retombaient dans les cheminées du cratère ou dévalaient les pentes des montagnes, tombant dans les vagues.

Plus à l'ouest, isolée et solitaire dans une mer sans hauts fonds, se trouvait Ustica , île abrupte et volcanique que les Phéniciens avaient colonisée et qui avait servi de refuge aux pilotes sarrasins. Sa population était peu nombreuse et pauvre. Il n'y avait rien à y voir, à part certaines coquilles fossiles intéressantes pour les savants.

Mais le comte se montra merveilleusement intéressé par ce cratère éteint et solitaire au milieu d'une mer fréquentée uniquement par des bateaux de pêche.

Ferragut avait aussi aperçu, bien que très loin, à l'entrée du port de Trapani, l'archipel des îles Égades où se trouvent les grandes zones de pêche du thon. Une fois il avait débarqué sur l'île de Pantellaria , située à mi-chemin entre la Sicile et l'Afrique. C'était un cône volcanique très élevé qui s'élevait au milieu du détroit et avait à sa base des lacs alcalins, des fumées sulfureuses , des eaux thermales et des constructions préhistoriques de grands blocs de pierre semblables à celles de la Sardaigne et des îles Baléares. Les bateaux à destination de Tunis et Tripoli transportaient des cargaisons de raisins secs, seule exportation de cette ancienne colonie phénicienne.

Entre Pantellaria et la Sicile, le fond océanique était considérablement élevé, avec sur son dos une couche aquatique qui, en certains points, n'avait qu'une douzaine de mètres d'épaisseur. C'était le grand banc appelé l'Aventura, gonflement volcanique, île double submergée, piédestal sous-marin de la Sicile.

Le rebord d'Aventura parut également beaucoup intéresser le comte.

"Vous connaissez certainement bien la mer", dit-il d'un ton approbateur.

Ferragut était sur le point de continuer à causer lorsque les deux dames entrèrent avec un plateau qui contenait le service à thé et diverses assiettes de gâteaux. Le capitaine ne voyait rien d'étrange à leur manque de serviteurs. Le médecin et son amie étaient pour lui deux femmes aux mœurs extraordinaires, et il pensait donc que tous leurs actes étaient logiques et naturels. Freya servit le thé avec une grâce modeste, comme si elle était la fille de la maison.

Ils passèrent le reste de l'après-midi à converser sur des voyages lointains. Personne n'a fait allusion à la guerre, ni au problème de l'Italie à ce moment-là, à savoir si elle devait maintenir ou rompre sa neutralité. Ils semblaient vivre dans un lieu inaccessible, à des milliers de lieues de toute agitation humaine.

Les deux femmes traitaient le comte avec la familiarité bien élevée des personnes du même rang, mais parfois le marin croyait remarquer qu'elles avaient peur de lui.

En fin d'après-midi, ce personnage se leva et Ferragut fit de même, comprenant qu'on attendait de lui qu'il mette un terme à sa visite. Le comte proposa de l'accompagner. Tandis qu'il faisait ses adieux au docteur, en la remerciant avec une extrême courtoisie de l'avoir présenté au capitaine, Ferragut sentit que Freya lui serrait la main d'une manière significative.

"Jusqu'à ce soir", murmura-t-elle légèrement, remuant à peine les lèvres. "Je te verrai plus tard… Attends-moi."

Oh, quel bonheur !… Les yeux, le sourire, la pression de sa main lui disaient bien plus que cela.

Jamais il ne fit une promenade aussi agréable que lorsqu'il marchait aux côtés de Kaledine dans les rues de Chiaja en direction du rivage. Que disait cet homme ?… Des choses insignifiantes pour éviter le silence, mais qui lui semblaient être des observations de la plus profonde sagesse. Sa voix était musicale et affectueuse. Tout chez eux semblait également agréable : les gens qui passaient dans les rues, les bruits napolitains à la tombée de la nuit, les mers sombres, toute la vie.

Ils se dirent au revoir devant la porte de l'hôtel. Le comte, malgré ses offres d'amitié, s'en alla sans donner son adresse.

"Cela n'a pas d'importance", pensa Ferragut . "Nous nous reverrons chez le docteur."

Il passa le reste de son quart tour à tour agité par l'espoir et l'impatience. Il ne voulait pas manger ; l'émotion avait paralysé son appétit…. Et pourtant, une fois attablé, il mangeait plus que jamais avec une avidité mécanique et désemparée.

Il avait besoin de flâner, de parler avec quelqu'un, pour que le temps passe plus vite, trompant son attente inquiète. Elle ne rentrerait à l'hôtel que très tard…. Et il se retira donc dans sa chambre plus tôt que d'habitude, croyant avec une superstition illogique que Freya pourrait ainsi arriver plus tôt.

Son premier mouvement, en se retrouvant seul dans sa chambre, fut un mouvement de fierté. Il leva les yeux vers le plafond, ayant pitié du marin amoureux qui, une semaine auparavant, habitait à l'étage supérieur. Pauvre homme! Comme ils ont dû se moquer de lui !… Ulysse s'admirait comme s'il était une personnalité entièrement nouvelle, heureuse et triomphante, complètement séparée de cette autre créature par de douloureuses périodes d'humiliations et d'échecs dont il ne voulait pas se souvenir.

Les longues, longues heures pendant lesquelles il attendait avec tant d'anxiété !… Il se promenait en fumant, allumant un cigare avec le reste du précédent. Puis il ouvrit la fenêtre, voulant se débarrasser du parfum du tabac fort. Elle n'aimait que les cigarettes orientales…. Et comme l'odeur âcre du fort et succulent cigare de Havane persistait dans la pièce, il fouilla dans sa trousse et répandit autour de lui diverses essences parfumées qu'il avait depuis longtemps oubliées.

Un malaise soudain troubla son attente. Peut-être que celle qui allait venir ne savait pas quelle était sa chambre. Il n'était pas sûr de lui avoir donné les instructions avec suffisamment de clarté. Il était possible qu'elle fasse une erreur…. Il commença à croire qu'elle avait réellement commis une erreur.

La peur et l'impatience le firent ouvrir sa porte, se plaçant dans le couloir pour regarder vers la chambre fermée de Freya. Chaque fois que des pas retentissaient dans l'escalier ou que la grille de l'ascenseur grinçait, le marin barbu tremblait d'une inquiétude enfantine. Il voulait se cacher et pourtant en même temps il voulait regarder si c'était elle qui venait.

Les invités occupant le même étage le voyaient se retirer dans sa chambre dans les attitudes les plus inexplicables. Parfois il restait fermement dans le couloir, comme si, épuisé par des appels inutiles, il cherchait les domestiques ; et d'autres fois, on le surprenait la tête sortant de la porte entrouverte ou la retirant précipitamment. Un vieux comte italien, passant par là, lui fit un sourire d'intelligence et de camaraderie…. Il était dans le secret ! L'homme attendait sans doute une des femmes de chambre de l'hôtel.

Il finit par s'installer dans sa chambre, mais en laissant sa porte entrouverte. Le rectangle de lumière vive qu'il dessinait sur le sol et le mur d'en face guiderait Freya, lui montrant le chemin….

Mais il ne parvint pas à maintenir ce signal très longtemps. Des dames légèrement vêtues en kimono et des messieurs en pyjama se glissaient discrètement dans le couloir dans un silence doux et chaussé de pantoufles, allant tous dans la même direction et jetant des regards courroucés vers la porte éclairée.

Finalement, il dut fermer la porte. Il ouvrit un livre, mais il lui était impossible de lire deux paragraphes consécutifs. Sa montre indiquait midi.

"Elle ne viendra pas !... Elle ne viendra pas !" cria-t-il désespéré.

Une idée nouvelle ranima ses esprits abattus. C'était ridicule qu'une personne aussi discrète que Freya se risquât à venir dans sa chambre alors qu'il y avait de la lumière sous la porte. L'amour avait besoin d'obscurité et de mystère. Et d'ailleurs, cet espoir visible pourrait attirer l'attention de quelque curieux.

Il éteignit la lumière électrique et, dans l'obscurité , retrouva son lit, se jetant avec un bruit exagéré, afin que personne ne doute qu'il s'était retiré pour la nuit. L'obscurité ranimait son espoir.

"Elle va venir… Elle viendra à tout moment."

de nouveau avec précaution, sans bruit, sur la pointe des pieds. Il doit surmonter toute difficulté éventuelle à l'entrée. Il entrouvrit légèrement la porte pour éviter le bruit de balancement de la fermeture de la porte. Une chaise dans l'encadrement de la porte la maintenait facilement déverrouillée.

Il se releva encore plusieurs fois, arrangeant les choses à sa guise, puis se jeta sur le lit, disposé à veiller toute la nuit, s'il le fallait. Il ne souhaitait pas dormir. Non, il ne devrait pas dormir…. Et une demi-heure plus tard, il dormait profondément sans savoir à quel moment il avait glissé sur les douces pentes du sommeil.

Soudain, il se réveilla comme si quelqu'un lui avait frappé la tête avec un gourdin. Ses oreilles bourdonnaient…. C'était la grossière impression de celui qui dort sans le vouloir et se sent ébranlé par une inquiétude renouvelée. Quelques instants passèrent sans qu'il se rende compte de la situation. Puis il se souvint soudain de tout…. Seul! Elle n'était pas venue !... Il ne savait pas si des minutes ou des heures s'étaient écoulées.

Quelque chose, outre son inquiétude, l'avait ramené à la vie. Il soupçonnait que, dans le silence sombre, quelque chose de réel approchait. Une petite souris semblait se déplacer dans le couloir. Les chaussures placées devant l'une des portes furent déplacées avec un léger grincement. Ferragut avait la vague impression de l'air déplacé par la lente avancée d'un corps.

La porte trembla. La chaise fut repoussée, petit à petit, très doucement. Dans l'obscurité, il aperçut une ombre mouvante, sombre et dense. Il fit un mouvement.

" Chut -h!" soupira une voix fantomatique, une voix de l'autre monde. "C'est moi."

Instinctivement, il leva la main droite vers le mur et alluma la lumière.

Sous la lumière électrique, c'était elle, une Freya différente de toutes celles qu'il avait jamais vues, avec sa richesse de cheveux tombant en serpents dorés sur ses épaules recouvertes d'une tunique asiatique qui l'enveloppait comme un nuage.

Ce n'était pas le kimono japonais, vulgarisé par le commerce. Il était confectionné d'une seule pièce de tissu hindoustanique , brodé de fleurs fantastiques et drapé de façon capricieuse. Grâce à sa texture fine, la chair pouvait être perçue comme s'il s'agissait d'une enveloppe d'air multicolore.

Elle poussa une protestation. Puis, imitant le geste d'Ulysse, elle tendit la main vers le mur… et tout fut sombre.

* * * * *

Au réveil, il sentit la lumière du soleil sur son visage. La fenêtre, dont il avait oublié de tirer les rideaux, était bleue, le bleu du ciel en haut et le bleu de la mer en bas.

Il regarda autour de lui…. Personne! Pendant un moment, il crut qu'il avait dû rêver, mais le doux parfum de ses cheveux parfumait toujours l'oreiller. La réalité du réveil était pour Ulysse aussi joyeuse, aussi douce que l'avaient été les heures nocturnes dans le mystère des ténèbres. Il ne s'était jamais senti aussi fort et aussi heureux.

Dans la fenêtre résonnait une voix de baryton chantant une des chansons de Naples : « Oh, douce terre, doux golfe !… » C'était certainement le plus bel endroit du monde. Fier et satisfait de son sort, il aurait aimé embrasser les vagues, les îles, la ville, le Vésuve.

Une cloche sonnait impatiemment dans le couloir. Le capitaine Ferragut avait faim. Il surveillait d'un regard d'ogre le *café au lait* , le pain abondant et la petite noisette de beurre que lui apportait le garçon. Une toute petite portion pour lui !… Et pendant qu'il attaquait tout cela avec avidité, la porte s'ouvrit et

Freya, rose et fraîche d'un bain récent et vêtue comme un homme, entra dans la chambre.

La tunique hindoue avait été remplacée par un pyjama masculin en soie violette. Le pantalon avait les bords relevés sur une paire de pantoufles turques blanches dans lesquelles étaient rentrés ses pieds nus. Sur son cœur était brodé un dessin dont Ulysse ne parvenait pas à déchiffrer les lettres. Au-dessus de cet appareil, la pointe de son mouchoir dépassait de la poche. Ses cheveux opulents, tordus au sommet de sa tête et les courbes voluptueuses que prenait la soie dans certaines parties de sa tenue masculine étaient les seules choses qui annonçaient la femme.

Le capitaine oublia son petit-déjeuner, enthousiasmé par cette nouveauté. C'était une seconde Freya, une page, une nouveauté adorable et bizarre…. Mais elle repoussa ses caresses, l'obligeant à s'asseoir.

Elle était entrée avec une expression interrogatrice dans les yeux. Elle éprouvait l'inquiétude de toutes les femmes lors de sa deuxième entrevue amoureuse. Elle essayait de deviner ses impressions, de se convaincre de sa gratitude, d'être sûre que les fascinations des premières heures ne s'étaient pas dissipées pendant son absence.

Tandis que le marin abordait à nouveau son petit-déjeuner avec la familiarité d'un amant arrivé à ses fins et qui n'a plus besoin de cacher et de poétiser ses plus grossières nécessités, elle s'assit sur une vieille *chaise longue* , allumant une cigarette.

Elle se blottit contre ce siège, ses jambes croisées formant un angle dans le cercle d'un de ses bras. Puis elle appuya la tête sur ses genoux, et, dans cette position, fuma longtemps, le regard fixé sur la mer. Il devinait qu'elle était sur le point de dire quelque chose d'intéressant, quelque chose qui la troublait mentalement et qui avait du mal à sortir.

Finalement, elle parla avec délibération, sans quitter le gouffre des yeux. De temps en temps , elle arrêtait cette contemplation pour fixer ses yeux sur Ulysse, mesurant l'effet de ses paroles. Il cessa définitivement de s'occuper du plateau du petit-déjeuner, prévoyant que quelque chose de très important allait arriver.

« Tu as juré que tu ferais pour moi tout ce que je te demanderais de faire…. Tu ne souhaites pas me perdre pour toujours. »

Ulysse protesta. La perdre ?… Il ne pourrait pas vivre sans elle.

« Je connais votre ancienne vie ; vous m'en avez tout raconté… Vous ne savez rien de moi et vous devriez me connaître, maintenant que je suis vraiment à vous.

Le marin hocha la tête ; rien de plus juste.

"Je t'ai trompé, Ulysse. Je ne suis pas Italien."

Ferragut sourit. Si c'était là toute la tromperie !... Dès le jour où ils s'étaient parlé pour la première fois en se rendant à Paestum, il avait deviné que ce qu'elle lui avait dit sur sa nationalité était faux.

"Ma mère était italienne. Je le jure... Mais mon père ne l'était pas...."

Elle s'arrêta un instant. Le marin l'écoutait avec intérêt, le dos tourné à la table.

"Je suis une Allemande et..."

CHAPITRE VII

LE PÉCHÉ D'ULYSSE

Chaque matin, en se réveillant aux premières lueurs de l'aube, Toni éprouvait une sensation de surprise et de découragement.

"Toujours à Naples!" disait-il en regardant par le hublot de sa cabine.

Puis il comptait les jours. Dix étaient passés par là depuis que la *Mare Nostrum* , entièrement réparée, avait jeté l'ancre dans le port de commerce.

« Encore vingt-quatre heures », ajoutait mentalement le second.

Et il reprenait sa vie monotone, déambulant sur le pont vide et silencieux du navire, sans savoir que faire, regardant d'un air abattu les autres paquebots qui remuaient leurs antennes de fret, engloutissaient cartons et paquets et commençaient à envoyer par leurs cheminées la fumée annonçant le départ.

Il éprouva de grands remords en calculant ce que le bateau aurait pu gagner s'il faisait maintenant route. L'avantage était entièrement pour le capitaine, mais il ne pouvait s'empêcher de désespérer de l'argent perdu.

La nécessité de communiquer ses impressions à quelqu'un, de protester en chœur contre cette lamentable inertie, le poussait vers les domaines de Caragol . Malgré leur différence de grade, le premier officier traitait toujours le cuisinier avec une familiarité affectueuse.

"Un abîme nous sépare !" » dirait gravement Toni.

Cet « abîme » était une métaphore extraite de sa lecture de journaux radicaux et faisait allusion aux croyances ferventes et simples du vieil homme. Mais leur affection commune pour le capitaine, étant tous originaires du même pays, et l'emploi du dialecte valencien comme langue d'intimité, les poussèrent instinctivement à rechercher la compagnie l'un de l'autre. Pour Toni, Caragol était l'esprit le plus sympathique à bord… après lui.

Dès qu'il s'arrêtait à la porte de la cuisine, appuyant son coude dans l'embrasure et obstruant de son corps le soleil, le vieux cuisinier prenait sa bouteille d'eau-de-vie et préparait un « refresco » ou un « caliente » en l'honneur de son visiteur.

Ils buvaient lentement, interrompant leur dégustation de liqueur pour déplorer ensemble l'immobilité de la *Mare Nostrum* . Ils comptaient le coût comme si le bateau leur appartenait. Pendant qu'on le réparait, ils avaient su tolérer le comportement du capitaine.

« Les Anglais paient toujours », disait Toni. "Mais maintenant, personne ne paie et le navire ne gagne rien, et nous dépensons chaque jour... Combien dépensons-nous environ ?"

Et lui et le cuisinier calculaient à nouveau en détail le coût d'entretien du cuiseur vapeur, devenant terrifiés à l'idée d'atteindre le total. Une journée sans bouger coûtait plus que ce que les deux hommes pouvaient gagner en un mois.

"Ça ne peut pas continuer !" Toni protesterait.

Son indignation l'amena plusieurs fois à terre à la recherche du capitaine. Il avait peur de lui parler, estimant que s'immiscer dans la gestion du bateau constituait un manque de discipline, il inventa donc le prétexte le plus absurde pour se heurter à Ferragut .

Il regardait avec antipathie le portier de l' *albergo* car il lui disait toujours que le capitaine venait de sortir. Cet individu aux airs de proxénète doit être en grande partie responsable de l'immobilité du paquebot ; son cœur le lui disait.

Parce qu'il ne pouvait pas en venir aux mains avec cet homme, et parce qu'il ne supportait pas de le voir rire trompeusement en le regardant attendre des heures et des heures dans le vestibule, il s'installa dans la rue, espionnant les entrées et les sorties de Ferragut .

Les trois fois où il réussit à parler avec le capitaine, le résultat fut toujours le même. Le capitaine était aussi ravi de le voir que s'il était une apparition du passé à qui il pourrait communiquer la joie de son bonheur débordant.

Il écoutait son compagnon, se félicitant que tout allait si bien sur le navire, et quand Toni, en bégayant, se hasardait à lui demander la date du départ, Ulysse cachait son incertitude sous un ton de prudence. Il attendait une cargaison des plus précieuses ; plus ils attendaient, plus ils gagneraient d'argent.... Mais ses paroles n'ont pas convaincu Toni. Il se souvenait des protestations du capitaine quinze jours auparavant contre le manque de bonne cargaison à Naples et son désir de repartir sans perte de temps.

De retour à bord, le second chassait immédiatement Caragol , et tous deux commentaient les changements intervenus dans leur chef. Toni l'avait trouvé un homme entièrement différent, avec la barbe rasée, portant ses plus beaux vêtements et affichant dans l'agencement de sa personne une délicatesse des plus minutieuses, un désir décidé de plaire. Le pilote impoli en était même arrivé à croire qu'il avait décelé, en lui parlant, un certain parfum féminin comme celui de leur visiteuse blonde.

Cette nouvelle était la plus incroyable de toutes pour Caragol .

"Capitaine Ferragut parfumé !... Le capitaine parfumé !... Le misérable ! »
Et il leva les bras, ses yeux aveugles cherchant les bouteilles d'eau-de-vie et
les flacons d'huile, pour en faire des témoins de son indignation.

Les deux hommes étaient entièrement d'accord sur la cause de leur désespoir.
Elle était responsable de tout cela ; elle qui allait tenir le bateau en haleine
dans ce port jusqu'à ce qu'elle sache quand, avec le pouvoir irrésistible d'une
sorcière.

"Ah, ces femelles !... Le diable poursuit toujours les jupons comme un chien
de compagnie…. Elles sont la ruine de notre vie."

Et la chasteté courroucée du cuisinier continuait à lancer contre la femme des
insultes et des malédictions égales à celles des premiers pères de l'Église.

Un matin, les hommes qui nettoyaient le pont envoyèrent un cri allant de
l'avant à l'arrière : « Le capitaine ! Ils le virent approcher dans une chaloupe,
et la nouvelle se répandit dans les cabines et les couloirs, donnant une
nouvelle force à leurs bras et illuminant leurs visages paresseux. Le second
monta sur le pont et Caragol passa la tête par la porte de sa cuisine.

Au premier coup d'œil, Toni pressentit que quelque chose d'important allait
se produire. Le capitaine avait un air vif et joyeux. En même temps, il voyait
dans l'amabilité exagérée de son sourire un désir de les concilier, de leur
présenter avec douceur quelque chose qu'il considérait comme d'une
acceptation douteuse.

"Maintenant, vous serez satisfait", dit Ferragut en lui tendant la main, "nous
allons bientôt lever l'ancre".

Ils entrèrent dans le salon. Ulysse regardait autour de son bateau avec une
certaine étrangeté, comme s'il y revenait après un long voyage. Cela lui
paraissait différent ; certains détails surgirent devant ses yeux qui n'avaient
jamais attiré son attention auparavant.

Il récapitula dans un éclair cérébral tout ce qui s'était passé en moins de deux
semaines. Pour la première fois, il réalisait le grand changement dans sa vie
depuis que Freya était venue sur le bateau à vapeur à sa recherche.

Il se vit dans sa chambre de l'hôtel en face d'elle, habillé en homme, regardant
le golfe en fumant.

"Je suis une Allemande et..."

Sa vie mystérieuse, même dans ses détails les plus incompréhensibles, allait
bientôt être expliquée.

C'était une Allemande au service de son pays. La guerre moderne avait
soulevé *en masse* les nations ; il ne s'agissait pas, comme au cours des autres

siècles, d'un affrontement entre petites minorités professionnelles qui devaient se battre en tant qu'entreprise. Tous les hommes vigoureux se rendaient désormais sur le champ de bataille, et les autres travaillaient dans des centres industriels transformés en ateliers de guerre. Et cette activité générale englobait aussi les femmes qui consacraient leur travail aux usines et aux hôpitaux, ou leur intelligence de l'autre côté des frontières, au service de leur pays.

Ferragut , surpris par cette révélation pure et simple, resta silencieux, mais se risqua finalement à formuler sa pensée.

"D'après ça, vous êtes un espion ?"…

Elle entendit ce mot avec mépris. C'est un terme désuet qui a perdu sa signification primitive. Les espions étaient ceux qui, en d'autres temps, — lorsque seuls les soldats de métier participaient à la guerre — s'étaient mêlés aux opérations volontairement ou pour de l'argent, surprenant les préparatifs de l'ennemi. Aujourd'hui, avec la *mobilisation massive des* nations , le vieil espion officiel, créature méprisable et crapuleuse, osant la mort pour de l'argent, avait pratiquement disparu. Il n'existe aujourd'hui que des patriotes, désireux de travailler pour leur pays, les uns les armes à la main, les autres profitant de leur astuce ou exploitant les qualités de leur sexe.

Ulysse fut très déconcerté par cette théorie.

« Alors le docteur ?… » questionna-t-il à nouveau, devinant ; ce que doit être la dame imposante.

Freya a répondu avec une expression d'enthousiasme et de respect. Son amie était une illustre patriote, une femme très instruite, qui mettait toutes ses facultés au service de son pays. Elle l'adorait. Elle était sa protectrice ; elle l'avait secourue au moment le plus difficile de son existence.

"Et le comte ?" » continua Ferragut à demander.

Ici, la femme fit un geste de réserve.

"C'est aussi un grand patriote, mais ne parlons pas de lui."

Dans ses paroles, il y avait à la fois du respect et de la peur. Il se doutait qu'elle ne souhaitait rien avoir à faire avec ce personnage hautain.

Un long silence. Freya, comme si elle craignait les effets des méditations du capitaine, les coupa brusquement avec son bavardage précipité.

Le médecin et elle étaient venus de Rome se réfugier à Naples, fuyant les intrigues et les murmures de la capitale. Les Italiens se disputaient entre eux ; les uns étaient partisans de la guerre, les autres de la neutralité ; aucun d'eux ne souhaitait aider l'Allemagne, leur ancien allié.

"Nous qui les avons tant protégés !" s'exclama-t-elle. « Race fausse et ingrate !... »

Ses gestes et ses paroles rappelaient à l'esprit d'Ulysse l'image du médecin maudissant le pays italien depuis une petite fenêtre du carrosse, le premier jour où ils s'étaient entretenus ensemble.

Les deux femmes étaient à Naples, oubliant leur fastidieuse attente en se rendant dans les lieux d'intérêt voisins, lorsqu'elles rencontrèrent le marin.

"J'ai un très agréable souvenir de toi", continua Freya. "J'ai deviné dès le premier instant que notre amitié allait se terminer comme elle s'est terminée."

Elle lut une question dans son regard.

"Je sais ce que tu vas me dire. Tu t'étonnes que je t'ai fait attendre si longtemps, que je t'ai fait autant souffrir avec mes caprices… C'est parce que pendant que je t'aimais, en même temps je Je souhaitais me séparer de vous. Vous représentiez un attrait et un obstacle. Je craignais de vous mêler à mes affaires…. D'ailleurs, j'ai besoin d'être libre pour me consacrer entièrement à l'accomplissement de ma mission.

Il y eut une autre longue pause. Les yeux de Freya étaient fixés sur ceux de son amant avec une ténacité scrutatrice. Elle voulait sonder le fond de sa pensée, étudier la maturité de sa préparation, avant de risquer le coup décisif. Son examen a été satisfaisant.

" Et maintenant que tu me connais, " dit-elle avec une lenteur douloureuse, " va-t'en !... Tu ne peux pas m'aimer. Je suis un espion, comme tu dis, un être méprisable... Je sais que tu ne pourras pas continuer. m'aimer après ce que je t'ai révélé. Emmène-toi dans ta barque, comme les héros des légendes ; nous ne nous reverrons plus. Tous nos rapports auront été un beau rêve.... Laisse-moi tranquille. J'ignore de ce que peut être mon propre destin, mais ce qui est plus important pour moi, c'est votre tranquillité ."

Ses yeux se remplirent de larmes. Elle se jeta à plat ventre sur le divan, cachant son visage dans ses bras, tandis qu'un éclat de sanglot faisait trembler toutes les courbes adorables de son dos.

Touché par sa douleur, Ulysse admirait en même temps l'habileté de Freya à deviner toutes ses pensées. La voix du bon conseil, cette voix prudente qui parlait toujours dans une moitié de son cerveau chaque fois que le capitaine se trouvait dans des situations difficiles, s'était mise à crier, scandalisée des premières révélations de cette femme :

" Fuyez, Ferragut !... Fuyez ! Vous êtes dans une mauvaise passe. N'acceptez aucune relation avec de tels gens. Qu'avez-vous à voir avec le pays de cette aventurière ? Pourquoi rencontreriez-vous des dangers pour une cause qui n'a aucune importance. à toi ? Ce que tu voulais d' elle, tu l'as déjà obtenu. Sois égoïste, mon fils !"

Mais la voix de son autre hémisphère mental, cette voix vaniteuse et idiote qui le poussait toujours à s'embarquer sur des navires voués au naufrage, à ne pas se soucier du danger pour le seul plaisir de mettre sa vigueur à l'épreuve, lui donnait aussi des conseils. C'était une chose ignoble d'abandonner une femme. Seul un lâche ferait une chose pareille.... Et cette Allemande avait l'air de l'aimer tellement !...

Et avec son exubérance ardente et méridionale, il l'embrassa et la souleva, caressant les boucles dénouées de son front, la caressant comme une enfant malade et buvant ses larmes d'interminables baisers.

Non; il ne l'abandonnerait pas.... Il était plus disposé à la défendre contre tous ses ennemis. Il ne savait pas qui étaient ses ennemis, mais si elle avait besoin d'un homme, il était là....

En vain son moniteur intérieur l'injuriait alors qu'il faisait de telles offres ; il se compromettait aveuglément ; peut-être que cette aventure allait être la plus terrible de son histoire.... Mais pour apaiser ses scrupules, l'autre voix ne cessait de crier : « Vous êtes un gentleman ; et un gentleman n'abandonne pas une dame, par peur, quelques heures après avoir gagné son affection. En avant, capitaine !

Une excuse d'égoïsme lâche surgit dans ses pensées, fabriquée d'une seule pièce. C'était un Espagnol, neutre, en aucune façon impliqué dans le conflit des puissances centrales. Son second lui avait souvent parlé de la solidarité de race, des nations latines, de la nécessité d'en finir avec le militarisme, de faire la guerre pour qu'il n'y ait plus de guerres.... De simples vapotages d'un lecteur crédule ! Il n'était ni anglais ni français. Il n'était pas non plus allemand ; mais la femme qu'il aimait l'était, et il n'allait pas l'abandonner pour des antagonismes qui ne le concernaient pas.

Freya ne doit pas pleurer. Son amant affirma à plusieurs reprises qu'il désirait vivre éternellement à ses côtés, qu'il ne songeait pas à l'abandonner à cause de ce qu'elle avait dit : et il promit même sa parole d'honneur de l'aider dans tout ce qu'elle jugerait possible et digne de lui.

Ainsi le capitaine Ulysse Ferragut décida-t-il impétueusement de son destin.

Lorsque sa bien-aimée l'emmena de nouveau chez le médecin, elle le reçut comme s'il appartenait réellement à la famille. Elle n'avait plus à cacher sa nationalité. Freya l'a simplement appelée *Frau Doktor* et elle, avec l'enthousiasme désinvolte du professeur, a finalement réussi à convertir le marin, en lui expliquant le droit et la raison de l'entrée de son pays dans la guerre avec la moitié de l'Europe.

La pauvre Allemagne a dû se défendre. Le Kaiser était un homme de paix, même si, depuis de nombreuses années, il préparait méthodiquement une force militaire capable d'écraser toute l'humanité. Toutes les autres nations l'y avaient poussé ; ils avaient tous été les premiers à l'agression. Les Français insolents, bien avant la guerre, avaient envoyé des nuages d' avions au-dessus des villes allemandes pour les bombarder.

Ferragut cligna des yeux de surprise. C'était une nouvelle pour lui. Cela a dû se produire alors qu'il était en haute mer. La positivité verbeuse du médecin ne permettait aucun doute. D'ailleurs, cette dame devrait savoir mieux que ceux qui vivaient sur l'océan.

Alors avait surgi la provocation anglaise…. Tel un traître au mélodrame, le gouvernement britannique préparait la guerre depuis longtemps, ne voulant se montrer qu'au dernier moment ; et l'Allemagne, amoureuse de la paix, avait dû se défendre contre cet ennemi, le pire de tous.

"Dieu punira l'Angleterre !" affirma le docteur en regardant Ulysse.

Et il ne voulant pas la tromper de ses attentes, hocha galamment la tête…. Même s'il s'en souciait, Dieu pourrait punir l'Angleterre.

Mais en s'exprimant ainsi, il se sentait agité par une dualité nouvelle. Les Anglais avaient été de bons camarades ; il se souvenait agréablement de ses voyages en tant que fonctionnaire à bord des bateaux britanniques. En même temps, leur puissance croissante, invisible pour les hommes à terre, monstrueuse pour ceux qui vivaient sur la mer, avait provoqué chez lui une certaine irritation. Il était habitué à les trouver soit dominateurs de toutes les mers, soit solidement installés sur toutes les côtes stratégiques et commerciales.

Le Docteur, comme s'il devinait la nécessité d'éveiller sa haine du grand ennemi, fit appel à ses souvenirs historiques : Gibraltar, volé par les Anglais ; les pirateries de Drake ; les galions d'Amérique saisis avec une régularité méthodique par les flottes britanniques ; les débarquements sur les côtes espagnoles qui, au cours d'autres siècles, avaient perturbé la vie de la péninsule. L'Angleterre, au début de sa grandeur, sous le règne d'Élisabeth, avait la grandeur de la Belgique ; si elle s'était imposée comme l'une des grandes puissances, c'était aux dépens des Espagnols puis de la Hollande, dominant même le monde entier. Et le médecin parla en anglais et avec tant de véhémence des méfaits de l'Angleterre contre l'Espagne que le marin impressionnable finit par dire spontanément :

"Que Dieu la punisse !"

Mais ici réapparut le navigateur méditerranéen, Ulysse compliqué et contradictoire. Il se souvint soudain des réparations de son navire qui devaient être payées par l'Angleterre.

"Que Dieu les punisse... mais qu'il attende encore un peu !" murmura-t-il dans ses pensées.

L'imposante professeure s'exaspérait grandement en parlant du pays dans lequel elle vivait.

"Joueurs de mandoline ! Bandits !" pleurait-elle toujours en parlant des Italiens.

Combien ils devaient à l'Allemagne ! L' empereur Guillaume avait été pour eux un père. Tout le monde le savait !... Et pourtant, quand la guerre éclaterait, ils allaient refuser de suivre leurs anciens amis. Il faut maintenant que la diplomatie allemande s'emploie, non pas à les maintenir à ses côtés, mais à les empêcher de suivre l'adversaire. Chaque jour, elle recevait des nouvelles de Rome. Elle avait espéré que l'Italie resterait neutre, mais qui pouvait se fier à la parole de tels gens ?... Et elle réitérait ses insultes courroucées.

Le marin s'est immédiatement adapté à cette demeure, comme si c'était la sienne. Les rares fois où Freya se séparait de lui, il allait la chercher dans le salon de l'imposante dame qui prenait désormais envers Ulysse des airs de belle-mère bon enfant.

Lors de diverses visites, il rencontra le comte. Ce personnage taciturne tendait instinctivement la main tout en gardant une certaine distance entre eux. Ulysse connaissait désormais sa véritable nationalité, et il savait qu'il la savait. Mais tous deux entretenaient la fiction du comte Kaledine , diplomate russe, et cet homme imposait le respect à tout le monde dans la maison du médecin. Ferragut , dévoué à son égoïsme amoureux, ne se permettait aucune enquête, s'adaptant aux allusions laissées par les deux femmes.

Il n'avait jamais connu un tel bonheur. Il éprouvait la grande volupté de celui qui se trouve attablé dans une salle à manger bien chauffée et voit par la fenêtre la mer tempétueuse balançant une barque qui lutte contre les vagues.

Les vendeurs de journaux criaient dans les rues de terribles batailles au centre de l'Europe ; les villes brûlaient sous les bombardements , toutes les vingt-quatre heures, des milliers et des milliers d'êtres humains mouraient…. Et il ne lisait rien, ne voulant rien savoir. Il poursuivait son existence comme s'il vivait dans une félicité paradisiaque. Parfois, en attendant Freya, sa mémoire se réjouissait de son merveilleux charme physique, des raffinements et des sensations fraîches dont jouissait sa passion ; à d'autres moments, l'étreinte réelle avec son extase effaçait et supprimait toutes les possibilités désagréables.

Quelque chose pourtant le tirait tout à coup de son égoïsme amoureux, quelque chose qui éclipsait son visage, plissait son front de rides de préoccupation et le faisait monter à bord de son vaisseau.

Assis dans la grande cabine de son navire, en face de son second, il appuya ses coudes sur la table et se mit à mâcher un gros cigare qui venait de s'éteindre.

"Nous allons commencer très bientôt", répéta-t-il avec une abstraction visible.
"Tu seras content, Toni ; je crois que tu seras ravi."

Toni restait impassible. Il attendait quelque chose de plus. Le capitaine, au départ d'un voyage, lui avait toujours indiqué le port de destination et la nature particulière de la cargaison. Ainsi, constatant que Ferragut ne voulait rien ajouter de plus, il osa demander :

"Est-ce que c'est à Barcelone que nous allons ?"

Ulysse hésita, regardant vers la porte, comme s'il craignait d'être entendu. Puis il se pencha vers Toni.

Le voyage allait être sans danger, mais qui devait rester entouré de mystère.

"Je compte sur toi, parce que tu connais toutes mes affaires, parce que je te considère comme un membre de ma famille."

Le pilote ne semble pas touché par cet échantillon de confiance. Il restait toujours impassible, même si se réveillait en lui tout le malaise qui l'agitait autrefois.

Le capitaine continua de parler. C'était une période de guerre et il fallait en profiter. Pour ces deux-là, transporter des cargaisons de matériel militaire ne serait pas une nouveauté. Il avait autrefois transporté d'Europe des armes et des munitions pour une révolution en Amérique du Sud. Toni lui avait raconté ses aventures dans le golfe de Californie, aux commandes d'une petite goélette qui avait servi de moyen de transport aux insurgés des provinces du sud dans la révolte contre le gouvernement mexicain.

Mais le second, tout en hochant la tête affirmativement, le regardait en même temps avec des yeux interrogateurs. Qu'allaient-ils transporter lors de ce voyage ?...

"Toni, ce n'est pas une question d'artillerie ni de canons. Ce n'est pas non plus une affaire de munitions… C'est un travail court et bien payé qui nous fera faire très peu de détours à notre retour à Barcelone."

Il s'arrêta dans ses confidences, éprouvant une curieuse hésitation et enfin il ajouta en baissant la voix :

"Les Allemands le paient !... Nous allons approvisionner en pétrole leurs sous-marins méditerranéens."

Contrairement à toutes les attentes de Ferragut , son second n'a fait aucun geste de surprise. Il resta aussi impassible que si cette nouvelle lui était réellement incompréhensible. Puis il sourit légèrement, haussant les épaules comme s'il avait entendu quelque chose d'absurde…. Les Allemands avaient peut-être des sous-marins en Méditerranée ? Il était probable, n'est-ce pas, qu'un de ces engins de navigation serait capable d'effectuer la longue traversée de la mer du Nord au détroit de Gibraltar ?...

Il savait tout des grandes atrocités que les sous-marins provoquaient aux environs de l'Angleterre, mais dans une zone très réduite, dans le rayon d'action limité dont ils étaient capables. La Méditerranée, heureusement pour les navires marchands, était bien hors de portée de leurs traîtres embuscades.

Ferragut l'interrompit avec sa véhémence méridionale. Hors de lui, il commençait déjà à s'exprimer comme si le médecin parlait par la bouche.

"Tu fais allusion aux sous-marins, Toni, aux petits sous-marins qui existaient au début de la guerre, petites sauterelles d'acier fragile qui se déplaçaient avec beaucoup de difficulté au niveau de l'eau et pouvaient être submergées au moindre choc. …. Mais aujourd'hui, il y a quelque chose de plus : il existe un submersible qui ressemble à un sous-marin protégé par une coque de navire, capable de se cacher entre les deux eaux et, en même temps, de naviguer à la surface mieux qu'un torpilleur…. Vous n'avez aucune idée de ce dont ces Allemands sont capables ! C'est une grande nation, la meilleure du monde !...
"

Et avec une exagération impulsive, il s'obstinait à proclamer la grandeur allemande et son esprit inventif comme s'il avait sa part dans cette gloire mécanique et destructrice.

Puis il ajouta confidentiellement, en posant la main sur le bras de Toni :

"Je ne vais le dire qu'à vous : vous êtes le seul à connaître le secret, à part ceux qui me l'ont confié... Les submersibles allemands vont entrer en Méditerranée. Nous allons les rencontrer en afin de renouveler leurs approvisionnements en pétrole et en combustibles.

Il se tut, regardant fixement son subordonné et souriant pour vaincre ses scrupules.

Pendant deux secondes, il ne savait pas à quoi s'attendre. Toni restait pensif, les yeux baissés. Puis, peu à peu, il se redressa, abandonna son siège et dit simplement :

"Non!"

Ulysse quitta également son fauteuil tournant avec l'impulsivité de la surprise. " Non ?… Et pourquoi pas ? "

Il était le capitaine et ils devaient tous lui obéir. C'est pour cette raison qu'il était responsable du bateau, de la vie de son équipage, du sort de la cargaison. D'ailleurs, il en était le propriétaire ; personne ne l'a dépassé dans le commandement ; son pouvoir était illimité. Par affection amicale et coutume, il avait consulté son compagnon, lui faisant partager ses secrets et ici Toni, avec une ingratitude jamais vue auparavant, osait se rebeller…. Qu'est-ce que cela signifiait ?…

Mais le second, au lieu de donner une quelconque explication, se contenta de répondre, de plus en plus obstinément et avec plus de colère :

" Non non! "

"Mais pourquoi pas?" insista Ferragut , impatient et d'une voix tremblante de colère.

Toni, sans perdre d'énergie dans ses négatifs, hésitait , confus, ahuri, se grattant la barbe et baissant les yeux pour mieux réfléchir.

Il ne savait pas comment s'expliquer. Il enviait la facilité de son capitaine à trouver le mot juste. La plus simple de ses idées souffrit terriblement avant de sortir anxieusement de sa bouche…. Mais enfin, peu à peu, entre ses bégaiements , il parvint à exprimer sa haine envers ces monstres de l'industrie moderne qui déshonoraient la mer par leurs crimes.

Chaque fois qu'il avait lu dans les journaux leurs exploits en mer du Nord, une vague avait balayé la conscience de cet homme simple, franc et droit. Ils avaient l'habitude d'attaquer traîtreusement cachés dans l'eau, déguisant leurs yeux longs et meurtriers comme les antennes visuelles des monstres des profondeurs. Cette agression sans danger semblait raviver dans son âme les âmes indignées d'une centaine d'ancêtres méditerranéens, cruels et pirates peut-être, mais qui pourtant avaient cherché l'ennemi face à face, la poitrine nue, la hache d'armes à la main et le harpon barbelé. pour monter à bord du navire comme seul moyen de lutte.

"S'ils voulaient torpiller seulement les navires armés !" il ajouta. « La guerre est une forme de sauvagerie, et il faut fermer les yeux sur ses coups perfides, les accepter comme des exploits glorieux… Mais il y a plus que cela : vous le savez bien. Ils coulent les navires marchands et les navires à passagers transportant des marchandises. des femmes, portant des petits enfants...."

Ses joues martelées prirent la couleur d'une brique cuite. Ses yeux brillaient d'une splendeur bleuâtre. Il ressentait la même colère qu'il avait éprouvée en lisant les récits du premier torpillage du grand paquebot transatlantique sur les côtes d'Angleterre.

Il voyait la foule sans défense et paisible se presser vers les bateaux qui chaviraient ; les femmes se jetant à la mer avec des enfants dans les bras ; toute la confusion mortelle d'une catastrophe.... Puis le sous-marin se lève pour contempler son travail ; les Allemands groupés sur les ponts d'acier dégoulinants, riant et plaisantant, satisfaits du résultat rapide de leurs travaux ; et sur une distance de plusieurs milles, la mer était remplie de masses noires entraînées lentement par les vagues, des hommes flottant sur le dos, immobiles, les yeux vitreux fixés sur le ciel ; des enfants aux cheveux blonds accrochés comme des masques à leur visage livide ; des cadavres de mères serrant contre leur sein avec une froide rigidité des petits cadavres de bébés, assassinés avant même de savoir ce que la vie pouvait signifier.

En lisant le récit de ces crimes, Toni avait naturellement pensé à sa propre femme et à ses enfants, imaginant quelle aurait pu être leur condition sur ce paquebot, connaissant le même sort que ses passagers innocents. Cette imagination lui avait fait ressentir une colère si intense qu'il se méfiait même de sa propre maîtrise de soi le jour où il rencontrerait à nouveau des marins allemands dans n'importe quel port.... Et Ferragut , un homme honorable, un bon capitaine dont tout le monde faisait l'éloge, pourrait-il contribuer à transplanter de pareilles horreurs dans la Méditerranée ?...

Pauvre Toni !... Il ne savait pas comment s'exprimer correctement, mais la possibilité même que sa mer bien-aimée puisse être témoin de tels crimes donnait une nouvelle véhémence à son indignation. L'âme du docteur Ferragut semblait renaître chez ce rude marin méditerranéen. Il n'avait jamais vu l'Amphitrite blanche, mais il tremblait pour elle d'une ferveur religieuse, sans même la connaître. Le bleu lumineux d'où étaient nés les premiers dieux devait-il être déshonoré par la tache huileuse qui révélerait l'assassinat *en masse* !... Les brins roses de l'écume de laquelle Vénus était sortie pour recevoir des grappes de cadavres, poussés par les vagues !... Les ailes de mouettes des bateaux de pêche fuyaient-elles affolées devant ces requins gris d' acier !... que sa famille et ses voisins soient terrifiés, au réveil, par ce cimetière flottant emporté jusqu'à leurs portes pendant la nuit !...

Il pensait à tout cela, il le voyait ; mais ne parvenant pas à l'exprimer, il se contenta donc d'insister sur sa protestation :

" Non !... Je ne le tolérerai pas dans notre mer ! "

Ferragut , malgré son caractère impétueux, adopte désormais un ton conciliant comme celui d'un père qui veut convaincre son fils renfrogné et têtu.

Les submersibles allemands se limiteraient, en Méditerranée, aux seules actions militaires. Il n'y avait aucun danger qu'ils attaquent des barques sans défense comme dans les mers du Nord. Leurs exploits drastiques y avaient été imposés par les circonstances, par le désir sincère de terminer la guerre au plus vite, en portant des coups terrifiants et inouïs.

"Je vous assure que dans notre mer il n'y aura rien de tel. Des gens qui auraient dû le savoir me l'ont dit... Si cela n'avait pas été le cas, je n'aurais pas dû leur promettre de leur apporter de l'aide."

Il l'a affirmé à plusieurs reprises, de bonne foi, avec une confiance absolue dans les personnes qui lui avaient fait leur promesse.

"Ils couleront, s'ils le peuvent, les navires des Alliés qui sont dans les Dardanelles. Mais qu'est-ce que cela nous importe ?... C'est ça la guerre ! Quand nous transportions des canons et des fusils aux révolutionnaires d' Amérique du Sud , nous ne nous souciions pas nous-mêmes sur l'usage qu'ils pourraient en faire, n'est-ce pas ?

Toni persiste dans sa négative.

"Ce n'est pas la même chose…. Je ne sais pas comment m'exprimer, mais ce n'est pas pareil. Là, au canon on peut répondre par le canon. Celui qui frappe reçoit aussi des coups…. Mais aider les sous-marins est un chose très différente. Ils attaquent, cachés, sans danger…. Et moi, pour ma part, je n'aime pas la trahison.

Finalement, l'insistance de son compagnon exaspéra Ferragut , épuisant sa bonhomie forcée.

"Nous n'en dirons pas plus", dit-il hautain. "Je suis le capitaine et je commande comme bon me semble…. J'ai fait ma promesse, et je ne vais pas la rompre juste pour vous faire plaisir…. Nous avons terminé."

Toni chancela comme s'il venait de recevoir un coup sur la poitrine. Ses yeux brillèrent à nouveau, devenant humides. Après une longue période de réflexion, il tendit sa main droite hirsute au capitaine.

« Au revoir, Ulysse !… »

Il ne pouvait pas obéir, et un marin qui s'opposerait de manière irrespectueuse aux ordres de son chef devait quitter le navire. Dans aucun autre bateau, il ne pourrait jamais vivre comme dans la *Mare Nostrum* . Peut-être qu'il n'obtiendrait peut-être pas un autre emploi, peut-être que les autres capitaines ne l'apprécieraient pas, le considérant comme trop habitué à une familiarité excessive. Mais, s'il le fallait, il redeviendrait le skipper d'un petit caboteur.... Au revoir ! Il ne dormirait pas à bord cette nuit-là.

Ferragut était très indigné, criant même avec colère :

"Mais ne sois pas si barbare !... Quel imbécile têtu tu es !... A quoi servent ces scrupules exagérés ?..."

Puis il sourit méchamment et dit à voix basse : « Vous savez déjà ce que nous savons, et je sais très bien que dans votre jeunesse vous transportiez de la contrebande.

Toni se redressa avec hauteur. Maintenant, c'était lui qui s'indignait.

" J'ai transporté de la contrebande, oui. Et qu'y a-t-il d'étonnant à cela ?... Vos grands-parents ont fait la même chose. Il n'y a pas un seul marin honorable sur notre mer qui n'ait commis ce petit délit.... Qui est le pire pour cela ? ... "

Le seul qui pouvait se plaindre était l'État, une personnalité vague dont personne ne savait où et où se trouvait et qui subissait quotidiennement un million de violations similaires. Dans les douanes, Toni avait vu les touristes les plus riches échapper à la vigilance des employés pour échapper à un paiement insignifiant. Tout le monde au fond de son cœur était un contrebandier.... En outre, grâce à ces navigateurs frauduleux, les pauvres pouvaient fumer mieux et à moindre coût. Qui assassinaient-ils avec leurs affaires ?... Comment Ferragut a-t-il osé comparer ces contournements de la loi qui n'ont jamais fait de mal à personne avec le travail consistant à aider les pirates sous-marins à poursuivre leurs crimes ?...

Le capitaine, désarmé par cette simple logique, fit alors appel à sa force de persuasion.

"Toni, au moins tu le feras pour moi. Fais-le pour moi. Nous resterons amis comme nous l'avons toujours été. À une autre occasion, je me sacrifierai. Réfléchis.... J'ai donné ma parole d'honneur."

Et le second, quoique très touché de ses supplications, répondit tristement :

« Je ne peux pas.... Je ne peux pas !

Il tenait à dire quelque chose de plus pour compléter sa pensée et ajouta :

"Je suis *républicain* ...."

Il présentait cette profession de foi comme une barrière infranchissable, se frappant en même temps sur la poitrine, pour prouver la dureté de l'obstacle.

Ulysse fut tenté de rire, comme il l'avait toujours fait, des affirmations politiques de Toni. Mais la situation n'était pas plaisante et il continua à parler dans l'espoir de le convaincre.

Il avait toujours aimé la liberté et était du côté opposé au despotisme !… L'Angleterre était le grand tyran de la mer ; elle avait provoqué la guerre pour renforcer sa juridiction et si elle obtenait la victoire, son orgueil n'aurait aucune limite. La pauvre Allemagne n'avait fait que se défendre… Ferragut répéta tout ce qu'il avait entendu chez le médecin, en terminant sur un ton de reproche :

« Et tu es du côté des Anglais, Toni ? Toi, un homme aux idées avancées ?…
»

Le pilote se gratta la barbe avec une expression de perplexité, cherchant les mots insaisissables. Il savait ce qu'il devait dire. Il l'avait lu dans les écrits de messieurs qui en savaient autant que son capitaine ; d'ailleurs, il avait beaucoup réfléchi à cette question pendant sa promenade solitaire sur le pont.

"Je suis là où je devrais être. Je suis avec la France…"

Il exprimait cette pensée avec lenteur, avec des bégaiements et des mots à moitié formés. La France était le pays de la grande Révolution et c'est pour cette raison qu'il la considérait comme quelque chose à laquelle il appartenait, unissant sa foi à celle de sa propre personne.

"Et je n'ai pas besoin d'en dire plus. Quant à l'Angleterre…."

Ici, il fit une pause comme quelqu'un qui se repose et rassemble toutes ses forces pour un saut difficile.

"Il doit toujours y avoir une nation au sommet", a-t-il poursuivi. "Nous ne représentons presque rien à l'heure actuelle et, d'après ce que j'ai lu, l'Espagne a été la maîtresse du monde entier pendant un siècle et demi. Autrefois, nous étions partout, maintenant nous sommes dans la soupe. Puis vint le tour de la France. Maintenant c'est celui de l'Angleterre… Cela ne me dérange pas qu'une nation se place au-dessus des autres. Ce qui m'intéresse, c'est ce que cette nation représente, la mode qu'elle va créer.

Ferragut concentrait son attention pour comprendre ce que Toni voulait dire.

« Si l'Angleterre triomphe, poursuivit le pilote, la *liberté* sera à la mode. Que signifie pour moi leur hauteur, s'il doit toujours y avoir une seule nation dominante ?… Les nations copieront sûrement le vainqueur… L'Angleterre, alors ils disons, c'est vraiment une république qui préfère payer le luxe d'un roi pour ses grands cérémoniaux. Avec elle, la paix serait inévitable, le gouvernement géré par le peuple, la disparition des grandes armées, la vraie civilisation. Si l'Allemagne triomphe , nous vivrons comme si nous étions dans des casernes. Le militarisme gouvernera tout. Nous élèverons nos enfants, non pas pour qu'ils profitent de la vie, mais pour qu'ils deviennent soldats et partent tuer dès leur plus jeune âge. C'est vrai, c'est la méthode allemande : un retour aux temps barbares sous le masque de la civilisation. »

Il resta silencieux un instant, comme s'il récapitulait mentalement tout ce qu'il avait dit pour se convaincre qu'il n'avait laissé aucune idée oubliée dans les coins de son crâne. Il se frappa de nouveau à la poitrine. Oui, il était là où il devait être, et il lui était impossible d'obéir à son capitaine.

"Je suis républicain !... Je suis *républicain* !" répéta-t-il énergiquement, comme s'il avait dit cela, il n'y avait plus rien à ajouter.

Ferragut , ne sachant que répondre à cet enthousiasme simple et solide, céda à son caractère colérique.

" Sortez, brute !... Je ne veux plus vous revoir, ingrat ! Je le ferai tout seul ; je n'ai pas besoin de vous. Il me suffit de prendre mon bateau où il me plaît et de suivez mon propre plaisir. Allez-y avec tous les vieux mensonges dont vous avez bourré votre crâne… Espèce d'imbécile !

Sa colère le fit tomber dans son fauteuil, tournant le dos vers le second, cachant sa tête dans ses mains, pour lui faire comprendre qu'avec ce silence méprisant tout avait pris fin entre eux.

Les yeux de Toni, de plus en plus distendus et vitreux , laissèrent finalement échapper une larme…. Se séparer ainsi, après une vie fraternelle où les mois étaient comme des années !...

Il s'avança timidement pour s'emparer d'une des mains douces, inertes et inexpressives de Ferragut . Son contact froid le fit hésiter. Il se sentait enclin à céder…. Mais aussitôt il effaça cette faiblesse d'un ton ferme et net :

« Au revoir, Ulysse !... »

Le capitaine ne répondit pas, le laissant repartir sans le moindre mot d'adieu. Le second était déjà près de la porte lorsqu'il s'arrêta pour lui dire avec une expression triste et affectueuse :

"Ne craignez pas que je dise quoi que ce soit à ce sujet à qui que ce soit... Tout reste entre nous deux. Je trouverai une excuse pour que ceux à bord ne soient pas surpris de mon départ."

Il hésita, comme s'il craignait de paraître importun, mais il ajouta :

"Je vous conseille de ne pas entreprendre ce voyage. Je sais ce que pensent nos hommes à ce sujet; vous ne pouvez pas compter sur eux. Même l'oncle Caragol , qui ne s'occupe que de sa galère, vous critiquera,,, Peut-être qu'ils vous obéiront. parce que tu es le capitaine, mais quand ils débarqueront, tu ne seras pas le maître de leur silence... Croyez-moi, n'essayez pas. Vous allez vous déshonorer. Vous savez bien pour quelle cause... Adieu, Ulysse!"

Lorsque le capitaine releva la tête , le pilote avait déjà disparu et la solitude, avec son fardeau mortel, pesa bientôt sur ses pensées. Il avait peur de réaliser ses projets sans l'aide de Toni. Il lui semblait que la chaîne d'autorité qui l'unissait à ses hommes était rompue. Le second emportait une partie du prestige que Ferragut exerçait sur l'équipage. Comment expliquer sa disparition à la veille d'un voyage illégal qui exigeait un si grand secret ? Comment pouvait-il compter sur le silence de tout le monde ?... Il resta longtemps pensif, puis, sautant brusquement de son fauteuil, il sortit sur le pont en criant aux matelots :

"Où est Don Antonio ? Va le trouver. Appelle-le pour moi."

" *Don Antoni !... Don Antoni !...* " répondit une série de voix depuis la poupe jusqu'à la proue, tandis que la tête de l'oncle Caragol sortait de la porte de ses domaines.

« *Don Antoni* » apparut par l'écoutille. Il avait parcouru le bateau après avoir pris congé de son capitaine. Ferragut le reçut le visage détourné, évitant son regard, et avec un geste complexe et contradictoire. Il éprouvait de la colère d'être vaincu et la honte de la faiblesse ; mais, alliée à ces sensations, était la gratitude instinctive qu'on éprouve lorsqu'on est libéré d'une démarche imprudente par une main violente qui maltraite et sauve.

"Tu dois rester, Toni !" dit-il d'une voix sourde. "Il n'y a rien à dire. Je rachèterai ma parole du mieux que je pourrai... Demain, vous saurez certainement ce que nous allons faire."

La face solaire de Caragol rayonnait béatement sans rien voir, sans rien entendre. Il avait soupçonné quelque chose de grave dans l'arrivée du capitaine, dans son long entretien seul avec le second et dans le départ de ce dernier passant silencieux et renfrogné devant la porte de sa cuisine. Or le même pressentiment lui disait qu'une réconciliation avait dû avoir lieu entre les deux hommes dont il ne distinguait que confusément les figures. Béni soit le Christ du Grao !... Et en apprenant que le capitaine resterait à bord jusqu'à l'après-midi, il se mit à confectionner un de ses magistraux plats de riz pour célébrer le retour de la paix.

Un peu avant le coucher du soleil, Ulysse se retrouva de nouveau avec sa maîtresse à l'hôtel. Il était revenu à terre, nerveux et inquiet. Son inquiétude lui faisait craindre cet entretien en même temps qu'il le souhaitait.

"Finissons-en ! Je ne suis pas un enfant pour ressentir de telles peurs", se dit-il en entrant dans sa chambre et en trouvant Freya qui l'attendait.

Il lui parlait avec la brusquerie de celui qui veut tout conclure vite.... "Je n'ai pas pu entreprendre le service demandé par le médecin. Je retire ma parole. Le second à bord n'y aurait pas consenti."

Sa colère éclatait sans aucune finesse, avec la franchise de l'intimité. Elle a toujours détesté Toni. « Vieux faune hideux !... » Dès le premier instant, elle avait soupçonné qu'il se révélerait un ennemi.

"Mais vous êtes maître de votre propre bateau", a-t-elle poursuivi. "Vous pouvez faire ce que vous voulez et vous n'avez pas besoin de sa permission pour naviguer."

Lorsqu'Ulysse lui dit en outre qu'il n'était pas non plus sûr de son équipage et que le voyage était impossible, la femme redevint furieuse contre lui. Elle semblait avoir soudainement vieilli de dix ans. Pour le marin, elle semblait avoir un autre visage, d'une pâleur cendrée, avec des sourcils froncés, des yeux remplis de larmes de colère et une légère écume aux coins de la bouche.

« Fanfaron… Fraude… Sudiste ! Méridional !

Ulysse essaya de la calmer. Il serait peut-être possible de trouver un autre bateau.
Il essaierait de les aider à en trouver un autre. Il allait envoyer la *Mare Nostrum* l'attendre à Barcelone, et lui-même resterait à Naples aussi longtemps qu'elle le souhaiterait.

" Bouffon !… Et j'ai cru en toi ! Et je me suis livré à toi, te croyant un héros, croyant ton offre de sacrifice pour la vérité !… "

Elle s'éloigna, furieuse, en claquant la porte avec méchanceté.

"Elle va voir le médecin", pensa Ferragut . "Tout est fini."

Il regrettait la perte de cette femme, même après l'avoir vue dans sa laideur tragique et passagère. En même temps, le mot injurieux, les injures coupantes dont elle avait accompagné son départ provoquèrent une vive douleur. Il était déjà fatigué et malade de s'entendre traiter de « méridional », comme s'il s'agissait d'un stigmate.

Mais il savourait plutôt son bonheur forcé, cette sensation de fausse liberté qu'éprouve tout amoureux après une pause querelleuse. « Maintenant, revivons !... » Il souhaitait regagner immédiatement le navire, mais craignait un réveil des souvenirs évoqués par le silence. Il vaudrait mieux rester à Naples, aller au théâtre, se fier au hasard d'une rencontre fortuite, comme lorsqu'il débarquait pour quelques heures. Le lendemain matin , il quitterait l'hôtel avec tous ses bagages et, avant le coucher du soleil, il naviguerait en haute mer.

Il mangeait à l'extérieur de l' *albergo* et passait la nuit à jouer des coudes avec les femmes dans les cabarets où un spectacle de variétés insipide servait de prétexte pour dissimuler l'objet le plus ignoble. Le souvenir de Freya, fraîche et gaie, montait entre lui et ces bouches peintes à chaque fois qu'elles lui souriaient, essayant d'attirer son attention.

A une heure du matin, il monta l'escalier de l'hôtel, surpris d'apercevoir un rayon de lumière sous la porte de sa chambre. Il est entré…. Elle l'attendait, lisant, tranquille et souriante. Son visage, rafraîchi et retouché de couleurs juvéniles, ne portait pas la moindre trace de la poussée spasmodique du matin. Elle était en pyjama .

Voyant entrer Ulysse, elle se releva les bras tendus.

"Dis-moi que tu ne m'en veux pas encore !… Dis-moi que tu me pardonneras !… J'ai été très méchant avec toi cet après-midi, je l'avoue."

Elle l'enlaçait, frottant sa bouche contre son cou avec un ronronnement félin. Avant que le capitaine ait pu répondre, elle continua d'une voix enfantine :

"Mon requin ! Mon loup de mer ! — qui m'a fait attendre toutes ces heures !… Jure-moi que tu n'as pas été infidèle !… J'aperçois tout de suite la trace d'une autre femme."

Reniflant sa barbe et son visage, sa bouche se rapprocha de celle du marin.

"Non, tu n'as pas été infidèle…. Je trouve encore mon propre parfum…. Oh, Ulysse ! Mon héros !… "

Elle l'embrassa de ce baiser absorbant qui semblait lui enlever toute vie, obscurcissant ses pensées et annulant sa volonté, le faisant trembler de la tête aux pieds. Tout était oublié, les offenses, les affronts, les projets de départ…. Et comme d'habitude, il tomba, conquis par cette caresse vampirique.

Dans l'obscurité, il entendit la douce voix de Freya. Elle récapitulait ce qu'ils n'avaient pas dit, mais ce à quoi ils pensaient en même temps.

" Le docteur croit que vous devez rester. Laisse partir votre bateau avec son vieux faune hideux qui n'est qu'un inconvénient. Vous devez rester ici, à terre… Vous pourrez nous rendre un grand service… Vous tu le sais, tu resteras ?… Quel bonheur !"

de Ferragut était d'obéir à cette voix idolâtrée et dominante…. Et le lendemain matin, Toni le vit s'approcher du navire avec un air de commandement qui n'admettait aucune opposition. La *Mare Nostrum* doit partir immédiatement pour Barcelone. Il confierait le commandement à son compagnon. Il y entrerait dès qu'il aurait terminé certaines affaires qui le retenaient à Naples.

Toni ouvrit les yeux avec un geste de surprise. Il voulut répondre, mais resta bouche bée, n'osant pas prononcer un seul mot…. C'était son capitaine, et il n'allait permettre aucune objection à ses ordres.

"Très bien," dit-il finalement. "Je vous demande seulement de revenir le plus tôt possible pour prendre votre commandement…. N'oubliez pas ce que nous perdons pendant que le bateau est amarré."

Quelques jours après le départ du paquebot Ulysse change radicalement son mode de vie.

Freya ne souhaitait plus continuer à loger à l'hôtel. Attaquée par une soudaine pudeur, la curiosité et les sourires des touristes et des domestiques l'agaçaient. Elle désirait d'ailleurs jouir d'une entière liberté dans ses amours . Son amie, qui était pour elle comme une mère, faciliterait son désir. Les deux vivraient dans sa maison.

Ferragut fut très surpris de découvrir l'extrême taille de l'appartement occupé par le médecin. Au-delà de son salon, il y avait une infinité de pièces un peu démantelées et sans meubles, un labyrinthe de murs et de passages cloisonnés, dans lequel le capitaine se perdait toujours et devait faire appel à Freya pour obtenir de l'aide ; toutes les portes des paliers d'escalier qui semblaient sans rapport avec l'écran vert du bureau étaient autant d'autres issues du même logement.

Les amants étaient logés à l'extrême extrémité, comme s'ils vivaient dans une maison séparée. L'une des portes était réservée à eux. Ils occupaient un grand salon, riche en moulures et dorures et pauvre en meubles. Trois fauteuils, un vieux divan, une table encombrée de papiers, d'articles de toilette et de nourriture, et un canapé assez étroit dans un des coins, étaient tout le confort de ce nouvel établissement.

Dans la rue, il faisait chaud, et pourtant on grelottait de froid dans cette magnifique pièce où les rayons du soleil n'avaient jamais pénétré. Ulysse essaya d'allumer un feu dans un foyer de marbre coloré, grand comme un monument, mais il dut y renoncer, à moitié étouffé par la fumée. Pour atteindre l' appartement du médecin , il leur fallut traverser une rangée d'innombrables pièces communicantes, abandonnées depuis longtemps.

Ils vivaient comme des jeunes mariés, dans une solitude amoureuse, commentant avec une hilarité enfantine les défauts de leur logement et les mille petits inconvénients de l'existence matérielle. Freya préparait le petit-déjeuner sur un petit réchaud à alcool, se défendant de son amant, qui se croyait plus doué qu'elle en matière culinaire. Un marin sait quelque chose sur tout.

La simple suggestion de rechercher un serviteur pour leurs besoins les plus courants irritait la jeune fille allemande.

" Jamais !... Peut-être que c'est une espionne ! "

Et le mot « espion » sur ses lèvres prit une expression d'immense mépris.

Le médecin était absent lors de fréquents déplacements et Karl, l'employé de l'étude, était celui qui recevait les visiteurs. Parfois, il traversait l'allée de pièces désertes pour demander quelques renseignements à Freya, et elle le suivait dehors, abandonnant pour quelques instants son amant.

Livré à lui-même, Ulysse prendrait soudain conscience de la double nature de sa personnalité. Alors l'homme qu'il était avant cette rencontre à Pompéi s'affirmerait et il verrait son navire et sa maison à Barcelone.

"Dans quoi t'es-tu embarqué ?" se demanderait-il avec remords. "Comment toute cette affaire va-t-elle se terminer ?… "

Mais au bruit de ses pas dans la pièce voisine, en percevant la vague atmosphérique produite par le déplacement de son adorable corps, cette seconde personne se repliait et un rideau sombre tombait sur sa mémoire, ne laissant visible que la réalité réelle.

Avec le sourire béat d'un fumeur d'opium, il acceptait la caresse impétueuse de ses lèvres, l'enlacement de ses bras, l'étranglant comme des boas de marbre.

"Ulysse, mon maître !... Les instants qui me séparent de toi me pèsent comme des siècles !"

Lui, en revanche, avait perdu toute notion du temps. Les jours étaient tous confus dans son esprit, et il devait continuer à demander pour se rendre compte de leur disparition. Après une semaine passée chez le médecin, il croyait tantôt que la douce séquestration n'avait duré que quarante-huit heures, tantôt que près d'un mois s'était écoulé.

Ils sortaient très peu. Les matinées s'écoulaient insensiblement entre le réveil tardif et les préparatifs d'un petit-déjeuner préparé par eux-mêmes. S'il fallait aller chercher quelque chose de comestible oublié la veille, c'était elle qui se chargeait de l'expédition, souhaitant le garder de tout contact avec la vie extérieure.

Les après-midi étaient des après-midi de harem, passés sur le divan ou allongés sur le sol. A voix basse, elle chantonnait des chants orientaux, incompréhensibles et mystérieux. Tout à coup, elle surgissait impétueusement comme un ressort qui se déroule, comme un serpent qui se déroule, et se mettait à danser, presque sans bouger les pieds, en agitant ses membres souples... Et il souriait avec un engouement stupéfait, tendant la main droite vers un tabaret arabe , couvert de bouteilles.

Freya prenait encore plus soin de l'approvisionnement en alcool que des choses à manger. Le marin était à moitié ivre, mais d'une ivresse sagement tempérée qui ne dépassait jamais la période rose. Mais il était si heureux !...

Ils dînèrent à l'extérieur de la maison. Parfois leurs excursions avaient lieu à midi et ils se rendaient aux restaurants de Posilipo ou de Vomero , ces mêmes endroits qu'il avait connus lorsqu'il était un suppliant désespéré, et qui le voyaient maintenant avec elle accrochée à son bras, avec un air fier de possession. . Si la nuit les surprenait, ils se rendaient en toute hâte dans un café de l'intérieur de la ville, un café en plein air dont le propriétaire parlait toujours à Freya en allemand à voix basse.

Chaque fois que le médecin était à Naples , elle s'asseyait à leur table, avec l'air d'une bonne mère qui reçoit sa fille et son gendre. Ses lunettes d'examen semblaient sonder l'âme même de Ferragut , comme si elles doutaient de sa fidélité. Puis elle devenait plus affectueuse au cours de ces banquets, composés de charcuterie avec une grande abondance de boissons, à la manière allemande. Pour elle, l'amour était la plus belle chose qui existe, et elle ne pouvait regarder ces deux amoureux sans qu'un brouillard d'émotion brouille les cristaux de son deuxième œil.

"Ah, Capitaine !... Comme elle vous aime !... Ne la décevez pas ; obéissez-lui en tous points... Elle vous adore."

Souvent, elle revenait de ses voyages avec une mauvaise humeur évidente. Ulysse a supposé qu'elle était à Rome. D'autres fois, elle paraissait très gaie, avec une gaieté ironique et ennuyeuse. "Les joueurs de mandoline semblent reprendre leurs esprits. L'Allemagne reçoit toujours plus de soutien de la part de ses rangs. A Rome, la 'propagande allemande' est distribuée entre des millions de personnes."

Une nuit, l'émotion a vaincu sa sensibilité sauvage. Elle avait rapporté de voyage un portrait qu'elle pressait amoureusement contre son vaste sein avant de le montrer.

"Regardez-le", dit-elle aux deux. "C'est le héros dont le nom fait pleurer d'enthousiasme tous les Allemands... Quel honneur pour notre famille !"

La fierté la fit se précipiter, arrachant la photographie des mains de Freya pour la transmettre à Ulysse. Il vit un officier de marine plutôt mûr, entouré d'une nombreuse famille. Deux enfants aux longs cheveux blonds étaient assis sur ses genoux. Cinq jeunes, potelés et blonds, apparurent à ses pieds, les jambes croisées, alignés par ordre d'âge. Près de son épaule s'étendait une double file de jeunes filles musclées avec des tresses coronales imitant les coiffures des impératrices et des grandes duchesses…. Derrière celles-ci, fièrement dressée, se trouvait sa compagne vertueuse et prolifique, vieillie par une maternité trop continue.

Ferragut contemplait très délibérément ce guerrier patriote. Il avait le visage d'une personne aimable, aux yeux clairs et à la barbe grisâtre et pointue. Il inspirait presque une tendre compassion par ses énormes devoirs de père.

Pendant ce temps, la voix du médecin chantait les gloires de son parent.

"Un héros !… Notre gracieux Kaiser l'a décoré de la Croix de Fer. Ils lui ont donné la citoyenneté honoraire dans diverses capitales…. Que Dieu punisse l'Angleterre !"

Et elle vantait l'exploit inouï de ce patriarche. Il était le commandant du sous-marin qui avait torpillé l'un des plus grands paquebots transatlantiques anglais. Sur les douze cents passagers de New York, plus de huit cents se sont noyés…. Des femmes et des enfants avaient péri dans la destruction générale.

Freya, plus vive d'esprit que le docteur, lisait dans ses yeux les pensées d'Ulysse…. Il regardait maintenant avec étonnement la photographie de ce fonctionnaire entouré de sa progéniture biblique, tel un bourgeois bon enfant. Et un homme qui paraissait si complaisant avait commis une telle boucherie sans rencontrer aucun danger ! — caché dans l'eau, l'œil rivé sur le périscope, il avait froidement ordonné l'envoi d'une torpille contre cette ville flottante et sans défense ?...

"Telle est la guerre", dit Freya.

" Bien sûr que c'est la guerre ! " rétorqua le docteur comme offensé du ton propitiatoire de son amie. "Et c'est aussi notre droit. Ils nous bloquent et souhaitent que nos femmes et nos enfants meurent de faim, alors nous tuons les leurs."

Le capitaine se sentit obligé de protester, malgré les coups de coude et les gestes cachés de sa maîtresse. Le médecin lui avait répété à plusieurs reprises que, grâce à son organisation, l'Allemagne ne pourrait jamais connaître la faim et qu'elle pourrait vivre des années et des années en consommant son propre produit.

"C'est vrai", répondit la dame, "mais il faut que la guerre se rende féroce, implacable, pour qu'elle ne dure pas si longtemps. C'est notre devoir humain de terrifier l'ennemi avec une cruauté au-delà de ce qu'il peut imaginer. ".

Le marin a mal dormi cette nuit-là, visiblement très troublé. Freya devina la présence de quelque chose au-delà de l'influence de ses caresses. Le lendemain, sa réserve pensive persistait et elle, connaissant bien la cause, essayait de la dissiper par ses paroles….

Le torpillage des paquebots sans défense n'a eu lieu que sur les côtes d'Angleterre. Il leur fallut couper court, coûte que coûte, à la source d'approvisionnement de cette île détestée.

"En Méditerranée, rien de tel ne se produira jamais. Je peux vous l'assurer… Les sous-marins n'attaqueront que les cuirassés."

Et, comme si elle craignait une réapparition des scrupules d'Ulysse, elle redoublait de séductions lors de leurs après-midi de voluptueux emprisonnement. Elle inventait constamment de nouvelles fascinations, pour que son amant ne soit jamais rassasié. Lui, de son côté, en était venu à croire qu'il vivait avec plusieurs femmes à la fois, à la manière d'un personnage oriental. Freya en multipliant ses charmes, n'eut plus qu'à se retourner sur elle-même, montrant une nouvelle facette de son existence passée.

Le sentiment de jalousie, l'amertume de ne pas avoir été le premier et le seul, rajeunissaient la passion du marin, atténuant l'ennui de la satiété, tout en donnant à ses caresses un goût âcre, désespéré et attrayant dû à sa fraternité forcée avec prédécesseurs inconnus.

Renonçant à ses enchantements, elle allait et venait dans le salon, sûre de sa beauté, fière de son physique ferme et superbe, qui n'avait en rien cédé au passage des années. Quelques châles colorés lui servaient de vêtements transparents. Les agitant comme des tiges arc-en-ciel autour de son corps blanc de marbre, elle interprétait les danses des prêtresses sur le terrible Siva qu'elle avait appris à Java.

Soudain, le froid de la pièce commençait à la faire sortir de son rêve tropical. D'un dernier bond, elle se réfugia dans ses bras.

"Oh, mon Argonaute bien-aimé !… Mon requin !"

Elle se jeta sur la poitrine du matelot, lui caressa la barbe et le poussa de manière à se faufiler sur le divan trop étroit pour eux deux.

Elle devina tout de suite la cause de son front plissé, de l'apathie avec laquelle il répondait à ses caresses, du feu sombre qui couvait dans ses yeux. La danse exotique lui avait fait rappeler son passé et, pour reprendre son emprise sur lui, le soumettant à une douce passivité, elle bondit du divan et courut à travers la pièce.

« Que dois-je donner à mon méchant petit homme pour le faire sourire un peu ?… Que dois-je faire pour lui faire oublier ses mauvaises idées ?… »

Les parfums étaient sa mode préférée. Comme elle le disait elle-même, il lui était possible de se passer de nourriture mais jamais des essences les plus riches et les plus chères. Dans cette pièce peu meublée, comme l'intérieur d'un magasin de fournitures de l'armée et de la marine, les flacons en verre taillé aux bouchons d'or et de nickel, dépassaient parmi les vêtements et les papiers, et se dressaient dans les coins dénonçant l'oubli de leur souffle enchanteur.

"Prends-le ! Prends-le !"

Et elle répandit les précieux parfums comme de l'eau sur les cheveux de Ferragut , sur sa barbe frisée, conseillant au marin de fermer les yeux pour ne pas se laisser aveugler par ce fou baptême.

Oint et parfumé comme un despote asiatique, le fort Ulysse se révolterait parfois contre cette efféminité. Parfois, il l'acceptait avec le plaisir d'un plaisir nouveau.

Tout à coup, un volet de fenêtre semblait s'ouvrir dans son imagination, et, passant devant cette place lumineuse, il voyait la mélancolique Cinta , son fils Esteban, le pont de son navire et Toni à la barre.

"Oublier!" cria la voix de son mauvais conseiller, effaçant la vision. "Profitez du présent !… Nous avons tout le temps de partir à leur recherche."

Et encore une fois , il s'enfoncerait dans son luxe raffiné et artificiel avec l'égoïsme du satrape qui, après avoir ordonné diverses cruautés, s'enferme dans son harem.

Les plus beaux draps, éparpillés au hasard, enveloppaient son corps ou lui servaient de coussins. C'étaient sa lingerie, pétales égarés de sa beauté, qui gardaient encore la chaleur et le parfum de son corps. Si Ferragut avait besoin d'un objet lui appartenant, il devait le chercher parmi des gerbes de jupes, de jupons en soie, de déshabillés blancs, de parfums et de portraits, le tout éparpillé sur les meubles ou jeté dans les coins. Quand Freya, fatiguée de danser au centre du salon, ne se blottissait pas dans ses bras, elle prenait plaisir à ouvrir une boîte de bois de santal. Elle y gardait tous ses bijoux, les retirant encore et encore avec une inquiétude nerveuse, comme si elle craignait qu'ils ne s'évaporent dans leur enclos. Son amant dut écouter les explications les plus graves accompagnant l'exposition de ses trésors.

"Embrasse-le", dit-elle en lui offrant le collier de perles presque toujours autour de son cou.

Ces grains de splendeur du clair de lune étaient pour ses petits êtres vivants, des petites créatures dont elle avait besoin au contact de sa peau. Elle était imprégnée de l'essence de tout ce qu'elle portait ; elle a bu leur vie.

«Ils ont dormi sur moi tant de nuits», murmurait-elle en les contemplant amoureusement. "Ce ton légèrement ambré, je leur ai donné la chaleur de mon corps."

Ils n'étaient plus un bijou , ils faisaient partie de son organisme. Ils pourraient pâlir et mourir s'ils passaient plusieurs jours oubliés au fond de son cercueil.

Ensuite, elle ne cessait de fouiller l'écrin parfumé à la recherche de toutes les pierres précieuses qui faisaient sa grande fierté, boucles d'oreilles et bagues de grand prix, mêlées à d'autres bijoux exotiques de forme bizarre et de faible valeur, ramassés au cours de ses voyages.

"Regarde bien ça", dit-elle gravement à Ferragut , tandis qu'elle frottait contre son bras nu un énorme diamant dans l'une de ses bagues.

Réchauffée par la friction, la pierre précieuse se transforme en aimant. Un bout de papier placé à quelques centimètres de lui était attiré vers lui avec un battement irrésistible.

Elle frotta alors l'une des imitations barbares de verre taillé épais, et le bout de papier resta immobile, sans la moindre trace d'attraction.

Satisfaite de ces expériences, elle replaça ses trésors dans le coffret et se mit à tromper la monotonie passagère, se consacrant à nouveau à Ulysse.

Ces longs emprisonnements dans une atmosphère chargée de parfums, de tabacs orientaux et de séduction féminine troublaient peu à peu l'esprit de Ferragut . En outre, il buvait beaucoup pour redonner une nouvelle vigueur à son organisme qui commençait à se détériorer sous les excès de sa voluptueuse réclusion. Au moindre signe de lassitude, Freya se jetait sur lui de ses lèvres dominatrices. Si elle se dégageait de ses étreintes, c'était pour lui offrir un verre plein de la liqueur la plus forte.

Quand l'ivresse l'envahissait, alourdissant ses yeux, il se rappelait toujours le même rêve. Dans ses siestes larmoyantes, rassasiées et heureuses, réapparaissait toujours une autre Freya qui n'était pas Freya, mais Doña Constanza, l'impératrice de Byzance. Il la voyait habillée en paysanne, telle qu'elle était représentée sur le tableau de l'église de Valence, et en même temps complètement déshabillée, comme l'autre houri qui dansait dans le salon.

Cette double image, qui disparaissait et réapparaissait capricieusement avec l'arbitraire du rêve, lui disait toujours la même chose. Freya était Doña Constanza perpétuée à travers les siècles, prenant une nouvelle forme. Elle est née de l'union d'un Allemand et d'un Italien, tout comme cette autre.... Mais la chaste impératrice souriait désormais dans sa nudité, satisfaite d'être simplement Freya. L'infidélité conjugale, la persécution et la pauvreté avaient été le résultat de sa première existence lorsqu'elle était tranquille et vertueuse.

"Maintenant, je connais la vérité", disait Doña Constanza avec un doux sourire impudique. " Seul l'amour existe ; tout le reste est illusion. Embrasse-moi, Ferragut !... Je suis revenu à la vie pour te récompenser. Tu m'as donné la première de ton affection d'enfant ; tu m'as désiré avant de devenir un homme. "

Et son baiser était comme celui de l'espion – un baiser absorbant sur toute sa personne, le réveillant…. En ouvrant les yeux, il vit Freya avec sa bouche proche de la sienne.

" Lève-toi, mon loup de mer !... Il fait déjà nuit. Nous allons dîner. "

Hors de la maison, Ulysse respirait la brise crépusculaire et regardait les premières étoiles qui commençaient à scintiller au-dessus des toits. Il sentit la joie fraîche et les membres tremblants de l'odalisque sortir de sa retraite.

Le dîner terminé, ils se promenaient dans les rues les plus sombres ou dans les promenades du rivage, en évitant les gens. Une nuit, ils s'arrêtèrent dans les jardins de la *Villa Nazionale* , près du banc qui avait été témoin de leur lutte en revenant de Posilipo .

"Tu as voulu me tuer, petit coquin !... Tu m'as menacé avec ton revolver, mon bandit !... "

Ulysse protesta. Quelle façon de se souvenir des choses ! Mais elle réfuta sa correction avec une autorité audacieuse et mensongère.

"C'était toi !... C'est comme toi ! Je le dis, et ça suffit. Tu dois t'habituer à accepter tout ce que je peux affirmer."

Dans le café en plein air, où l'on dînait presque tous les soirs – un salon d'imitation médiéval, avec des poutres lambrissées à la machine, des murs en plâtre imitant le chêne et des cristaux néo-gothiques – le propriétaire exhibait comme une grande curiosité un pot de grotesque de petites figures parmi les chopes de porcelaine qui ornaient les consoles des socles.

Ferragut le reconnut immédiatement ; c'était une ancienne jarre péruvienne.

"Oui, c'est une *huaca* ", dit-elle. "J'ai participé à cela aussi… Nous étions engagés dans la fabrication d'antiquités."

Freya a mal compris le geste de son amant. Elle crut qu'il était étonné de l'audace de cette fabrication de souvenirs. "L'Allemagne est grande ; rien ne peut résister aux capacités d'adaptation de ses industries..."

Et ses yeux brillaient d'une lueur fière tandis qu'elle énumérait ces exploits de fausse résurrection historique. Ils avaient rempli les musées et les collections privées de statuettes égyptiennes et phéniciennes récemment reproduites. Puis, sur le sol allemand, ils avaient fabriqué des antiquités péruviennes afin de les vendre aux touristes qui visitent l'ancien royaume des Incas. Certains habitants recevaient un salaire pour avoir exhumé ces objets à temps et avec beaucoup de publicité. Désormais, la mode du moment était l'art noir, et les collectionneurs recherchaient d'horribles idoles en bois sculptées par les tribus de l'intérieur de l'Afrique.

Mais ce qui avait vraiment impressionné Ferragut, c'était le pluriel qu'elle avait employé pour parler de telles industries. Qui avait fabriqué ces antiquités péruviennes ?... Était-ce son mari, le sage ?...

"Non," répondit tranquillement Freya. "C'en était un autre, un artiste de Munich. Il n'avait guère de talent pour la peinture, mais une grande intelligence en matière d'affaires. Nous revenions du Pérou avec une momie d'Inca que nous exposions dans presque tous les musées d'Europe sans trouver d'acquéreur. " Mauvaise affaire ! Nous avons dû garder l'Inca dans notre chambre à l'hôtel, et ..."

Ferragut ne s'intéressait pas aux pérégrinations du pauvre monarque indien, arraché du repos de sa tombe.... Un de plus! Chacune des confidences de Freya évoquait un nouveau prédécesseur sorti des brumes de son passé.

En sortant du café en plein air, le capitaine avançait d'un pas sombre. Elle, de son côté, riait de ses souvenirs parcourant au fil des années, avec un optimisme flatteur, cette aventure lointaine de ses jours de bohème, et devenait très joyeuse en évoquant les restes de l'Inca lors de son passage d'hôtel en hôtel. .

Soudain, la colère d'Ulysse éclata.... Le Hollandais, l'officier, le sage d'histoire naturelle, le chanteur qui s'est suicidé d'un seul coup et maintenant le fabricant d'antiquités.... Combien d'hommes y avait-il eu d'autre dans son existence ? De combien restait-il encore à en parler ? Pourquoi ne les avait-elle pas tous sortis en même temps ?...

Freya était stupéfaite par sa violence soudaine. La colère du marin était terrifiante. Puis elle rit, s'appuyant lourdement sur son bras et approchant son visage du sien.

"Tu es jaloux !... Mon requin est jaloux ! Continue à parler. Tu ne sais pas à quel point j'aime t'entendre. Plaigne-toi !... Battez- moi !... C'est la première fois que je vois un homme jaloux. Ah , vous les Sudistes !... Méridionaux !... Avec raison, les femmes vous adorent.

Et elle disait la vérité. Elle éprouvait une sensation nouvelle devant cette colère virile, provoquée par une indignation amoureuse. Ulysse lui apparaissait comme un homme très différent de tous les autres qu'elle avait connus dans son ancienne vie : froid, complaisant et égoïste.

"Mon Ferragut !... Mon héros méditerranéen ! Comme je t'aime ! Viens... viens.... Je dois te récompenser !"

Ils se trouvaient dans une rue centrale, près du coin d'une petite ruelle en pente avec des escaliers. Elle le poussa vers elle, et au premier pas du passage étroit et obscur, l'embrassa, tournant le dos au mouvement et à la lumière de la grande rue, pour l'embrasser de ce baiser qui faisait toujours trembler les genoux du capitaine.

Même si son humeur était apaisée, il continua à se plaindre pendant le reste de la promenade. Combien l'avaient précédé ?... Il devait le savoir. Il souhaitait savoir, aussi horrible que cela puisse être. C'était le bonheur des jaloux qui s'obstinent à ouvrir la plaie.

"Je veux te connaître", répéta-t-il. « Je devrais te connaître, puisque tu m'appartiens. J'en ai le droit !... »

Ce droit rappelé avec une obstination enfantine fit sourire douloureusement Freya. De longs siècles d'expérience semblaient ressortir de la courbe mélancolique de ses lèvres. En elle brillait la sagesse de la femme, plus prudente et plus prévoyante que celle de l'homme, puisque l'amour était sa seule préoccupation.

"Pourquoi veux-tu savoir ?" » demanda-t-elle d'un ton décourageant. « Jusqu'où pourriez-vous aller plus loin ?... Seriez-vous peut-être plus heureux si vous le saviez ?... »

Elle resta silencieuse pendant quelques pas puis dit comme pour révéler un secret :

"Pour aimer, il n'est pas nécessaire de se connaître. Bien au contraire. Un peu de mystère entretient l'illusion et dissipe la monotonie... Celui qui veut savoir n'est jamais heureux."

Elle a continué à parler. La vérité était peut-être une bonne chose dans d'autres phases de l'existence, mais elle était fatale à l'amour. C'était trop fort, trop grossier. L'amour était comme certaines femmes, belles comme des déesses sous une lumière discrète et artificielle, mais horribles comme des monstres sous les splendeurs brûlantes du soleil.

"Croyez-moi, mettez de côté ces épouvantails du passé. Le présent ne vous suffit-il pas ?... Vous n'êtes pas heureux ?"

Et, essayant de le convaincre qu'il l'était, elle redoubla d'efforts, enchaînant Ulysse dans des liens qui étaient doux mais qui lui pesaient lourdement. Fortement convaincu de sa bassesse, il adorait et détestait pourtant cette femme à la sensualité infatigable.... Et il était impossible de se séparer d' elle !...

Soucieux de trouver une excuse, il se rappelait l'image de son cuisinier philosophant dans sa domination culinaire. Chaque fois qu'il avait voulu attirer sur un ennemi le plus grand des maux, l'astucieux avait toujours prononcé cet anathème :

« Que Dieu vous envoie une femelle à votre goût !... »

Ferragut avait trouvé la « femelle à son goût » et était à jamais esclave de son destin. Cela le suivrait à travers toutes les formes d'avilissement qu'elle pourrait désirer, et à chaque fois lui laisserait moins d'énergie pour protester, acceptant les situations les plus honteuses en échange d'amour.... Et il en sera toujours ainsi ! Et lui qui, quelques mois auparavant, se considérait comme un homme dur et autoritaire, finirait par supplier et pleurer si elle s'en allait !... Ah ! la misère !...

Aux heures de tranquillité , où la satiété les faisait converser placidement comme deux amis du même sexe, Ulysse évitait les allusions au passé, ne l'interrogeant que sur sa vie réelle. Ces questions concernaient principalement le travail mystérieux du médecin ; il voulait savoir avec l'intérêt qu'inspirent toujours les moindres actions d'une personne aimée, le rôle que Freya y jouait. N'appartenait-il pas désormais à la même association puisqu'il obéissait à ses ordres ?...

Les réponses étaient très incomplètes. Elle s'était bornée à obéir au médecin, qui savait tout.... Puis elle hésita et se corrigea. Non, son amie ne pouvait pas tout savoir, car au-dessus d'elle se trouvaient le comte et d'autres personnages qui venaient de temps en temps lui rendre visite comme des touristes de passage. Et la chaîne d'agents, du plus bas au plus haut, se perdait dans des hauteurs mystérieuses qui faisaient pâlir Freya, imposant à ses yeux et à sa voix une expression de respect superstitieux.

Elle était libre de parler uniquement de son travail, et elle le faisait avec beaucoup de prudence, relatant les mesures qu'elle avait employées, mais sans mentionner ses collègues ni préciser quel devait être son objectif final. La plupart du temps, elle avait été déplacée sans savoir vers quoi convergeaient ses efforts, comme une roue tournante qui ne connaît que son environnement immédiat et ignore la machine dans son ensemble et la classe de production à laquelle elle contribue.

Ulysse s'émerveillait des procédés grotesques et douteux employés par les agents du système d'espionnage.

"Mais c'est comme les romans papier ! Ce sont des mesures ridicules et usées que chacun peut apprendre des livres et des mélodrames."

Freya acquiesça. C'est précisément pour cette raison qu'ils les employaient. Le moyen le plus sûr de déconcerter l'ennemi était de recourir à des méthodes évidentes ; ainsi le monde moderne, si intelligent et si subtil, refuserait d'y croire. En disant simplement la vérité, Bismarck avait trompé toute la diplomatie européenne, précisément parce que personne n'attendait la vérité de sa bouche.

L'espionnage allemand se comportait comme les personnages d'un roman politique, et par conséquent les gens ne parvenaient pas à y croire , bien qu'il se déroule sous leurs yeux, simplement parce que ses méthodes paraissaient trop exagérées et surannées.

« Ainsi, continuait-elle, chaque fois que la France découvre une partie de nos manœuvres, l'opinion du monde qui ne croit qu'aux choses ingénieuses et difficiles la ridiculise, la considérant attaquée d'un délire de persécution.

Les femmes étaient depuis quelque temps profondément impliquées dans les services d'espionnage. Il y en avait beaucoup aussi sages que le docteur, aussi élégants que Freya, et de nombreux vénérables aux noms célèbres, gagnant la confiance qu'inspirent d'illustres douairières. Ils étaient très nombreux, mais ils ne se connaissaient pas. Parfois, ils se rencontraient dans le monde et se méfiaient l'un de l'autre, mais chacun poursuivait sa mission spéciale, poussé dans des directions différentes par une force omnipotente et cachée.

Elle lui montra quelques portraits réalisés quelques années auparavant. Ulysse mit du temps à reconnaître en elle une jeune fille japonaise mince, vêtue d'un kimono sombre.

"C'est moi quand j'étais là-bas. Nous avions intérêt à connaître la véritable force de cette nation de petits hommes aux yeux de rat."

Dans un autre portrait, elle est apparue vêtue d'une jupe courte, de bottes d'équitation, d'une chemise d'homme et d'un chapeau de cowboy en feutre.

"Cela venait du Transvaal."

Elle s'était rendue en Afrique du Sud en compagnie d'autres femmes allemandes du « service » afin de sonder l'état d'esprit des Boers sous domination anglaise.

"J'ai été partout", affirme-t-elle fièrement.

"A Paris aussi ?" demanda le marin.

Elle hésita avant de répondre, mais finit par hocher la tête…. Elle était venue plusieurs fois à Paris. Le déclenchement de la guerre l'avait amenée à vivre au Grand Hôtel. Heureusement, deux jours avant la rupture des hostilités, elle avait reçu des nouvelles lui permettant d'éviter d'être faite prisonnière dans un camp de concentration…. Et elle n'a pas souhaité en dire davantage. Elle était verbeuse et franche dans le récit de ses expériences lointaines, mais le souvenir des plus récentes l'enveloppait dans une réserve inquiète et effrayée.

Pour changer le cours de la conversation, elle parla des dangers qui l'avaient menacée au cours de ses voyages.

"Nous devons être très courageux... Le docteur, tel que vous la voyez, est une héroïne... Vous riez, mais si vous connaissiez son arsenal, cela pourrait peut-être vous faire peur. C'est une scientifique."

La grave dame avait une répugnance invincible pour les armes vulgaires, et Freya faisait librement référence à une trousse à pharmacie portable remplie d'anesthésiques et de poisons.

"En outre, elle porte sur elle un petit sac rempli de certaines poudres de sa propre invention, tabac, poivron rouge... De parfaits petits diables ! Celui qui les met dans les yeux est aveuglé à vie. C'est comme si elle jetait des flammes. ".

Elle-même était moins compliquée dans ses mesures de défense. Elle avait son revolver, espèce d'arme à feu qu'elle parvenait à cacher comme certains insectes cachent leur aiguillon, sans savoir avec certitude quand il faudrait le sortir. Et si elle ne pouvait pas en profiter, elle comptait toujours sur son épingle à chapeau.

« Regardez- le !... Avec quel enthousiasme je pourrais percer le cœur de bien des gens !... »

Et elle lui montra une sorte de poignard caché, un stylet pointu et triangulaire en acier véritable, coiffé d'une grosse perle de verre qui lui servait de poignée.

"Parmi quel genre de personnes vivez-vous !" murmura la voix pratique à l'intérieur de Ferragut . "Dans quoi t'es-tu mêlé, mon fils !" Mais sa tendance à ignorer le danger, à ne pas vivre comme les autres, lui a fait trouver un profond enchantement dans cette existence aux allures de roman.

Le médecin ne partait plus en excursion, mais ses visiteurs étaient de plus en plus nombreux. Parfois, quand Ulysse se dirigeait vers sa chambre, Freya l'arrêtait.

"N'y allez pas... Ils sont en consultation."

En ouvrant la porte du palier qui correspondait à ses quartiers, il vit, à plusieurs reprises, la porte grillagée verte du bureau se fermer derrière de nombreux hommes, tous d'aspect teutonique, voyageurs qui venaient de débarquer à Naples avec une certaine précipitation, des voisins de la ville qui recevaient les ordres du médecin.

Elle semblait beaucoup plus préoccupée que d'habitude. Ses yeux passaient sur
Freya et le marin comme si elle ne les voyait pas.

"Mauvaises nouvelles de Rome", lui dit le compagnon de Ferragut . "Ces maudits joueurs de mandoline nous échappent."

Ulysse commençait à éprouver un certain ennui dans ces journées monotones et voluptueuses. Ses sens s'émoussaient devant tant d'indulgences machinalement répétées. D'ailleurs, un affaiblissement monstrueux lui faisait penser, pour se défendre, à la vie tranquille du foyer. Il commença timidement à calculer le temps de sa réclusion. Depuis combien de temps vivait-il avec elle ?... Sa mémoire confuse et encombrée lui demandait de l'aide.

"Quinze jours", répondit Freya.

encore dans ses calculs, et elle affirma que trois semaines seulement s'étaient écoulées depuis que son paquebot avait quitté Naples.

— Il faudra que j'y aille, dit Ulysse avec hésitation. "On m'attendra à Barcelone ; je n'ai pas de nouvelles.... Que va devenir mon navire ?... "

Elle qui écoutait généralement ces demandes d'un air désemparé, ne voulant pas comprendre ses timides insinuations, répondit un après-midi sans équivoque :

" Le moment approche où vous allez accomplir votre parole d'honneur de vous sacrifier pour moi. Bientôt vous pourrez aller à Barcelone, et je... je vous y rejoindrai. Si je ne peux pas y aller, nous nous reverrons... Le monde est très petit.

Sa pensée ne dépassait pas ce sacrifice exigé de Ferragut . Après cela, qui pourrait dire où elle s'arrêterait ?...

Deux après-midi plus tard, le médecin et le comte convoquèrent le marin. La voix de la dame, toujours si bon enfant et si protectrice, prenait maintenant un léger accent de commandement.

"Tout est prêt, Capitaine." Comme elle n'avait pas pu se servir de son paquebot, elle lui avait préparé un autre bateau. Il devait simplement suivre les instructions du comte qui lui montrerait la barque dont il allait prendre le commandement.

Les deux hommes sont repartis ensemble. C'était la première fois qu'Ulysse sortait dans la rue sans Freya, et malgré son enthousiasme amoureux, il éprouvait une agréable sensation de liberté.

Ils descendirent jusqu'au rivage et dans le petit port du *Castello dell'Ovo* passèrent sur la planche qui servait de pont entre le quai et une petite goélette à coque verdâtre. Ferragut , qui avait aperçu son extérieur d'un seul coup d'œil, parcourut son pont du regard.... "Quatre-vingts tonnes." Puis il examina l'appareil et les machines auxiliaires, un moteur à pétrole qui lui permettait de faire sept milles à l'heure lorsque les voiles ne trouvaient pas de brise.

Il avait vu sur la poupe le nom du bateau et sa destination, devinant aussitôt à quelle classe de navigation il était destiné. C'était une goélette sicilienne de Trapani, construite pour la pêche. Un calcheur artistique avait sculpté une écrevisse en bois grimpant sur le gouvernail. Aux deux côtés de la proue pendait une double rangée d'écrevisses sculptées avec la prolixité innocente de l'imagination médiévale.

En sortant de l'écoutille, Ferragut aperçut la moitié de la cale pleine de cartons. Il reconnut cette cargaison ; chacune de ces caisses contenait deux bidons d'essence.

"Très bien", dit-il au comte qui était resté silencieux derrière lui, le suivant dans toutes ses évolutions. « Où est l' équipage ?... »

Kalédine lui montra trois vieux marins blottis sur la proue et un garçon en haillons. C'étaient des vétérans de la Méditerranée, silencieux et égocentriques, habitués à obéir machinalement aux ordres, sans se soucier de savoir où ils allaient ni qui les commandait.

"Il n'y en a plus ?" » demanda Ferragut .

Le comte l'assura que d'autres hommes viendraient renforcer l'équipage au moment de son départ. Ce serait dès que le chargement serait terminé. Ils devaient prendre certaines précautions pour ne pas attirer l'attention.

" Dans tous les cas, vous serez prêt à embarquer rapidement, Capitaine. Peut-être pourrez-vous être prévenu avec seulement quelques heures de préavis. "

En discutant la nuit avec Freya, Ulysse s'étonnait de la rapidité avec laquelle le docteur avait trouvé un bateau, de la discrétion avec laquelle elle l'avait fait charger , de tous les détails de cette affaire qui s'était développée si facilement et si mystérieusement juste. à l'entrée même d'un grand port, sans que personne n'y prête attention.

Son compagnon affirmait fièrement que l'Allemagne savait bien conduire de telles affaires. Ce n'était pas seulement le médecin qui faisait de tels miracles. Tous les marchands allemands de Naples et de Sicile avaient apporté leur aide..... Et convaincue que le capitaine pouvait être appelé à tout moment, elle arrangea ses bagages, préparant la petite valise qui l'accompagnait toujours dans les petits voyages.

Le lendemain, au crépuscule, le comte vint à sa recherche. Tout était prêt ; le bateau attendait son capitaine.

Le docteur fit ses adieux à Ulysse avec une certaine solennité. Ils étaient dans le salon et, à voix basse, elle donna un ordre à Freya, qui sortit et revint aussitôt avec une bouteille haute et fine. C'était du vin moelleux du Rhin, cadeau d'un marchand de Naples, que le docteur réservait pour une occasion extraordinaire. Elle remplit quatre verres et, levant le sien, regarda autour d'elle avec incertitude.

« Où est le Nord ?... »

Le comte le fit remarquer en silence. Puis la dame continua de lever son verre, avec une lenteur solennelle, comme pour offrir une libation religieuse à la puissance mystérieuse cachée dans le Nord, très, très loin. Kalédine l'imita avec la même ferveur.

Ulysse allait porter le verre à ses lèvres, voulant cacher un éclat de rire provoqué par la gravité de l'imposante dame.

"Fais comme les autres", murmura Freya à son oreille.

Et tous deux burent tranquillement à sa santé, les yeux tournés vers le Nord.

"Bonne chance à vous, Capitaine !" dit le docteur. "Vous reviendrez promptement et avec bonheur, puisque vous travaillez pour une si juste cause. Nous n'oublierons jamais vos services."

Freya souhaitait l'accompagner, même jusqu'au bateau. Le comte commença une protestation, mais s'arrêta en voyant le geste bon enfant de la sentimentale dame.

"Ils s'aiment tellement !... Il faut concéder quelque chose à l'amour...."

Les trois hommes descendirent les rues en pente de Chiaja jusqu'au rivage de Sainte-Lucie. Malgré sa préoccupation, Ferragut ne pouvait que regarder attentivement l'apparence du comte. Il était désormais vêtu de bleu, avec une casquette noire de plaisancier, comme s'il était prêt à participer à une régate. Il avait sans doute adopté cette tenue pour rendre les adieux plus solennels.

Dans les jardins de la *Villa Nazionale* Kaledine s'arrêta, donnant un ordre à Freya. Il ne pouvait pas lui permettre d'aller plus loin. Elle attirerait l'attention dans le petit port *dell'Ovo* fréquenté uniquement par les pêcheurs. Comme le ton de son ordre était vif et impérieux, elle obéit sans protester, comme habituée à une telle supériorité.

"Au revoir au revoir."

Oubliant la présence du témoin hautain, elle embrassa Ulysse avec ardeur ; puis elle éclata en sanglots nerveux. Il lui semblait qu'elle n'avait jamais été aussi sincère qu'à ce moment-là. Et il dut faire un grand effort pour se dégager de son étreinte.

"Au revoir au revoir ! ... "

Puis il suivit le comte sans oser tourner la tête, se doutant que ses yeux étaient toujours fixés sur lui.

Sur les rives de Sainte-Lucie, il aperçoit au loin son ancien hôtel aux fenêtres éclairées. Le portier précédait un jeune homme qui descendait de voiture, portant une valise. Ferragut a immédiatement pensé à son fils Esteban. Le jeune touriste lui ressemblait quelque peu…. Et Ferragut continuait, souriant un peu amèrement à ce souvenir inopportun.

En entrant dans la goélette, il rencontra Karl, le factotum du médecin, qui avait apporté son petit bagage et venait de l'installer dans sa cabine. "Il pourrait prendre sa retraite."… Puis il regarda l'équipage. En plus des trois vieux Siciliens, il aperçut maintenant sept jeunes gens costauds, blonds et gros, aux manches retroussées. Ils parlaient italien, mais le capitaine n'avait aucun doute quant à leur véritable nationalité.

Comme certains d'entre eux commençaient déjà à lever l'ancre, Ferragut regarda le comte comme pour l'inviter à partir. Le bateau se détachait progressivement du quai. Ils allaient retirer la passerelle qui avait servi de pont.

"J'y vais aussi", dit Kaledine . Ce voyage intéresse Ulysse, qui, disposé à ne s'étonner de rien dans ce voyage extraordinaire, se contente de s'écrier courtoisement : « Tant mieux ! Il ne s'occupait plus de lui et consacrait tous ses efforts à conduire le bateau hors du petit port et à diriger sa route à travers le golfe. Les vitres du rivage de Sainte-Lucie tremblaient sous la vibration du moteur du bateau à vapeur décrépit, une vieille et scandaleuse machine imitant les pagayages d'un chien fatigué. Cependant les voiles se déployaient et se gonflaient sous les premiers coups de vent.

Le voyage a duré trois jours. La première nuit, le capitaine goûta aux plaisirs égoïstes de se reposer seul. Il vivait parmi les hommes…. Et il appréciait la satisfaction que la chasteté offrait avec tous les enchantements de la nouveauté.

La deuxième nuit, dans la cabine étroite et bruyante du patron, il se sentit éveillé à cause des souvenirs qui surgissaient à nouveau. Oh, Freya !… Quand la reverrait-il un jour ?

Le comte et lui causaient peu, mais passaient de longues heures ensemble, assis au bord de la roue, face à la mer. Ils étaient plus amicaux que sur terre, même s'ils échangeaient très peu de mots. La vie commune atténuait l'orgueil du prétendu diplomate et permettait au capitaine de découvrir de nouveaux mérites dans sa personnalité. La liberté avec laquelle il parcourait le bateau et certains mots techniques employés contre son gré ne laissaient aucun doute dans l'esprit de Ferragut sur sa véritable profession.

"Vous êtes dans la marine", dit-il soudain.

Et le comte acquiesça, jugeant la dissimulation inutile.

Oui, c'était un officier de marine.

" Alors qu'est-ce que je fais ici ? Pourquoi m'as-tu donné l'ordre ?... " Alors Ferragut réfléchissait sans comprendre pourquoi cet homme devait solliciter son aide alors qu'il pouvait diriger lui-même un bateau, sans aucune aide extérieure.

sans aucun doute d'un officier de marine, et tous les marins blonds qui travaillaient comme des automates devaient aussi provenir d'une flotte quelconque. La discipline leur faisait respecter les ordres de Ferragut , mais le capitaine se doutait qu'il n'était pour eux qu'un simple mandataire, le véritable chef à bord étant le comte.

La goélette passa en vue de l' archipel liparien ; puis, tournant sa course vers l'ouest, elle suivit la côte de Sicile, depuis le cap Gallo jusqu'au cap de Vito. De là, il tourna sa proue vers le sud-est, en direction des îles Égades .

Il lui fallut attendre dans les eaux où la Méditerranée commençait à se rétrécir entre Tunis et la Sicile, où le pic volcanique de l' île Pantellarienne se dresse au milieu de l'immense détroit.

De brèves indications du comte suffisaient pour que la conduite suivie par Ferragut soit conforme à son désir. Il ne pouvait finalement cacher son admiration pour la maîtrise de la navigation de l'Espagnol.

"Vous connaissez bien votre mer", dit le comte.

Le capitaine haussa les épaules en souriant. C'était vraiment le sien. Il pouvait l'appeler « *mare nostrum* », tout comme l'avaient fait les Romains et leurs anciens dirigeants.

Comme s'il devinait les profondeurs sous-marines d'un simple coup d'œil, il maintenait son bateau dans les limites du vaste rebord de l'Aventura. Il naviguait lentement avec seulement quelques voiles, traversant et retraversant les mêmes eaux.

Kalédine , au bout de deux jours, commença à s'inquiéter. À plusieurs reprises, Ferragut eut l' impression de marmonner le nom de Gibraltar. Le passage de l'Atlantique à la Méditerranée représentait le plus grand danger pour ceux qu'il attendait.

Du pont de la goélette, il ne pouvait voir qu'une courte distance, et le comte grimpa sur les agrès pour que ses yeux puissent avoir une vue plus étendue.

Un matin, en haut, il appela quelque chose au capitaine, lui montrant un point à l'horizon. Il doit aller dans cette même direction. Ce qu'il cherchait était là-bas.

Ferragut lui obéit, et une demi-heure plus tard apparurent l'un après l'autre deux bateaux longs et bas, se déplaçant avec une grande vitesse. Ils ressemblaient à des destroyers, mais sans tête de mât, sans cheminées, rasant presque au ras de l'eau, peints d'un gris qui les faisait paraître à une courte distance de la même couleur que la mer. Ils venaient de part et d'autre du voilier comme s'ils allaient l'écraser avec la rencontre de leurs coques. Divers câbles métalliques sortaient de leurs ponts et étaient jetés sur les mors de la goélette, l'y attachant et formant les trois vaisseaux en une masse solide qui, unies, suivait la lente ondulation de la mer.

Ulysse examinait curieusement ses deux compagnons de ce char improvisé. S'agissait-il des fameux sous-marins ?... Il aperçut sur leurs ponts d'acier des écoutilles rondes et saillantes comme des cheminées d'où sortaient des groupes de têtes. Les officiers et les équipages étaient habillés comme les pêcheurs de la côte nord avec des combinaisons imperméables d'une seule pièce et des chapeaux en ciré. Beaucoup d'entre eux balançaient leurs bâches au-dessus de leur tête, et le comte leur répondait en agitant sa casquette. Les matelots blonds de la goélette crièrent en réponse aux acclamations de leurs camarades des submersibles : « *Deutchsland super allez* !... "

Mais cet enthousiasme, équivalent à un chant de triomphe au milieu de la solitude de la mer, ne dura que très peu de temps. Des sifflets retentirent, des hommes coururent sur les ponts en acier et Ferragut vit son navire envahi par deux files de marins. En un instant, les écoutilles furent ouvertes ; on entendit le fracas des morceaux de bois brisés, et les caisses d'essence commencèrent à être emportées des deux côtés. L'eau tout autour du voilier était remplie de caisses brisées qui flottaient doucement.

Le comte sur la dunette écoutait un officier vêtu de vêtements imperméables.

Il racontait leur passage dans le détroit de Gibraltar, complètement submergé, voyant au périscope les chasseurs de torpilles anglais en patrouille.

"Rien, commandant", continua l'officier. "Pas le moindre incident.... Un voyage magnifique !"

"Que Dieu punisse l'Angleterre !" dit le comte maintenant appelé commandant.

"Que Dieu la punisse !" » a répondu le fonctionnaire comme s'il disait « Amen ».

Ferragut se voyait oublié, ignoré de tous les hommes à bord de la goélette. Certains marins le poussèrent même de côté dans la précipitation de leur travail. Il n'était que le capitaine d'un voilier qui ne comptait pour rien dans cette hiérarchie d'hommes guerriers.

Il commençait maintenant à comprendre pourquoi ils lui avaient confié le commandement du petit navire. Le comte était au courant de la situation. Ferragut le vit s'approcher comme s'il s'était soudain rappelé de lui, lui tendant la main droite avec l'affabilité d'un camarade.

"Merci beaucoup, Capitaine. Ce service est de ceux qu'on n'oublie pas facilement. Peut-être que nous ne nous reverrons plus jamais… Mais si à un moment donné vous avez besoin de moi, vous saurez peut-être qui je suis."

Et, comme pour le présenter à une autre personne, il donna cérémonieusement son nom et ses titres : — Archibald von Kramer, lieutenant de marine de la marine impériale…. Son rôle diplomatique n'avait pas été entièrement faux….
Il avait servi comme attaché naval dans diverses ambassades.

Il donne ensuite des instructions pour le voyage de retour. Ferragut devait attendre en face de Palerme où un bateau le suivrait et le ramènerait à terre. Tout avait été prévu…. Il devait remettre le commandement au véritable propriétaire de la goélette, un homme craintif qui avait fait payer très cher la location du bateau sans oser mettre sa propre personne en danger. Dans la cabine se trouvaient les papiers d'usage pour le dédouanement du navire.

" Saluez ces dames en mon nom. Dites-leur qu'elles auront bientôt de nos nouvelles. Nous allons nous faire seigneurs de la Méditerranée. "

Le déchargement des combustibles se poursuivait. Ferragut a vu von Kramer se faufiler par les ouvertures de l'un des sous-marins. Puis il crut reconnaître sur le submersible deux des matelots de l'équipage de la goélette qui, après avoir été reçus avec des cris et des accolades par leurs camarades, disparurent par une écoutille tubulaire.

Le déchargement a duré jusqu'en milieu d'après-midi. Ulysse n'avait pas imaginé que le petit bateau puisse transporter autant de caisses. La cale étant vide, les derniers marins allemands disparurent et avec eux les câbles qui les avaient attachés au voilier. Un officier lui a crié qu'il pouvait se mettre en route.

Les deux submersibles avec leur cargaison de pétrole et d'essence étaient plus près du niveau de la mer qu'à leur arrivée et commençaient maintenant à disparaître au loin.

Se trouvant seul à l'arrière de la goélette, l'Espagnol éprouva une soudaine inquiétude.

"Qu'as-tu fait !... Qu'as-tu fait !" » Clamait une voix dans son cerveau.

Mais en contemplant les trois vieillards et le garçon qui était resté comme seul équipage, il oublia ses remords. Il faudrait qu'il se démène beaucoup pour suppléer au manque d'hommes. Pendant deux nuits et un jour, il ne se reposa guère, maniant presque en même temps la barre et le moteur, puisqu'il n'osait pas déployer toutes ses voiles avec cette pénurie de matelots.

Lorsqu'il se trouva face au port de Palerme, au moment où ses lumières commençaient à s'éteindre, Ferragut put dormir pour la première fois, laissant la garde du bateau à l'un des marins, qui l'entretenait avec les voiles. enroulé. Au milieu de la matinée , il fut réveillé par des voix criant depuis la mer :

« Où est le capitaine ?

Il aperçut un skiff et divers hommes sauter à bord de la goélette. C'était le propriétaire qui était venu réclamer son bateau afin de le rentrer au port sous la forme juridique habituelle. Le skiff était chargé de ramener Ulysse à terre avec sa petite valise. Il était accompagné d'un gros monsieur au visage rouge qui semblait avoir une grande autorité sur le patron.

« Je suppose que vous êtes déjà au courant de ce qui se passe », dit-il à Ferragut tandis que les deux rameurs faisaient glisser le canot sur les vagues. "Ces bandits !... Ces joueurs de mandoline !... "

Ulysse, sans savoir pourquoi, fit un geste affirmatif. Ce bourgeois indigné était un Allemand, un de ceux qui servaient au médecin.... Il suffisait de l'écouter.

Une demi-heure plus tard, Ferragut sautait sur le quai sans que personne ne s'oppose à son débarquement, comme si la protection de son obèse compagnon avait endormi tous les gardes. Le bon gentleman montrait néanmoins un fervent désir de se séparer de sa charge, de s'éloigner en toute hâte et de s'occuper de ses propres affaires.

Il sourit en apprenant qu'Ulysse désirait se rendre immédiatement à Naples. "Tu fais bien... Le train part dans deux heures." Et le mettant dans un endroit vide, il disparut avec précipitation.

Se trouvant seul, le capitaine crut presque avoir rêvé de ces deux jours précédents.

Il revoyait Palerme après de longues années d'absence : et il éprouvait la joie d'un Sicilien exilé à la rencontre des diverses charrettes de la campagne, tirées par des chevaux en panne à plumes, dont les carrosseries mal peintes représentaient des scènes de « Jérusalem ». Livré." Il rappela les noms des principales routes, les routes des anciens vice-rois d'Espagne. Sur une place, il vit la statue de quatre rois d'Espagne…. Mais tous ces souvenirs ne lui inspirèrent qu'un intérêt passager. Ce qu'il a particulièrement remarqué, c'est le mouvement extraordinaire dans les rues, les gens se regroupant pour écouter la lecture des quotidiens. De nombreuses fenêtres arboraient le drapeau national, entrelacé avec ceux de la France, de l'Angleterre et de la Belgique.

En arrivant à la gare, il apprit la vérité, fut informé de l' événement auquel le marchand avait fait allusion pendant qu'ils étaient dans la barque. C'était la guerre !... L'Italie avait rompu la veille ses relations avec les puissances centrales.

Ulysse se sentit très mal à l'aise en se souvenant de ce qu'il avait fait en Méditerranée. Il craignait que les groupes populaires, se pressant devant lui et applaudissant derrière leurs drapeaux, ne devinent son exploit et ne se jettent sur lui. Il fallait s'éloigner de cet enthousiasme patriotique, et il respirait plus librement lorsqu'il se retrouva dans l'une des voitures d'un train…. En plus, il allait voir Freya. Et il lui suffisait d'évoquer son image pour faire disparaître tous ses remords.

Le court voyage s'est avéré long et difficile. Les nécessités de la guerre s'étaient fait sentir dès le premier instant, absorbant tous les moyens de communication. Le train resterait immobile pendant des heures entières afin de céder le passage à d'autres trains chargés d'hommes et de matériel militaire…. Dans toutes les stations, il y avait des soldats en uniforme de campagne, des banderoles et une foule enthousiaste.

Lorsque Ferragut arriva à Naples, fatigué par un voyage de quarante-huit heures, il lui sembla que le cocher allait trop lentement vers le vieux palais de Chiaja .

En traversant le vestibule avec sa petite valise, la portière, une grosse vieille aux cheveux poussiéreux et crépus qu'il avait parfois aperçu au fond de la caverne de son hall, lui barra le passage.

"Les dames ne vivent plus dans la maison…. Les dames sont soudainement parties avec Karl, leur employé." Et elle expliqua la suite de leur fuite avec un sourire hostile et malin.

Ferragut comprit qu'il ne fallait pas insister. La vieille épouse débraillée était furieuse de la fuite des dames allemandes et examinait le marin comme un probable espion apte à la dénonciation patriotique. Néanmoins, par honneur professionnel, elle lui dit que la *signora blonde* , la plus jeune et la plus jolie, avait pensé à lui en s'éloignant, laissant ses bagages dans la chambre du concierge.

Ulysse s'empressa de disparaître. Il enverrait bientôt quelqu'un récupérer ces valises. Et prenant une autre voiture, il se rendit à l' *auberge* de Sainte-Lucie…. Quel coup inattendu !

Le portier fit un geste de surprise et d'étonnement en le voyant entrer. Avant que Ferragut ait pu s'enquérir de Freya, avec le vague espoir qu'elle se serait réfugiée à l'hôtel, cet homme lui donna des nouvelles.

"Capitaine, votre fils vous attendait ici."

Le capitaine bégaya consterné : « Quel fils ?… »

L'homme aux clés brodées apporta le registre et lui montra une ligne : « Esteban Ferragut , Barcelone ». Ulysse reconnut l'écriture de son fils, et en même temps son cœur était serré d'une angoisse indéfinissable.

La surprise le laissa sans voix, et le portier profita de son silence pour continuer à parler. C'était un garçon si charmant et si intelligent !… Certains matins, il l'avait accompagné pour lui montrer les meilleures choses de la ville. Il s'était renseigné auprès des destinataires de la *Mare Nostrum* , cherchant partout des nouvelles de son père. Finalement convaincu que le capitaine devait déjà rentrer à Barcelone, il y était également parti la veille.

"Si seulement tu étais venu douze heures plus tôt, tu l'aurais trouvé encore là."

Le portier n'en savait pas plus. Occupé à faire des courses pour quelques dames sud-américaines, il n'avait pas pu dire au revoir au jeune homme en quittant l'hôtel, indécis s'il devait faire le voyage sur un paquebot anglais jusqu'à Marseille ou prendre le chemin de fer jusqu'à Gênes, où il trouverait des bateaux directement pour Barcelone.

Ferragut aurait voulu savoir quand il serait arrivé. Et le portier, roulant des yeux, se livra à un long calcul mental…. Finalement, il arriva à une date et le marin, à son tour, concentra sa mémoire.

Il s'est frappé au front avec sa main fermée. Ce devait donc être son fils, ce jeune homme qu'il avait vu entrer dans l' *albergo* le jour même où il allait prendre en charge la goélette, pour transporter les combustibles vers les sous-marins allemands !

CHAPITRE VIII

LE JEUNE TÉLEMAQUE

Chaque fois que la *Mare Nostrum* revenait à Barcelone, Esteban Ferragut se sentait toujours aussi ébloui que si un magnifique vitrail s'était ouvert sur sa vie obscure et monotone de fils de famille.

Il ne déambulait plus sur le port en admirant de loin les grands paquebots transatlantiques devant le monument de Christophe Colomb, ni les cargos qui s'alignaient le long des quais de commerce. Un bateau important allait être sa propriété absolue pendant quelques semaines, tandis que son capitaine et ses officiers passaient le temps à terre avec leurs familles. Toni, le second, était le seul à dormir à bord. Beaucoup de marins avaient demandé la permission de vivre dans la ville, et le bateau à vapeur avait donc été confié à la tutelle de l'oncle Caragol avec une demi-douzaine d'hommes pour le nettoyage quotidien. Le petit Ferragut prétendait qu'il était le capitaine de la *Mare Nostrum* , qu'il arpentait le pont en prétendant qu'une grande tempête se préparait et qu'il examinait l'instrument nautique avec la gravité d'un expert. Parfois, il parcourait à toute vitesse toutes les parties habitables du bateau, descendant jusqu'aux cales grandes ouvertes qu'on ventilait, attendant leur chargement ; et enfin il grimpait dans le cabriolet du navire, le détachait du débarcadère pour y ramer quelques heures, avec encore plus de satisfaction que dans les yoles légères du Regatta Club.

Ses visites se terminaient toujours à la cuisine, invité par l'oncle Caragol , qui avait l'habitude de le traiter avec une familiarité fraternelle. Si le jeune rameur transpirait beaucoup.... "Un rafraîchissement ?" Et le *chef* préparait sa douce préparation qui faisait tomber les hommes, d'un seul coup, dans le flou de l'ivresse.

Esteban appréciait beaucoup les « fresques » du cuisinier. Son imagination, excitée par la lecture fréquente de romans de voyage, lui avait fait concevoir une espèce de marin héroïque, vaillant et fringant, un simple bretteur capable d'avaler au pichet les boissons les plus excitantes sans bouger une paupière. Il voulait être ce genre-là ; tout bon marin devrait boire.

Bien qu'à terre il ne connaisse pas d'autres liqueurs que celles innocentes et trop sucrées que sa mère gardait pour les fêtes de famille, une fois sur le pont d'un navire , il éprouva le besoin de liquides alcoolisés pour montrer clairement qu'il était entièrement un homme. "Il n'y avait pas au monde une boisson qui puisse *lui faire* du mal..." Et après une seconde « fresque » de l'oncle Caragol , il se plongea dans un nirvana placide, voyant tout en rose et considérablement agrandi, la mer, les bateaux voisins, les quais et Montjuich en arrière-plan.

Le cuisinier, le regardant affectueusement avec ses yeux larmoyants, croyait qu'il avait dû reculer d'une douzaine d'années et qu'il était toujours à Valence, en train de discuter avec cet autre garçon de Ferragut qui fuyait l'université pour ramer dans le port. Il en était presque venu à croire qu'il avait vécu deux fois.

Il écoutait toujours patiemment les plaintes du garçon, l'interrompant par des conseils solennels. Ce Ferragut de quinze ans semblait mécontent de la vie. C'était un homme et il devait vivre avec des femmes – sa mère et ses deux nièces, qui fabriquaient toujours des dentelles – tout comme à d'autres époques, sa mère avait été la compagne dentellière de sa belle-mère, Doña Cristina. Il voulait devenir marin et on l'obligeait à suivre des cours sans intérêt menant au baccalauréat. Il était peu probable, n'est-ce pas, qu'un capitaine doive connaître le latin ?... Il voulait mettre un terme à sa vie d'étudiant pour devenir pilote et continuer à exercer sur la passerelle, aux côtés de son père. Peut-être qu'à trente ans, il parviendrait à prendre le commandement de la *Mare Nostrum* ou d'un bateau similaire.

Pendant ce temps, l'attrait de la mer l'entraînait loin de la salle de classe, le poussant à rendre visite à l'oncle Caragol à l'heure même où ses professeurs faisaient l'appel et constataient l'absence des étudiants.

Le vieillard et son protégé se rendaient à la galère avec la conscience inquiète des coupables. Les pas et les voix sur le pont changeaient toujours de sujet de conversation. "Cache toi!" et Esteban se faufilait sous la table ou se cachait dans le placard à provisions pendant que le cuisinier sortait avec un visage séraphique à la rencontre du récent arrivé.

Parfois c'était Toni, et le garçon osait alors sortir, comptant sur son silence ; car Toni l'aimait aussi et approuvait son aversion pour les livres.

Si c'était le capitaine qui venait quelques instants au bateau, Caragol lui parlait, obstruant la porte de sa masse en même temps qu'il souriait malicieusement.

Pour Esteban, les deux choses les plus merveilleuses au monde étaient la mer et son père. Tous ces héros romantiques sortis des pages des romans pour prendre place dans son imagination avaient le visage et les manières du capitaine Ferragut .

Depuis son enfance, il avait vu sa mère pleurer de temps en temps avec une tristesse résignée. Des années plus tard, reconnaissant avec la précocité d'un garçon peu surveillé les relations qui existent entre hommes et femmes, il soupçonna que toutes ces larmes devaient être causées par les flirts et les infidélités du marin lointain.

Il adorait sa mère avec la passion d'un enfant unique et gâté, mais il n'en admirait pas moins le capitaine, excusant toutes les fautes qu'il pouvait commettre. Son père était l'homme le plus courageux et le plus beau du monde.

Et lorsqu'un jour, en fouillant dans les tiroirs de la cabine de son père, il tomba par hasard sur diverses photographies portant des noms de femmes venues de pays étrangers, l'admiration du garçon fut encore plus grande. Tout le monde devait être follement amoureux du capitaine de la *Mare Nostrum*. *Ouais* ! Peu importe ce qu'il ferait une fois devenu homme, il ne pourrait jamais espérer égaler cette créature triomphante qui lui avait donné l'existence....

Lorsque le bateau, au retour de Naples, arriva à Barcelone sans son propriétaire, le fils de Ferragut ne ressentit aucune surprise.

Toni, qui a toujours été un homme de peu de mots, s'est montré très prodigue avec eux en cette occasion. Le capitaine Ferragut était resté sur place pour des affaires importantes, mais il ne tarderait pas à revenir. Son second le cherchait à tout moment. Peut-être ferait-il le voyage par voie terrestre, afin d'arriver plus tôt.

Esteban était étonné de voir que sa mère n'acceptait pas cette absence comme un événement insignifiant. La bonne dame paraissait très troublée et ses yeux se remplissaient de larmes. Son instinct féminin lui faisait soupçonner quelque chose de menaçant dans le retard de son mari.

Dans l'après-midi, lorsque son ancien amant, le professeur, lui rendait visite comme d'habitude, les deux hommes parlaient lentement avec des mots prudents mais avec des yeux compréhensifs et de longs intervalles de silence.

Lorsque Don Pedro atteignait l'apogée de sa glorieuse carrière, titulaire d'une chaire à l'institut de Barcelone, il visitait Cinta chaque après-midi, passant une heure et demie dans son salon avec une exactitude chronométrique. Jamais la moindre pensée impure n'agitait le professeur. Le passé était tombé dans l'oubli.... Mais il avait besoin de voir quotidiennement la femme du capitaine tisser des dentelles avec ses deux petites nièces, comme il avait vu la veuve de Ferragut des années auparavant.

Il les informa des événements les plus importants de Barcelone et du monde entier ; ils commentaient ensemble l'avenir d'Esteban, et l'ancien prétendant écoutait avec ravissement sa douce voix, accordant une grande importance aux détails de l'économie domestique ou aux descriptions des fêtes religieuses, uniquement parce que c'était elle qui les racontait.

Bien souvent , ils restaient dans un long silence. Don Pedro représentait la patience, l'humeur égale et le respect silencieux, dans cette maison tranquille et immaculée qui ne perdait son calme monacal que lorsque son chef s'y présentait quelques jours entre deux voyages.

Cinta s'était habituée aux visites du professeur. À trois heures et demie de l'horloge, on entendait toujours ses pas dans le couloir.

Si un après-midi il ne venait pas, la douce Pénélope était grandement déçue.

"Je me demande quel peut être le problème avec Don Pedro ?" » demandait-elle avec inquiétude à ses nièces.

Elle posait souvent cette question à son fils ; mais Esteban, sans vraiment détester le visiteur, l'appréciait très légèrement.

Don Pedro appartenait à ce groupe de messieurs de l'Institut que le gouvernement payait pour ennuyer la jeunesse avec ses explications et ses examens. Il se souvenait encore des deux années qu'il avait passées dans son cours, comme dans une chambre de torture, à endurer les tourments du latin. En plus de cela, le professeur était un homme timide qui avait toujours peur d'attraper froid et qui n'osait jamais s'aventurer dans la rue par temps nuageux sans parapluie. Qu'on lui parle d'hommes courageux !

"Je ne sais pas", répondait-il à sa mère. "Peut-être qu'il s'est couché avec sept foulards sur la tête."

Au retour de Don Pedro, la maison retrouva sa normalité d'horloge silencieuse et bien réglée. Doña Cinta , après de nombreuses consultations, en était venue à croire que sa collaboration était indispensable. Le professeur complétait légèrement l'autorité du mari voyageur et se chargeait de représenter le chef de famille dans toutes les affaires extérieures…. Plusieurs fois La femme de Ferragut l'attendait avec impatience pour solliciter son avis mûr, et il émettait son avis à voix lente après une longue réflexion.

Esteban trouvait intolérable que ce monsieur, qui n'était qu'un parent éloigné de sa grand-mère, se mêle des affaires de la maison, prétendant le surveiller comme s'il était son père. Mais cela l'irritait encore plus de le voir de bonne humeur et essayant d'être drôle. Cela le rendait furieux d'entendre sa mère appeler « Pénélope » et lui-même « le jeune Télémaque »…. « Stupide et ennuyeux vieil ennuyeux !

Le jeune Télémaque ne tarda pas à se mettre en colère ni à se venger. Dès son enfance, il avait interrompu ses jeux pour "travailler" dans la salle de réception près du chemin à chapeaux près de la porte. Et le pauvre professeur, en partant, trouvait la couronne de son chapeau cabossée ou le poil rugueux, ou bien il rentrait chez lui innocemment en portant des boules de crachat sur les jupes de son pardessus.

Désormais, le garçon se contentait d'ignorer simplement l'existence de l'ami de la famille, passant devant lui sans le reconnaître et ne le saluant que lorsque sa mère le lui ordonnait.

Le jour où il apporta la nouvelle du retour du navire sans son capitaine, don Pedro fit une visite plus longue que d'habitude. Cinto versa deux larmes sur la dentelle, mais dut cesser de pleurer, vaincue par le bon sens de son conseiller.

"Pourquoi pleurer et s'embêter avec tant de suppositions sans fondement ?… Ce que tu devrais faire, ma fille, c'est appeler ce Toni qui est le second du navire ; il doit tout savoir… Peut-être qu'il pourra le dire. tu as la vérité."

Esteban reçut l'ordre de le retrouver le lendemain et il remarqua rapidement l'extrême inquiétude de Toni en apprenant que Doña Cinta souhaitait lui parler. Le second quitta le bateau dans un silence lugubre, comme s'il était emmené vers un tourment mortel : puis il se mit à fredonner fort, signe qu'il était plongé dans une profonde réflexion.

Le jeune Télémaque ne put assister à l'entretien mais il resta autour de la porte fermée et réussit à entendre quelques paroles fortes qui passèrent entre les mailles du filet. Sa mère parlait plus fréquemment. Toni répétait d'une voix sourde la même excuse : — "Je ne sais pas. Le capitaine viendra d'un moment à l'autre..." Mais lorsque le compagnon se retrouva hors de la maison, sa colère éclata contre lui-même, contre son personnage maudit qui ne savait pas mentir, contre toutes les femmes, mauvaises et bonnes. Il pensait en avoir trop dit. Cette dame avait l'habileté d'un juge pour lui faire sortir des mots.

Ce soir-là, à l'heure du souper, la mère ouvrait à peine la bouche. Ses doigts communiquaient un tremblement nerveux aux assiettes et aux fourchettes, et elle regardait son fils avec une commisération tragique, comme si elle prévoyait de terribles troubles sur le point d'éclater sur sa tête. Elle opposa un silence désespéré aux questions d'Esteban et finit par s'exclamer :

"Ton père nous abandonne !… Ton père nous a oubliés !… "

Et elle quitta la salle à manger pour cacher ses larmes qui débordaient.

Le garçon dormait plutôt agité, mais il dormait. L'admiration qu'il a toujours éprouvée pour son père et une certaine solidarité avec les exemples forts de son sexe lui font peu tenir compte de ces plaintes. Ça compte pour les femmes ! Sa mère ne savait tout simplement pas comment être l'épouse d'un homme extraordinaire comme le capitaine Ferragut . Lui qui était réellement un homme, malgré son peu d'âge, allait intervenir dans cette affaire afin de faire éclater la vérité.

Lorsque Toni, du pont du navire, vit le garçon arriver sur le quai le lendemain matin, il fut très tenté de se cacher…. « Si Doña Cinta m'appelait encore pour m'interroger !… » Mais il se calma en pensant que le garçon venait probablement de son plein gré passer quelques heures sur la *Mare Nostrum* . Malgré tout, il voulait éviter sa présence, comme s'il craignait quelque erreur dans sa conversation, et il prétendit ainsi qu'il avait du travail dans la cale. Puis il quitta le bateau pour rendre visite à un ami sur un bateau à vapeur à quelque distance de là.

Esteban entra dans la cuisine, appelant gaiement l'oncle Caragol . Il n'était pas le même non plus. Ses yeux humides et rougeâtres regardaient l'enfant avec une tendresse extraordinaire. Soudain, il s'arrêta de parler avec une expression d'inquiétude sur le visage. Il regardait autour de lui avec incertitude, comme s'il craignait qu'un précipice ne s'ouvre à ses pieds.

N'oubliant jamais le respect dû à chaque visiteur dans son domaine, il prépara deux « fresques ». Il allait soigner Esteban pour la première fois lors de ce voyage de retour. Autrefois, aussi incroyable que cela puisse paraître, il n'avait pas pensé à préparer ne serait-ce qu'une seule de ses délicieuses boissons. Le retour de Naples à Barcelone avait été triste : le navire avait un air funèbre sans son capitaine.

Pour toutes ces raisons, la main de Caragol mesura abondamment le rhum jusqu'à ce que le liquide prenne une teinte tabac.

Ils ont bu…. Le jeune Télémaque commença à parler de son père alors que les verres étaient à moitié vides, et le cuisinier agita les deux mains en l'air en poussant un grognement qui signifiait qu'il ne voulait pas s'inquiéter de l'absence du capitaine.

"Ton père reviendra, Esteban", a-t-il ajouté. "Il reviendra mais je ne sais pas quand. Certainement plus tard que ce que dit Toni."

Et ne voulant pas en dire davantage, il avala le reste du verre, se livrant en toute hâte à la confection du deuxième « refresco » pour rattraper le temps perdu.

Peu à peu, il s'éloignait de la barrière prudente qui enfermait sa verbosité et parlait avec son abandon d'antan ; mais son flot de paroles ne transmettait pas exactement des nouvelles.

Caragol a prêché la moralité à Ferragut fils, — la moralité à son point de vue, interrompue par de fréquentes caresses du verre.

"Esteban, mon fils, respecte beaucoup ton père. Imitez-le comme marin. Soyez bon et juste envers les hommes que vous commandez…. Mais évitez les femelles !"

Les femmes !… Il n'y avait pas de meilleur thème pour son éloquence pieusement ivre. Le monde lui inspirait pitié. Tout était régi par l'attraction infernale exercée par la femelle de l'espèce. Les hommes travaillaient, luttaient et essayaient de devenir riches et célèbres, tout cela pour posséder l'une de ces créatures

"Croyez-moi, mon fils, et n'imitez pas votre père sous ce rapport."

Le vieil homme en avait trop dit pour reculer maintenant et il devait continuer, laissant échapper le reste, petit à petit. Esteban apprit ainsi que le capitaine était amoureux d'une dame à Naples et qu'il y était resté en faisant semblant d'affaires, mais en réalité dominé par l'influence de cette femme.

"Est-elle belle?" » demanda le garçon avec impatience.

"Très jolie", répondit Caragol . « Et quelles odeurs !... Et quel bruissement de beaux habits !... »

Télémaque vibrait de sensations contradictoires d'orgueil et d'envie. Il admira encore une fois son père, mais cette admiration ne dura que quelques secondes. Une idée nouvelle s'emparait de lui pendant que le cuisinier continuait :

"Il ne viendra pas maintenant. Je sais ce que sont ces femmes élégantes, qui sentent le parfum. Ce sont de vrais démons qui s'enfoncent les ongles lorsqu'elles s'agrippent, et il faut leur couper les mains pour les desserrer... Et le bateau aussi inutile maintenant que s'il était échoué, pendant que les autres se remplissent d' or !... Crois-moi, mon fils, c'est la seule vérité au monde.

Et il conclut en avalant d'un trait tout ce qui restait du deuxième verre.

Pendant ce temps, l'enfant se faisait une idée inspirée par son agréable ivresse. Et s'il allait à Naples pour ramener son père !...

A cet instant, tout lui semblait possible. Le monde était rose comme il l'était toujours quand il le regardait, le verre à la main, près d'Oncle Caragol . Tous les obstacles se révéleraient insignifiants : tout s'arrangerait avec une merveilleuse facilité. Les hommes étaient capables de progresser par étapes.

Mais quelques heures plus tard, lorsque ses pensées furent débarrassées de leurs visions béatifiques, il se sentit un peu craintif en se souvenant de son parent absent. Comment le recevra-t-il à son arrivée ?... Quelles excuses pourrait-il donner à son père pour sa présence à Naples ?... Il trembla en se rappelant l'image de son front renfrogné et de ses yeux furieux.

Le lendemain, une soudaine confiance en soi remplaça ce malaise. Il se souvenait du capitaine tel qu'il l'avait vu à plusieurs reprises sur le pont de son navire, racontant ses escapades en ramant dans le port de Barcelone ou commentant à ses amis la force et l'intelligence de son fils. L'image du héros paternel lui revenait désormais à l'esprit avec des yeux de bonne humeur et un sourire passant comme une brise fraîche sur son visage.

Il lui dirait toute la vérité. Il lui ferait comprendre qu'il était venu à Naples uniquement pour l'emmener avec lui, comme un bon camarade qui vient au secours d'autrui en cas de danger. Peut-être qu'il s'irriterait et lui donnerait un coup, mais il finirait par accéder à sa proposition.

de Ferragut renaît en lui avec toute la force d'un argument décisif. Et si le voyage s'avérait absurde et dangereux ?... Tant mieux ! Tant mieux! Cela suffisait pour qu'il s'y engage. C'était un homme et il ne devait connaître aucune peur.

Durant les deux semaines suivantes, il prépara son vol. Il n'avait jamais fait un long voyage. Une seule fois, il avait accompagné son père lors d'un voyage d'affaires aérien à Marseille. Il était grand temps qu'il parcoure le monde comme l'homme qu'il était, connaissant presque toutes les villes de la terre, par ses lectures.

La question d'argent ne l'inquiétait pas du tout. Doña Cinta en avait en abondance et il était facile de retrouver son trousseau de clés. Un vieux et lent paquebot, commandé par un ami de son père, venait d'entrer au port et le lendemain lèverait l'ancre pour l'Italie.

Ce marin a accepté le fils de son ancien camarade sans papiers de voyage. Il réglerait toutes les irrégularités avec ses amis de Gênes. Entre capitaines, ils devraient échanger de tels services, et Ulysse Ferragut , qui attendait son fils à Naples (c'est ce que lui dit Esteban), ne voudrait pas perdre de temps à cause de quelque formalité administrative ridicule.

Télémaque avec mille pesetas en poche, extraites d'un coffret à travail qui servait de caisse à sa mère, s'embarqua le lendemain. Une petite valise, prise chez lui avec des précautions délibérées et habiles, formait tout son bagage.

De Gênes, il se rendit à Rome, et de là à Naples, avec l'imprudence d'un innocent, employant des mots espagnols et catalans pour renforcer son maigre vocabulaire italien acquis à l'opéra. La seule information positive qui le guidait dans sa quête d'aventure était le nom de l' *albergo* sur la côte de Sainte-Lucie que Caragol lui avait donné comme résidence de son père.

Il le chercha en vain pendant plusieurs jours et rendit visite à Naples aux destinataires qui pensaient que le capitaine était rentré dans son pays depuis longtemps.

Ne le trouvant pas, il commença à avoir peur. Il aurait dû être de retour à Barcelone a ce moment-là et ce qu'il avait commencé comme un voyage héroïque allait se transformer en fugue, en escapade enfantine. Il pensait à sa mère qui pleurait peut-être des heures durant, lisant et relisant la lettre qu'il lui avait laissée lui expliquant le but de sa fuite. D'ailleurs, l'intervention de l'Italie dans la guerre, événement que tout le monde attendait mais que l'on croyait encore lointain, était soudain devenue une réalité. Que lui restait-il à faire dans ce pays ?... Et un matin, il avait disparu.

Comme le portier de l'hôtel ne pouvait rien lui dire de plus, le père, après que sa première impression de surprise soit passée, pensa que ce serait une bonne idée de visiter la maison des destinataires. Peut-être là-bas pourraient-ils lui donner des nouvelles.

La guerre était la seule chose qui intéressait ce bureau. Mais Ferragut , propriétaire d'un navire et ancien client, a été guidé par le directeur vers les employés qui avaient reçu Esteban.

Ils n'en savaient pas grand-chose. Ils se souvenaient vaguement d'un jeune Espagnol qui disait qu'il était le fils du capitaine et qui s'enquérait de lui. Sa dernière visite remontait à deux jours. Il hésitait alors entre rentrer dans son pays par chemin de fer ou embarquer sur l'un des trois paquebots qui étaient au port prêts à appareiller pour Marseille.

"Je crois qu'il est parti par chemin de fer", dit l'un des commis.

Un autre membre du personnel du bureau appuya la supposition de son compagnon par une affirmation positive afin d'attirer l'attention de son chef. Il était sûr de son départ par voie terrestre. Lui-même l'avait aidé à calculer ce que lui coûterait le voyage à Barcelone.

Ferragut ne souhaitait pas en savoir plus. Il doit s'enfuir au plus vite. Ce voyage inexplicable de son fils le remplit de remords et d'une inquiétude incommensurable. Il se demandait ce qui avait pu se passer chez lui….

Le directeur des bureaux lui montra un paquebot français venant de Suez qui partait l'après-midi même vers Marseille, et se chargea de toutes les dispositions concernant son passage et sa recommandation au capitaine. Il ne restait que quatre heures avant le départ du bateau, et Ulysse, après avoir récupéré ses valises et les avoir embarquées, fit une dernière promenade dans tous les lieux où il avait vécu avec Freya. Adieu, jardins de la *Villa Nazionale* et Aquarium blanc !… Adieu, *albergo* !…

La présence mystérieuse de son fils à Naples avait intensifié son dégoût face à la fuite de l'Allemande. Il pensait tristement à l'amour perdu, mais en même temps il pensait avec une douloureuse attente à ce qui pourrait l'accueillir en rentrant chez lui.

Un peu avant le coucher du soleil, le paquebot français leva l'ancre. Cela faisait de nombreuses années qu'Ulysse n'avait plus navigué comme simple passager. Totalement dépaysé, il déambule sur les ponts et parmi la foule de touristes. La force de l'habitude l'a amené à la passerelle, discutant avec le capitaine et les officiers, qui dès les premiers mots ont reconnu son génie professionnel.

Comprenant qu'il n'était qu'un intrus en cet endroit, et contrarié de se trouver sur un pont d'où il ne pouvait donner un seul ordre, il descendit aux ponts inférieurs, examinant les groupes de passagers. Il s'agissait pour la plupart de Français, venus d'Indochine. Sur la proue et la poupe étaient cantonnées quatre compagnies de tireurs d'élite asiatiques, petits, jaunâtres, avec des yeux obliques et des voix semblables à des miaulements de chats. Ils allaient à la guerre. Leurs officiers vivaient dans les cabines au centre du navire, emmenant avec eux leurs familles qui avaient acquis un aspect étranger au cours de leur long séjour dans les colonies.

Ulysse voyait des dames vêtues de blanc, étendues sur leurs transats, se faisant éventer par leurs petits pages chinois ; il voyait des soldats bronzés et tannés, dégoûtés et galvanisés par la guerre qui les arrachait à leur sieste asiatique, et des enfants, — beaucoup d'enfants — ravis de partir en France, le pays de leurs rêves, oubliant dans leur bonheur que leur les pères allaient probablement vers la mort.

Le passage n'aurait pas pu être plus fluide. La Méditerranée était comme une plaine argentée au clair de lune. De la côte invisible sortaient de chaudes bouffées de parfums de jardin. Les groupes présents sur le pont se rappelaient, avec une satisfaction égoïste, les grands dangers qui menaçaient les personnes embarquant en mer du Nord, harcelées par les sous-marins allemands. Heureusement, la Méditerranée était à l'abri d'une telle calamité. Les Anglais avaient si bien gardé le port de Gibraltar que tout cela n'était plus qu'un lac tranquille dominé par les Alliés.

Avant de se coucher, le capitaine entra dans une pièce du pont supérieur où était installé l'équipement télégraphique sans fil. Le sifflement de l'huile de friture que l'appareil envoyait l'attira. L'opérateur, un jeune Anglais, a enlevé son bracelet en nickel et ses deux écouteurs. Fortement ennuyé par son isolement, il cherchait à se distraire en conversant avec les opérateurs des autres navires qui passaient dans le rayon de son appareil. Ils restaient en communication constante comme un groupe de camarades faisant le même voyage et conversant placidement ensemble.

De temps en temps, l'opérateur, conseillé par l'étincelle de ses bobines d'induction, enfilait le diadème avec oreillettes pour écouter ses camarades lointains.

"C'est l'homme du *Californian* qui me souhaite une bonne nuit", a-t-il déclaré après l'un de ces appels. "Il va se coucher. Il n'y a pas de nouvelles."

Et le jeune homme a fait l'éloge de la navigation méditerranéenne. Au début de la guerre, il se trouvait sur un autre navire allant de Londres à New York et il se souvenait des nuits troubles, des jours de vigilance anxieuse, scrutant la mer et l'atmosphère, craignant d'un instant à l'autre l'apparition d'un périscope. sur les eaux, ou l'avertissement électrique d'un paquebot torpillé par le sous-marin. Sur cette mer, on pouvait vivre aussi tranquillement qu'en temps de paix.

Ferragut soupçonnait le pauvre opérateur d'être très désireux de jouir des délices d'une telle tranquillité . Son compagnon de service ronflait dans une cabane voisine et il tenait à l'imiter en posant la tête sur la table de l'appareil…. "Jusqu'à demain!"

Le capitaine s'endormit également dès qu'il s'étendit sur l'étroit rebord de sa cabine. Son sommeil était d'un seul tenant, sombre et complet, sans surprises ni visions soudaines. Alors qu'il sentait que quelques instants seulement s'étaient écoulés, il fut violemment réveillé, comme si quelqu'un l'avait poussé. Dans la pénombre, il ne distinguait que la vitre ronde du hublot, d'un bleu ténu et voilée par l'humidité de la rosée maritime, comme un œil larmoyant.

Le jour se levait et quelque chose d'extraordinaire venait de se produire sur le bateau. Ferragut avait l'habitude de dormir avec la légèreté d'un capitaine qui a besoin de se réveiller à temps. Une mystérieuse perception du danger avait interrompu son repos. Il distinguait au-dessus de sa tête le crépitement de courses rapides sur toute la longueur du pont ; il a entendu des voix. En s'habillant le plus rapidement possible, il s'aperçut que le gouvernail travaillait violemment et que le navire changeait de cap.

En remontant sur le pont, un seul coup d'œil suffisait pour le convaincre que le navire ne courait aucun danger. Tout y présentait un aspect normal. La mer, encore sombre, léchait doucement les flancs du navire qui continuait d'avancer avec un mouvement régulier. Les ponts ont été débarrassés des passagers. Ils dormaient tous dans leur cabine. Seulement sur le pont, il aperçut un groupe de personnes : le capitaine et tous les officiers, certains d'entre eux habillés très légèrement, comme s'ils avaient été tirés du sommeil.

En passant devant le bureau de la radio, il obtint une explication à ce sujet. Le jeune de la veille était près de la porte et son compagnon portait désormais le casque et tapait sur les touches de l'appareil, écoutant et répondant aux bateaux invisibles.

Une demi-heure auparavant, au moment où l'opérateur anglais prenait au dépourvu et cédait la place à son compagnon tout juste réveillé, un signal l'avait retenu à sa place. Le *Californien* envoyait par radio l'appel de danger, le SOS, qui n'est utilisé que lorsqu'un navire a besoin d'aide. Puis, en l'espace de quelques secondes, une voix mystérieuse avait répandu son histoire tragique sur des centaines de kilomètres. Un submersible venait d'apparaître à quelques encablures du *Californien* et avait tiré plusieurs obus sur lui. Le bateau anglais tentait de s'échapper, comptant sur sa vitesse supérieure. Puis le sous-marin avait tiré une torpille….

Tout cela s'était produit en vingt minutes. Soudain, les échos de la tragédie lointaine se sont éteints car la communication a été coupée. Un bourdonnement prolongé, intense, sifflant dans l'appareil, et... rien !... Silence absolu.

L'opérateur désormais en service répondait par des mouvements négatifs aux regards interrogateurs de son compagnon. Il n'entendait que le dialogue entre les bateaux qui avaient reçu le même avertissement. Eux aussi, alarmés par ce silence soudain, changeaient de cap et se dirigeaient, comme le paquebot français, vers l'endroit où le *Californien* avait rencontré le submersible.

"Se pourrait-il qu'ils soient déjà en Méditerranée !" s'exclama l'opérateur avec étonnement en finissant son rapport. « Comment les sous-marins ont-ils pu descendre jusqu'ici ?... »

Ferragut n'osa pas monter sur le pont. Il craignait que les regards de ces hommes de mer ne se fixassent sur lui d'un ton accusateur. Il croyait qu'ils pouvaient lire dans ses pensées.

Un navire à passagers venait d'être coulé à une distance relativement courte du bateau sur lequel il voyageait. Peut-être que von Kramer était l'auteur du crime. Avec raison, il avait chargé Ulysse de dire à ses compatriotes qu'ils connaîtraient bientôt ses exploits. Et Ferragut avait contribué à la préparation de cette barbarie maritime !...

"Qu'as-tu fait ? Qu'as-tu fait ?" » demanda avec colère sa voix mentale de bon conseil.

Une heure après, il avait honte de rester sur le pont. Malgré les ordres du capitaine, la nouvelle s'était répandue et circulait dans les cabines. Des familles entières se précipitaient sur le pont, effrayées par le calme qui règne habituellement sur le bateau, arrangeant leurs vêtements avec précipitation et luttant pour ajuster à leur corps les gilets de sauvetage qu'elles essayaient pour la première fois. Les enfants hurlaient, terrifiés par l'alarme de leurs parents. Certaines femmes nerveuses versaient des larmes sans raison apparente. Le bateau se dirigeait vers l'endroit où l'autre avait été torpillé, et cela suffisait pour faire imaginer aux alarmistes que l'ennemi resterait absolument immobile au même endroit, attendant son arrivée pour réitérer son attaque.

Des centaines d'yeux étaient fixés sur la mer, scrutant la surface des vagues, croyant que chaque objet qu'ils voyaient , morceaux de bois, algues ou caisses flottant à la surface de l'eau, était le sommet d'un périscope.

Les responsables du bataillon de tireurs d'élite étaient allés faire leurs proues et faire caca afin de maintenir la discipline parmi leurs hommes. Mais les Asiatiques , méprisants envers la mort, n'avaient pas abandonné leur sereine apathie. Certains regardaient simplement la mer avec une curiosité enfantine, désireux de faire connaissance avec ce nouveau jouet diabolique inventé par les races supérieures. Sur les ponts réservés aux passagers de première classe , l'étonnement était à la hauteur de l'inquiétude.

« Des sous-marins en Méditerranée !... Mais est-ce possible ?... »

Les derniers à se réveiller parurent très incrédules et ne purent être convaincus de ce qui s'était passé qu'en apprenant la nouvelle de l'équipage du bateau.

Ferragut errait comme une âme tourmentée. Le remords l'a poussé à se cacher dans sa cabine. Ces gens avec leurs plaintes et leurs commentaires lui causaient beaucoup d'agacement. Bientôt, il réalisa qu'il ne pouvait pas rester dans cet isolement. Il avait besoin de voir et de savoir, comme un criminel qui retourne à l'endroit où il a commis son crime.

A midi, ils commencèrent à voir à l'horizon divers petits nuages. C'étaient les navires qui accouraient de toutes parts, attirés par cette attaque inattendue.

Le bateau français qui les précédait modéra brusquement sa vitesse. Ils étaient arrivés dans la zone du naufrage. Dans les vigies, des marins exploraient la mer et criaient les ordres qui guidaient la route du paquebot. Au cours de ces évolutions, les restes du tragique événement commencèrent à glisser sur les flancs du navire.

Les deux rangées de têtes alignées sur les différents ponts voyaient des bouées de sauvetage flottant à vide, un bateau avec la quille en l'air et des morceaux de bois appartenant à un radeau visiblement construit à la hâte et jamais terminé.

Soudain un hurlement de mille voix, suivi d'un silence funèbre.... Le corps d'une femme allongé sur des planches passait. Une de ses jambes était enfoncée dans un bas de soie grise, sa tête pendait du côté opposé, étalant ses mèches blondes sur l'eau comme un bouquet d'algues dorées.

Son buste ferme et juvénile était visible à travers l'ouverture d'une chemise de nuit trempée qui dessinait son corps avec une impudeur incontournable. Elle avait été surprise du naufrage au moment même où elle essayait de s'habiller ; peut-être que la terreur l'avait poussée à se jeter à la mer. La mort lui avait tordu le visage dans une horrible contraction, exposant les dents. Un côté de son visage était enflé à cause d'un coup.

Regardant par-dessus les épaules de deux dames tremblantes et appuyées contre la rambarde du pont, Ferragut aperçut ce cadavre. A son tour, le vigoureux marin tremblait comme une femme, et ses yeux étaient embrumés . Il ne pouvait tout simplement pas le regarder !... Et il descendit de nouveau dans sa cabine pour se cacher.

Un torpilleur italien manœuvrait parmi les restes de l'épave, comme s'il cherchait les empreintes de l'auteur du crime. Les paquebots arrêtèrent leur course circulaire d'exploration pour mettre à l'eau les canots de sauvetage et récupérer les cadavres et les corps des vivants proches de la mort.

Le capitaine, dans son emprisonnement désespéré, entendit de nouveaux cris annonçant un événement extraordinaire. Encore la cruelle nécessité de savoir de quoi il s'agissait peut-être de l'arracher de sa cabine !

Un bateau rempli de monde avait été retrouvé par le paquebot. Les autres navires rejoignaient également peu à peu le reste des canots de sauvetage occupés par les survivants de la catastrophe. Le sauvetage général allait être une tâche très courte.

Les naufragés les plus agiles, en arrivant sur le pont, se retrouvèrent entourés de groupes sympathiques se lamentant sur leur malheur et leur proposant en même temps des boissons chaudes. D'autres, après avoir titubé quelques pas comme ivres, s'effondraient sur les bancs. Certains ont dû être hissés du fond du bateau et transportés sur une chaise jusqu'à l'hôpital du navire.

Divers soldats britanniques, sereins et flegmatiques, en montant sur le pont, demandèrent une pipe et se mirent à fumer vigoureusement. D'autres naufragés, légèrement vêtus, s'enroulaient simplement dans des châles et commençaient le récit de la catastrophe aussi minutieusement et sereinement que s'ils étaient dans un salon. Un séjour de dix heures dans l'étroitesse bondée du bateau, à dériver au hasard dans l'espoir d'un secours, n'avait pas épuisé leur énergie.

Les femmes montraient un plus grand désespoir. Ferragut aperçut au milieu d'un groupe de dames une jeune Anglaise, blonde, svelte, élégante, qui sanglotait et balbutiait des explications. Elle s'était retrouvée dans une vedette, séparée de ses parents, sans savoir comment. Peut-être qu'ils étaient morts à ce moment-là. Son léger espoir était qu'ils auraient pu chercher refuge dans un autre bateau et être récupérés par l'un des paquebots qui les aurait vus par hasard.

Une douleur désespérée, bruyante, méridionale, faisait taire de ses significations le bruit de la conversation. Là venait de monter à bord une pauvre Italienne portant un bébé dans ses bras.

" *Fille Mia* !... *Mia figlia* !... " gémissait-elle les cheveux ébouriffés et les yeux gonflés par les pleurs.

Au moment du naufrage, elle avait perdu une petite fille de huit ans et, en se retrouvant sur le paquebot français, elle se dirigea instinctivement vers la proue à la recherche de la même place qu'elle avait occupée sur l'autre navire, comme si elle s'attendait à pour y retrouver sa fille. Sa voix angoissée pénétra dans l'escalier : " *Figlia Mia* !... *Mia Figlia* ! "

Ulysse ne pouvait pas le supporter. Cette voix le blessait, comme si son cri perçant lui griffait le cerveau.

Il s'approcha d'un groupe au milieu duquel se trouvait un jeune garçon pieds nus, en pantalon et chemise ouverts sur la poitrine, qui parlait et parlait, s'enveloppant de temps en temps dans un châle qu'on lui avait mis sur les épaules.

Il décrivait dans un mélange de français et d'italien la perte du *Californien* .

Il avait été réveillé en entendant le premier coup de feu tiré par le submersible contre son paquebot. La course-poursuite avait duré une demi-heure.

Les plus audacieux et les plus curieux étaient sur les ponts et croyaient leur salut déjà assuré en voyant leur navire laisser son ennemi derrière lui. Soudain, une ligne noire avait coupé la mer, quelque chose comme une longue épine avec des éclats d'écume qui avançait à une vitesse vertigineuse, en relief audacieux sur l'eau.... Puis vint un coup sur la coque du navire qui l'avait fait frémir de l'étrave à l'arrière, pas une seule plaque ni vis n'échappant à une terrible dislocation.... Puis une explosion volcanique, une gigantesque hache de fumée et de flammes, un nuage jaunâtre dans lequel volaient des objets sombres : — des fragments de métal et de bois, des corps humains réduits en morceaux.... Les yeux du narrateur brillaient d'une lumière insensée alors qu'il se rappelait ce spectacle tragique.

« Un de mes amis, un garçon de mon propre pays, continua-t-il en soupirant, venait de me quitter pour mieux voir le submersible et il s'est mis exactement sur la trajectoire de l'explosion... Il a disparu aussi soudainement que si il avait été effacé. Je l'ai vu et je ne l'ai pas vu.... Il a explosé en mille morceaux, comme s'il avait eu une bombe dans le corps.

Et le naufragé, obsédé par ce souvenir, ne pouvait guère attacher d'importance aux scènes qui suivirent, la lutte des foules pour s'emparer des bateaux, les efforts des officiers pour maintenir l'ordre, la mort de beaucoup qui, fous de désespoir, s'étaient jetés à la mer, l'attente tragique blottie dans des barques qu'on descendait avec beaucoup de difficulté à l'eau, craignant un second naufrage dès qu'elles touchaient les vagues.

Le paquebot avait disparu en quelques instants, sa proue s'enfonçant dans les eaux, puis ses cheminées prenant une position verticale presque comme la tour penchée de Pise, et ses gouvernails tournant follement tandis que le navire frissonnant coulait.

Le narrateur commença à se retrouver seul. D'autres naufragés, racontant en même temps leurs tristes histoires, attiraient désormais les curieux.

Ferragut regarda ce jeune homme. Son type physique et son accent lui faisaient supposer qu'il était un compatriote.

"Tu es espagnol?"

Le naufragé répondit affirmativement.

"Un Catalan ?" continua Ulysse en catalan.

Une nouvelle véhémence oratoire galvanisa le naufragé. " Ce monsieur est aussi Catalan ? " Et souriant à Ferragut comme à une apparition céleste, il recommença le récit de ses malheurs.

C'était un voyageur de commerce originaire de Barcelone et, à Naples, il avait choisi la route maritime parce qu'elle lui paraissait la plus rapide, évitant les chemins de fer encombrés par la mobilisation italienne.

"Y avait-il d'autres Espagnols qui voyageaient sur votre bateau ?" Ulysse continua de s'enquérir.

" Un seul : mon ami, ce garçon dont je viens de parler. L'explosion de la torpille l'a réduit en miettes. Je l'ai vu… "

Le capitaine sentit ses remords croître sans cesse. Un compatriote, un pauvre jeune homme, avait péri par sa faute !…

Le vendeur semblait également souffrir d'un pincement au cœur. Il se tenait responsable de la mort de son compagnon. Il ne l'avait rencontré que quelques jours auparavant à Naples, mais ils étaient unis par l'étroite fraternité de jeunes compatriotes qui s'étaient croisés loin de leur pays.

Ils étaient tous deux nés à Barcelone. Le pauvre garçon, presque un enfant, avait voulu revenir par terre et il l'avait emmené avec lui à la dernière heure, lui faisant valoir les avantages d'un voyage par mer. Qui aurait imaginé que les sous-marins allemands étaient en Méditerranée ! Le voyageur persistait dans ses remords. Il ne pouvait pas oublier ce garçon à moitié adulte qui, pour faire le voyage avec lui, était allé à la rencontre de la mort.

"Je l'ai rencontré à Naples, cherchant partout son père."

" Ah !… "

Ulysse poussa cette exclamation le cou violemment tendu, comme s'il cherchait à détacher son crâne du reste de son corps. Ses yeux sortaient de leurs orbites.

"Le père", continua le jeune homme, "commande un navire…. C'est le capitaine
Ulysse Ferragut ".

Un tollé…. Les gens ont couru…. Un homme venait de tomber lourdement, son corps rebondissant sur le pont.

CHAPITRE IX

LA RENCONTRE À MARSEILLE

Toni, qui abhorrait les voyages en train à cause de son immobilité engourdie, dut maintenant abandonner la *Mare Nostrum* et subir le supplice de rester douze heures encombré d'étrangers.

Ferragut était malade dans un hôtel de la rade de Marseille. On l'avait enlevé d'un bateau français venant de Naples, écrasé d'une mélancolie silencieuse. Il souhaitait mourir. Pendant le voyage, ils ont dû le surveiller de près afin qu'il ne puisse pas répéter ses tentatives de suicide. A plusieurs reprises, il avait tenté de se jeter à l'eau.

Toni l'a appris du capitaine d'un navire espagnol qui venait d'arriver de Marseille exactement un jour après que les journaux de Barcelone avaient annoncé la mort d'Esteban Ferragut dans le torpillage du *Californien* . Le voyageur de commerce racontait encore partout sa version des événements, la concluant maintenant par sa rencontre mélodramatique avec le père, la chute fatale de ce dernier en apprenant la nouvelle, et le désespoir en reprenant connaissance.

Le second s'était empressé de se présenter chez son capitaine. Tous les Blane étaient là, encerclant Cinta et essayant de la consoler.

"Mon fils !... Mon fils !... " gémissait la mère en se tordant sur le canapé.

Et le chœur familial noyait ses lamentations, l'accablait d'un flot de consolations fantastiques et de recommandations de résignation. Elle devrait penser au père : elle n'était pas seule au monde comme elle l'affirmait : outre sa propre famille, elle avait son mari.

Toni entra juste à ce moment.

"Son père!" elle a pleuré de désespoir. "Son père!... "

Et elle fixa ses yeux sur le compagnon comme pour essayer de lui parler avec eux. Toni savait mieux que quiconque ce qu'était ce père et pourquoi il était resté à Naples. C'était de sa faute si le garçon avait entrepris le voyage fou au terme duquel la mort l'attendait ... La dévote Cinta considérait ce malheur comme un châtiment de Dieu, toujours compliqué et mystérieux dans ses desseins. La divinité, pour faire expier le père de ses crimes, avait tué le fils sans penser à la mère sur laquelle retombait le coup.

Toni est parti. Il ne pouvait supporter les regards et les allusions de Doña Cinta . Et comme si cette émotion ne suffisait pas, il reçut quelques heures plus tard la nouvelle de l'état misérable de son capitaine, nouvelle qui l'obligea à faire immédiatement le voyage à Marseille.

En entrant dans les quartiers de l'hôtel fréquentés par les officiers des navires marchands, il trouva Ferragut assis près d'un balcon d'où l'on voyait tout le port.

Il était mou et flasque, avec des yeux enfoncés et décolorés, une barbe hirsute et un mépris manifeste de son apparence personnelle.

" Toni !... Toni ! "

Il embrassa son compagnon, s'humidifiant le cou de larmes. Pour la première fois, il se mit à pleurer et cela parut lui procurer un certain soulagement. La présence de son fidèle officier le ramena à la vie. Des souvenirs oubliés de voyages d'affaires se bousculaient dans son esprit. Toni a ressuscité toutes ses énergies passées. C'était comme si la *Mare Nostrum* était venue à sa recherche.

Il éprouvait de la honte et des remords. Cet homme connaissait son secret : il était le seul à qui il avait parlé de ravitailler les sous-marins allemands.

"Mon pauvre Esteban !... Mon fils !"

Il n'hésitait pas à admettre le rapport fatal entre la mort de son fils et ce voyage clandestin dont le souvenir l'alourdissait comme un crime monstrueux. Mais Toni était discret. Il déplorait la mort d'Esteban comme un malheur dans lequel le père n'avait eu aucune part.

"J'ai aussi perdu des fils… Et je sais qu'on ne gagne rien en abandonnant au désespoir…. Courage!"

Il n'a jamais dit un mot de tout ce qui s'était passé avant l'événement tragique. Si Ferragut n'avait pas si bien connu sa compagne, il aurait pu croire qu'il l'avait complètement oubliée. Pas le moindre geste, pas une lueur dans ses yeux ne révélaient le réveil de ce souvenir maléfique. Sa seule inquiétude était que le capitaine recouvre bientôt la santé….

Réanimé par la présence et les paroles de ce prudent compagnon, Ulysse reprit ses forces et, quelques jours après, abandonna la chambre dans laquelle il avait cru mourir, se dirigeant vers Barcelone.

Il entra chez lui avec un pressentiment qui le faisait presque trembler. La douce Cinta , considérée jusqu'alors avec la supériorité protectrice des Orientaux qui ne reconnaissent pas d'âme dans la femme, lui inspirait désormais une certaine crainte. Que dirait-elle en le voyant ?…

Elle ne dit rien de ce qu'il craignait. Elle se laissa embrasser, et, baissant la tête, éclata en larmes désespérées, comme si la présence de son mari mettait plus en relief l'image de son fils qu'elle ne reverrait plus. Puis elle essuya ses larmes, et plus pâle et plus triste que jamais, elle continua sa vie habituelle.

Ferragut la voyait sereine comme une maîtresse d'école, avec ses deux petites nièces assises à ses pieds, continuant son éternelle dentelle. Elle ne l'oubliait que pour soigner son mari, s'occupant des moindres détails de son existence. C'était son devoir. Dès l'enfance, elle savait quelles sont les obligations de la femme du capitaine d'un navire lorsqu'il s'arrête quelques jours chez lui, tel un oiseau de passage. Mais derrière de telles attentions, Ulysse devina la présence d'un obstacle inamovible. C'était quelque chose d'énorme et de transparent qui s'était interposé entre les deux. Ils se voyaient mais sans pouvoir se toucher. Ils étaient séparés par une distance dure et lumineuse comme un diamant, qui rendait inutile toute tentative de rapprochement.

Cinta ne souriait jamais. Ses yeux étaient secs, essayant de ne pas pleurer lorsque son mari était près d'elle, mais s'abandonnant librement au chagrin lorsqu'elle était seule. Son devoir était de rendre son existence supportable, en cachant ses pensées.

Mais cette prudence de bonne maîtresse de maison foulait aux pieds leur vie conjugale d'autrefois. Un jour , Ferragut , retrouvant son ancienne affection, et désireux d'éclairer d'un pâle rayon de soleil l'existence crépusculaire de Cinta , osa la caresser comme aux premiers jours de leur mariage. Elle se redressa, modeste et offensée, comme si elle venait de recevoir une insulte. Elle s'échappa de ses bras avec l'énergie de celui qui repousse un outrage.

Ulysse regarda une femme nouvelle, d'une pâleur intense, au visage presque olive, le nez courbé de colère et un éclair de folie dans les yeux. Tout ce qu'elle gardait au fond de sa pensée surgissait, bouillonnant, expulsé d'une voix rauque et chargée de larmes.

"Non, non !... Nous vivrons ensemble, parce que tu es mon mari et que Dieu l'ordonne ; mais je ne t'aime plus : je ne peux pas t'aimer... Le mal que tu m'as fait !... Moi qui ai aimé vous tant !... Même si vous chassez beaucoup dans vos voyages et dans vos mauvaises aventures, vous ne trouverez jamais une femme qui vous aime comme votre femme vous a aimé.

Son passé d'affection modeste et soumise, de fidélité couchée et tolérante, sortait maintenant de sa bouche dans une interminable plainte.

"De chez nous, mes pensées vous ont suivi dans tous vos voyages, même si je connaissais votre oubli et votre infidélité. Tous les papiers trouvés dans vos poches, et les photographies perdues parmi vos livres, les allusions de vos camarades, vos sourires de fierté, les l'air satisfait avec lequel tu revenais maintes fois, la série de manières nouvelles et de soins supplémentaires pour ta personne que tu n'avais pas en partant, m'ont tout dit... Je soupçonnais aussi dans tes caresses audacieuses la présence cachée d'autres femmes qui vivaient loin. à l'autre bout du monde."

Elle arrêta quelques instants son langage turbulent, laissant s'effacer le rougissement qu'évoquaient ses souvenirs.

"Je détestais tout cela", a-t-elle poursuivi. "Je connais les hommes de la mer ; je suis fille de marin. J'ai souvent vu ma mère pleurer et j'ai plaint sa simplicité. Il ne sert à rien de pleurer pour ce que font les hommes dans des pays lointains. C'est toujours assez amer pour une femme qui aime son mari, mais cela n'a pas de conséquences fâcheuses et doit être pardonné…. Mais maintenant…. *Maintenant* !… "

La femme s'est irritée en évoquant ses récentes infidélités…. Ses rivales n'étaient pas les femmes publiques des grands ports, ni les touristes qui ne pouvaient donner que quelques jours d'amour, comme une aumône qu'ils se jetaient sans arrêter leur progression. Maintenant, il était tombé amoureux de l'enthousiasme d'un garçon costaud avec une dame élégante et belle, avec une étrangère qui lui avait fait oublier ses affaires, abandonner son navire et rester à l'écart, comme s'il renonçait à jamais à sa famille…. Et le pauvre Esteban, orphelin de l'oubli de son père, était parti à sa recherche, avec l'impétuosité aventureuse héritée de ses ancêtres : et la mort, une mort horrible, était venue à sa rencontre sur la route.

Quelque chose de plus que le chagrin de l'épouse indignée vibrait dans les lamentations de Cinta . C'était la rivalité avec cette femme de Naples, qu'elle croyait une grande dame avec tous les attraits de la richesse et de la haute naissance. Elle enviait ses armes de séduction supérieures ; elle était en colère contre sa propre modestie et son humilité de femme au foyer.

"J'étais résolue à tout ignorer", a-t-elle poursuivi. "Je n'avais qu'une consolation, mon fils. Que m'importait ce que tu faisais ?... Tu étais loin, et mon fils vivait à mes côtés... Et maintenant je ne le reverrai plus !... Mon destin est de vis éternellement seule. Tu sais bien que je ne serai plus mère, — que je ne peux pas te donner un autre fils…. Et c'est toi, toi ! qui m'as volé la seule chose que j'avais !… "

Son imagination s'inventait les raisons les plus invraisemblables pour s'expliquer cette perte injuste.

"Dieu a voulu te punir pour ta mauvaise vie et a donc tué Esteban, et il me tue à petit feu…. Quand j'ai appris sa mort , j'ai eu envie de me jeter du balcon. Je vis encore parce que je suis chrétien, mais qu'est-ce que c'est ? une existence m'attend ! Quelle vie pour toi si tu es vraiment père !… Pense que ton fils pourrait encore exister si tu n'étais pas resté à Naples.

Ferragut était un objet pitoyable. Il baissa la tête, sans force, pour répéter les protestations confuses et mensongères avec lesquelles il avait reçu les premiers mots de sa femme.

"Si elle savait toute la vérité !" répétait sans cesse la voix du remords dans son cerveau.

Il pensait avec horreur à ce que Cinta pourrait dire si elle connaissait l'ampleur de son péché. Heureusement , elle ignorait qu'il avait aidé les assassins de leur fils…. Et la conviction qu'elle ne le saurait jamais lui faisait admettre ses paroles avec une humilité silencieuse, l'humilité du criminel qui s'entend accuser d'un délit par un juge ignorant un délit encore plus grave.

Cinta termina de parler d'un ton découragé et sombre. Elle était épuisée. Sa colère s'évanouit, consumée par sa propre violence. Ses sanglots coupèrent court à ses paroles. Son mari ne serait plus jamais le même homme pour elle ; le corps de leur fils s'interposait toujours entre les deux.

"Je ne pourrai jamais t'aimer... Qu'as-tu fait, Ulysse ? Qu'as-tu fait pour que j'aie une telle horreur de toi ?... Quand je suis seul , je pleure : ma tristesse est grande, mais j'avoue mon chagrin avec résignation, comme une chose inévitable… Dès que j'entends tes pas, la vérité surgit. Je réalise que mon fils est mort à cause de toi, qu'il serait encore en vie s'il n'était pas parti à ta recherche, en essayant de te faire comprendre que tu étais père et ce que tu nous dois... Et quand j'y pense je te déteste, je *te déteste* !... Tu as assassiné mon fils ! Ma seule consolation est de croire que si tu as une conscience tu souffriras encore plus que moi.

Ferragut est sorti de cette horrible scène avec la conviction qu'il devrait s'en aller. Cette maison ne lui appartenait plus, ni sa femme. Le rappel de la mort remplissait tout, s'interposant entre lui et Cinta , le repoussant, le forçant à reprendre la mer. Son vaisseau fut le seul refuge pour le reste de sa vie, et il dut y recourir comme les grands criminels des autres siècles qui s'étaient réfugiés dans l'isolement des monastères.

Il avait besoin d'exprimer sa colère sur quelqu'un, de trouver une personne responsable à qui il pourrait imputer ses malheurs. Cinta s'était révélée à lui comme un être entièrement nouveau. Il n'aurait jamais soupçonné une telle énergie de caractère, une telle véhémence passionnée, chez sa douce et obéissante petite épouse. Elle devait avoir un conseiller qui l'encourageait à se plaindre et lui faisait dire du mal de son mari.

Et il se tourna vers Don Pedro, le professeur, parce qu'il y avait encore au fond de lui une certaine aversion pour cet homme, depuis l'époque de ses fréquentations. D'ailleurs, cela l'offensait de le voir chez lui avec un certain air de noble personnage dont la vertu servait de repoussoir aux péchés et aux défauts du maître de maison.

Le professeur considérait évidemment Ferragut au même niveau que tous les célèbres Don Juan : libéral et insouciant dans les foyers lointains, pointilleux et étrangement correct dans le sien.

"Ce vieux bavard !" se dit Ulysse, "est amoureux de Cinta . C'est une passion platonique : avec lui, ça ne pouvait pas être autre chose. Mais ça m'énerve beaucoup…. Je vais lui dire quelques choses."

Don Pedro, qui continuait ses visites quotidiennes pour consoler la mère, parlant du pauvre Esteban comme s'il était son propre fils, et jetant des sourires serviles au capitaine, se trouva intercepté par lui un après-midi, sur le palier de l'escalier. .

Le marin vieillissait brusquement en parlant, et ses traits étaient accentués d'une vigoureuse laideur. À ce moment-là, il ressemblait exactement à son oncle, le *Triton* .

D'une voix menaçante, il rappela un passage classique bien connu du professeur. Son homonyme, le vieil Ulysse, en rentrant à son palais, avait trouvé Pénélope entourée de prétendants et avait fini par les pendre aux haleines.

" N'était-ce pas ainsi, Professeur ?… Je ne trouve ici qu'un prétendant, mais cet Ulysse vous jure qu'il le pendra de la même manière s'il le retrouve chez lui. "

Don Pedro s'enfuit. Il avait toujours trouvé très intéressants les grossiers héros de l'Odyssée, mais en vers et sur papier. En réalité, ils lui semblaient maintenant des brutes des plus dangereuses, et il écrivit une lettre à Cinta pour lui dire qu'il suspendrait ses visites jusqu'à ce que son mari soit revenu à la mer.

Cette insulte augmentait la distance de la femme. Elle le considérait comme une offense contre elle-même. Après lui avoir fait perdre son fils, Ulysse terrifiait son unique ami.

Le capitaine se sentit obligé de partir. En restant dans cette atmosphère hostile qui ne faisait qu'aiguiser ses remords, il enchaînait les erreurs. Seule l'action pouvait lui faire oublier.

Un jour, il annonça à Toni que dans quelques heures il allait lever l'ancre. Il avait proposé ses services aux marines alliées afin d'acheminer des vivres à la flotte des Dardanelles. La *Mare Nostrum* transporterait des vivres, des armes, des munitions, des avions ...

Toni a tenté d'objecter. Il serait facile de trouver des voyages tout aussi productifs et beaucoup moins dangereux ; ils pourraient aller en Amérique….

"Et ma vengeance ?" interrompit Ferragut . "Je vais consacrer le reste de ma vie à faire tout le mal que je peux aux assassins de mon fils. Les Alliés ont besoin de bateaux, je vais leur donner le mien et ma personne."

Sachant ce qui troublait son compagnon, il ajouta : "En plus, ils paient bien. Ces voyages sont très rémunérateurs…. Ils me donneront tout ce que je demande."

Pour la première fois de son existence à bord du *Mare Nostrum* , le second fit un geste méprisant quant à la valeur de la cargaison.

"J'avais presque oublié", continua Ulysse en souriant malgré sa tristesse. "Ce voyage flatte vos idéaux…. Nous allons travailler pour la République."

Ils se rendirent en Angleterre et, prenant leur cargaison, partirent pour les Dardanelles. Ferragut souhaitait naviguer seul sans la protection des destroyers qui escortaient les convois.

Il connaissait bien la Méditerranée. En outre, il venait d'un pays neutre et le pavillon espagnol flottait sur la poupe de son navire. Cet abus de son drapeau ne lui provoqua pas le moindre remords et ne lui parut pas non plus déloyal. Les corsaires allemands se rapprochaient de leurs proies, arborant des drapeaux neutres, afin de les tromper. Les sous-marins restaient cachés derrière les voiliers du Pacifique pour surgir brusquement à proximité des navires sans défense. Les procédés les plus criminels des anciens pirates avaient été ressuscités par la flotte allemande.

Il n'avait pas peur des sous-marins. Il faisait confiance à la vitesse de la *Mare Nostrum* et à sa bonne étoile.

« Et si quelqu'un croise notre chemin, dit-il à son second, laissez-le passer devant la proue !

Il souhaitait cela pour pouvoir envoyer son vaisseau sur le submersible à toute vitesse, le mettant au défi de s'approcher.

La Méditerranée n'était plus la même mer qu'elle était des mois auparavant, lorsque les capitaines connaissaient tous ses secrets ; il ne pouvait plus en vivre avec autant d'assurance que dans la maison d'un ami.

Il est resté dans sa cabine uniquement pour dormir. Toni et lui passèrent de longues heures sur le pont à discuter sans se voir, les yeux tournés vers la mer, scrutant la surface bleue et houleuse. Tout l'équipage, à l'exception de ceux qui se reposaient, éprouva la nécessité de faire le même quart.

De jour, la moindre découverte envoyait l'alarme de la proue à la poupe. Tous les déchets de la mer, qui, quelques semaines auparavant, avaient éclaboussé inaperçus près des flancs du navire, provoquaient maintenant des cris d'attention, et de nombreux bras étaient tendus pour le signaler. Des bouts de bâton, des conserves vides qui scintillent au soleil, des bouquets d'algues, une mouette aux ailes déployées se laissant bercer par les vagues ; tout leur faisait penser aux périscopes du sous-marin remontant jusqu'au niveau de l'eau.

La nuit, la vigilance était encore plus grande. Au danger des submersibles, il faut aussi ajouter celui de collision. Les navires de guerre et les transports alliés naviguaient avec peu de lumière ou dans l'obscurité totale. Les sentinelles du pont ne scrutaient plus la surface de la mer aux pâles phosphorescences. Leur regard explorait l'horizon, craignant que devant la proue ne surgisse tout à coup une forme énorme, rapide et noire, vomie par l'obscurité.

Si jamais le capitaine restait dans sa cabine, instantanément ce souvenir fatal lui revenait à l'esprit.

" Esteban !… Mon fils !… "

Et ses yeux étaient pleins de larmes.

Le remords et la colère lui firent projeter une formidable vengeance. Il était convaincu qu'il serait impossible de le mener à bien, mais c'était une consolation momentanée pour son caractère méridional prédisposé aux vengeances les plus sanglantes .

Un jour, fouillant dans une valise des papiers oubliés, il tombe sur le portrait de Freya. En voyant son sourire audacieux et ses yeux calmes fixés sur lui, il ressentit en lui une réversion honteuse. Il admirait la beauté de cette apparition, un frisson parcourant son corps alors que leurs rapports sexuels passés lui revenaient.… Et en même temps cet autre Ferragut existant en lui vibrait de la violence meurtrière de l'Oriental qui considère la mort comme le seul moyen de vengeance. Elle était responsable de tout. " Ah!… *Tal* "

Il a déchiré la photographie, puis il a reconstitué les fragments et les a finalement placés parmi ses papiers.

Sa colère changeait d'objectif. Freya n'était vraiment pas le principal coupable de la mort d'Esteban. Il pensait à cet autre, au prétendu diplomate, à ce von Kramer qui avait peut-être dirigé la torpille qui avait réduit son fils en atomes.… Ne soulèverait-il pas le diable s'il pouvait le rencontrer un jour ?… Quel bonheur si ces deux-là se retrouvaient face à face !

enfin la solitude d'une cabine qui le tourmentait de désirs de vengeance impuissants. Près de Toni sur le pont ou sur le pont, il se sentait mieux.… Et avec une humble condescendance, comme son compagnon n'en avait jamais connue auparavant, il parlait et parlait, profitant de l'attention de son auditeur au cœur simple, comme s'il racontait des histoires merveilleuses à un cercle d'enfants.

Dans le détroit de Gibraltar, il lui expliqua les grands courants envoyés par l'océan dans la Méditerranée, aidant parfois l'hélice à propulser le navire.

Sans ce courant atlantique, la *mare nostrum* , qui perdait par évaporation atmosphérique bien plus d'eau que les pluies et les rivières ne pouvaient lui en apporter, se tarirait en quelques siècles. On avait calculé qu'il pourrait disparaître dans environ quatre cent soixante-dix ans, laissant comme preuve de son ancienne existence une couche de sel de cinquante-deux mètres d'épaisseur.

Dans son sein profond naquirent de grandes et nombreuses sources d'eau douce, sur les côtes de l'Asie Mineure, en Morée, en Dalmatie et en Italie méridionale ; elle reçut en outre un apport considérable de la mer Noire, qui, en retournant à la Méditerranée, accumula par les pluies et le débit de ses rivières, plus d'eau qu'elle n'en perdit par évaporation, l'envoyant à travers le Bosphore et les Dardenelles sous forme d'eau superficielle. actuel. Mais tous ces affluents, si énormes soient-ils, sombraient dans l'insignifiance devant le renouvellement des courants océaniques.

Les eaux de l'Atlantique se sont déversées dans la Méditerranée avec une telle violence que ni les vents contraires ni les mouvements réflexes n'ont pu les arrêter. Les voiliers devaient parfois attendre des mois entiers une brise forte qui leur permettrait de conquérir l'embouchure impétueuse du détroit.

"Je le sais très bien", a déclaré Toni. "Une fois arrivés à Cuba , nous restâmes en vue de Gibraltar pendant plus de cinquante jours, faisant des allers-retours jusqu'à ce qu'un vent favorable nous permette de vaincre le courant et d'aller dans la grande mer."

" C'est précisément un tel courant, ajouta Ferragut , qui fut une des causes qui hâtèrent la décadence des marines méditerranéennes au XVIe siècle. Elles durent se rendre aux Indes récemment découvertes, et les navires catalans ou génois resteront ici en les semaines et les semaines du détroit, luttant contre le vent et le courant contraire tandis que les Galiciens, les Basques, les Français et les Anglais qui avaient quitté leurs ports en même temps se rapprochaient déjà de l'Amérique... Heureusement, la navigation à vapeur a maintenant tout égalisé. que."

Toni admirait silencieusement son capitaine. Ce qu'il a dû apprendre dans ces livres qui remplissaient la cabine !...

C'est en Méditerranée que les hommes s'étaient pour la première fois confiés aux vagues. La civilisation émanait de l'Inde, mais les peuples asiatiques n'étaient pas capables de maîtriser l'art de la navigation dans leurs quelques mers dont les côtes étaient très éloignées les unes des autres et où les moussons de l'océan Indien soufflaient six mois ensemble dans un sens et six mois dans l'autre.

Ce n'est que lorsqu'il a atteint la Méditerranée par l'émigration terrestre que l'homme blanc a souhaité devenir marin. Cette mer qui, comparée aux autres, est un simple lac semé d'archipels, offrait une bonne école. Quel que soit le vent où il mettrait ses voiles, il serait sûr d'atteindre quelque rivage hospitalier. Les brises fraîches et irrégulières tournaient avec le soleil à certaines époques de l'année. L'ouragan a tourbillonné sur sa cuvette, mais ne s'est jamais arrêté. Il n'y avait pas de marées. Ses ports et ses voies navigables n'étaient jamais à sec. Ses côtes et ses îles étaient souvent si rapprochées qu'on pouvait voir les unes des autres ; ses terres, aimées du ciel, recevaient les plus doux sourires du soleil.

Ferragut a rappelé les hommes qui avaient sillonné cette mer dans des siècles si lointains que l'histoire n'en fait aucune mention. Les seules traces de leur existence qui subsistent aujourd'hui étaient les *nuraghs* de Sardaigne et les *talayots* des îles Baléares, tables gigantesques formées de blocs, autels barbares d'énormes rochers qui rappelaient les obélisques celtiques et les monuments sépulcraux de la côte bretonne. Ces peuples obscurs étaient passés d'île en île, de l'extrémité de la Méditerranée jusqu'au détroit qui en est la porte.

Le capitaine imaginait leur grossière embarcation faite de troncs d'arbres grossièrement rabotés, propulsés par une seule rame, ou plutôt par le coup d'un bâton, sans autre secours qu'une seule voile rudimentaire déployée à la brise fraîche. La marine des premiers Européens ressemblait à celle des sauvages des îles océaniques dont les flottilles de troncs d'arbres vont encore aujourd'hui d'archipel en archipel.

Ainsi ils avaient osé sortir de la côte, perdre de vue la terre, s'aventurer dans le désert bleu, avertis de l'existence des îles par les pommettes vaporeuses des montagnes qui se dessinaient à l'horizon au coucher du soleil. Chaque avancée de cette marine hésitante sur la Méditerranée avait représenté une plus grande dépense d'audace et d'énergie que la découverte de l'Amérique ou le premier voyage autour du monde…. Ces marins primitifs ne partaient pas seuls à leurs aventures sur la mer ; c'étaient des nations *en masse* , ils emportaient avec eux des familles et des animaux. Une fois installées sur une île, les tribus envoyaient des fragments de leur propre vie, allant coloniser d'autres terres voisines à travers les vagues.

Ulysse et sa compagne pensaient beaucoup aux grandes catastrophes ignorées par l'histoire – la tempête surprenant l'exode des voiliers, les flottes entières de radeaux engloutis par l'abîme en quelques instants, les familles mourant accrochées à leurs animaux domestiques – chaque fois qu'ils tentaient une nouvelle aventure. l'avancée de leur civilisation rudimentaire.

Pour se faire une idée de ce qu'étaient ces petites embarcations, Ferragut rappellerait les flottes de forme homérique, créées plusieurs siècles après. Les vents imposaient une terreur religieuse à ces guerriers de la mer, réunis pour fondre sur Troie. Leurs navires restèrent enchaînés une année entière dans le port d'Aulis et, par peur de l'hostilité du vent et pour apaiser la divinité de la Méditerranée, ils sacrifièrent la vie d'une vierge.

Tout n'était que danger et mystère au royaume des vagues. Les abîmes rugissaient, les rochers gémissaient ; sur les corniches chantaient des sirènes qui, par leur musique, attiraient les navires pour les mettre en pièces. Il n'y avait pas d'île sans son dieu particulier, sans son monstre et ses cyclopes, ou sans ses artifices magiciens.

Avant de domestiquer les éléments, l'humanité leur avait attribué ses peurs les plus superstitieuses.

Un facteur matériel avait puissamment influencé les dangers de la vie méditerranéenne. Le sable, poussé au gré des caprices du courant, ne cessait de ruiner les villages ou de les élever à des sommets de prospérité inattendus. Les villes célèbres dans l'histoire n'étaient aujourd'hui que des rues en ruines au pied d'une butte couronnée des restes d'un château phénicien, romain, byzantin ou sarrasin, ou d'une forteresse contemporaine des croisades. Dans d'autres siècles, ces ports étaient célèbres ; avant que leurs murs eussent eu lieu des batailles navales ; maintenant, de leur acropole en ruine, on ne pouvait guère voir la Méditerranée que comme une ceinture bleu clair au bout d'une plaine basse et marécageuse. Le sable accumulé avait fait reculer la mer de plusieurs kilomètres.... En revanche, les villes de l'intérieur des terres étaient devenues des lieux d'embarquement en raison de la perforation continuelle des vagues qui s'y infiltraient.

La méchanceté de l'humanité avait imité l'œuvre destructrice de la nature. Lorsqu'une république maritime conquérait une république rivale, la première chose à laquelle elle pensait était d'obstruer son port avec du sable et des pierres afin de détourner le cours de ses eaux et de la transformer en une ville intérieure, ruinant ainsi ses flottes et ses trafic. Les Génois, triomphants de Pise, bouchèrent son port avec les sables de l'Arno ; et la ville des premiers conquérants de Majorque, des navigateurs de la Terre Sainte, des chevaliers de Saint-Étienne, gardiens de la Méditerranée, devint Pise la Morte, une colonie qui ne connaissait la mer que par ouï-dire.

"Le sable", poursuit Ferragut , "a changé les routes commerciales et les destinées historiques de la Méditerranée".

Parmi les nombreux faits qui s'étaient déroulés tout au long des scènes de la *mare nostrum* , le plus célèbre aux yeux du capitaine était l'épopée inouïe de Roger de Flor , qu'il avait connue dès son enfance à travers les histoires que lui racontaient le poète Labarta , le *Triton* , et par ce pauvre secrétaire qui rêvait toujours du grand passé de la marine catalane.

Le monde entier parlait désormais du blocus des Dardanelles. Les bateaux qui sillonnaient la Méditerranée, navires marchands comme cuirassés, favorisaient la grande opération militaire qui se développait face à Gallipoli. Le nom de la longue et étroite passe maritime qui sépare l'Europe de l'Asie était dans toutes les bouches. Aujourd'hui, les regards de l'humanité étaient convergents vers ce point, tout comme, dans les siècles lointains, ils avaient été fixés sur la guerre de Troie.

"Nous y sommes également allés", a déclaré Ferragut avec fierté. "Les Dardanelles
ont été fréquentées pendant de nombreuses années par les Catalans et les Aragonais
.
Gallipoli était une de nos villes gouvernées par le valencien Ramon Muntaner ."

Et il commença l'histoire des Almogavars en Orient, cette odyssée romantique à travers les anciennes provinces asiatiques de l'Empire romain qui ne se termina qu'avec la fondation du duché espagnol d'Athènes et de Néopatrie dans la ville de Périclès et Minerve. Les chroniques du Moyen Âge oriental, les livres de chevalerie byzantine, les contes fantastiques des Arabes ne contiennent pas d'aventures plus invraisemblables et plus dramatiques que les entreprises guerrières de ces Argonautes venus des vallées des Pyrénées, des bords de l'Èbre, et des jardins maures de Valence.

" Quatre-vingts ans, " dit Ferragut , terminant son récit des glorieuses aventures de Roger de Flor autour de Gallipoli, " le duché espagnol d'Athènes et de Néopatrie prospéra. Quatre-vingts ans les Catalans gouvernèrent ces terres. "

Et il montra à l'horizon l'endroit où la brume rouge des promontoires et des montagnes lointains dessinait le pays grec.

Un tel duché était en réalité une république. Athènes et Thèbes étaient administrées conformément aux lois d'Aragon et leur code était « Le livre des us et coutumes de la ville de Barcelone ». La langue catalane régnait comme langue officielle dans le pays de Démosthène, et les grossiers Almogavars se mariaient avec les plus hautes dames du pays.

Le Parthénon était encore intact comme aux temps glorieux de l'Athènes antique. L'auguste monument de Minerve transformé en église chrétienne, n'avait subi aucune autre modification que celle de voir une nouvelle déesse sur ses autels, *La Virgen Santisima* .

Et dans ce temple millénaire d'une beauté souveraine, on chanta pendant quatre-vingts ans le *Te Deum* en l'honneur des ducs aragonais , et le clergé prêchait en langue catalane.

La république des aventuriers ne s'est souciée ni de construire ni de créer. Il ne reste sur la terre grecque aucune trace de leur domination, ni édifices, ni sceaux, ni monnaie. Seules quelques familles nobles, notamment dans les îles, prirent le patronyme catalan.

"Même s'ils se souviennent encore confusément de nous, ils se souviennent de nous", a déclaré Ferragut . « « Que la vengeance des Catalans vous rattrape » fut pendant de nombreux siècles la pire des malédictions en Grèce. »

Ainsi se termina la plus glorieuse et la plus sanglante des aventures méditerranéennes du Moyen Âge, le choc de la grossièreté occidentale, presque sauvage mais franche et noble, contre la méchanceté raffinée et la civilisation décadente des Grecs, enfantines et vieilles à la fois. -qui a survécu à Byzance.

Ferragut éprouvait du plaisir dans ces relations de splendeur impériale, de palais d'or, de rencontres épiques et de combats furieux, tandis que son navire naviguait dans la nuit noire et bondissait sur la mer sombre accompagné du vrombissement des machines et du bruit bruyant de l'hélice, parfois hors de l'eau pendant le balancement furieux de la proue à la poupe.

Ils se trouvaient dans le pire endroit de la Méditerranée où les vents venus du passage étroit de l'Adriatique, des steppes de l'Asie Mineure, des déserts africains et de la brèche de Gibraltar mêlaient tumultueusement leurs courants atmosphériques. Les eaux encaissées entre les nombreuses îles de l'archipel grec se tordaient en sens contraires, enragées et se heurtaient aux corniches de la côte avec une violence rétrogradante qui les transformait en un élan furieux.

Le capitaine, encapuchonné comme un moine et courbé devant le vent qui s'efforçait de l'arracher du pont, ne cessait de parler et de parler avec son compagnon, debout, immobile près de lui et également recouvert d'un manteau imperméable qui jetait de l'humidité de tous les plis. La pluie zébrait de lumière des lignes de toiles d'araignées dans l'obscurité ardoisée de la nuit. Les deux marins eurent l'impression que des orties glacées leur tombaient sur le visage et les mains à travers l'obscurité.

A deux reprises, ils jetèrent l'ancre près de l'île de Ténédos, voyant l'archipel mobile des cuirassés enveloppé dans des voiles de fumée flottante. Parvenait à leurs oreilles, comme des tonnerres incessants , l'écho des canons qui rugissaient à l'entrée des Dardanelles.

De loin, ils perçurent la sensation provoquée par la perte de quelques navires anglais et français. Le courant de la mer Noire était la meilleure armure des défenseurs de ce défilé aquatique contre les attaques des flottes. Il leur suffisait de jeter dans le détroit quantité de mines flottantes, et le fleuve bleu qui coulait par les Dardanelles les entraînerait vers les bateaux, les détruisant dans une explosion infernale. Sur la côte de Ténédos, les femmes helléniques aux cheveux flottants jetaient des fleurs à la mer en souvenir des victimes, avec une douleur théâtrale semblable à celle des héroïnes de l'antique Troie dont les remparts étaient ensevelis dans les collines d'en face.

Le troisième voyage, en plein hiver, fut très dur, et à la fin d'une nuit pluvieuse, alors que les faibles rayons de l'aube commençaient à dissiper les ombres paresseuses, la *Mare Nostrum* arriva à la rade de Salonique.

Ferragut n'avait visité ce port qu'une seule fois , bien des années auparavant, alors qu'il appartenait encore aux Turcs. Il ne vit d' abord que quelques plaines sur lesquelles scintillaient les dernières lueurs des phares. Puis il reconnut la rade, vaste extension aquatique avec un encadrement de barres de sable et de bassins reflétant la vie incertaine du lever du jour. Les mouettes récemment réveillées volaient en groupe au-dessus de l'immense cuvette marine. A l'embouchure du Vardar, les oiseaux d'eau douce s'élançaient avec des cris bruyants, ou se tenaient au bord de la berge, immobiles sur leurs longues pattes.

En face de la proue, une ville surgissait des vagues albumineuses du brouillard. Dans un peu de ciel bleu et clair apparaissaient divers minarets, dont les sommets étincelaient des feux d'Aurora. À mesure que le navire avançait, les nuages du matin disparaissaient et Salonique devenait entièrement visible depuis le groupe de cabanes de ses quais jusqu'au vieux château surmontant les hauteurs, une forteresse de tours rouges, basses et fortes.

Près du bord de l'eau, sur toute la longueur du port, se trouvaient les constructions européennes, les maisons de commerce aux enseignes en lettres d'or, les hôtels, les banques, les cinémas, les salles de concert et une tour massive surmontée d'une autre plus petite , la soi-disant Tour Blanche, un vestige des fortifications byzantines.

Dans ce conglomérat européen se trouvaient des brèches sombres, des passages ouverts, des embouchures de rues en pente montant jusqu'à la colline au-dessus, traversant les quartiers grecs, musulmans et juifs jusqu'à atteindre un plateau couvert de hauts édifices entre de sombres pointes de cyprès.

La diversité religieuse de la Méditerranée orientale faisait que Salonique se hérissait de coupoles et de tours. Le temple grec mettait en valeur les bulbes dorés de son toit ; l'église catholique faisait briller la croix du haut de son clocher ; la synagogue aux formes géométriques débordait en une succession de terrasses ; le minaret mahométan formait une colonnade blanche, pointue et élancée. La vie moderne avait ajouté des cheminées d'usines et des bras de grues à vapeur qui donnaient un effet anachronique à cette décoration de port oriental. Autour de la ville et de son acropole s'étendait la plaine qui se perdait dans l' horizon, une plaine que Ferragut , lors d'un précédent voyage, avait vue désolée et monotone, avec peu de maisons et peu cultivée, sans autre végétation que celle des petites oasis. du cimetière mahométan. Ce désert s'étendait jusqu'à la Grèce et la Serbie ou jusqu'aux frontières de la Bulgarie et de la Turquie.

Désormais, les steppes gris brunâtres qui sortaient du brouillard laineux du point du jour palpitaient d'une vie nouvelle. Des milliers et des milliers d'hommes campaient autour de la ville, occupant de nouveaux villages faits de toile, des rues rectangulaires de tentes, des villes de cabanes en bois et des constructions grandes comme des églises dont les murs de toile tremblaient sous les violentes rafales du vent.

A travers ses lunettes, Ulysse voyait des hôtes guerriers occupés à soigner des files de chevaux sans cavalier qui se rendaient aux abreuvoirs , des parcs d'artillerie avec leurs canons levés comme les tubes d'une lunette, d'énormes oiseaux aux ailes jaunes qui essayaient de sautillant à la surface de la Terre avec un bruit bruyant, réapparaissant progressivement dans l'espace avec leurs ailes cireuses scintillantes aux premiers rayons du soleil.

Toute l'armée alliée de l'Orient, revenant de l'aventure sanglante et erronée des Dardanelles ou venant de Marseille et de Gibraltar, se massait autour de Salonique.

La *Mare Nostrum* mouillait aux quais remplis de caisses et de ballots. La guerre avait donné à ce port une activité bien plus grande qu'en temps de paix. Des vapeurs de tous les pavillons alliés et neutres déchargeaient des vivres et du matériel militaire.

Ils venaient de tous les continents, de tous les océans, attirés là par les immenses nécessités d'une armée moderne. Ils déchargeaient des récoltes de provinces entières, des troupeaux interminables de bœufs et de chevaux, des tonnes et des tonnes d'acier, préparés pour des travaux mortels, et des foules humaines à qui il ne manquait qu'une queue de femmes et d'enfants pour ressembler aux grands exodes martiaux de l'histoire. Embarquant alors les résidus de la guerre, les armes à réparer, les blessés, ils entameraient leur voyage de retour

Ces cargaisons, transportées tranquillement dans l'obscurité malgré les temps difficiles et les menaces sous-marines, préparaient la victoire ultime. Beaucoup de ces paquebots étaient autrefois des navires luxueux, mais désormais réquisitionnés par des nécessités militaires, ils étaient sales et graisseux et utilisés comme cargos. Alignés, somnolent le long des quais, prêts à commencer leur travail, de nouveaux navires-hôpitaux, les plus chanceux paquebots transatlantiques qui gardaient encore une certaine trace de leur état ancien, bien propres avec une croix rouge peinte sur leurs flancs et une autre sur leurs cheminées. .

Certains des transports étaient arrivés miraculeusement à Salonique. Leurs équipages racontaient avec la sérénité fataliste des hommes de mer comment la torpille était passée à faible distance de leurs coques. Un paquebot endommagé gisait sur le côté, la quille seule étant immergée, tout son extérieur rouge exposé à l'air ; sur sa ligne de flottaison s'était ouverte une brèche aux contours anguleux. En regardant du pont dans les profondeurs de sa cale remplie d'eau, on apercevait une grande entaille sur son côté, comme l'embouchure d'une caverne lumineuse.

Ferragut , pendant que son bateau déchargeait sa cargaison sous la supervision de Toni, passait ses journées à terre, visitant la ville.

Dès le premier instant, il fut attiré par les ruelles étroites des quartiers turcs, leurs maisons blanches aux balcons saillants couverts de stores grillagés comme des cages peintes en rouge ; les petites mosquées avec leurs patios de cyprès et leurs fontaines au tintement mélancolique ; les tombeaux des derviches mahométans dans des kiosques qui bloquent les rues sous le pâle reflet d'une lampe ; les femmes voilées de leurs *firadjes noirs* ; et les vieillards qui, silencieux et pensifs sous leurs bonnets écarlates, passent en se balançant au pas de l'âne sur lequel ils sont montés.

La grande voie romaine entre Rome et Byzance, l'ancienne route aux dalles bleues, traversait une rue de la Salonique moderne. Une partie du trottoir subsistait encore et paraissait glorieusement obstruée par un arc de triomphe près duquel des cireurs de bottes, pieds nus et coiffés du fez écarlate , travaillaient à la base de pierre patinée.

Une variété infinie d'uniformes défilaient dans les rues, et cette diversité vestimentaire ainsi que la différence ethnique entre les hommes qui les portaient étaient très visibles. Les soldats de France et des îles britanniques côtoyaient les troupes étrangères. Les gouvernements alliés avaient lancé un appel aux combattants professionnels et volontaires de leurs colonies. Les tireurs d'élite noirs du centre de l'Afrique montraient leurs dents souriantes de marbre aux géants de bronze aux immenses turbans blancs venus de l'Inde. Les chasseurs des plaines glaciaires du Canada fraternisaient avec les volontaires d'Australie et de Nouvelle-Zélande.

Le cataclysme de la guerre mondiale avait entraîné l'humanité des antipodes vers ce petit coin somnolent de la Grèce où se répétaient les invasions des siècles lointains qui avaient fait plier l'antique Thessalonique devant la conquête des Bulgares, des Byzantiens , des Sarrasins et des Turcs.

Les équipages des cuirassés en rade venaient d'ajouter à ce mélange d'uniformes la note monotone de leur bleu nuit, presque comme celui de toutes les marines du monde…. Et à l'amalgame militaire s'ajoutait aussi la variété pittoresque du costume civil, le caractère hybride du quartier de Salonique, composé de races et de religions diverses qui se mêlaient sans confondre leur individualité. Des files de tuniques noires et de chapeaux à couronnes sans bords défilaient dans les rues, près des prêtres catholiques ou des rabbins aux robes longues et amples. Aux abords, on voyait des hommes presque nus, sans autre vêtement qu'une tunique en peau de mouton, guidant des troupeaux de cochons, à l'image des bergers de l'Odyssée. Des derviches, avec leur aspect de démence, chantaient immobiles dans un carrefour, enveloppés de nuées de mouches, attendant le secours des bons croyants.

Une grande partie de la population était composée de descendants israélites des Juifs expulsés d'Espagne et du Portugal. Les plus anciens et les plus conservateurs étaient vêtus, comme leurs lointains ancêtres, de grands caftans rayés de couleurs éclatantes. Les femmes, lorsqu'elles n'imitaient pas les modes européennes, portaient généralement un vêtement pittoresque qui rappelait les vêtements espagnols du Moyen Âge. Ici, ils n'étaient pas de simples courtiers ou commerçants comme dans le reste du monde. Les nécessités de la ville qu'ils dominaient les avaient amenés à exercer tous les métiers, devenant artisans, pêcheurs, bateliers, porteurs et débardeurs du port. Ils gardaient encore la langue castillane comme langue du foyer, comme un drapeau originel dont le battement réunissait leurs âmes éparses, un castillan en devenir, mou et sans consistance comme un nouveau-né.

"Es-tu espagnol ?" dirent-ils d'une voix brisée au capitaine Ferragut . "Mes ancêtres sont nés là-bas. C'est une terre magnifique."

Mais ils ne souhaitaient pas y revenir. Le pays de leurs grands-pères leur inspirait une certaine terreur, et ils craignaient qu'en les voyant revenir, les Espagnols d'aujourd'hui bannissent les corridas et rétablissent l'Inquisition, organisant un *auto de fé* tous les dimanches.

En les entendant parler sa langue, le capitaine se souvint d'une certaine date : 1492. L'année même où Christophe Colomb effectuait son premier voyage à la découverte des Indes, les Juifs furent expulsés de la péninsule espagnole et Nebrija publia la première grammaire castillane. Ces Espagnols avaient quitté leur pays natal des mois avant que leur idiome ne soit codifié pour la première fois.

Un marin de Gênes, vieil ami d'Ulysse, l'emmena dans un des cafés du port, où se réunissaient autrefois les capitaines marchands. C'étaient les seuls à porter des vêtements civils parmi la foule d'officiers de terre et de mer qui se pressaient sur les divans, obstruaient les tables et se groupaient devant la porte.

Ces vagabonds méditerranéens, qui ne pouvaient souvent converser entre eux en raison de la diversité de leur langage natal, se recherchaient instinctivement, se serrant les uns contre les autres dans un silence fraternel. Leur héroïsme passif était dans bien des cas plus admirable que celui des hommes de guerre, capables de rendre coup pour coup. Tous les officiers des différentes flottes, assis près d'eux, avaient à leur disposition canon, bélier, torpille, grande vitesse et télégraphie aérienne. Ces valeureux muletiers de la mer défiaient l'ennemi dans des bateaux sans défense, sans radio et sans canons. Parfois, en fouillant tous les hommes de l'équipage, on ne trouvait pas un seul revolver parmi eux, et pourtant ces braves gens osaient les plus grandes aventures avec un fatalisme professionnel et se fiaient à la chance.

Dans les réunions sociales du café, les capitaines racontaient parfois leurs rencontres en mer, l'apparition inattendue d'un sous-marin, la torpille ratée à quelques mètres, la fuite à toute vitesse sous les bombardements de leurs poursuivants. Ils s'enflammaient un instant au souvenir du danger, puis retombaient dans l'indifférence et le fatalisme.

« Si je dois mourir noyé, concluaient-ils toujours, il me serait inutile d'essayer de l'éviter.

Et ils hâtaient leur départ pour revenir un mois plus tard transportant une fortune régulière sur leur navire, complètement seuls, préférant la navigation libre et prudente au voyage en convoi, se glissant d'île en île et de côte en côte pour déjouer les submersibles.

Ils étaient bien plus préoccupés par l'état de leurs navires, qui n'avaient pas été nettoyés depuis plus d'un an, que par les dangers de la navigation. Les capitaines des grands paquebots déploraient leurs cabines luxueuses transformées en dortoirs pour les troupes, leurs ponts polis transformés en écuries, leur salle à manger où ils s'asseyaient au milieu des gens en tailleur et en robe décolletée, désormais à asperger de toutes sortes de désinfectants pour repousser l'invasion de la vermine et les odeurs animales de tant d'hommes et de bêtes rassemblés.

Le déclin des navires semblait se refléter dans l'attitude de leurs capitaines, plus négligents qu'auparavant, moins bien habillés, avec la négligence militaire du combattant de tranchées et avec des mains calleuses aussi mal soignées que celles d'un débardeur.

Parmi les marins, il y en avait aussi qui avaient complètement négligé leur apparence. C'étaient les commandants des « chaluteros », petits bateaux de pêche océaniques armés d'un fusil rapide , venus en Méditerranée pour poursuivre le submersible. Ils portaient des cirés et des bâches, tout comme les pêcheurs de la mer du Nord, qui sentaient le carburant et les eaux tumultueuses. Ils passaient des semaines et des semaines sur la mer quel que soit le temps, dormant au fond de la cale qui sentait mauvais le poisson rance, patrouillant malgré les rugissements de la tempête, bondissant de vague en vague comme un bouchon de bouteille, afin de répéter les exploits des anciens corsaires.

Ferragut avait un parent dans l'armée qui se rassemblait à Salonique et se préparait pour la marche intérieure. Comme il ne voulait pas partir sans voir le garçon , il passa plusieurs matinées à faire des enquêtes dans les bureaux de l'état-major.

Ce parent était son neveu, un fils de Blanes, fabricant de tricots, qui avait fui Barcelone au début de la guerre avec d'autres garçons consacrés à chanter *Los Segadores* et à troubler la tranquillité du "Consul d'Espagne" envoyé par Madrid. . Le fils du citoyen catalan pacifique s'était enrôlé dans le bataillon de la Légion étrangère composé en grande partie d'Espagnols et d'Hispano-Américains.

Blanes avait demandé au capitaine de voir son fils. Il était à la fois triste et fier de cette aventure romantique qui s'épanouissait de manière si inattendue dans l'existence utilitaire et monotone de la famille. Un garçon qui avait un si grand avenir dans l'usine de son père !... Et puis il avait raconté à Ulysse, d'une voix tremblante et les yeux humides, les exploits de son fils, — blessé en Champagne, deux citations et la *Croix de Guerre* . Qui aurait pu imaginer qu'il puisse être un tel héros !... Son bataillon se trouvait désormais à Salonique après avoir combattu aux Dardanelles.

"Voyez si vous ne pouvez pas le ramener avec vous", répéta Blanes. " Dites -lui que sa mère va mourir de chagrin.... Vous pouvez faire tant de choses !"

Mais tout ce que put faire le capitaine Ferragut fut d'obtenir un permis et une vieille automobile pour visiter le campement des légionnaires.

La plaine aride autour de Salonique était traversée par de nombreuses routes. Les trains d'artillerie, les chapelets d'automobiles roulaient sur des routes récemment ouvertes que la pluie avait transformées en boue. La boue était la pire calamité qui pouvait s'abattre sur cette plaine, si extrêmement poussiéreuse par temps sec.

Ferragut passa deux longues heures, allant de campement en campement, avant d'arriver à destination. Son véhicule devait fréquemment s'arrêter pour laisser la place à d'interminables files de camions. D'autres fois, des mitrailleuses, des gros canons traînés par des tracteurs et des voitures approvisionnées de pyramides de sacs et de caisses leur barraient la route.

De tous côtés se trouvaient des milliers et des milliers de soldats de différentes couleurs et races. Le capitaine rappelait les grandes invasions de l'histoire : Xerxès, Alexandre, Gengis-Khan, tous les chefs d'hommes qui avaient fait leur avance transportant *en masse les villages* derrière leurs chevaux, transformant les serviteurs de la terre en combattants. Il ne manquait que les femmes soldats, les nuées d'enfants, pour compléter exactement la ressemblance avec les exodes martiaux du passé.

Au bout d'une demi-heure, il put embrasser son neveu, qui était avec deux autres volontaires, un Andulasien et un Sud- Américain, tous trois unis par la fraternité de naissance et par leur familiarité continuelle avec la mort.

Ferragut les emmena à la cantine d'un commerçant établi près du cantonnement. Les clients étaient assis sous un auvent en toile à voile, devant des caisses ayant contenu des munitions et transformées en tables de bureau. Cet inconfort était surpassé par les prix. Dans aucun Palace Hotel, la boisson n'aurait coûté une somme aussi extraordinaire.

En quelques instants, le marin éprouva une affection fraternelle pour ces trois jeunes gens auxquels il donna le surnom de « Trois Mousquetaires ». Il voulut les traiter de ce qu'il y avait de mieux à la cantine. plutôt ptisan de Reims, le présentant comme s'il s'agissait d'un élixir fabriqué en or.

Le liquide ambré qui bouillonnait dans les verres semblait ramener les trois jeunes gens à leur ancienne existence. Bouillis par le soleil et les intempéries, habitués à la dure vie de guerre, ils avaient presque oublié la douceur et le confort luxuriant des années passées.

Ulysse les examinait attentivement. Au cours de la campagne , ils avaient grandi avec la dernière croissance rapide de la jeunesse. Leurs bras dépassaient disgracieusement des manches de leurs manteaux, déjà trop courts pour eux. Le rude exercice gymnastique des marches, avec le maniement de la pelle, avait élargi leurs poignets et calleux leurs mains.

Le souvenir de son propre fils surgit dans sa mémoire. Si seulement il pouvait le voir ainsi, transformé en soldat comme son cousin ! Voyez-le endurer toutes les épreuves de l'existence militaire… mais vivre !

Pour ne pas être trop ému, il but et prêta une attention particulière à ce que disaient les trois jeunes. Blanes, le légionnaire, aussi romantique que devrait l'être le fils d'un marchand aventurier, parlait des audaces des troupes d'Orient avec tout l'enthousiasme de ses vingt-deux ans. Il n'eut pas le temps de se jeter sur les Bulgares à coups de baïonnette et d'arriver à Adrianopolis . En tant que Catalan, cette guerre en Macédoine le touchait de très près.

"Nous allons venger Roger de Flor ", dit-il gravement.

Et son oncle voulait pleurer et rire devant cette foi simple comparable seulement au souvenir rétrospectif du poète Labarta et de ce secrétaire du village qui déplorait toujours la défaite lointaine de Ponza .

Blanes expliqua comme un chevalier errant l'impulsion qui l'avait appelé à la guerre. Il voulait lutter pour la liberté de toutes les nations opprimées, pour la résurrection de toutes les nationalités oubliées : Polonais, Tchèques, Yougo-Slaves…. Et très simplement, comme s'il disait quelque chose d'incontestable, il incluait la Catalogne parmi le peuple qui pleurait des larmes de sang sous les fouets du tyran. Alors son compagnon, l'Andalou, éclata d'indignation. Ils passaient leur temps à se disputer furieusement, à échanger des insultes et à chercher continuellement la compagnie l'un de l'autre comme s'ils ne pouvaient pas vivre séparés.

L'Andalou ne luttait pas pour la liberté de tel ou tel peuple. Il avait une vision plus large. Il n'était pas myope et égoïste comme son ami « le Catalan ». Il donnait son sang pour que le monde entier soit libre et que toutes les monarchies disparaissent.

"Je me bats pour la France parce que c'est le pays de la grande Révolution. Son histoire ancienne ne m'importe pas, car nous avons encore des rois à nous, mais à partir du 14 juillet, quelle que soit la France, je considère la mienne et la propriété. de toute l'humanité."

Il s'arrêta quelques secondes, cherchant une affirmation plus concrète.

— Je me bats, capitaine, à cause de Danton et de Hoche.

Ferragut voyait en imagination les cheveux blancs et ébouriffés de Michelet et le devant romantique de Lamartine sur un double piédestal de volumes qui contenaient autrefois le poème-histoire de la Révolution.

"Et je me bats aussi pour la France", conclut triomphalement le jeune homme, "car c'est le pays de Victor Hugo".

Ulysse se doutait que ce républicain de vingt ans cachait probablement dans son sac à dos un livre blanc rempli de vers originaux écrits à la mine de plomb.

Le Sud-Américain, habitué aux disputes de ses deux compagnons, regardait ses ongles noirs avec le désespoir mélancolique d'un prophète contemplant son pays en ruines. Blanes, fils d'un bourgeois, l'admirait pour sa famille plus distinguée. Le jour de la mobilisation, il s'était rendu à Paris dans une automobile de cinquante chevaux pour s'enrôler comme volontaire ; lui et son chauffeur s'étaient enrôlés ensemble. Il avait alors fait don de son luxueux véhicule à la cause.

Il avait souhaité devenir soldat parce que tous les jeunes de son club partaient à la guerre. Il se sentait d'ailleurs très flatté que sa dernière chérie, le voyant en uniforme, lui consacre quelques larmes d'admiration et d'étonnement. Il avait ressenti le besoin de produire un effet touchant sur toutes les dames qui avaient dansé le tango avec lui jusqu'à la semaine précédente. En plus de cela, les millions de son grand-père, « le Galicien », tenu assez fort par son père, le créole, lui glissaient entre les mains.

"Cette expérience dure trop longtemps, Capitaine."

Au début, il avait cru à une guerre de six mois. Les obus ne le dérangeaient pas beaucoup ; pour lui, les choses terribles étaient la vermine, l'impossibilité de changer de vêtements et d'être privé de son bain quotidien. S'il avait pu le supposer !…

Et il résumait son enthousiasme par cette affirmation :

"Je me bats pour la France parce que c'est un pays *chic*. Il n'y a qu'à Paris que les femmes savent s'habiller. Ces Allemandes, malgré tous leurs efforts, seront toujours très ordinaires."

Il n'était pas nécessaire d'ajouter quoi que ce soit à cela. Tout avait été dit.

Les trois ont rappelé les mois infernaux endurés récemment dans les Dardanelles, dans un espace de trois milles conquis à la baïonnette. Une pluie de projectiles s'abattait sans cesse sur eux. Ils avaient dû vivre sous terre comme des taupes et, malgré cela, l'explosion des gros obus les atteignait parfois.

Dans cette langue de terre face à Troie où s'était glissée la lointaine histoire de l'humanité, leurs pelles, en ouvrant les tranchées, étaient tombées sur les trouvailles les plus rares. Un jour, Blanes et ses compagnons avaient fouillé des pichets, des statuettes et des assiettes vieilles de plusieurs siècles. À d'autres moments, en ouvrant des tranchées qui avaient servi de cimetières aux Turcs, ils avaient piraté des morceaux de pulpe répugnants exhalant une odeur insupportable. L'autodéfense avait obligé les légionnaires à vivre le visage au ras des cadavres entassés dans la cour verticale de terre enlevée.

"Les morts sont comme les truffes dans une tarte", a déclaré le Sud-Américain. "J'ai dû rester toute une journée avec mon nez à toucher les intestins d'un Turc mort deux semaines auparavant… Non, la guerre n'est pas *chic*, Capitaine, peu importe combien on parle d'héroïsme et de choses sublimes dans les journaux et les livres ".

Ulysse souhaitait revoir les trois mousquetaires avant de quitter Salonique, mais le bataillon avait levé le camp et se trouvait désormais plusieurs kilomètres plus à l'intérieur des terres, en face des premières lignes bulgares. L'enthousiaste Blanes avait déjà tiré son fusil contre les assassins de Roger de Flor .

A la mi- novembre, la *Mare Nostrum* arrivait à Marseille. Son capitaine éprouvait toujours une certaine admiration en doublant le cap Croisette et en constatant les vastes courbes maritimes s'ouvrant devant la proue. Au centre se trouvait une colline abrupte et nue, s'avançant dans la mer, soutenant à son sommet la basilique et la tour carrée de *Notre-Dame-de-la-Garde*.

Marseille était la métropole de la Méditerranée, le terminal de tous les navigateurs de la *mare nostrum* . Dans sa baie aux vagues agitées se trouvaient diverses îles jaunâtres bordées d'écume et sur l'une d'elles les fortes tours du romantique *Château d'If* .

Tout l'équipage, depuis Ferragut jusqu'au dernier matelot, considérait cette ville un peu comme la sienne lorsqu'il voyait apparaître au fond de la baie ses forêts de mâts et son conglomérat d'édifices gris sur lesquels scintillaient les coupoles byzantines. de la nouvelle cathédrale. Autour de Marseille s'ouvrait un demi-cercle de hauteurs arides et arides, vivement colorées par le soleil de Provence et tachetées de chaumières et de hameaux blancs et de villas d'agrément des marchands de la ville. Au-delà de ce demi-cercle, l'horizon était limité par un amphithéâtre de montagnes escarpées et sombres.

Lors d'anciens voyages, la vue de la gigantesque Vierge dorée qui brillait comme un trait de feu au sommet de *Notre-Dame-de-la-Garde* répandait une atmosphère de joie sur le pont du navire.

« Marseille, Toni », disait gaiement le capitaine. "Je vous invite à une *bouillabaisse* chez Pascal."

Et le visage poilu de Toni se transformait en un sourire gourmand, voyant par anticipation le célèbre restaurant du port, ses ombres crépusculaires qui sentaient les coquillages et les sauces épicées, et sur la table le profond plat de poisson avec son succulent bouillon teinté de safran.

Mais maintenant, Ulysse avait perdu sa vigoureuse joie de vivre. Il regardait la ville avec des yeux gentils mais tristes. Il se voyait y débarquer une dernière fois, malade, sans volonté, dépassé par la disparition tragique de son fils.

La *Mare Nostrum* s'approchait de l'embouchure du vieux port en ayant à sa droite les batteries du *Phare* . Ce vieux port était le souvenir le plus intéressant du Marseille antique, pénétrant tel un couteau aquatique au cœur de ses habitations groupées. La ville s'étendait le long des quais. C'était une immense étendue d'eau dans laquelle se jetaient toutes les rues ; mais sa superficie était désormais si insuffisante pour le trafic maritime que huit nouveaux ports couvraient progressivement la rive nord de la baie.

Une interminable jetée, brise-lames plus long que la ville elle-même, était parallèle à la côte, et dans l'espace entre le rivage et cet obstacle qui faisait écumer et rugir les vagues se trouvaient huit ports communicants spacieux s'étendant de Joliette à l'entrée de celui qui , la plus éloignée, est reliée à l'intérieur des terres par le grand canal souterrain, mettant la ville en communication avec le Rhône.

Ferragut avait vu ancrées dans cette succession de ports les marines de tous les pays et même de toutes les époques. A proximité des énormes paquebots transatlantiques se trouvaient des tartans très anciens et des bateaux grecs, lourds et de forme archaïque, qui rappelaient les flottes décrites dans l'Iliade.

Sur les quais grouillaient toutes sortes d' hommes méditerranéens : Grecs du continent et des îles, Levantins des côtes d'Asie, Espagnols, Italiens, Algériens, Marocains, Egyptiens. Beaucoup avaient conservé leur costume d'origine et à cet habit pittoresque et varié s'unissait une diversité de langues, certaines mystérieuses et presque éteintes. Comme infectés par la confusion orale, les Français eux-mêmes ont commencé à oublier leur langue maternelle, parlant le dialecte marseillais, qui conserve des traces indélébiles de son origine grecque.

La *Mare Nostrum* traversait l'avant-port, l'arrière-port de Joliette, et filait lentement devant des groupes de piétons et de charrettes qui attendaient la fermeture du pont-levis en acier qui s'ouvrait désormais devant sa proue. Puis ils jetèrent l'ancre dans le bassin d' Arenc à proximité des quais.

Lorsque Ferragut put débarquer , il remarqua la grande transformation que ce port avait subie en temps de guerre.

Le trafic des temps de paix avec son infinie variété de marchandises n'existait plus. Sur les quais n'étaient entassés que les chargements monotones et uniformes de provisions et de matériel de guerre.

Les légions de débardeurs avaient également disparu. Ils étaient tous dans les tranchées. Les trottoirs étaient maintenant balayés par des femmes, et des escadrons de tireurs d'élite sénégalais déchargeaient les cargaisons, grelottant de froid dans les beaux jours d'hiver et courbés en deux comme s'ils mouraient sous la pluie ou sous la brise du Mistral. Ils travaillaient avec des bonnets rouges rabattus sur les oreilles, et à la moindre interruption de leur travail s'empressaient de mettre les mains dans les poches de leur habit. Parfois, formés en groupes vociférants autour d'une caisse que quatre hommes auraient pu déplacer en temps ordinaire, le passage d'une femme ou d'un véhicule les faisait négliger leur travail, leurs visages diaboliques emplis d'une curiosité enfantine.

Les cargaisons déchargées entassés sur les quais principaux, les mêmes articles, du blé, beaucoup de blé, du soufre et du salpêtre pour la composition des matières explosives. Sur d'autres quais étaient alignées, par milliers, des paires de roues grises, supports de canons et de camions ; des boîtes grandes comme des habitations qui contenaient des avions ; d'énormes pièces d'acier qui servaient d'échafaudage à l'artillerie lourde ; de grandes caisses de fusils et de cartouches ; d'énormes caisses de conserves de vivres et de fournitures sanitaires, tout le ravitaillement de l'armée en lutte à l'extrême extrémité de la Méditerranée.

Diverses escouades d'hommes, précédées et suivies de baïonnettes, marchaient d'un pas rythmé d'un port à l'autre. C'étaient des prisonniers allemands, roses et heureux, malgré leur captivité, portant encore leurs uniformes couleur chou vert, avec des casquettes rondes sur le crâne rasé. Ils allaient travailler sur les navires, chargeant et déchargeant le matériel qui devait servir à l'extermination de leurs compatriotes et amis.

Les navires à quai semblaient croître en taille, car à leur arrivée ils ne s'étendaient que de quelques mètres au-dessus du quai ; mais maintenant que leur chargement était entassé sur terre, ils ressemblaient à d'imposantes forteresses. Les deux tiers de la coque, habituellement cachés dans l'eau, étaient désormais visibles, montrant le rouge vif de leur coque incurvée. Seule la quille se maintenait dans l'eau. Le tiers supérieur, celui qui restait visible au-dessus de la ligne de flottaison en temps ordinaire, n'était plus qu'une simple corniche noire qui coiffait les longs murs violets. Les mâts et cheminées diminués par cette transformation semblaient appartenir à d'autres bateaux plus petits.

Chacun de ces paquebots marchands et pacifiques portait à l'arrière un fusil à tir rapide afin de se protéger des corsaires sous-marins. L'Angleterre et la France avaient mobilisé leurs vagabonds et commençaient à leur fournir des moyens de défense. Certains d'entre eux n'avaient pas pu monter leur canon sur un affût fixe et portaient donc un canon de campagne dont la bouche dépassait entre les roues boulonnées au pont.

Le capitaine, dans toutes ses promenades, se sentait invariablement attiré par la fameuse Cannebière , cette chaussée engloutissante qui aspire toute l'activité marseillaise.

Certains jours, un vent frais et violent soufflait, le jonchait de poussière et de papiers, et les garçons des cafés étaient obligés de replier les grands auvents comme s'ils étaient les voiles d'un navire. Le Mistral approchait et tous les propriétaires d'établissement ordonnaient cette manœuvre pour résister à l'ouragan glacial qui renverse les tables, arrache les chaises et emporte tout ce qui n'est pas sécurisé par des câbles marins.

Pour Ferragut, cette célèbre avenue de Marseille rappelait l'antichambre de Salonique. Les mêmes types de l'armée de l'Est envahissaient ses trottoirs : Anglais vêtus de kaki, Canadiens et Australiens avec des chapeaux à bords retroussés, Hindous grands et élancés au teint cuivré et à la barbe épaisse en éventail, tireurs d'élite sénégalais au noir luisant. , et des tireurs d'élite anammites au visage rond jaune et aux yeux formant un triangle. C'était un cortège continu de camions sombres conduits par des soldats, d'automobiles pleines d'officiers, de troupeaux de mules venant d'Espagne qui allaient être expédiées vers l'Orient, laissant derrière leurs sabots au trot rapide une odeur âcre et pénétrante de l'écurie.

Le vieux port attirait Ferragut en raison de son antiquité presque aussi lointaine que celle des premières navigations méditerranéennes. En passant devant le palais de la Bourse, il jeta un coup d'œil à la statue des deux grands navigateurs marseillais, Eutymène et Pytas , les plus lointains ancêtres des navigateurs méditerranéens. L'un avait exploré les côtes de la Sénégambie, l'autre était allé plus loin jusqu'en Irlande et aux îles Orcades.

L'ancienne colonie grecque avait été, pendant de longs siècles, supplantée par d'autres, Venise, Gênes et Barcelone l'ayant tenue dans une humble sujétion. Mais lorsque ceux-ci furent tombés et que son heure de prospérité revint, cette prospérité fut accompagnée de tous les avantages du présent. La machinerie à vapeur avait été inventée et les bateaux pouvaient facilement franchir les obstacles du détroit de Cadix sans être obligés d'attendre des semaines que la violence du courant envoyé par l'Atlantique se calme. L'industrialisme est né et les usines de l'intérieur des terres envoient, par les chemins de fer récemment installés, une pluie de produits que les flottes transportent vers toutes les villes méditerranéennes. Enfin, dès l'ouverture de l'isthme de Suez, la ville se développa d'une manière prodigieuse, devenant un port mondial, se mettant en contact avec la terre entière, multipliant ses ports, qui devinrent de gigantesques bergeries marines où se rassemblaient des navires de tous pavillons. en troupeaux.

Le vieux port, encadré dans la ville, changeait d'aspect selon l'époque et l'état de l'atmosphère. Les matins calmes, elle était d'un vert jaunâtre et sentait légèrement l'eau viciée, l'eau organique, l'eau animale. Les peuplements ostréicoles établis sur ses quais semblaient arrosés de cette eau imprégnée de coquillages.

Les jours de vent fort, les eaux prenaient une couleur vert foncé terrible, formant des vagues agitées et continues avec une légère écume jaunâtre. Les bateaux se mettaient à danser, craquant et tirant sur leurs aussières. Entre leurs coques et la surface verticale des quais se formeraient des montagnes d'ordures agitées mangées en dessous par les poissons et picorées au-dessus par les mouettes.

Ferragut voyait les rapides torpilleurs danser à la moindre ondulation sur leurs câbles d'acier torsadés, et examinait les chasseurs de sous-marins improvisés, de petits vapeurs robustes et courts, construits pour la pêche, qui portaient des fusils à tir rapide sur leur proue. Tous ces navires étaient peints d'un gris métallique pour les rendre impossibles à distinguer de la couleur de l'eau, et entraient et sortaient du port comme des sentinelles changeant de quart.

Ils montaient la garde en haute mer au-delà des îles rocheuses et désertes qui fermaient la rade de Marseille, accostant les navires qui arrivaient pour reconnaître leur nationalité ou courant à toute vitesse, avec leurs volutes de fumée horizontales, vers l'endroit où ils s'attendaient à les atteindre. surprenez le périscope de l'ennemi caché entre deux eaux. Il n'y avait pas de temps assez mauvais pour les terrifier ou les endormir. Dans les tempêtes les plus folles, ils gardaient la côte en vue, sautant de vague en vague, et ce n'est que lorsque d'autres venaient les relever qu'ils retournaient au vieux port pour se reposer quelques heures à l'entrée de la Cannebière .

Les passages étroits de la rive droite attiraient Ferragut . C'était l'ancienne Marseille où l'on peut encore voir quelques palais en ruine des marchands et corsaires d'autres siècles. Sur ces pentes étroites et crasseuses vivaient les prostituées habillées et lugubres de toute la cité maritime.

Dans ce quartier étaient entassés les guerriers des colonies franco-africaines, poussés par leur ardeur de race et par leur désir de s'affranchir goulûment des restrictions de leur pays mahométan où les femmes vivent dans une réclusion jalouse. A chaque coin de rue se trouvaient des groupes d' infanterie marocaine , récemment débarquées ou en convalescence de leurs blessures, de jeunes soldats à casquette rouge et à long manteau jaune moutarde. Les zouaves d'Alger conversaient avec eux dans un espagnol tacheté d'arabe et de français. Les jeunes nègres qui travaillaient comme chauffeurs sur les navires parcouraient les rues escarpées et étroites avec des yeux pétillants d'inquiétude, comme s'ils contemplaient un rapine à grande échelle. Sous les portes disparaissaient de graves cavaliers maures, traînant de longs vêtements attachés sur la tête en boule de blancheur, ou vêtus de manteaux violacés, aux capuchons pointus et pointus qui leur donnaient l'aspect de moines barbus et vêtus de pourpre.

Le capitaine parcourut l'extrémité supérieure de ces rues, s'arrêtant avec appréciation pour remarquer le contraste grossier qu'elles formaient avec leur vue terminale. Presque tous descendaient vers le vieux port avec un fossé d'eau sale au milieu du caniveau qui ruisselait de pierre en pierre. Ils étaient sombres comme les tubes d'un télescope, et au fond de ces fossés nauséabonds occupés par une féminité abandonnée, s'ouvrait un grand espace de couleur claire et bleue où l'on apercevait de petits voiliers blancs, ancrés au pied de la colline , une nappe d'eau pétillante et les maisons du quai d'en face diminuées par la distance. Par d'autres brèches apparaissait la montagne *Notre-Dame-de-la-Garde* avec sa basilique pointue surmontée de sa statue luisante, comme une langue de flammes immobile et tordue. Parfois, on voyait un torpilleur entrant dans le vieux port se faufiler par l'embouchure d'un de ces passages aussi sombre que s'il passait devant la lunette d'un télescope.

Fatigué par les mauvaises odeurs et la misère vicieuse du vieux quartier, le marin retourna au centre de la ville, déambulant parmi les arbres et les massifs de fleurs des avenues….

Un soir, alors qu'il attendait avec d'autres un tramway à la Cannebière , il tourna la tête avec le pressentiment qu'on regardait son dos.

Assez sur! Il aperçut derrière lui, au bord du trottoir, un gentleman élégamment vêtu, rasé de près, dont l'aspect était celui d'un Anglais soucieux de son apparence personnelle. L'homme élégant s'était arrêté, surpris, comme s'il venait de reconnaître Ferragut .

Les deux échangèrent un regard sans éveiller le moindre écho dans la mémoire du capitaine…. Il ne pouvait pas se souvenir de cet homme. Il était presque sûr de ne jamais l'avoir vu auparavant. Son visage rasé, ses yeux d'un gris métallique, son élégante pompe n'éclairaient pas la mémoire de l'Espagnol. Peut-être que l'inconnu s'était trompé.

Cela devait être le cas, à en juger par la rapidité avec laquelle il détourna son regard de Ferragut et s'éloigna précipitamment.

Le capitaine n'attachait aucune importance à cette rencontre. Il l'avait déjà oublié quand, reprenant la voiture quelques minutes plus tard, cela lui revint sous un nouveau jour. Le visage de l'Anglais se présentait à son imagination avec le relief distinct de la réalité. Il le voyait plus clairement que dans les splendeurs mourantes de la Cannebière …. Il passait avec indifférence sur ses traits ; en réalité, il les avait vus pour la première fois. Mais les yeux !… Il connaissait parfaitement ces yeux. Ils avaient souvent échangé des regards avec lui. Où?… Quand?…

Le souvenir de cet homme l'accompagnait comme une obsession jusque sur son navire sans apporter la moindre réponse à son interrogation. Puis, se retrouvant à bord avec Toni et le troisième officier, il l'oublia encore une fois.

En débarquant les jours suivants, sa mémoire éprouvait invariablement les mêmes phénomènes. Le capitaine parcourrait la ville sans penser à cet individu, mais, en entrant à la Cannebière , le même souvenir, suivi d'une inquiétude inexplicable, lui revenait à l'esprit.

"Je me demande où est mon Anglais maintenant", pensait-il. "Où l'ai-je déjà vu ?… Parce qu'il ne fait aucun doute que nous nous connaissons."

Désormais, il regardait avec curiosité tous les passants et parfois hâtait le pas pour examiner de plus près quelqu'un dont le dos ressemblait à l'inconnu obsédant. Un après-midi, il crut le reconnaître dans une voiture de location dont le cheval roulait au grand trot dans une des avenues, mais lorsqu'il voulut la suivre, le véhicule avait disparu dans une rue voisine.

Quelques jours passèrent et le capitaine oublia complètement la réunion. D'autres affaires plus réelles et plus immédiates exigeaient son attention. Son bateau était prêt ; ils allaient l'envoyer en Angleterre pour le charger de munitions destinées à l'armée d'Orient.

Le matin de son départ, il débarqua sans penser à se rendre au centre de la ville.

Dans l'une des rues du quai se trouvait un salon de coiffure fréquenté par les capitaines espagnols. Le bavardage pittoresque du barbier né à Cartagena, les chromos gais et brillants sur les murs représentant des corridas, les journaux de Madrid oubliés sur les divans et une guitare dans un coin faisaient de cette boutique un petit bout d'Espagne pour les vagabonds de le méditéranéen.

Avant de naviguer, Ferragut souhaitait se faire couper la barbe par ce maître verbeux. Quand, une heure plus tard, il quittait le salon de coiffure, s'arrachant aux interminables adieux du patron, il traversait une large rue, solitaire et silencieuse, entre deux rangées de quais.

Les portes aux barreaux d'acier étaient fermées et verrouillées. Les entrepôts, vides et retentissants comme les nefs d'une cathédrale, exhalaient encore les fortes odeurs des marchandises qu'ils avaient conservées en temps de paix : vanille, cannelle, rouleaux de cuir, nitrates et phosphates pour engrais chimiques.

Dans toute la longue rue, il ne vit qu'un seul homme, venant vers lui, tournant le dos au port intérieur. Entre les deux longs murs de briques apparaissait au fond le quai avec ses montagnes de marchandises, ses escadrons de débardeurs noirs, ses chariots et ses charrettes. Au-delà, les coques des navires soutenaient leur bosquet de mâts et de cheminées et, à l'extrémité, le brise-lames jaune et le ciel récemment lavé par la pluie, avec des troupeaux de petits nuages blancs et placides comme des moutons soyeux.

L'homme qui revenait du quai et marchait les yeux fixés sur Ferragut s'arrêta brusquement et, tournant sur ses traces, revint au quai…. Ce mouvement éveilla la curiosité du capitaine, aiguisant ses sens. Il eut soudain le pressentiment que ce piéton était son Anglais, quoique habillé différemment et avec moins d'élégance. Il ne pouvait que voir son dos disparaître rapidement, mais son instinct à cet instant était supérieur à ses yeux…. Il n'avait pas besoin de chercher plus loin…. C'était l'Anglais.

Et sans savoir pourquoi, il hâta le pas pour le rattraper. Puis il se mit à courir, constatant qu'il était seul dans la rue et que l'autre avait disparu au coin de la rue.

Quand Ferragut arriva au port , il le vit s'éloigner d'un pas élastique qui équivalait presque à une fuite. Devant lui se trouvait une crête de paquets entassés en rangées inégales. Il allait le perdre de vue ; une minute plus tard, il serait impossible de le retrouver.

Le capitaine hésita. « Quel motif ai-je pour poursuivre cet inconnu ?... » Et au moment où il formulait cette question, l'autre ralentit un peu pour tourner la tête et voir s'il était toujours suivi.

Soudain, une transformation rapide et phénoménale s'est produite à Ferragut . Il n'avait pas reconnu le regard de cet homme lorsqu'il avait failli le croiser sur le trottoir de la Cannebière , et maintenant qu'il y avait entre les deux une distance d'une cinquantaine de mètres, maintenant que l'autre fuyait et ne montrait qu'un profil fugitif, le Le capitaine l'a identifié malgré le fait qu'il ne pouvait pas le distinguer clairement à une telle distance.

Dans un clic sec, un rideau de sa mémoire sembla s'écarter, laissant entrer des torrents de lumière…. C'était le faux comte russe, il en était sûr , rasé et déguisé, qui « opérait » sans doute à Marseille, dirigeant de nouveaux services, des mois après avoir préparé l'entrée des submersibles en Méditerranée.

La surprise a tenu Ferragut en haleine. Avec la même rapidité imaginative avec laquelle un noyé se souvient avec étourdissement de toutes les scènes de sa vie antérieure, le capitaine revoyait maintenant son infâme existence à Naples, son expédition sur la goélette ravitaillant les sous-marins, puis la torpille qui avait ouvert une brèche dans le *Californien* …. Et cet homme, peut-être, était celui qui avait fait voler son pauvre fils dans les airs en mille morceaux !…

Il a également vu son oncle, le *Triton* , comme lorsqu'il était petit, il l'écoutait dans le port de Valence. Il se souvient de l'histoire d'une certaine nuit d'orgie égyptienne dans un café bas d'Alexandrie où il avait dû « piquer » un homme avec son poignard pour forcer le passage.

Son instinct lui fit porter la main à sa ceinture. Rien !… Il maudissait la vie moderne et ses sécurités incertaines, qui permettent aux hommes d'aller d'un bout du monde à l'autre en confiance, désarmés, sans moyens d'attaque. Dans d'autres ports, il serait débarqué avec un revolver dans la poche de son pantalon…. Mais à Marseille ! Il ne portait même pas de canif ; il n'avait que ses poings…. A ce moment-là, il eût donné tout son vaisseau, sa vie même, pour un instrument qui lui permettrait de tuer... de tuer d'un seul coup !…

La véhémence sanguinaire de la Méditerranée l'accable. Tuer !… Il ne savait pas comment il allait s'y prendre, mais il fallait qu'il tue.

La première chose à faire était d'empêcher la fuite de son ennemi. Il allait se jeter sur lui à coups de poing, à coups de dents, en mettant en scène une lutte préhistorique, la lutte animale avant que l'humanité n'invente la massue. Peut-être que cet autre homme cachait des armes à feu et pourrait le tuer ; mais lui, dans sa superbe vengeance, ne pouvait voir que la mort de l'ennemi, repoussant toute peur.

Pour que sa victime ne sorte pas de sa vue, il courut vers lui sans aucune dissimulation, comme s'il eût été dans le désert, à toute vitesse. L'instinct d'attaque le faisait se baisser, saisir un morceau de bois posé à terre, sorte de pique rustique, et, armé de cette façon primitive, il continuait sa course.

Tout cela n'avait duré que quelques secondes. L'autre, s'apercevant de la poursuite hostile, courait aussi franchement, disparaissant parmi les collines de colis.

Le capitaine vit confusément que des ombres bondissaient autour de lui, l'empêchant d'avancer. Ses yeux qui voyaient tout en rouge parvinrent finalement à distinguer quelques visages noirs et quelques blancs…. C'étaient des militaires et des débardeurs civils, alarmés par l'aspect de cet homme qui courait comme un fou.

Il poussa un juron en se voyant arrêté. Avec l'instinct de la multitude, ces gens ne se préoccupaient que de l'agresseur, laissant libre cours à celui qui fuyait. Ferragut ne pouvait pas contenir sa colère pour cette raison. Il devait révéler son secret.

"C'est un espion !… Un *Boche* espionner!… "

Il dit cela d'une voix sourde et décousue et jamais son mot d'ordre n'eut un écho aussi bruyant.

"Un espion!… "

Le cri faisait se lever les hommes comme s'il était vomi par la terre ; de bouche en bouche, il bondissait, se répétait sans cesse, pénétrait à travers les quais et les bateaux, vibrait même au-delà de la portée des yeux, pénétrait partout avec la confusion et la rapidité des ondes sonores. « Un espion !… » Les hommes accoururent avec une agilité redoublée ; les débardeurs abandonnaient leurs chargements pour se lancer dans la poursuite ; les gens sautaient des bateaux à vapeur pour s'unir dans la chasse aux humains.

L'auteur de l'alarme bruyante, celui qui avait lancé le cri, se voyait distancé et ignoré par les flots de personnes qu'il venait d'appeler. Ferragut , toujours en courant, restait derrière les tirailleurs nègres, les débardeurs, les gardes du port, les matelots qui accouraient de toutes parts se pressaient dans les ruelles entre les caisses et les paquets…. Ils étaient comme les lévriers qui suivent les détours de la forêt, faisant sortir le cerf en plein champ, comme les furets qui se glissent dans les vallées souterraines, obligeant le lièvre à revenir à la lumière du jour. Le fugitif, entouré d'un labyrinthe de passages, se heurtant à chaque détour à des ennemis, sortit en courant par l'extrémité opposée et continua sa course sur toute la longueur du quai. La poursuite ne dura que quelques instants après être arrivé sur un terrain libre de tout obstacle. « Un espion !... » La voix, plus rapide que les jambes, l'éloigna. Les cris des poursuivants avertirent les gens qui travaillaient au loin, sans comprendre l'alarme.

Soudain, le fugitif se trouva à l'intérieur d'un demi-cercle concave d'hommes qui l'attendaient fermement, et d'un demi-cercle convexe suivant ses pas à une poursuite irrégulière. Les deux multitudes, fermant leurs extrêmes, s'unirent et l'espion fut prisonnier.

Ferragut le vit extrêmement pâle, haletant, regardant autour de lui avec une expression d'animal aux abois, mais pensant toujours à la possibilité de se défendre.

Sa main droite palpait une de ses poches. Peut-être allait-il dégainer un revolver pour mourir en se défendant. Un nègre à proximité souleva une poutre de bois qu'il tenait comme une massue. La main de l'espion, montrant un morceau de papier entre les doigts, se leva précipitamment vers sa bouche ; mais le coup du nègre, suspendu en l'air, tomba sur son bras, le rendant inerte. L'espion se mordit les lèvres pour retenir un rugissement de douleur.

Le papier avait roulé par terre et plusieurs mains essayaient de le ramasser à la fois. Un officier marinier l'a lissé avant de l'examiner. C'était un morceau de papier fin dessinant les contours de la Méditerranée. La mer entière était disposée en carrés comme un échiquier et au centre de chacun de ces carrés il y avait un numéro. Ces carrés étaient des sections cartographiées dont les numéros faisaient savoir aux sous-marins, par radio, où ils devaient guetter les navires alliés et les torpiller.

Un autre officier expliqua rapidement aux gens qui se pressaient autour de lui l'importance de la découverte. — En effet , c'était un espion ! Cette affirmation a réveillé la joie de la capture et ce désir impulsif de vengeance qui, à certains moments, affole les foules.

Les hommes des bateaux étaient les plus furieux, justement parce qu'ils se heurtaient constamment aux traîtres pièges sous-marins. " Ah, le bandit !... " De nombreux coups s'abattirent sur lui, le faisant chanceler sous leurs coups.

Lorsque le prisonnier était protégé par la poitrine de divers sous-officiers, Ferragut pouvait le voir de près, avec une tempe tachée de sang et une expression froide et hautaine dans les yeux. Puis il réalisa que le prisonnier s'était teint les cheveux.

Il avait fui pour se sauver ; il s'était montré humble et craintif dès qu'on l'avait approché, estimant qu'il était encore possible de mentir. Mais le papier qu'il avait tenté de cacher dans sa bouche était désormais entre les mains de l'ennemi…. Inutile de faire semblant plus longtemps !…

Et il se dressait fièrement, comme tout militaire qui considère sa mort comme certaine. L'officier de caste militaire reparut, regardant avec hauteur ses poursuivants inconnus, implorant la protection du seul képis à bande d'or.

En découvrant Ferragut , il l'examina fixement avec une insolence glaciale et dédaigneuse. Ses lèvres se retroussèrent également avec une expression de mépris.

Ils ne dirent rien, mais le capitaine devina ses paroles muettes. C'étaient des insultes. C'était l'insulte de l'homme de la hiérarchie supérieure envers son serviteur infidèle ; la fierté du noble fonctionnaire qui s'accuse d'avoir fait confiance à la fidélité d'une simple marine marchande.

" Traître !... Traître ! " ses yeux insolents et ses lèvres murmurantes et sans voix semblaient dire.

Ulysse devint furieux devant cette hauteur, mais sa colère fut froide et contenue en voyant l'ennemi privé de défense.

Il s'avança vers le prisonnier, comme l'un de ceux qui l'insultaient, en lui tendant le poing. Son regard soutenait celui de l'Allemand et il lui parlait en espagnol d'une voix sourde.

"Mon fils…. Mon fils unique a été réduit en mille atomes par le torpillage du *Californien* !"

Ces mots firent changer d'expression l'espion. Ses lèvres s'écartèrent, émettant une légère exclamation de surprise.

" Ah !… "

La lumière arrogante dans ses pupilles s'est évanouie. Puis il baissa les yeux et baissa peu après la tête. La foule vociférante le bousculait et l'entraînait sans tenir compte de l'homme qui avait donné l'alarme et lancé la poursuite.

Cet après-midi même, la *Mare Nostrum* quittait Marseille.

CHAPITRE X

À BARCELONE

Quatre mois plus tard, le capitaine Ferragut était à Barcelone.

Dans l'intervalle, il avait fait trois voyages à Salonique, et le second avait dû comparaître devant un capitaine de marine de l'armée d'Orient. L'officier français était informé de ses anciennes expéditions pour l'avitaillement des troupes alliées. Il connaissait son nom et le considérait comme le ferait un juge qui s'intéresse à l'accusé. Il avait reçu de Marseille un long télégramme faisant référence à Ferragut . Un espion soumis à la justice militaire l'accusait d'avoir transporté du ravitaillement vers les sous-marins allemands.

« Et ça, Capitaine ?... »

Ulysse hésita, regardant le visage grave du fonctionnaire, encadré d'une barbe grise. Cet homme lui a inspiré confiance. Il pouvait répondre négativement à de telles questions ; il serait difficile à l'Allemand de prouver son affirmation ; mais il préférait dire la vérité, avec la simplicité de celui qui ne cache pas ses défauts, se décrivant tel qu'il avait été , aveugle de luxure, entraîné par les artifices amoureux d'une aventurière.

"Les femmes !... Ah, les femmes !" murmura le chef français avec le sourire mélancolique d'un magistrat qui ne perd pas de vue les faiblesses humaines et qui y a participé.

Néanmoins La transgression de Ferragut était de la plus haute importance. Il avait aidé à organiser l'attaque sous-marine en Méditerranée.... Mais lorsque le capitaine espagnol raconta qu'il avait été une des premières victimes, que son fils était mort dans le torpillage du *Californian* , le juge parut touché, le regardant avec moins de sévérité.

Ferragut raconta ensuite sa rencontre avec l'espion dans la rade de Marseille.

« J'ai juré, dit-il enfin, de consacrer mon navire et ma vie à faire tout le mal possible aux meurtriers de mon fils... Cet homme me dénonce pour se venger. moi à un crime que je n'oublierai jamais. Je suis suffisamment puni par la mort de mon fils.... Mais cela n'a pas d'importance ; qu'ils me condamnent aussi.

Le chef restait plongé dans une profonde réflexion, le front dans la main et le coude sur la table. Ferragut reconnaissait ici une justice militaire, expéditive, intuitive, passionnelle, attentive aux sentiments qui n'ont guère de poids dans les autres tribunaux, jugeant par l'action de la conscience plus que par la lettre de la loi , et capable de fusiller un homme avec la même célérité. qu'il emploierait pour le mettre en liberté.

Lorsque les yeux du juge se fixèrent de nouveau sur lui, ils eurent une lumière indulgente. Il avait été coupable, non pas pour argent ni pour trahison, mais pour avoir été rendu fou par une femme. Qui n'a pas vécu quelque chose de pareil dans sa propre histoire ?... "Ah, les femmes !" répéta le Français, comme s'il déplorait la forme la plus terrible de l'esclavage.... Mais la victime avait déjà assez souffert de la perte de son fils. On lui devait d'ailleurs la découverte et l'arrestation d'un espion important.

"Votre main, Capitaine", conclut-il en tendant la sienne. "Tout ce que nous avons dit sera juste entre nous. C'est un secret sacré et confessionnel. Je m'en arrangerai avec le Conseil de Guerre.... Vous pouvez continuer à prêter vos services à notre cause."

Et Ferragut ne s'irritait pas davantage de l'affaire de Marseille. Peut-être l'observaient-ils discrètement et le surveillaient pour se convaincre de son entière innocence ; mais cette suspicion de vigilance ne se fit jamais sentir ni ne lui causa aucun ennui.

Lors du troisième voyage à Salonique, le capitaine français l'aperçut une fois de loin, le saluant d'un sourire grave qui montrait qu'il ne le considérait plus comme un éventuel espion.

A son retour, la *Mare Nostrum* jeta l'ancre à Barcelone pour s'approvisionner en draps pour le service militaire et autres articles industriels dont les troupes d'Orient avaient besoin. Ferragut n'a pas fait ce voyage pour des raisons mercantiles. Un intérêt affectueux l'attirait là.... Il avait besoin de voir Cinta , sentant que dans son âme le passé revenait à la vie.

L'image de sa femme, vive et séduisante, comme dans les premières années de leur mariage, ne cessait de s'élever devant lui. Ce n'était pas une résurrection du vieil amour ; cela aurait été impossible.... Mais ses remords lui faisaient voir, idéalisée par la distance, avec toutes ses qualités de femme douce et modeste.

Il souhaitait rétablir les relations cordiales d'autrefois, se faire pardonner tout le passé, pour qu'elle ne le regarde plus avec haine, le croyant responsable de la mort de son fils.

En réalité, elle était la seule femme à l'avoir aimé sincèrement, comme elle savait aimer, sans violence ni exagération passionnelle, et avec la tranquillité d'un camarade. Les autres femmes n'existaient plus. C'était une troupe d'ombres qui traversaient sa mémoire comme des spectres de forme visible mais sans couleur. Quant à cette dernière, cette Freya que la malchance avait mise sur son chemin… Comme le capitaine la détestait ! Comme il voulait la rencontrer et lui rendre une partie du mal qu'elle lui avait fait !...

En voyant sa femme, Ulysse s'imagina qu'aucun temps ne s'était écoulé. Il la trouva au moment de se séparer, ses deux nièces assises à ses pieds, faisant d'interminables et compliquées dentelles blondes sur les oreillers cylindriques appuyés sur leurs genoux.

La seule nouveauté du séjour du capitaine dans cette demeure au calme monastique était que Don Pedro s'abstenait de ses visites. Cinta reçut son mari avec un pâle sourire. Dans ce sourire, il soupçonnait l'œuvre du temps. Elle avait continué à penser à son fils toutes les heures, mais avec une résignation qui essuyait ses larmes et lui permettait de continuer la mécanique volontaire de l'existence. Elle voulait d'ailleurs effacer l'impression des paroles de colère, inspirées par la douleur, le souvenir de cette scène de rébellion dans laquelle elle s'était levée comme une accusatrice courroucée contre le père. Et Ferragut crut pendant quelques jours qu'il vivait comme les années passées, lorsqu'il n'avait pas encore acheté la *Mare Nostrum* et qu'il comptait rester toujours à terre. Cinta était attentive à ses souhaits et obéissante comme devrait l'être une épouse chrétienne. Ses paroles et ses actes révélaient un désir d'oublier, de se rendre agréable.

Mais il manquait quelque chose qui rendait le passé si doux. La cordialité de la jeunesse ne pouvait être ressuscitée. Le souvenir du fils s'interposait toujours entre les deux, ne sortant presque jamais de leurs pensées. Et il en sera toujours ainsi !

Comme cette maison ne pouvait plus être pour lui une véritable demeure, il se remit à attendre avec impatience l'heure du départ. Son destin était de vivre désormais sur le navire, de passer le reste de ses jours sur les vagues comme le capitaine maudit de la légende hollandaise, jusqu'à ce que la vierge blafarde enveloppée de voiles noirs — la Mort — vienne le secourir.

Pendant que le paquebot finissait de charger, il se promenait dans la ville chez ses cousins, les industriels, ou restait les bras croisés dans les cafés. Il regardait avec intérêt le courant humain qui parcourait les Ramblas où se mêlaient les indigènes du pays et le mélange pittoresque et absurde apporté par la guerre.

La première chose que Ferragut remarqua fut la diminution visible du nombre de réfugiés allemands.

Des mois auparavant, il les avait rencontrés partout, remplissant les hôtels et monopolisant les cafés, leurs chapeaux verts et leurs chemises à col ouvert les faisant reconnaître immédiatement. Les femmes allemandes, vêtues de robes voyantes et extravagantes, s'embrassaient partout lors des rencontres et parlaient en criant. La langue allemande, confondue avec le catalan et le castillan, semblait s'être naturalisée. Sur les routes et dans les montagnes, on voyait des rangées de garçons torse nu, la tête découverte, le bâton à la main et le sac alpin sur le dos, occupant leurs loisirs par des excursions agréables qui étaient en même temps peut-être une étude prévoyante.

Ces Allemands étaient tous venus d' Amérique du Sud, notamment du Brésil, d'Argentine et du Chili. Depuis Barcelone, ils avaient tenté, au début de la guerre, de regagner leur pays mais étaient désormais internés, incapables de poursuivre leur voyage par peur des croiseurs français et anglais qui patrouillaient en Méditerranée.

Au début personne n'avait voulu prendre la peine de s'établir sur cette terre, et ils s'étaient tous regroupés en vue de la mer avec l'espoir d'être les premiers à embarquer au moment même où la route de la navigation pourrait s'ouvrir pour eux. .

La guerre allait être très courte.… Extrêmement court ! Le Kaiser et son irrésistible armée n'auraient besoin que de six mois pour imposer leur domination sur toute l'Europe. Les Allemands enrichis par le commerce étaient logés dans les hôtels. Les pauvres qui travaillaient dans le nouveau monde comme fermiers ou commis de magasin étaient cantonnés dans un abattoir à la périphérie. Certains, musiciens, avaient acquis de vieux instruments et, formant des bandes ambulantes, imploraient l'aumône pour leurs rugissements de village en village.

Mais les mois passaient, la guerre se prolongeait et personne n'en discernait désormais la fin. Le nombre de ceux qui prenaient les armes contre l'impérialisme médiéval de Berlin ne cessait de croître, et les réfugiés allemands, enfin convaincus que leur attente allait être très longue, se dispersaient à l'intérieur de l'État, à la recherche d'une solution plus satisfaisante. et une existence moins coûteuse. Ceux qui vivaient dans des hôtels luxueux s'installaient dans des villas et des chalets de banlieue ; les pauvres, fatigués des rations de l'abattoir, s'efforçaient de trouver du travail dans les travaux publics de l'intérieur.

Beaucoup restaient encore à Barcelone, se réunissant dans certains cafés en plein air pour lire les périodiques familiaux et parler mystérieusement des œuvres de guerre.

Ferragut les reconnut aussitôt en les croisant sur la Rambla. Certains étaient des marchands, des commerçants établis de longue date dans le pays, se vantant de leurs relations catalanes avec cette facilité d'adaptation mensongère propre à leur race. D'autres venaient d'Amérique du Sud et étaient associés à ceux de Barcelone par la franc-maçonnerie de camaraderie et d'intérêt patriotique. Mais ils étaient tous Allemands, et cela suffisait pour que le capitaine rappelle immédiatement son fils et projette une vengeance sanglante. Il voulait parfois avoir dans ses bras toutes les forces aveugles de la nature pour anéantir d'un seul coup ses ennemis. Cela l'ennuyait de les voir s'établir dans son pays, de devoir les adopter quotidiennement sans protestation et sans agression, en les respectant parce que les lois l'exigeaient.

Il aimait flâner parmi les parterres de fleurs de la Rambla, entre les deux murs de fleurs fraîchement coupées qui gardaient encore dans leurs corolles la rosée du lever du jour. Chaque table de fer était une pyramide formée de toutes les teintes de l'arc-en-ciel et de tous les parfums que la terre peut produire.

Le beau temps commençait. Les arbres des Ramblas se couvraient de feuilles et dans leurs branches ombragées gazouillaient des milliers d'oiseaux avec la ténacité assourdissante des grillons.

Le capitaine éprouvait un plaisir particulier à observer les dames en mantille de dentelle qui sélectionnaient des bouquets dans une atmosphère rafraîchissante. Aucune situation, si angoissante soit-elle, ne le laissa jamais insensible aux attirances féminines.

Un matin, traversant lentement la foule, il s'aperçut qu'une femme le suivait. Plusieurs fois, elle croisa son chemin, lui souriant, cherchant un prétexte pour entamer la conversation. Une telle insistance ne satisfaisait pas particulièrement son orgueil ; car c'était une femme au buste saillant et aux hanches balancées, une cuisinière avec un panier au bras, comme beaucoup d'autres qui passaient par la Rambla pour ajouter un bouquet de fleurs à l'achat quotidien de nourriture.

Constatant que le marin n'était pas ému par ses sourires ni par les regards de ses yeux perçants, elle se planta devant lui et lui parla en catalan.

"Excusez-moi, monsieur, mais n'êtes-vous pas un capitaine de navire nommé Don Ulysse ?... "

Cela a lancé la conversation. Le cuisinier, persuadé que c'était lui, continuait de parler avec un sourire mystérieux. Une très belle dame désirait le voir.... Et elle lui donna l'adresse d'une villa avec tour située au pied du Tibidabo, dans un quartier de construction récente. Il pouvait faire sa visite à trois heures de l'après-midi.

"Venez, monsieur," ajouta-t-elle avec un air de douce promesse. "Vous ne regretterez jamais le voyage."

Toutes les questions étaient inutiles. La femme n'en dirait pas plus. La seule chose que l'on pouvait déduire de ses réponses évasives était que la personne qui l'envoyait l'avait quittée en voyant le capitaine.

Quand le messager fut parti , il voulut la suivre. Mais la grosse vieille femme secouait la tête à plusieurs reprises. Son astuce était habituée à échapper aux poursuites, et sans que Ferragut sache exactement comment, elle s'éclipsa, se mêlant aux groupes près de la place de Catalogne .

« Je n'irai pas », fut la première chose que dit Ferragut en se trouvant seul.

Il savait exactement ce que signifiait cette invitation. Il se rappelait une infinité d'amitiés anciennes et inavouables qu'il avait nouées à Barcelone, des femmes qu'il avait rencontrées en d'autres temps, entre deux voyages, sans aucune passion d'aucune sorte, mais par sa curiosité vagabonde, avide de nouveauté. Peut-être que quelqu'un d'entre eux l'avait vu sur la Rambla, envoyant cet intermédiaire pour renouer les anciennes relations. Le capitaine jouissait probablement de la renommée d'un homme riche maintenant que tout le monde commentait les affaires étonnamment bonnes réalisées par les propriétaires de navires.

« Je n'irai pas », se dit-il encore avec énergie. Il jugeait inutile de s'occuper de cet entretien, de rencontrer le sourire mercenaire d'une connaissance familière mais oubliée.

Mais l'insistance du souvenir et la ténacité même avec laquelle il se répétait sans cesse sa promesse de ne pas tenir le rendez-vous, firent commencer à Ferragut à soupçonner qu'il valait peut-être mieux y aller après tout.

Après le déjeuner, sa volonté faiblit. Il ne savait pas quoi faire de lui-même pendant l'après-midi. Sa seule distraction était de rendre visite à ses cousins dans leurs comptoirs ou de flâner sur la Rambla. Pourquoi ne pas y aller ?… Peut-être qu'il se trompe, et l'entretien pourrait s'avérer intéressant. En tout cas, il aurait la chance de se retirer après une brève conversation sur le passé…. Sa curiosité était excitée par le mystère.

Et à trois heures de l' après-midi , il prit un tramway qui le conduisit vers les nouveaux quartiers qui surgissaient autour de la base du Tibidabo .

La bourgeoisie commerçante avait recouvert ces terres d'une efflorescence architecturale, fille légitime de ses rêves. Les commerçants et les industriels avaient souhaité y installer une maison de plaisir, traditionnellement appelée torre , pour s'y reposer le dimanche et en même temps faire étalage de leur richesse avec ces créations gothiques, arabes, grecques et persanes. Les plus patriotes s'appuyaient sur l'inspiration des architectes indigènes qui avaient inventé un art catalan avec des arcs brisés, des créneaux et des couronnes ducales. Ces couronnes médiévales, répétées jusqu'au sommet des cheminées, étaient le motif décoratif éternel d'une ville industrielle peu portée au rêve et à la soif de lucre.

Ferragut avançait dans la rue solitaire, entre deux rangées d'arbres fraîchement transplantés et qui commençaient à peine à pousser. Il regardait les façades des *torres* faites de blocs de ciment imitant la pierre des anciennes forteresses, ou de tuiles qui représentaient des paysages fantastiques, des fleurs absurdes, des nymphes bleutées et vernissées.

En descendant du tramway, il prit une résolution. Il ne regardait que l'extérieur de la maison. Peut-être que cela l'aiderait à découvrir la femme ! Ensuite, il continuerait son chemin.

Mais en arrivant à la *torre* , dont il gardait encore le numéro, et s'arrêtant quelques secondes devant son architecture de château féodal dont l'intérieur ressemblait probablement à celui des brasseries en plein air, il vit la porte s'ouvrir et y apparaître la même femme. qui avait parlé avec lui dans la Rambla fleurie.

"Entrez, Capitaine."

Et le capitaine n'a pas pu résister au sourire suggestif du cuisinier.

Il se trouva dans une sorte de salle semblable à la façade, avec une cheminée gothique en albâtre imitant le chêne, de grandes jarres en porcelaine, des pipes grosses comme des cannes et de vieilles armures ornant les murs. Diverses gravures sur bois reproduisant des tableaux modernes de Munich alternaient avec ces décors. Face à la cheminée, Guillaume II exhibait l'un de ses innombrables uniformes, resplendissant d'or et aux montures criardes.

La maison semblait inhabitée. De lourds rideaux doux amortissaient chaque bruit. L'intermédiaire corpulent avait disparu avec la légèreté d'un être immatériel, comme englouti par le mur. En regardant le portrait du Kaiser d'un air renfrogné, le marin commença à s'inquiéter de ce silence qui lui paraissait presque hostile…. Et il ne portait pas d'armes.

La femme souriante se présenta à nouveau avec la même douceur glissante.

"Entrez, Don Ulysse."

Elle avait ouvert une porte, et Ferragut, en s'avançant, sentit que cette porte était fermée à clé derrière lui.

La première chose qu'il aperçut fut une fenêtre, plus large que haute, en verre coloré. Une Valkyrie galopait dessus, la lance au repos et les mèches flottantes, sur un destrier noir qui expulsait du feu par ses narines. Dans la lumière diffuse des vitraux, il distinguait des tapisseries aux murs et un profond divan aux coussins fleuris.

Une femme surgit des douces profondeurs de ce canapé et se précipita vers Ferragut les bras tendus. Son impulsion fut si violente qu'elle la fit entrer en collision avec le capitaine. Avant que l'étreinte féminine ait pu se refermer autour de lui , il aperçut une bouche haletante, aux dents avides, aux yeux pleins de larmes d'émotion, un sourire mêlé d'amour et d'inquiétude douloureuse.

" Toi !... Toi ! " bégaya-t-il en reculant d'un bond.

Ses jambes tremblèrent d'un frisson de surprise. Une vague de froid lui parcourut le dos.

"Ulysse !" soupira la femme en essayant à nouveau de le prendre dans ses bras.

" Toi!... *Vous* !" répéta encore le marin d'une voix sourde.

C'était Freya.

Il ne savait pas avec certitude quelle force mystérieuse dictait son action. C'était peut-être la voix de son bon conseiller, habitué à parler dans son cerveau dans les instants critiques, qui s'affirmait désormais.... Il vit instantanément un navire qui explosait et son fils réduit en miettes.

" Ah... *grand* "

Il leva son bras robuste, le poing serré comme une masse. La voix de la prudence ne cessait de lui donner des ordres. " Dur !... Aucune considération !... Cette femelle est sournoise. " Et il frappa comme si son ennemi était un homme, sans hésitation, sans pitié, concentrant toute son âme dans son poing.

La haine qu'il éprouvait et le souvenir des ressources agressives de la femme allemande lui firent attaquer un deuxième coup, craignant une attaque de sa part et voulant la repousser avant qu'elle ne puisse être faite.... Mais il s'arrêta, le bras levé.

" *Ay de mí* !... "

La femme avait poussé un cri d'enfant, chancelante, se balançant sur ses pieds, les bras baissés, sans aucune tentative de défense. Elle chancela d'un côté à l'autre comme si elle était ivre. Ses genoux se replièrent sous elle, et elle tomba avec la mollesse d'un paquet de vêtements, sa tête heurtant d'abord les coussins du divan. Le reste de son corps restait comme un chiffon sur le tapis.

Il y eut un long silence, interrompu de temps en temps par des gémissements de douleur. Freya gémissait les yeux fermés, sans sortir de son inertie.

Le marin, renfrogné d'une laideur tragique et transporté de rage, restait immobile, regardant d'un air sombre la créature tombée. Il était satisfait de sa brutalité ; cela avait été un soulagement opportun ; il pouvait mieux respirer. En même temps , il commençait à avoir honte de lui-même. « Qu'as-tu fait, lâche ?... » Pour la première fois de son existence , il avait frappé une femme.

Il leva sa main droite douloureuse vers ses yeux. Un de ses doigts saignait. Peut-être qu'il était resté accroché à ses boucles d'oreilles, peut-être qu'une épingle sur sa poitrine l'avait égratigné. Il aspira le sang de la profonde égratignure, puis oublia la blessure pour contempler à nouveau le corps étendu à ses pieds.

Peu à peu, il s'habituait à la lumière diffuse de la pièce. Il commençait déjà à voir clairement les objets. Son regard se posa sur Freya avec un air mêlé de haine et de remords.

Sa tête, enfoncée dans les coussins, présentait un profil pitoyable. Elle paraissait beaucoup plus âgée, comme si son âge avait doublé à cause de ses larmes. Le coup brutal avait rendu sa fraîcheur et sa merveilleuse jeunesse s'envoler avec une lugubre soudaineté. Ses yeux mi-ouverts étaient cernés de rides passagères. Son nez avait pris l'acuité livide des morts ; sa grande masse de cheveux, rougis sous le coup, était ébouriffée en touffes dorées et ondulantes. Quelque chose de noir s'y enroulait, faisant des stries sur la soie du coussin. C'était le sang qui coulait entre les fleurs héraldiques de la broderie, le sang coulant du front caché, absorbé par la sécheresse de l'étoffe molle.

En faisant cette découverte, Ferragut sentit sa honte grandir. Il fit un pas par-dessus le corps étendu, cherchant la porte. Pourquoi restait-il là ?… Tout ce qu'il avait à faire était déjà fait ; tout ce qu'il pouvait dire était déjà dit.

"N'y va pas, Ulysse", soupira une voix plaintive. « Écoute- moi !… Il s'agit de ta vie.

La peur qu'il puisse s'enfuir la fit se ressaisir avec des gémissements douloureux et ce mouvement accéléra le flux du sang.… L'oreiller continuait à l'abreuver comme une prairie assoiffée.

Une compassion irrésistible, comme celle qu'il pouvait éprouver pour tout étranger abandonné au milieu de la rue, faisait reculer le marin, les yeux fixés sur un grand vase de cristal posé à terre, rempli de fleurs. Avec fracas, il répandit sur le tapis tout le bouquet printanier, disposé tout à l'heure par des mains féminines avec la fébrilité de celle qui compte les minutes et vit d'espérance.

Il trempa son mouchoir dans l'eau du vase et s'agenouilla près de Freya, levant la tête sur le coussin. Elle laissa la blessure se laver avec l'abandon d'une créature malade, fixant sur son agresseur une paire d'yeux implorants, s'ouvrant maintenant pour la première fois.

Lorsque le sang cessa de couler, formant sur la tempe une tache rouge et coagulée, Ferragut essaya de la relever.

"Non, laissez-moi ainsi", murmura-t-elle. "Je préfère être à tes pieds. Je suis ton esclave… ton jouet. Battez-moi davantage si cela peut apaiser votre colère."

Elle voulait insister sur son humilité, offrant ses lèvres avec un baiser timide d'esclave reconnaissante.

"Ah, non !... Non !"

Pour éviter cette caresse, Ulysse se releva brusquement. Il éprouva à nouveau une haine intense envers cette femme, qui peu à peu faisait appel à ses sens. En arrêtant le flux de sang, sa compassion s'était éteinte.

Elle, devinant ses pensées, se sentit obligée de parler.

"Faites de moi ce que vous voulez.... Je ne me plaindrai pas. Vous êtes le premier homme qui m'a jamais frappé.... Et je ne me suis pas défendu ! Je ne me défendrai pas même si vous me frappez à nouveau.... Si cela avait été quelqu'un sinon, j'aurais répondu coup pour coup ; mais vous !... Je vous ai fait tellement de mal !... »

Elle resta silencieuse pendant quelques instants, agenouillée devant lui dans une attitude suppliante, son corps reposant sur ses talons. Elle étendait les bras en parlant d'une voix monotone et triste, comme les spectres des apparitions du théâtre.

"J'ai longtemps hésité avant de vous voir", continua-t-elle. "Je craignais ta colère; j'étais sûr que dans un premier temps tu te laisserais envahir par ta colère et j'étais terrifié à l'idée de l'entretien.... Je t'espionne depuis que je sais que tu es à Barcelone; J'ai attendu près de chez toi, plusieurs fois je t'ai vu passer la porte d'un café, et j'ai pris ma plume pour t'écrire. Mais j'avais peur que tu ne viennes pas, en reconnaissant mon écriture, ou que tu ne payes aucune attention à une lettre d'une autre main... Ce matin sur la Rambla je ne pouvais plus me contenir. Alors je t'ai envoyé cette femme et j'ai passé des heures cruelles à craindre que tu ne viennes pas... Enfin je te vois et votre violence ne me fait aucune différence. Merci, merci mille fois d'être venu !"

Ferragut restait immobile, le regard distrait, comme s'il n'entendait pas sa voix.

"Il fallait te voir", continua-t-elle. "Il s'agit de votre existence même. Vous vous êtes opposé à une puissance formidable qui peut vous écraser. Votre ruine est décidée. Vous êtes un homme seul et vous avez éveillé les soupçons, sans le savoir, d'une organisation mondiale. .... Le coup n'est pas encore tombé sur vous, mais il va tomber d'un moment à l'autre, peut-être aujourd'hui même ; je ne peux pas tout savoir.... C'est pourquoi il était nécessaire de vous voir pour que vous puissiez mettre mettez-vous sur la défensive, afin de fuir, s'il le faut.

Le capitaine, souriant avec mépris, haussait les épaules comme il le faisait toujours quand on lui parlait de danger, et conseillait la prudence. De plus, il ne pouvait pas croire une seule chose que disait cette femme.

"C'est un mensonge!" » dit-il d'un ton sourd. "Tout cela n'est qu'un mensonge !…

"Non, Ulysse : écoute-moi. Tu ne connais pas l'intérêt que tu m'inspires. Tu es le seul homme que j'ai jamais aimé… Ne me souris pas ainsi : ton incrédulité me terrifie…. Le remords est maintenant uni à mon pauvre amour. Je t'ai fait tant de mal !… Je hais tous les hommes. J'ai envie de leur faire tout le mal que je peux ; mais il existe une exception : toi !… Tous mes désirs de bonheur sont pour toi. Mes rêves d'avenir ont toujours toi comme personnage central… Veux-tu que je reste indifférent en te voyant en danger ?… Non, je ne mens pas… Tout ce que je te dis cet après-midi est la vérité : je ne le ferai jamais. pouvoir vous mentir. Cela me chagrine tellement que mes artifices et ma fausseté vous aient causé du trouble… Frappez-moi encore, traitez-moi comme la pire des femmes, mais croyez ce que je vous dis ; suivez mon conseil.

Le marin persistait avec dédain dans son attitude indifférente. Ses mains tremblaient d'impatience. Il s'en allait. Il ne voulait plus en entendre parler…. L'avait-elle pourchassé juste pour l'effrayer avec des dangers imaginaires ?…

" Qu'as-tu fait, Ulysse ?… Qu'as-tu fait ? " Freya n'arrêtait pas de dire désespérément.

Elle savait tout ce qui s'était passé dans le port de Marseille, et elle connaissait bien aussi le nombre infini d'agents qui travaillaient pour la plus grande gloire de l'Allemagne. Von Kramer, depuis sa prison, avait fait connaître le nom de son informateur. Elle déplora la franchise véhémente du capitaine.

"Je comprends votre haine; vous ne pouvez pas oublier le torpillage du *Californien* …. Mais vous auriez dû dénoncer von Kramer sans lui laisser soupçonner de qui venait l'accusation…. Vous avez agi comme un fou; vous êtes un personnage impulsif qui ne craint pas le lendemain."

Ulysse eut un geste méprisant. Il n'aimait pas les subterfuges et les trahisons. Sa façon de faire était la meilleure. La seule chose qu'il déplorait était que cet assassin de la mer soit peut-être encore en vie, n'ayant pas pu le tuer de ses propres mains.

"Peut-être qu'il ne vit pas encore", a-t-elle poursuivi. " Le Conseil de guerre français l'a condamné à mort. Nous ne savons pas si la sentence a été exécutée ; mais ils vont le fusiller d'un instant à l'autre, et tout le monde dans notre entourage sait que vous êtes le véritable auteur de son malheur. ".

Elle devint terrifiée en pensant à la haine accumulée provoquée par cet acte et à la vengeance imminente. A Berlin, le nom de Ferragut faisait l'objet d'une attention particulière ; dans toutes les nations de la terre, les bataillons civils d'hommes et de femmes engagés à œuvrer au triomphe de l'Allemagne répétaient en ce moment son nom. Les commandants des sous-marins transmettaient des informations concernant son navire et sa personne. Il avait osé attaquer le plus grand empire du monde. Lui, un homme solitaire, un simple capitaine marchand, privant le Kaiser d'un de ses plus vaillants et précieux serviteurs !

" Qu'as-tu fait, Ulysse ?... Qu'as-tu fait ? " elle gémit encore.

Et Ferragut commença à reconnaître dans sa voix un véritable intérêt pour sa personne, une peur terrible des dangers qu'elle croyait le menacer.

"Ici, dans votre propre pays, leur vengeance va vous rattraper. Fuyez ! Je ne sais pas où vous pouvez aller pour vous débarrasser d'eux, mais croyez-moi... Fuyez !"

Le marin sortit de son indifférence méprisante. La colère donnait à son regard une lueur hostile. Il était furieux à l'idée que ces étrangers puissent le poursuivre dans son propre pays ; c'était comme s'ils l'attaquaient près de son propre foyer. L'orgueil national augmentait sa colère.

"Laissez-les venir", dit-il. "J'aimerais les voir aujourd'hui même."

Et il regardait autour de lui, serrant les poings, comme si ces ennemis innombrables et inconnus allaient sortir des murs.

"Ils commencent aussi à me considérer comme un ennemi", poursuit la femme. "Ils ne le disent pas, parce que c'est une chose courante chez nous de cacher nos pensées; mais je soupçonne la froideur qui m'entoure.... Le docteur sait que je vous aime comme avant, malgré la colère qu'elle se sent contre toi. Les autres parlent de ta « trahison » et je proteste parce que je ne supporte pas un tel mensonge... Pourquoi es-tu un traître ?... Tu n'es pas de notre clan ... Tu es un père qui a envie de se venger. Nous sommes les vrais traîtres : moi qui vous ai entraîné dans la fatale aventure, eux qui m'ont poussé vers vous pour profiter de vos services.

Leur vie à Naples resurgit dans sa mémoire et elle sentit le besoin d'expliquer ses actes.

"Tu n'as pas pu me comprendre. Tu ignores la vérité... Quand je t'ai rencontré sur la route de Paestum, tu étais un souvenir de mon passé, un fragment de ma jeunesse, du temps où j'ai connu le médecin que vaguement, et n'était pas encore compromis au service de «l'information».... Dès le début, votre amour et votre enthousiasme m'ont impressionné. Vous représentiez une diversion intéressante avec votre galanterie espagnole, m'attendant devant l'hôtel pour pour m'assiéger de vos promesses et de vos vœux. Je m'ennuyais beaucoup pendant l'attente forcée à Naples. Vous vous trouviez aussi obligé d'attendre et cherchiez en moi une récréation agréable... Un jour, je compris que vous m'intéressiez vraiment beaucoup. , comme aucun autre homme ne m'avait jamais intéressé… Je me doutais que j'allais tomber amoureuse de toi.

"C'est un mensonge !... C'est un mensonge", murmura méchamment Ferragut .

" Dites ce que vous voulez, mais c'était ainsi. Nous aimons selon le lieu et le moment. Si nous nous étions rencontrés en une autre occasion, nous nous serions peut-être vus quelques heures, pas plus, chacun suivant son propre mode. " notre propre chemin sans autre considération. Nous appartenons à des mondes différents… Mais nous étions mobilisés dans le même pays, opprimés par l'ennui de l'attente, et ce qui devait être… était. Je vous dis toute la vérité : si vous pouviez savoir quoi ça m'a coûté de t'éviter !...

« Le matin, en me levant dans la chambre de mon hôtel, mon premier mouvement était de regarder à travers les rideaux pour me convaincre que vous m'attendiez dans la rue. « Voilà ma dévouée : voilà ma chérie ! Peut-être aviez-vous mal dormi en pensant à moi, alors que je sentais renaître en moi mon âme, une âme de jeune fille de vingt ans, enthousiaste et naïve… Mon premier mouvement fut de descendre vous rejoindre et de vous accompagner le long des rives du golfe. comme deux amants sortis d'un roman. Alors la réflexion venait à mon secours. Mon passé déboulait dans mon esprit comme une vieille cloche tombée de sa tour. J'avais oublié ce passé, et sa récurrence m'assourdissait avec son tintement accablant vibrant de souvenirs. "Pauvre homme !... Dans quel monde de compromis et d'embrouilles je vais l'entraîner !... Non ! Non !" Et je t'ai fui avec la ruse d'une écolière espiègle, sortant de l'hôtel quand tu étais parti quelques instants, d'autres fois faisant un virage à l'instant même où tu détournais les yeux... Je me suis seulement permis aborder froidement et ironiquement quand il était impossible d'éviter de vous rencontrer... Et après, chez le docteur, je parlais de vous, à chaque instant, riant avec elle de ces galanteries romanesques.

Ferragut écoutait d'un air sombre, mais avec une concentration croissante. Il prévoyait l'explication de nombreux actes jusqu'alors incompréhensibles. Un rideau allait être tiré sur le passé, montrant tout ce qu'il y avait derrière sous un nouveau jour.

"Le docteur riait, mais malgré mes plaisanteries, elle m'assurait quand même : 'Tu es amoureuse de cet homme ; ce Don José t'intéresse. Fais attention, Carmen !' Et le plus étrange, c'est qu'elle ne prenait pas mal mon engouement, surtout si l'on considère qu'elle était l'ennemie de toutes les passions qui ne pouvaient être directement subordonnées à notre travail... Elle a dit la vérité, j'étais amoureux. Le matin, l'envie irrésistible d'aller à l'Aquarium s'est emparée de moi. J'avais passé plusieurs jours sans vous voir : j'habitais à l'extérieur de l'hôtel, dans la maison du médecin, pour ne pas rencontrer mon amoureux. Et ce matin-là, je me suis levé. très triste, avec une pensée fixe : «

Pauvre capitaine !... Donnons-lui un peu de bonheur. J'étais malade ce jour-là.... Malade à cause de toi ! Maintenant j'ai tout compris. Nous nous sommes vus à l'Aquarium et c'est moi qui t'ai embrassé en même temps que j'aspirais à l'extermination de tous les hommes.... De tous des hommes sauf toi!"

Elle fit une brève pause, levant les yeux vers lui, afin de ressentir l'effet de ses paroles.

"Tu te souviens de notre déjeuner au restaurant de Vomero ; tu te souviens comment je t'ai supplié de t'en aller, me laissant à mon sort. J'avais un pressentiment de l'avenir. Je prévoyais que cela allait te être fatal. Comment pourrais-je joignez une vie directe et franche comme la vôtre à mon existence d'aventurière, mêlée à tant d' inavouables des compromis ?... Mais j'étais amoureux de toi. Je voulais te sauver en te quittant, et en même temps j'avais peur de ne plus te revoir. La nuit où tu m'as irrité par la fureur de tes désirs et où je me suis bêtement défendu, comme si c'était un outrage, concentrant sur ta personne la haine que tous les hommes m'inspirent , cette nuit-là, seule dans mon lit, j'ai pleuré. J'ai pleuré à l'idée de t'avoir perdu pour toujours et en même temps je me sentais satisfait de moi car ainsi je te libérais de mon influence funeste.... Puis von Kramer est arrivé. Nous avions besoin d'un bateau et d'un homme. Le médecin parla, fier de sa pénétration qui avait fait de son suspect en toi un atout disponible. Ils m'ont donné l'ordre d'aller à ta recherche, de reprendre la maîtrise de ta maîtrise de soi. Mon premier réflexe a été de refuser, en pensant à votre avenir. Mais le sacrifice était doux ; l'égoïsme dirige nos actions... et je t'ai cherché ! Tu connais la suite."

Elle se tut, restant dans une attitude pensive, comme si elle savourait cette période de son souvenir, la plus douce de son existence.

« En allant vous chercher sur le paquebot, continua-t-elle quelques instants après, j'ai compris ce que vous représentiez dans ma vie. Quel besoin j'avais de vous !... Le médecin était préoccupé par les événements italiens. Je ne comptais que les jours, constatant qu'ils s'écoulaient avec plus de lenteur que les autres. Un... deux... trois... " Mon marin adoré, mon requin amoureux, va venir.... Il va venir ! " Et ce qui est arrivé tout d'un coup, alors que nous y croyions encore au loin, ce fut le coup de la guerre, qui nous sépara brutalement. Le docteur maudissait les Italiens en pensant à l'Allemagne, je les maudissais en pensant à vous, me voyant obligé de suivre mon amie, se préparant a s'envoler dans deux heures, par peur de la foule.... Ma ocule satisfaction était d'apprendre que nous venions en Espagne. Le médecin se promettait de faire de grandes choses ici.... Je pensais que nulle part cela ne se ferait. ce sera plus facile pour moi de te retrouver.

Elle avait gagné un peu plus de force physique. Ses mains touchaient les genoux de Ferragut , désireuses de les embrasser, mais n'osant pas le faire, craignant qu'il ne la repousse et ne dépasse cette inertie tragique qui lui permettait de l'écouter.

"Quand à Bilbao j'ai appris le torpillage du *Californien* et la mort de votre fils…. Je ne parlerai pas de cela; j'ai pleuré, j'ai pleuré amèrement, en me cachant du médecin. À partir de ce moment-là, je l'ai détestée. Elle Je me suis réjoui de l'événement, passant indifféremment sur ton nom. Tu n'existais plus pour elle, parce qu'elle ne pouvait plus se servir de toi... J'ai pleuré pour toi, pour ton fils que je ne connaissais pas, et pour moi aussi, "Je me souviens de ma responsabilité dans cette affaire. Depuis ce jour, je suis une autre femme… Puis nous sommes arrivés à Barcelone et j'ai passé des mois et des mois à attendre ce moment."

Son ancienne passion se reflétait dans ses yeux. Une lueur d'amour humble illumina son visage meurtri.

"Nous nous sommes établis dans cette maison qui appartient à un électricien allemand, ami du médecin . Chaque fois qu'elle partait en voyage me laissant libre, mes pas se tournaient invariablement vers le port. J'attendais de voir votre navire. Mes yeux j'ai suivi les marins avec sympathie, pensant voir en chacun d'eux quelque chose de votre personne... "Un jour il viendra", me disais-je. Vous savez combien l'amour est égoïste ! J'ai peu à peu oublié la mort de votre fils... " D'ailleurs, ce n'est pas moi qui suis vraiment coupable : il y en a d'autres. J'ai été trompé comme vous. " Il va venir, et nous serons encore heureux ! "... Oui ! *Si* cette salle pouvait parler … si ce divan sur lequel j'ai tant de fois rêvé pouvait parler !… Je disposais toujours des fleurs dans un vase en faisant croire que tu allais venir. Je me préparais toujours un peu en imaginant que c'était pour toi …. J'habitais dans votre pays, et il était naturel que vous veniez. Soudain, le paradis que j'imaginais s'est évanoui en fumée. Nous avons reçu la nouvelle, je ne sais comment, de l'emprisonnement de von Kramer, et que vous aviez été son accusateur. Le médecin m'a lancé l'anathème, me rendant responsable de tout. Par moi, elle t'avait connu, et cela suffisait pour qu'elle m'inclut dans son indignation. Toute notre bande a commencé à planifier ta mort, aspirant à ce qu'elle soit accompagnée des tortures les plus atroces…."

Ferragut l'interrompit. Son front était plissé comme dominé par une idée tenace…. Peut-être qu'il ne l'écoutait pas.

"Où est le médecin?"…

Le ton de la question était inquiétant. Il serra les poings, regardant autour de lui comme s'il attendait l'apparition de l'imposante dame. Son attitude était exactement la même que celle qui avait accompagné son attaque contre Freya.

"Je ne sais pas où elle voyage", a déclaré son compagnon. "Elle est probablement à Madrid, à Saint-Sébastien ou à Cadix. Elle part très souvent.

Elle a des amis partout… Et j'ai osé vous inviter ici simplement parce que je suis seul."

Et elle a décrit la vie qu'elle menait dans cette retraite. Pour l'heure, son ancien protecteur la laissait dans l'inaction, s'abstenant de lui donner un quelconque travail. Elle faisait tout elle-même, en évitant tous les intermédiaires. Ce qui était arrivé à von Kramer l'avait rendue si jalouse et méfiante que lorsqu'elle avait besoin d'aide, elle n'admettait que ses compatriotes vivant à Barcelone.

Autour d'elle s'était groupée une bande féroce et déterminée, composée de réfugiés des républiques sud-américaines, de parasites des villes côtières ou de vagabonds des forêts de l'intérieur. À leur tête, comme porteur de message pour le médecin, se trouvait Karl, le secrétaire que Ferragut avait vu dans la grande maison ancienne du quartier de Chiaja .

Cet homme, malgré son aspect huileux, a commis plusieurs crimes sanglants au cours de sa vie. Il était un digne surintendant du groupe d'aventuriers enflammés d'enthousiasme patriotique qui acheminaient le ravitaillement des sous-marins dans la Méditerranée espagnole. Ils connaissaient tous le capitaine Ferragut , à cause de l'affaire de Marseille, et ils parlaient de sa personne avec une sombre réticence.

"Grâce à eux, j'ai appris votre arrivée", a-t-elle poursuivi. "Ils vous espionnent, attendant un moment favorable. Qui sait s'ils ne vous ont pas déjà suivi ici ?... Ulysse, fuyez, votre vie est sérieusement menacée."

Le capitaine haussa de nouveau les épaules avec une expression de dégoût.

« Fuyez, je le répète !... Et si vous le pouvez, si j'éveille en vous un peu de compassion, si vous ne m'êtes pas complètement indifférent… emmenez-moi avec vous !... »

Ferragut commença à se demander si tout ce préambule n'était qu'un prélude à cette ultime demande. Cette demande inattendue produisit une impression d'étonnement scandalisé. Fallait-il fuir avec elle, avec celui qui lui avait fait tant de mal ?... Unir à nouveau sa vie à la sienne, la connaissant comme il la connaissait maintenant !...

La proposition était si absurde que le capitaine sourit sardoniquement.

"Je suis autant en danger que toi", continua Freya avec un accent désespéré. " Je ne sais pas exactement quel est le danger qui me menace, ni d'où il peut venir. Mais je m'en doute, je le pressent qui plane au-dessus de ma tête… Je ne leur suis absolument plus d'aucune utilité maintenant ; je n'ai plus leur confiance. , et je sais trop de choses. Comme j'ai trop de secrets pour qu'ils me livrent en me laissant tranquille, ils ont accepté de me supprimer, j'en suis sûr. Je peux le lire dans les yeux de celui qui était mon ami et protecteur…. Tu ne peux pas m'abandonner, Ulysse. Tu ne désireras pas ma mort.

Ferragut s'indigna devant ces supplications, rompant enfin son silence dédaigneux.

" Comédienne !... Tout mensonge !... Des inventions pour vous emmêler avec moi, me faisant intervenir à nouveau dans le réseau de votre vie, me compromettant à nouveau dans votre travail de surveillance détestable !... "

Il prenait désormais le bon chemin. Son désir de vengeance l'avait placé parmi les adversaires de l'Allemagne. Il déplorait son ancienne cécité et était satisfait de ses nouveaux intérêts. Il ne cachait pas sa conduite. Il servait les Alliés.

" Et c'est pour cela que vous me traquez ; c'est pour cela que vous avez organisé cet entretien, probablement à l'instigation de votre ami le médecin. Vous souhaitez m'employer une seconde fois comme instrument secret de votre espionnage. " Le capitaine Ferragut est un imbécile tellement amoureux, vous êtes-vous dit. Nous n'avons rien d'autre à faire que de faire appel à sa chevalerie... " Et vous désirez vivre avec moi, peut-être m'accompagner dans mes voyages, suivre mon existence afin de révéler mes secrets à vos compatriotes pour que j'apparaisse à nouveau comme un traître. Ah, coquine !... "

Cette prétendue trahison attira à nouveau sa colère meurtrière. Il leva le bras et le pied et s'apprêtait à frapper et à écraser la femme agenouillée. Mais son humiliation passive, son absence totale de résistance l'ont arrêté.

"Non, Ulysse... écoute-moi !"

Elle a fait de son mieux pour prouver sa sincérité. Elle avait peur des siens ; elle les voyait maintenant sous un jour nouveau, et ils la remplissaient d'horreur. Sa manière de voir les choses a radicalement changé. Ses remords, en pensant à ce qu'elle avait fait, faisaient d'elle une martyre. Sa conscience commençait à ressentir la saine transformation des femmes repentantes qui étaient autrefois de grandes pécheresses. Comment laver son âme de ses crimes passés ?... Elle n'avait même pas la consolation de cette foi patriotique, si sanglante et féroce qu'elle fût, qui enflammait le médecin et ses assistants.

Elle avait beaucoup réfléchi. Pour elle, il n'y avait plus d'Allemands, ni d'Anglais, ni de Français ; il n'existait que des hommes ; des hommes avec des mères, des épouses, des filles. Et son âme de femme était horrifiée à la pensée des combats et des tueries. Elle détestait la guerre. Elle avait éprouvé ses premiers remords en apprenant la mort du fils de Ferragut .

"Emmène-moi avec toi", insista-t-elle. "Si vous ne me sortez pas de mon monde , je ne saurai pas comment m'en sortir.... Je suis pauvre. Ces dernières années, le médecin m'a soutenu; je ne connais aucun moyen de gagner ma vie et je " J'ai l'habitude de bien vivre. La pauvreté m'inspire plus de peur que la mort. Vous pourrez m'entretenir ; j'accepterai de vous tout ce que vous voudrez me donner ; je serai votre servante. Sur un bateau, ils doivent avoir besoin de soins et surveillance bien ordonnée d'une femme... La vie me ferme ses portes, je suis seule.

Le capitaine sourit avec une ironie cruelle.

" Je devine ce que veut dire ton sourire. Je sais ce que tu veux me dire... Je me vois ; tu crois sans doute que telle a été mon ancienne vie. Non,... *Non* ! Tu te trompes. Je n'ai pas été *ça* . Il faut qu'il y ait une prédisposition particulière, un certain talent pour feindre ce que je ne ressens pas.... J'ai essayé de me vendre, et je ne peux pas, je ne peux pas en profiter. J'aimère la vie des hommes quand ils ne m'intéressent pas ; Je suis leur adversaire. Je les déteste et ils me fuient. »

Mais le marin prolongea son sourire atrocement sinistre.

"C'est un mensonge", répéta-t-il, "tout un mensonge. Ne faites aucun effort supplémentaire... Vous ne me convaincrez pas."

Comme soudain ranimée avec une force nouvelle, elle se leva : son visage était à la hauteur des yeux de Ferragut . Il vit sa tempe gauche avec la peau déchirée ; la tache causée par le coup s'étendait autour d'un œil, rougie et enflée. En contemplant son ouvrage barbare, le remords le tourmentait de nouveau.

" Écoute, Ulysse, tu ne connais pas ma véritable existence. Je t'ai toujours menti ; j'ai échappé à toutes tes investigations dans nos jours heureux. J'ai voulu garder secrète mon ancienne vie... l'oublier. Maintenant je dois te le dire. la vérité, la vraie vérité, comme si j'allais mourir. Quand tu la sauras, tu seras moins cruel.

Mais son auditeur n'a pas souhaité l'entendre. Il protesta d'avance avec une féroce incrédulité.

" Des mensonges !... de nouveaux mensonges ! Je me demande quand tu arrêteras un jour tes inventions ! "

"Je ne suis pas une Allemande", a-t-elle poursuivi sans l'écouter. "Je ne m'appelle pas non plus Freya Talberg .... C'est mon *nom de guerre* , mon nom d'aventurière. Talberg était le professeur qui m'a accompagnée dans les Andes, et qui n'était pas non plus mon mari.... Mon vrai nom est Béatrice.... Ma mère était italienne, florentine ; mon père était originaire de Trieste. »

Cette révélation n'a pas intéressé Ferragut .

"Une fraude de plus !" il a dit. "Encore un roman !... Continuez à les inventer."

La femme était désespérée. Elle leva les mains au-dessus de sa tête, tordant les doigts entrelacés. De nouvelles larmes lui montèrent aux yeux.

" *Oui !* Comment puis-je réussir à vous faire croire ?... Quel serment puis-je prêter pour vous convaincre que je vous dis la vérité ?... "

L'air impassible du capitaine lui fit comprendre que tous ces extrêmes seraient inutiles. Aucun serment ne pouvait le convaincre. Même si elle devait dire la vérité, il ne la croirait pas.

Elle continua son récit, ne voulant pas protester contre ce mur infranchissable.

"Mon père aussi était d'origine italienne mais était autrichien à cause de son lieu de naissance…. De plus, les empires germaniques lui ont toujours inspiré un enthousiasme aveugle. Il était de ceux qui détestent leur terre natale et voient toutes les vertus dans la les gens du Nord.

"Inventeur de merveilleux projets d'affaires, promoteur financier d'entreprises colossales, il avait passé son existence à assiéger les directeurs des grands établissements bancaires et à avoir des interviews dans les halls des administrations. Éternellement à la veille de combinaisons surprenantes qui ne pouvaient que l'amener des dizaines de millions, il avait toujours vécu dans une pauvreté luxueuse, allant d'hôtel en hôtel – toujours le meilleur – avec sa femme et sa fille unique.

"Tu ne sais rien d'une telle vie, Ulysse; tu viens d'une famille tranquille et aisée. Ton peuple n'a jamais connu l'existence dans les Palace Hotels, et tu n'as pas non plus connu de difficultés à faire face au compte mensuel, à réussir à l'avoir. inclus avec ceux des mois précédents avec un crédit illimité."

Enfant, elle avait vu sa mère pleurer dans leur extravagant appartement d'hôtel tandis que son père parlait avec un air de personne inspirée, annonçant que la semaine prochaine il allait gagner un million de dollars. L'épouse, convaincue par l'éloquence de son remarquable époux, allait enfin sécher ses larmes, se poudrer le visage et se parer de ses perles et de ses dentelles blondes d'une valeur problématique. Puis elle descendait dans la salle magnifique, remplie de parfums, au bourdonnement des conversations et aux gémissements discrets des violons, pour prendre le thé avec ses amis de l' hôtel, redoutables millionnaires des deux hémisphères qui soupçonnaient vaguement l'existence d'une infirmité connue sous le nom de pauvreté, mais incapables d'imaginer qu'elle puisse s'attaquer aux personnes de leur propre monde.

Pendant ce temps, la petite fille jouait dans le jardin de l'hôtel Palace avec d'autres enfants habillés et ornés comme des poupées luxueuses et fragiles, chacune valant plusieurs millions.

"Depuis mon enfance," continua Freya, "j'ai été la compagne de femmes qui sont aujourd'hui célèbres pour leurs richesses à New York, à Paris et à Londres. J'ai été en relations familières avec de grandes héritières qui sont aujourd'hui, à travers leurs mariages, des duchesses et même des princesses de sang royal. Beaucoup d'entre elles sont passées depuis près de moi, sans me reconnaître, et je n'ai rien dit, sachant que l'égalité de l'enfance n'est plus qu'un vague souvenir...."

ainsi devenue une femme. Quelques bonnes affaires de son père leur avaient permis de continuer cette existence de pauvreté brillante et coûteuse. Le promoteur avait estimé qu'un tel environnement était indispensable à ses futures négociations. La vie dans les hôtels les plus chers, une automobile au mois, les robes dessinées par les plus grands modistes pour sa femme et sa fille, les étés dans les stations balnéaires les plus en vogue, le patinage d'hiver en Suisse, tout ce luxe n'était pour lui qu'une sorte d'uniforme. de respectabilité qui le maintenait dans le monde des puissants, lui permettant d'entrer partout.

"Cette existence m'a façonné à jamais et a influencé le reste de ma vie. Le déshonneur, la mort, tout est pour moi préférable à la pauvreté... Moi qui n'ai pas peur du danger, je deviens un lâche rien qu'en y pensant !"

La mère mourut, crédule et sensuelle, épuisée d'attendre une fortune solide qui n'arriva jamais. La fille continua avec son père, devenant le type de jeune femme qui vit parmi les hommes d'hôtel en hôtel, toujours un peu masculine dans son attitude ; une demi-vierge qui sait tout, ne s'effraie de rien, garde férocement l'intégrité de son sexe, calculant ce qu'il peut valoir et adorant la richesse comme la divinité la plus puissante de la terre.

Se retrouvant à la mort de son père sans autre fortune que ses robes et quelques joyaux artistiques de peu de valeur, elle avait froidement décidé de son destin.

"Dans notre monde il n'y a pas d'autre vertu que celle de l'argent. Les filles du peuple se livrent moins facilement qu'une jeune femme habituée au luxe ayant pour seule fortune quelques connaissances du piano, de la danse et de quelques langues.... Nous cédons notre corps comme si nous remplissions une fonction matérielle, sans honte et sans regret. C'est une simple affaire d'affaires. La seule chose qui compte est de conserver l'ancienne vie avec toutes ses commodités... de ne pas tomber."

Elle passa en toute hâte sur le souvenir de cette période de son existence. Une vieille connaissance de son père, un vieux commerçant de Vienne, avait été la première. Elle ressentit alors des frémissements romantiques auxquels même les femmes les plus froides et les plus positives n'échappent pas. Elle croyait être tombée amoureuse d'un officier hollandais, un Apollon blond, qui patinait avec elle à Saint-Moritz. C'était son seul mari. Finalement, elle s'était ennuyée de la somnolence coloniale de Batavia et était revenue en Europe, rompant son mariage pour renouer sa vie dans les grands hôtels, passant la saison d'hiver dans les stations balnéaires les plus luxueuses.

" *Oui* , l'argent !... Dans aucun plan social son pouvoir n'était aussi évident que celui dans lequel elle avait l'habitude de vivre. Dans les Palace Hotels, elle avait rencontré des femmes d' aspect militaire et de mains ordinaires, fumant à toute heure, les pieds levés et le triangle blanc de leurs jupons s'étendait sur le siège. Elles étaient comme les prostituées qui attendaient à la porte de leurs huttes. Comment leur fut-il permis d'y vivre !... Cependant les hommes s'inclinaient devant elles comme des esclaves, ou suivaient en suppliantes ces créatures. qui parlaient avec onction des millions hérités de leurs pères, de leur formidable richesse d'origine industrielle qui leur avait permis d'acheter des maris nobles et de s'abandonner ensuite à leurs goûts naturels de femmes rapides et grossières.

"Je n'ai jamais eu de chance... Je suis trop hautaine pour ce genre de choses. Les hommes me trouvent de mauvaise humeur, argumentative et nerveuse. Peut-être que je suis née pour être mère de famille... Qui sait, mais ce que j'aurais pu avoir aurait été autrement si j'avais vécu dans votre pays ?

L'annonce de sa vénération religieuse pour de l'argent prit un accent de haine. Les filles pauvres et bien éduquées, si elles craignent la misère de la pauvreté, n'ont d'autre recours que la prostitution. Il leur manquait une dot, condition indispensable dans de nombreuses familles civilisées pour un mariage honorable et pour l'entretien d'un foyer.

maudite !... Elle avait pesé sur sa vie comme une fatalité. Les hommes qui semblaient bons au début se sont ensuite empoisonnés, se transformant en égoïstes et en misérables. Le docteur Talberg , de retour d'Amérique, l'avait abandonnée pour épouser une jeune et riche femme, fille d'un commerçant, sénateur de Hambourg. D'autres avaient également exploité sa jeunesse, prenant leur part de sa gaieté et de sa beauté pour épouser plus tard des femmes qui n'avaient que l'attrait d'une grande fortune.

Elle en était finalement venue à les haïr tous, désirant leur extermination, exaspérée à l'idée même qu'elle avait besoin d'eux pour vivre et qu'elle ne pourrait jamais se libérer de cet esclavage. Essayant d'être indépendante, elle était montée sur scène.

" J'ai dansé. J'ai chanté ; mais mes succès étaient toujours dus au fait que j'étais une femme. Les hommes me suivaient, désirant la femme et ridiculisant l'actrice. Et puis, la vie dans les coulisses !... Un marché d'esclaves blancs avec un nom sur les affiches.... Quelle exploitation !... "

Le désir de se libérer de tout cela l'avait amenée à se lier d'amitié avec le médecin et à accepter ses propositions. Il lui semblait plus honorable de servir une grande nation, d'être une fonctionnaire secrète, travaillant dans l'ombre pour sa grandeur. En outre, au début, elle était fascinée par la nouveauté de l'œuvre, les aventures dans des missions risquées, la fierté de considérer qu'avec son espionnage, elle tissait la toile du futur, préparant l'histoire du temps à venir.

Ici aussi, elle était tombée dès le début sur l'esclavage sexuel. Sa beauté était un instrument pour sonder le fond des consciences, une clé pour percer les secrets ; et cette servitude s'était révélée pire que les précédentes, parce qu'elle était irrémédiable : elle avait essayé de se séparer de sa vie de touriste alléchante et de femme de théâtre ; mais quiconque entre dans les services secrets ne pourra plus jamais en sortir. Elle apprend trop de choses ; peu à peu, elle acquiert une compréhension de mystères importants. L'agent devient esclave de ses fonctions ; elle y est enfermée comme une prisonnière, et à chaque nouvel acte ajoute une nouvelle pierre au mur qui la sépare de la liberté.

"Tu connais le reste de ma vie", a-t-elle poursuivi. " L'obligation d'obéir au médecin, de séduire les hommes pour leur arracher leurs secrets, me faisait les haïr avec une agressivité mortelle…. Mais tu es venu. Toi qui es si bon et si généreux ! Toi qui me cherchais avec l'enthousiasme simplicité d'un garçon qui grandit, me faisant tourner une page de ma vie, comme si j'étais encore adolescent et courtisé pour la première fois !… En plus, tu n'es pas une personne égoïste, tu as donné avec un noble enthousiasme. crois que si nous nous étions connus dans notre première jeunesse, tu ne m'aurais jamais abandonné pour t'enrichir en épousant quelqu'un d' autre. Je t'ai d'abord résisté, parce que je t'aimais et ne voulais pas te faire de mal…. Après, les mandats de mes supérieurs et ma passion m'ont fait oublier ces scrupules…. Je me suis rendu. J'étais la « femme fatale », comme toujours ; je t'ai apporté le malheur…. Ulysse ! Mon amour !… Oublions ; là ça ne sert à rien de se souvenir du passé, je connais si bien votre cœur, et me trouvant en danger, j'en appelle à lui. Sauve-moi! Emmène-moi avec toi!… "

Alors qu'elle se tenait face à lui, il lui suffisait de lever les mains pour les poser sur ses épaules, amorçant ainsi un début d'étreinte.

Ferragut resta insensible à la caresse. Son immobilité repoussait ces plaidoiries. Freya avait beaucoup voyagé à travers le monde, vécu des aventures honteuses et saurait se libérer par ses propres efforts sans avoir à le compliquer à nouveau dans son filet. L'histoire qu'elle venait de raconter n'était pour lui qu'un réseau de fausses déclarations.

"Tout cela est faux", dit-il d'une voix lourde. "Je ne te crois pas. Je ne te croirai jamais…. Chaque fois que nous nous rencontrons, tu me racontes une nouvelle histoire…. Qui es- tu ?… Quand dis-tu la vérité, — toute la vérité à la fois ?… Espèce d' escroc ! "

Insensible à ses injures, elle continuait à parler avec inquiétude de son avenir, comme si elle s'apercevait des mystérieux dangers qui l'entouraient.

"Où irai-je si vous m'abandonnez ?… Si je reste en Espagne, je continue sous la domination du médecin. Je ne peux pas retourner dans les empires où s'est passée ma vie ; toutes les routes sont fermées et dans ces terres mon esclavage serait renaître... Je ne peux pas non plus aller en France ni en Angleterre ; j'ai peur de mon passé. N'importe lequel de mes exploits passés suffirait à me faire fusiller : je ne mérite rien de moins. D'ailleurs, la vengeance de mon propre peuple me remplit avec terreur. Je connais les méthodes du « service », quand ils ont besoin de se débarrasser d'un agent gênant qui se trouve sur le territoire ennemi. Le « service » lui-même le dénonce, faisant volontairement un geste stupide pour que certains documents " _ _ _ _

Ulysse décida de répondre, ému par son désespoir. Le monde était vaste. Elle pourrait aller vivre dans les républiques d'Amérique.

Elle n'a pas accepté le conseil. Elle avait eu la même pensée, mais l'avenir incertain lui faisait peur.

"Je suis pauvre : j'ai à peine de quoi payer mes frais de voyage…. Le 'service' récompense bien au début. Après, quand il nous tient sûrement dans ses griffes à cause de notre passé, il ne nous donne que le nécessaire pour vivre avec une certaine liberté. Que puis-je faire dans ces terres ?… Dois-je passer le reste de mon existence à me vendre pour du pain ?… Je ne le ferai pas. Je préférerais mourir d'abord !

Cette affirmation désespérée de sa pauvreté fit sourire sarcastiquement Ferragut . Il regardait le collier de perles posé éternellement sur l'admirable coussin de son sein, les grandes émeraudes à ses oreilles, les diamants qui scintillaient froidement sur ses mains. Elle devinait ses pensées et l'idée de vendre ces bijoux lui causait une appréhension encore plus grande que les terreurs que l'avenir impliquait.

"Vous ne savez pas ce que tout cela représente pour moi", a-t-elle ajouté. "C'est mon uniforme, mes armoiries, le sauf-conduit qui me permettent de me soutenir dans le monde de ma jeunesse. Les femmes qui traversent seules ce monde ont besoin de bijoux pour libérer leur chemin des obstacles. les gérants d'un hôtel deviennent humains et sourient devant leur génie. Celle qui les possède n'éveille pas les soupçons, même si elle tarde à payer la facture hebdomadaire... Les employés de la frontière deviennent excessivement galants : il n'y a pas de passeport plus puissant. les dames deviennent plus cordiales devant leur éclat, à l'heure du thé dans les couloirs où l'on ne connaît personne…. Ce que j'ai souffert pour les acquérir !... Je serais réduit à faim avant de les vendre. Avec elles, je suis quelqu'un ... Une personne peut ne pas avoir une pièce de monnaie en poche et pourtant, avec ces bons scintillants, elle peut entrer là où se rassemblent les plus riches, vivant comme l'un d'entre eux.

Elle n'accepterait aucun conseil. Elle était comme une guerrière affamée dans un pays ennemi à qui on demandait de rendre ses armes en échange d'or. Une fois la nécessité satisfaite, il deviendrait prisonnier, vilipendé et assimilé aux misérables créatures qui, quelques heures auparavant, recevaient ses coups. Elle affronterait courageusement tous les dangers et toutes les souffrances plutôt que de laisser de côté son casque et son bouclier, symboles de sa caste supérieure. La robe vieille de plus d'un an, les chaussures défraîchies et rapiécées, le négligé aux déchirures mal raccommodées, ne l'affligeaient pas dans les moments les plus pénibles. L'important était de posséder un chapeau élégant et de conserver un manteau de fourrure, un collier de perles, d'émeraudes, de diamants, toute la cotte de mailles honorable et glorieuse dans laquelle elle voulait mourir.

Son regard parut plaindre l'ignorance du marin en osant lui proposer de pareilles absurdités.

"C'est impossible, Ulysse... Emmène-moi avec toi ! C'est sur la mer que je serai le plus en sécurité. Je n'ai pas peur des sous-marins. On les imagine nombreux et serrés comme les dalles d'un trottoir, mais un seul navire. sur mille est victime de leurs attaques... D'ailleurs, avec vous je ne crains rien ; si notre destin est de périr sur la mer, nous mourrons ensemble.

Elle devint insinuante et séduisante, passant ses mains sur ses épaules, lui tirant le cou avec une passion qui équivalait à une étreinte. Tout en parlant, sa bouche s'approchait de celle du marin, les lèvres se cambraient, commençant l'arrondi d'un baiser caressant.

« Vivrais-tu si mal avec Freya ?... Tu ne te souviens plus de notre passé ?... Suis-je désormais un autre être ?

Ulysse ne se souvenait que trop bien de ce passé et commençait à reconnaître que ce souvenir devenait trop vivace. Elle, qui suivait d'un œil perspicace les séduisants souvenirs tourbillonnant dans son cerveau, devina ce qu'ils étaient à la contraction de son visage. Et souriant triomphalement, elle posa sa bouche contre la sienne. Elle était sûre de son pouvoir..... Et elle reproduisit le baiser de l'Aquarium, ce baiser qui avait tant ému le marin, faisant trembler tout son corps .

Mais lorsqu'elle s'abandonna avec plus d'abandon à cet ascendant dominant, elle se sentit repoussée, repoussée par un brutal coup de main semblable à celui qui l'avait lancée sur les coussins au début de l'entretien.

Quelqu'un s'était interposé entre eux deux, malgré leur étroite étreinte.

Le capitaine, qui commençait à perdre conscience de ses actes, comme un naufragé, descendant et descendant à travers les domaines enchanteurs du plaisir sans limites, aperçut soudain le visage du mort Esteban, ses yeux vitreux fixés sur lui. Plus loin, il aperçut une autre image, triste et sombre, Cinta , qui pleurait comme si ses larmes étaient les seules qui devaient tomber sur le corps mutilé de leur fils.

"Ah non!… *Non!* "

Lui-même fut surpris par sa voix. C'était le rugissement d'une bête blessée, le hurlement sec d'une créature désespérée, se tordant de tourment.

Freya, chancelant sous la rude poussée, essaya de nouveau de s'approcher de lui, l'enlaçant de nouveau dans ses bras, pour répéter son impérieux baiser.

« Mon amour !… Mon amour !… »

Elle ne pouvait pas continuer. Cette main formidable la repoussa encore, mais si violemment que sa tête heurta les coussins du divan.

La porte trembla d'un coup brutal qui fit ouvrir ses deux vantaux en même temps, faisant sortir le pêne de la serrure.

La femme, tenace dans ses désirs, se releva rapidement sans s'apercevoir de la douleur de sa chute. L'agilité ne pouvait plus lui servir que maintenant que Ferragut s'enfuyait après avoir machinalement ramassé son chapeau.

" Ulysse !… Ulysse !… »

Ulysse était déjà dans la rue, et dans le petit couloir divers objets de bric-à-brac qui s'étaient imposés et confondaient le fugitif dans sa fuite aveugle tremblaient encore puis tombaient et se brisaient sur le parquet avec fracas.

Sentant sur son front la sensation de l'air libre, les dangers auxquels Freya avait fait allusion surgirent alors dans son esprit. Il surveillait la rue avec un regard hostile…. Personne! Il avait envie de rencontrer l'ennemi dont cette femme lui avait parlé, d'exprimer cette colère qu'il ressentait même contre lui-même. Il était honteux et furieux de sa faiblesse passagère qui lui avait presque fait renouveler son ancienne existence.

Dans les jours qui suivirent, il rappela à plusieurs reprises la bande de réfugiés sous le contrôle du médecin. Lorsqu'il rencontrait des gens d'apparence allemande dans la rue, il les regardait d'un air menaçant. Était-il peut-être de ceux qui étaient accusés de l'avoir tué ?… Puis il s'en allait, regrettant son irritation, sûr qu'il s'agissait de commerçants d'Amérique du Sud, d'apothicaires ou d'employés de banque indécis s'ils devaient rentrer chez eux de l'autre côté de l'océan, ou bien attendre à Barcelone le triomphe toujours proche de leur Empereur.

Finalement, le capitaine commença à ridiculiser les recommandations de Freya.

"Juste ses mensonges !... Des inventions pour éveiller à nouveau mon intérêt et me faire l'emmener avec moi ! Ah, la vieille imposture !"

Un matin, alors qu'il descendait sur le pont de son paquebot, Toni s'approcha de lui d'un air mystérieux, son visage prenant une pâleur cendrée.

Lorsqu'ils atteignirent le salon à l'arrière, le second parla à voix basse en regardant autour de lui.

La veille au soir, il était descendu à terre pour aller au théâtre. Tous les goûts littéraires de Toni et ses émotions étaient concentrés dans le vaudeville. Les hommes de talent n'avaient jamais rien inventé de mieux. Il en rapportait les chants bourdonnants avec lesquels il enchantait ses longues montres sur le pont. Il y avait en outre un chœur féminin brillamment vêtu et jambes nues, une prima donna riche en chair et pauvre en vêtements, une rangée de quilles roses et voluptueuses qui ravissaient l'imagination des marins sans lui faire oublier les obligations de fidélité.

A une heure du matin, alors qu'il regagnait le bateau par l'unique quai d'entrée, quelqu'un avait tenté de l'assassiner. En entendant des pas, il crut apercevoir des formes cachées derrière une montagne de marchandises. Puis il y eut eu trois détonations, trois coups de revolver. Une balle avait sifflé à une de ses oreilles.

" Et comme je ne portais aucune arme, j'ai couru. Heureusement, j'étais près du navire, presque jusqu'à la proue. Je n'ai eu qu'à faire quelques bonds pour me mettre à bord du navire…. Et ils n'ont plus tiré . "

Ferragut resta silencieux. Lui aussi était devenu pâle, mais de surprise et de colère. Alors ils étaient vrais, ces rapports de Freya !… Il ne pouvait pas feindre l'incrédulité, ni se montrer audacieux et indifférent au danger pendant que Toni continuait de parler.

" Prends garde, Ulysse !... J'ai beaucoup réfléchi à cette chose. Ces coups-là ne m'étaient pas destinés. Quels ennemis ai-je ? Qui voudrait faire du mal à un pauvre camarade qui ne voit jamais personne ?... Attention à toi ! Vous savez peut-être d'où ils viennent ; vous avez affaire à beaucoup de monde. »

Le capitaine soupçonna qu'il se rappelait l'aventure de Naples et cette proposition honteuse gardée secrète, en la rapportant à cette attaque nocturne. Mais ni sa voix ni ses yeux ne justifiaient de tels soupçons. Et Ferragut préférait ne pas paraître se douter de ce à quoi il pensait.

« Est-ce que quelqu'un d' autre sait ce qui s'est passé ?... »

Toni haussa les épaules. "Personne...." Il avait sauté sur le paquebot, apaisant le chien du bord qui hurlait furieusement. L'homme de garde avait entendu les coups de feu, imaginant qu'il s'agissait d'un combat de marins.

"Vous n'avez pas signalé cela aux autorités ?"

Le second s'est indigné à cette question, de l'indépendance du Méditerranéen qui ne se souvient jamais de l'autorité dans les moments de danger et dont la seule défense est sa dextérité manuelle . — "Vous me prenez peut-être pour un informateur de police ?..."

Il avait voulu faire quelque chose de viril, mais désormais il irait toujours armé lorsqu'il se trouverait à Barcelone. *Oui* , avec ça il pourrait tirer s'il n'était pas blessé !... Et en clignant de l'œil, il montra à son capitaine ce qu'il appelait son « instrument ».

Le compagnon n'aimait pas les armes à feu, les jouets fous et bruyants au résultat douteux. Avec une affection ancestrale qui semblait évoquer les haches fulgurantes utilisées par ses ancêtres, il aimait le coup en silence, l'arme rutilante qui était un prolongement de la main.

Avec une douce furtivité , il tira de sa ceinture un couteau anglais, acquis à l'époque où il était patron d'un petit bateau, une lame brillante qui reproduisait les visages de ceux qui la regardaient, avec la pointe acérée d'un stylet et le tranchant du couteau. un *rasoir* .

Peut-être ne tarderait-il pas à se servir de son « instrument ». Il se souvient de plusieurs individus qui, il y a quelques jours, se promenaient lentement le long du quai, examinant le navire et espionnant ceux qui montaient et descendaient. S'il parvenait à les revoir, il quitterait le bateau juste pour leur dire quelques mots.

"Vous ne devez rien faire du tout", ordonna Ferragut . "Je vais m'occuper de cette petite affaire."

Toute la journée il fut troublé par cette nouvelle. En se promenant dans Barcelone, il regardait avec des yeux de défi tous les passants qui semblaient être des Allemands. À l'agressivité de son personnage s'ajoute désormais l'indignation d'un propriétaire qui se retrouve agressé au sein de son domicile. Ces trois clichés étaient pour lui ; et c'était un Espagnol : et les *boches* osaient l'attaquer sur son propre terrain ! Quelle audace !...

Plusieurs fois, il passa la main à l'arrière de son pantalon, touchant une longue masse métallique. Il n'attendait que la tombée de la nuit pour réaliser une certaine idée qui s'était coincée entre ses deux sourcils comme un ongle douloureux. Tant qu'il ne le faisait pas avancer, il ne pouvait pas être tranquille.

La voix de son bon conseiller protestait : "Ne fais rien de stupide, Ferragut ; ne chasse pas l'ennemi, ne le provoque pas. Défends-toi simplement, rien de plus."

Mais ce courage téméraire qui autrefois l'avait fait embarquer sur des vaisseaux destinés au naufrage et l'avait poussé vers le danger pour le seul plaisir de le vaincre, criait maintenant plus fort que la prudence.

"Dans mon propre pays !" répétait-il continuellement. "Pour essayer de m'assassiner alors que je suis sur mon propre territoire !… Je leur montrerai juste que je suis Espagnol…."

Il connaissait bien ce salon au bord de l'eau mentionné par Freya. Deux hommes de son équipage lui avaient donné de nouvelles informations. Les clients du bar étaient de pauvres Allemands habitués à boire sans fin. Quelqu'un les payait et leur permettait même, certains jours, d'inviter les patrons des bateaux de pêche et des vagabonds. Un gramophone y jouait continuellement, grondant des chansons stridentes auxquelles les invités répondaient en chœur rugissant. Lorsque des nouvelles de guerre favorables à l'Empire allemand arrivaient, les chants et les beuveries redoublaient jusqu'à minuit et la boîte à musique stridente ne s'arrêtait pas un instant. Aux murs se trouvaient des portraits de Guillaume II et divers chromos de ses généraux. Le propriétaire du bar, un Allemand aux grosses jambes, à la tête carrée, aux cheveux raides et à la moustache tombante, répondait au surnom de *Hindenburg* .

Le marin sourit à la simple pensée de mettre cet *Hindenburg* sous son propre comptoir…. Il aurait juste voulu revoir cet établissement où son nom avait été prononcé tant de fois !

A la tombée de la nuit, ses pas l'entraînaient vers le bar avec un élan irrésistible qui dédaignait tous les conseils de prudence.

La porte vitrée résistait à ses mains nerveuses, peut-être parce qu'il manipulait le loquet avec trop de force. Et le capitaine finit par l'ouvrir en donnant un coup de pied dans sa partie inférieure, en bois.

Les vitres faillirent s'envoler sous le choc de ce coup brutal. Une entrée magnifique !… Il vit beaucoup de fumée, trouée par les étoiles rouges de trois ampoules électriques qui venaient de s'allumer, et des hommes autour des différentes tables, lui faisant face ou lui tournant le dos. Le gramophone hurlait d'un ton nasillard comme une vieille femme sans dents. *Hindenburg* apparut derrière le comptoir , la gorge ouverte, les manches retroussées sur des bras gros comme des jambes.

"Je suis le capitaine Ulysse Ferragut ."

La voix qui disait cela avait une puissance semblable à celle des mots magiques des contes orientaux qui tenaient en suspens la vie d'une ville entière, laissant les personnes et les objets immobiles dans l'attitude même dans laquelle le puissant prestidigitateur les surprenait.

Il y eut un silence d'étonnement. Ceux-ci commençaient à tourner la tête, attirés par le bruit de la porte, ne poursuivirent pas leur mouvement. Ceux qui étaient devant restaient les yeux fixés sur celui qui entrait, les yeux écarquillés de surprise comme s'ils ne parvenaient pas à croire ce qu'ils voyaient. Le gramophone se tut soudainement. *Hindenburg* , qui lavait un verre, restait les mains immobiles, sans même sortir la serviette de sa cavité cristalline.

Ferragut s'assit près d'une table vide, le dos contre le mur. Un serveur, le seul dans l'établissement, s'empressa de savoir ce que souhaitait monsieur. C'était un Andalou, petit et vif, dont les escapades l'avaient amené à Barcelone. Il servait habituellement ses clients avec indifférence, sans s'intéresser à leurs paroles et à leurs hymnes. Il "ne s'est pas mêlé de politique". Habitué aux manières des gens gais et au sang chaud, il soupçonnait cet homme d'être venu lui chercher querelle et espérait l'adoucir par ses manières souriantes et obséquieuses.

Le marin lui a parlé à voix haute. Il savait que dans ce café bas, son nom était fréquemment utilisé et que nombreux étaient ceux qui désiraient le voir. Il pourrait leur faire savoir que le capitaine Ferragut était là, à leur disposition.

"Je le ferai", dit l'Andalou.

Et il s'en alla au comptoir, lui apportant, peu après, une bouteille et un verre.

En vain Ulysse fixait son regard sur ceux qui occupaient les tables voisines. Les uns, lui tournant le dos, étaient absolument rigides ; d'autres avaient les yeux baissés et parlaient à voix basse avec des chuchotements mystérieux.

Finalement deux ou trois échangèrent des regards avec le capitaine. Dans leurs pupilles résonnait un éclat de colère naissante. La première surprise s'étant évanouie, ils semblaient disposés à se relever et à tomber dès l'arrivée récente. Mais quelqu'un derrière lui semblait les contrôler avec des ordres murmurés, et ils finirent par lui obéir, baissant les yeux en signe de retenue et de soumission.

Ulysse se lassa bientôt de ce silence. Il commençait à trouver son attitude de dompteur plutôt ridicule. Il ne savait qui agresser dans un endroit où l'on évitait son regard et tout contact avec lui. Sur la table la plus proche se trouvait un journal illustré, et il en prit possession en tournant les feuilles. Il était imprimé en allemand, mais il feignait de le lire avec beaucoup d'intérêt.

Il s'était assis à côté, laissant libre la hanche sur laquelle reposait son revolver. Sa main, feignant la distraction, passa près de l'ouverture de sa poche, prête à prendre les armes en cas d'attaque. Au bout d'un moment, il regretta cette posture trop fanfaronne. Ils allaient lui tomber dessus, profitant de ses lectures. Mais l'orgueil le faisait rester immobile, pour qu'on ne soupçonnât pas son inquiétude.

Puis il rit d'une manière insolente, comme s'il lisait dans l'illustration allemande quelque chose qui provoquait ses quolibets. Comme si cela ne suffisait pas, il leva les yeux avec une curiosité agressive pour étudier les portraits qui ornaient le mur.

Il se rendit alors compte de la grande transformation qui venait de s'opérer dans le bar. Presque tous les clients étaient sortis en silence pendant sa lecture. Il ne restait plus que quatre ivrognes aux yeux larmoyants qui buvaient de satisfaction, occupés du contenu de leurs verres. *Hindenburg* , tournant le dos à sa clientèle, lisait un journal du soir sur le comptoir. L'Andalou, assis au fond, regardait le capitaine en souriant. « Voilà un vieux sport pour toi !… » Il riait mentalement du fait qu'un de ses compatriotes avait mis en fuite les buveurs bagarreurs et brutaux qui lui causaient tant de problèmes les autres soirs.

Ulysse consulta sa montre : sept heures et demie. Il avait déjà chassé tous ces gens dont Freya avait si peur. Que restait-il à faire ici ?… Il paya et sortit.

La nuit était tombée. Sous la lumière des lampadaires électriques, des tramways et des automobiles passaient vers l'intérieur de la ville. Suivant les arcades des anciens édifices proches du port, défilaient des groupes d'ouvriers des établissements maritimes. Barcelone, éblouissante de splendeur, attirait les foules. L'intérieur du port, noir et solitaire, était rempli de faibles petites lumières scintillant du haut des mâts.

Ferragut ne savait pas s'il devait rentrer chez lui pour manger ou dans un restaurant de la Rambla. Puis il soupçonna que certains des fugitifs de ce sale café étaient à proximité et avaient l'intention de le suivre. En vain il cherchait autour de lui : il ne reconnaissait personne dans les groupes qui lisaient les journaux ou conversaient en attendant le tramway.

Soudain, il ressentit le désir de voir Toni. L'oncle Caragol improvisait quelque chose à manger pendant que le capitaine racontait à son compagnon son aventure au bar. D'ailleurs, il lui semblait que c'était une belle conclusion à son escapade que d'offrir aux ennemis qui pourraient le suivre une occasion favorable pour l'attaquer sur le quai désert. Le démon de la fausse fierté lui murmurait à l'oreille : « Ainsi ils verront que vous n'avez pas peur d'eux.

Et il marcha résolument vers le port, traversant des voies ferrées dessinant les murs de longs entrepôts et serpentant parmi des montagnes de marchandises. Il rencontra d' abord des petits groupes se dirigeant vers la ville, puis des couples, puis des individus isolés, enfin personne : la solitude absolue.

Plus loin, l'obscurité était coupée par des silhouettes d'ébène qui étaient tantôt des bateaux, tantôt des allées de colis ou des collines de charbon. L'eau noire reflétait les serpents rouges et verts des lumières des bateaux. Un paquebot transatlantique prolongeait ses opérations de chargement à la lumière de ses réflecteurs électriques, surgissant de l'obscurité avec la gaieté d'une fête vénitienne.

De temps en temps, un homme au pas lent entrait dans le cercle du réverbère, le canon de son fusil luisant. D'autres étaient en embuscade parmi les montagnes de marchandises. C'étaient des douaniers et des gardiens du port.

Soudain, le capitaine ressentit un avertissement instinctif. Ils le suivaient.... Il s'arrêta dans l'ombre, près d'un tas de caisses et vit des hommes s'avancer dans sa direction, passant rapidement par-dessus le bord de la tache rouge faite par les ampoules électriques, pour ne pas être sous la pluie de lumière.

Même s'il lui était impossible de les reconnaître, il était néanmoins certain qu'il s'agissait des ennemis vus au bar.

Son navire était loin, près de l'extrémité du quai le plus désert à cette heure-là. "Tu as fait une chose idiote," dit-il mentalement.

Il commença à se repentir de sa témérité, mais il était désormais bien trop tard pour faire marche arrière. La ville était plus éloignée que le paquebot, et ses ennemis tomberaient sur lui dès qu'ils le verraient repartir. Combien y en avait -il ?... C'était la seule chose qui le troublait.

"Continue !... *Allez-y* !" cria sa fierté.

Il avait dégainé son revolver et le portait dans sa main droite, le canon vers l'avant. Dans cette solitude, il ne pouvait pas compter sur les conventions de la vie civilisée. La nuit l'engloutissait avec tous les pièges tendus d'une forêt vierge tandis que devant ses yeux brillait une grande ville, couronnée de diamants électriques, jetant un halo de flammes dans l'obscurité de l'espace.

Trois fois les carabiniers passèrent près de lui, mais il ne voulut pas leur parler. "En avant ! Seules les femmes devaient demander de l'aide..." D'ailleurs, peut-être avait-il une hallucination : il ne pouvait vraiment pas jurer qu'ils étaient à sa poursuite.

Après quelques pas, ce doute s'est dissipé. Ses sens, aiguisés par le danger, avaient la même perception que le sanglier qui flaire la meute qui tente de croiser ses traces. A sa droite, il y avait l'eau. A sa gauche, des hommes rôdaient derrière les montagnes de marchandises, voulant lui couper la route ; derrière, d'autres venaient encore pour empêcher sa retraite.

Il pouvait courir, avançant vers ceux qui essayaient de l'encercler. Mais fallait-il courir avec un revolver à la main ?... Ceux qui arrivaient derrière se joindraient à la poursuite. Une chasse aux humains allait avoir lieu dans la nuit, et lui, Ferragut , serait le cerf poursuivi par la foule basse du bar. « Ah non !... » Le capitaine se rappelait von Kramer galopant misérablement en plein jour sur les quais de Marseille.... S'ils doivent le tuer, que ce ne soit pas en fuite.

Il poursuivit sa progression d'un pas rapide, dévoilant les plans de ses ennemis. Ils ne voulaient pas se montrer dans cette partie du port obstruée par des montagnes de caisses, craignant qu'il ne s'y cache. Ils l'attendraient près de son navire dans un endroit sûr et caché par lequel il devrait sans aucun doute passer.

"Avant!" se répétait-il. « Si je dois mourir, que ce soit en vue de la *Mare Nostrum !* » Le paquebot était proche . Il reconnaissait désormais sa silhouette noire fixée au quai. A ce moment, le chien à bord se mit à aboyer furieusement, annonçant à la fois la présence du capitaine et le danger.

Il abandonna l'abri d'une butte de charbon et avança sur un espace découvert. Il concentra toute sa volonté pour récupérer son vaisseau le plus rapidement possible.

Une flamme rapide éclata, suivie d'un rapport. Ils lui tiraient déjà dessus. D'autres petites lumières commencèrent à scintiller de différents côtés du quai, suivies par des détonations d'armes à feu. C'était un violent échange de tirs ; derrière lui, ils tiraient aussi. Il sentit divers sifflements près de ses oreilles et reçut un coup sur l' épaule, sensation semblable à celle d'une pierre chaude.

Ils allaient le tuer. Ses ennemis étaient trop nombreux pour lui. Et, sans savoir exactement ce qu'il faisait, cédant à son instinct, il se jeta à terre comme un mourant.

Quelques coups de feu retentissaient encore. Alors tout fut silencieux. Ce n'est que sur le bateau voisin que le chien continuait à hurler.

Il vit une ombre s'avancer lentement vers lui. C'était un homme, un de ces ennemis, qui sortait du groupe pour l'examiner de près. Il le laissa s'approcher de lui, la main droite tenant son revolver encore intact.

Soudain, il leva le bras et frappa la tête penchée sur lui. Deux éclairs jaillirent de sa main, séparés par un bref intervalle. La première flamme de feu lui fit voir un visage familier.... Était-ce vraiment Karl, le factotum du médecin ?... La deuxième explosion aida sa mémoire. Oui, c'était Karl, avec ses traits défigurés par une entaille noire à la tempe…. L'Allemand se releva avec un frisson angoissant, puis tomba sur le dos, les bras détendus.

Cette vision a été instantanée. Le capitaine ne devait plus penser qu'à lui, et, s'élançant d'un bond, il courait, courait, se courbant en deux, pour offrir à l' ennemi le moins de marque possible.

Il redoutait une décharge générale, une grêle de balles ; mais ses poursuivants hésitèrent quelques instants, confus dans l'obscurité et ne sachant pas avec certitude si c'était le capitaine qui était tombé une seconde fois.

Ce n'est qu'en voyant un homme courir vers le navire qu'ils reconnurent leur erreur et renouvelèrent leurs tirs. Ferragut passa entre les boulets le long du bord du quai, sur toute la longueur de la *Mare Nostrum* . Son salut n'était plus qu'une question de secondes, à condition que l'équipage n'ait pas tiré la passerelle entre le paquebot et le rivage.

Soudain, il se retrouva sur la passerelle, en même temps qu'il aperçut un homme s'avancer vers lui avec quelque chose de brillant dans une main. C'était le camarade qui venait de ressortir avec son couteau dégainé.

Le capitaine craignait de se tromper.

"Toni, c'est moi", dit-il d'une voix presque essoufflée à cause de l'effort de sa course.

En foulant le pont de son navire, il retrouva instantanément sa tranquillité .

Déjà les coups de feu avaient cessé et le silence était inquiétant. Au loin, on entendait des sifflements , des cris d'alarme, des bruits de course. Les carabiniers et les gardes furent appelés et regroupés pour charger dans l'obscurité, marchant vers l'endroit où la fusillade avait retenti.

« Transportez la passerelle ! ordonna Ferragut .

Le second aida trois des hommes qui venaient de monter à retirer précipitamment la passerelle. Puis il menaça le chien pour qu'il cesse de hurler.

Ferragut , près de la rambarde, scrutait attentivement l'obscurité du quai. Il lui semblait apercevoir des hommes en portant un autre dans leurs bras. Un reste de sa colère lui fit lever la main droite, toujours armée, en direction du groupe. Puis il l'a abaissé à nouveau…. Il se souvenait que des agents viendraient enquêter sur l'événement. Il valait mieux qu'ils trouvent le bateau absolument silencieux.

Toujours haletant, il entra dans le salon sous la dunette et s'assit.

Dès qu'il fut dans le cercle de lumière pâle qu'une lampe suspendue étalait sur la table, Toni fixa son regard sur son épaule gauche.

" Sang!... "

"Ce n'est rien... Simplement une égratignure. La preuve en est que je peux bouger mon bras."

Et il le bougea, quoique avec une certaine difficulté, sentant le poids d'un gonflement croissant.

« Bientôt, je vous raconterai comment cela s'est produit... Je ne crois pas qu'ils auront hâte de répéter cela.

Puis il resta pensif un instant.

" De toute façon, il vaut mieux que nous nous éloignions rapidement de ce port....
Allez voir nos hommes. Aucun d'eux ne doit en parler !... Appelez Caragol . "

Avant que Toni ait pu sortir, le visage brillant du cuisinier surgit de l'obscurité. Il se rendait au salon, sans avoir été appelé, inquiet de savoir ce qui s'était passé et craignant de trouver Ferragut mourant. En voyant le sang, sa consternation s'exprima avec une véhémence maternelle.

" *Cristo del Grao !* ... Mon capitaine va mourir !... "

Il voulait courir à la galère chercher du coton et des bandages. Il était en quelque sorte un charlatan et gardait toujours les choses nécessaires pour de tels cas.

Ulysse l'arrêta. Il accepterait ses services, mais il souhaitait quelque chose de plus.

"Je veux manger, oncle Caragol ", dit-il gaiement. "Je me contenterai de tout ce que tu as... La peur m'a donné de l'appétit."

CHAPITRE XI

" ADIEU, JE VAIS MOURIR "

Lorsque Ferragut a quitté Barcelone, la blessure à l'épaule était déjà presque guérie. Le gros négatif donné par le capitaine et son pilote aux questions des carabiniers les a libérés d'un nouvel ennui. Ils « ne savaient rien, n'avaient rien vu ». Le capitaine reçut avec une feinte indifférence la nouvelle que le cadavre d'un homme avait été retrouvé la nuit même, un homme qui paraissait être un Allemand, mais sans papiers, sans rien qui garantissait son identification, sur un quai à quelque distance de le poste d'amarrage occupé par le *Mare Nostrum* . Les autorités n'ont pas jugé utile d'enquêter davantage, qualifiant l'affaire de simple lutte entre réfugiés.

L'approvisionnement des troupes d'Orient obligea Ferragut , dans les mois suivants, à naviguer en convoi. Une dépêche chiffrée le convoquait tantôt à Marseille, tantôt dans un port de l'Atlantique, Saint-Nazaire, Quiberon ou Brest.

Tous les quelques jours, des navires de différentes classes et nationalités arrivaient. Il y en avait qui affichaient leur origine aristocratique par la ligne fine de la proue, la finesse des cheminées et la couleur encore blanche de leurs ponts supérieurs : ils ressemblaient à ces destriers de grande valeur que la guerre avait transformés en simples bêtes de bataille. D'anciens paquets de courrier, coureurs rapides des vagues, étaient descendus au humble service des bateaux de transport. D'autres, noirs et sales, avec l'enduit poixeux des réparations hâtives et une cheminée consumante sur une coque énorme, labouraient, crachant de la fumée, crachant des cendres, haletant avec le cliquetis des vieux fers. Les drapeaux des Alliés et ceux des marines neutres flottaient sur les différents navires. Réunis, ils formèrent un convoi dans la large baie. Il y avait quinze ou vingt paquebots, parfois trente, qui devaient naviguer ensemble, ajustant leurs différentes vitesses à une allure commune. Les cargos, paquebots marchands qui ne faisaient que quelques nœuds à l'heure, exigeaient une lenteur désespérée du reste du convoi.

La *Mare Nostrum* devait naviguer à demi-vitesse, rendant son capitaine très impatient de ces pérégrinations monotones et dangereuses, s'étalant sur des semaines et des semaines.

Avant de partir, Ferragut , comme tous les autres capitaines, recevait des ordres cachetés et tamponnés. Il s'agissait du commodore du convoi, du commandant d'un contre-torpilleur, ou d'un simple officier de la réserve navale commandant un chalutier à moteur armé d'un canon à tir rapide .

Les paquebots se mettaient à éructer de la fumée et à lever l'ancre sans savoir où ils allaient. Le document officiel n'a été ouvert qu'au moment du départ. Ulysse brisait les sceaux et examinait le papier, comprenant avec facilité son langage formel, écrit dans un chiffre commun. La première chose à laquelle il veillerait était le port de destination, puis l'ordre de formation. Ils devaient naviguer en file indienne ou en double file, selon le nombre des navires. La *Mare Nostrum*, représentée par un certain numéro, devait naviguer entre deux autres numéros qui étaient ceux des paquebots les plus proches. Ils devaient garder entre eux une distance d'environ cinq cents mètres ; il était important qu'ils ne s'approchent pas davantage dans un moment d'insouciance, ni ne prolongent la ligne pour qu'ils soient hors de vue des gardiens vigilants.

A la fin, les instructions générales de tous les voyages étaient répétées avec une brièveté laconique qui eût fait pâlir d'autres hommes, peu habitués à regarder la mort en face. En cas d'attaque sous-marine, les transports équipés de canons devaient sortir de la ligne et aider la patrouille des navires armés attaquant l'ennemi. Les autres devaient poursuivre leur route tranquillement, sans prêter attention à l'attaque. Si le bateau qui les précédait ou celui qui les suivait était torpillé, ils ne devaient pas s'arrêter pour lui porter secours. Les torpilleurs et les « chaluteros » étaient chargés de sauver le navire naufragé si cela était possible. Le devoir du transport était toujours d'avancer, aveugle et sourd, sans dérailler, sans s'arrêter, jusqu'à ce qu'il ait livré au port terminal la fortune emmagasinée dans ses cales.

Cette marche en convoi imposée par la guerre sous-marine représentait un bond en arrière dans la vie de la mer. Elle rappelait à Ferragut les flottes à voile des autres siècles, escortées par des marines en ligne, ponctuant leur course d'incessantes batailles, et les voyages lointains des galions des Indes, partant de Séville en flottes pour se diriger vers la côte du Nouveau-Mexique. Monde.

La double file de carcasses noires avec des panaches de fumée avançait très placidement par beau temps. Quand le jour était gris, la mer agitée, le ciel et l'atmosphère brumeux, ils se dispersaient et sautaient comme une troupe d'agneaux sombres et effrayés. Les gardiens du convoi, trois petites embarcations qui avançaient à toute vitesse, étaient les mâtins vigilants de ce troupeau marin, le précédant pour explorer l'horizon, restant derrière lui, ou marchant à ses côtés pour garder la formation intacte. Leur légèreté et leur rapidité leur permettaient de faire des bonds prodigieux au-dessus des vagues. Une ceinture de fumée s'enroulait autour de leurs doubles cheminées. Leurs proues, lorsqu'elles n'étaient pas cachées, expulsaient des cascades d'écume, laissant parfois apparaître l'avant-pied dégoulinant de la quille.

La nuit, ils voyageaient tous avec peu de lumières, de simples lanternes à la proue, pour avertir celui qui se trouvait juste devant, et une autre à la poupe, pour indiquer la route au navire qui les suivait. Ces faibles lumières étaient à peine visibles. Souvent, le timonier devait brusquement changer de cap et exiger de ralentir derrière lui, voyant se profiler dans l'obscurité la silhouette du bateau qui le précédait. Quelques instants d'inattention et il arrivait sur la proue avec un bélier mortel. En ralentissant, le capitaine regardait toujours derrière lui avec inquiétude, craignant à son tour d'entrer en collision avec le navire qui le suivait.

Ils pensaient tous aux sous-marins invisibles. De temps en temps, le bruit des canons retentissait ; l'escorte du convoi tirait et tirait, passant d'un côté à l'autre avec des évolutions agiles. L'ennemi s'était enfui comme des loups devant les aboiements des chiens de garde. En d'autres occasions, il s'agissait d'une fausse alerte et les obus blessaient les eaux du désert avec un fouet d'acier.

Il y avait un ennemi plus gênant que la tempête, plus terrible que les torpilles qui désorganisaient les convois. C'était le brouillard, épais et pâle comme le blanc d'un œuf, enveloppant les navires, les faisant naviguer aveuglément en plein jour, remplissant l'espace des gémissements inutiles de leurs sirènes, ne leur laissant pas voir l'eau qui les soutenait ni les bateaux voisins. qui pourraient émerger à tout moment de l'atmosphère vide, annonçant leur apparition par une collision et un fracas terrible et mortel. Les flottes marchandes devaient ainsi avancer des journées entières ensemble et quand, à la fin, elles se retrouvaient libérées de cette couverture mouillée, respirant avec satisfaction comme au réveil d'un cauchemar, un autre mur cendré et nébuleux avançait sur les eaux qui les enveloppaient. à nouveau dans sa nuit. Les hommes les plus valeureux et les plus calmes juraient en voyant l'interminable barre de brume se fermer à l'horizon.

De tels voyages n'étaient pas du tout du goût de Ferragut . Marcher en ligne comme un soldat et devoir se conformer à la vitesse de ces misérables petits bateaux l'irritait beaucoup, et cela le rendait encore plus courroucé de se voir obligé d'obéir au commodore d'un convoi qui n'était souvent qu'un vieux marin de personnage magistral.

C'est pour cette raison qu'il annonça aux autorités maritimes, lors d'une de ses arrivées à Marseille, sa ferme intention de ne plus naviguer de cette façon. Il en avait assez de quatre expéditions de ce genre, qui suffisaient toutes à des capitaines timides , incapables de quitter un port s'ils n'avaient toujours en vue une escorte de torpilleurs, et dont les équipages, au moindre incident, tentaient d'abaisser les canots de sauvetage et de se réfugier. sur la côte. Il croyait qu'il serait plus en sécurité en partant seul, confiant dans son habileté, sans autre aide que sa profonde connaissance des routes de la Méditerranée.

Sa requête a été accordée. Il était propriétaire d'un navire et ils craignaient de perdre sa coopération alors que les moyens de transport se faisaient de plus en plus rares. De plus, la *Mare Nostrum* , en raison de sa vitesse élevée, méritait un emploi individuel dans un service extraordinaire et rapide.

Il resta quelques semaines à Marseille en attendant une cargaison d'obusiers et sillonna comme à son habitude la capitale méditerranéenne. Il passait les soirées à la terrasse d'un café de la *Cannebière* . Dans ces moments-là, le souvenir de von Kramer lui revenait toujours à l'esprit. « Je me demande s'ils lui ont tiré dessus !... » Il aurait souhaité le savoir, mais ses investigations n'ont pas rencontré beaucoup de succès. Les conseils de guerre évitent la publicité concernant leurs actes de justice. Un marchand marseillais, ami de Ferragut , semblait se rappeler que quelques mois auparavant un espion allemand, surpris dans la rade, avait été exécuté. Trois lignes, pas plus, dans les journaux, rapportaient sa mort. Ils ont dit qu'il était officier.... Et son ami continuait à parler des nouvelles de la guerre tandis qu'Ulysse pensait que l'homme exécuté ne pouvait être autre que von Kramer.

Le même après-midi, il eut une rencontre. En passant dans la rue de *Saint-Ferréol* , en regardant les vitrines, les cris de plusieurs conducteurs de taxis et d'automobiles qui n'arrivaient pas à conduire leurs véhicules dans les rues étroites et bondées, attirèrent son attention. Dans une voiture, il aperçut une dame blonde lui tournant le dos, accompagnée de deux officiers de la marine anglaise. Immédiatement, il pensa à Freya.... Son chapeau, sa robe, tout ce qui concernait sa personnalité était si distinctif. Et pourtant, lorsque le carrosse s'éloigna sans qu'il puisse apercevoir le visage de l'inconnu, l'image de l'aventurière persistait dans son esprit.

Finalement il s'irrita beaucoup contre lui-même, à cause de cette ressemblance absurde soupçonnée sans aucune raison. Comment cette Anglaise accompagnée des deux officiers pouvait-elle être Freya ?... Comment une Allemande réfugiée à Barcelone avait-elle pu réussir à se faufiler en France où elle était sans aucun doute connue de la police militaire ?... Et plus exaspérant encore était son soupçon que cette ressemblance aurait pu réveiller un vestige du vieil amour qui lui faisait voir Freya dans chaque femme blonde.

Le lendemain matin, à neuf heures, alors que le capitaine était dans sa cabine pour s'habiller pour débarquer, Toni ouvrit la porte.

Son visage était à la fois renfrogné et timide, comme s'il avait une mauvaise nouvelle à annoncer.

"Cette créature est là", dit-il laconiquement.

Ferragut le regarda avec une expression interrogatrice : " *Quoi* créature ?... "

"Qui d'autre cela pourrait-il être ?... Celle de Naples ! Cette diablesse blonde qui nous a causé tant de problèmes !... Nous allons voir maintenant si cette sorcière va nous maintenir immobiles pendant je ne sais combien de semaines tout comme elle l'a fait l'autre fois.

Il s'est excusé comme s'il venait d'échouer en matière de discipline. Le bateau était amarré au quai par un pont et n'importe qui pouvait monter à bord. Le pilote s'opposait à ces accostages qui laissaient le passage libre aux curieux et aux importuns. Au moment où il eut fini d'annoncer son arrivée, la dame était déjà sur le pont, près des cabines. Elle se souvenait bien du chemin qui menait au saloon. Elle avait voulu entrer directement, mais c'était Caragol qui l'avait arrêtée, tandis que Toni allait avertir le capitaine.

« *Christ* ! murmura Ulysse. " *Christ* ! … "

Et son étonnement, sa surprise, ne lui permettaient pas de pousser une autre exclamation.

Puis il éclata furieusement. " Jetez-la par-dessus bord !... Que deux hommes s'en emparent et la remettent sur le quai, de vive force s'il le faut. "

Mais Toni hésita, n'osant pas se plier à de tels ordres. Et l'impétueux Ferragut se précipita hors de sa cabine pour faire lui-même ce qui lui avait été ordonné.

Lorsqu'il atteignit le salon, quelqu'un entra en même temps sur le pont. C'était Caragol , qui essayait de bloquer le passage d'une femme ; mais elle, riant et profitant de ses yeux aveugles, se glissait peu à peu entre son corps et la cloison de bois.

En apercevant le capitaine, Freya courut vers lui en écartant les bras.

"Toi!" s'écria-t-elle d'une voix joyeuse. "Je savais bien que tu étais là, malgré le fait que ces hommes m'assuraient le contraire…. Mon cœur me le disait…. Comment vas-tu, Ulysse !"

Caragol tourna les yeux vers l'endroit où il supposait que le second devait se trouver, comme pour implorer son pardon. Avec les femmes, il ne pouvait jamais exécuter aucun ordre…. Toni, de son côté, apparut dans une agonie de honte devant cette femme qui le regardait d'un air de défi.

Les deux ont disparu. Ferragut n'était pas en mesure de dire exactement comment ils s'étaient enfuis, mais il en était content. Il craignait que l'arrivée récente ne fasse allusion en leur présence aux choses du passé.

Il resta longtemps à la contempler. Il avait cru la veille l'avoir reconnue, et maintenant il était sûr qu'il aurait pu mourir avec indifférence s'il avait vu son visage. Était-ce bien la même femme qu'accompagnaient les deux fonctionnaires anglais ?... Elle paraissait beaucoup plus grande que l'autre, avec une finesse qui faisait paraître sa peau plus claire , lui conférant une délicate transparence. Le nez était plus fin et plus saillant. Les yeux étaient pétillants, cachés dans des cernes noirs bleutés.

Ces yeux commencèrent à regarder le capitaine, humblement et suppliant.

"Toi!" s'écria Ulysse émerveillé. " Toi !... Pourquoi viens-tu ici ? "...

Freya répondit avec la timidité d'une esclave. Oui, c'était elle qui l'avait reconnu la veille, bien avant qu'il ne l'ait vue, et qui avait aussitôt formé le projet de venir à sa recherche. Il pouvait la battre comme lors de leur dernière rencontre : elle était prête à tout subir... mais avec lui !

"Sauve-moi, Ulysse ! Emmène-moi avec toi !... Je t'en supplie encore plus avec anxiété qu'à Barcelone."

"Que faites-vous ici?... "

Elle comprenait l'étonnement du capitaine en la rencontrant dans un pays belligérant, l'inquiétude qu'il devait naturellement éprouver en trouvant un espion sur son navire. Elle regarda autour d'elle pour s'assurer qu'ils étaient entièrement seuls et parla à voix basse. Le médecin l'avait envoyée en France pour qu'elle "opère" dans ses ports. C'est à lui seul qu'elle pouvait révéler le secret.

Ulysse fut plus indigné que jamais de cette confiance.

"Évacuer!" dit-il d'une voix courroucée. "Je ne veux rien savoir de toi.... Vos affaires ne m'intéressent pas du tout. Je ne souhaite pas les connaître.... Sortez d'ici ! Pourquoi me tourmentez-vous ?"

Mais elle ne paraissait pas disposée à obéir à ses ordres. Au lieu de partir, elle se laissa tomber avec lassitude sur l'un des divans de la cabine.

"Je suis venue," dit-elle, "pour vous supplier de me sauver. Je le demande pour la dernière fois.... Je vais mourir; je soupçonne que ma fin est très proche si vous ne me tendez pas la main secourable. ; Je prévois la vengeance de mon propre peuple.... Garde-moi, Ulysse ! Ne me fais pas retourner à terre ; j'ai peur.... Tellement en sécurité que je me sentirai ici à tes côtés !... "

La peur, bien sûr, se reflétait dans ses yeux alors qu'elle se remémorait les derniers mois de sa vie à Barcelone.

"Le médecin est mon ennemi.... Celle qui m'a tant protégé en d'autres temps m'abandonne maintenant comme une vieille chaussure dont il faut se débarrasser. Je suis sûr que ses officiers supérieurs m'ont condamné...."

Elle frémit au souvenir de la colère du médecin lorsqu'au retour d'un de ses voyages elle apprit la mort de son fidèle Karl. Pour elle, le capitaine Ferragut était une espèce de démon invulnérable et victorieux qui échappait à tous les dangers et assassinait les serviteurs d'une bonne cause. D'abord von Kramer ; maintenant Karl.... Comme il lui fallait exprimer sa colère sur quelqu'un, elle avait rendu Freya responsable de tous ses malheurs. Par elle, elle avait connu le capitaine et l'avait mêlé aux affaires du « service ».

La soif de vengeance faisait sourire l'imposante dame avec une expression féroce. Le marin espagnol a été condamné par le Haut Commandement. Des ordres précis avaient été donnés contre lui. « Quant à ses complices !... » Freya figurait sans doute parmi ces complices pour avoir osé défendre Ferragut , pour avoir rappelé l'événement tragique de son fils, pour avoir refusé de se joindre au chœur désirant son extermination.

Quelques semaines plus tard, le médecin redevint aussi souriant et aussi aimable qu'à d'autres époques. "Ma chère fille, il est convenu que vous fassiez un voyage en France. Nous avons besoin là-bas d'un agent qui nous tiendra au courant du trafic des ports, des allées et venues des navires afin que nos submersibles sachent où ils vont." les attendre. Les officiers de la marine sont très vaillants, et une belle femme saura gagner leur affection.

Elle avait essayé de désobéir. Aller en France !... où son travail d'avant-guerre était déjà connu !... Revenir au danger alors qu'elle s'était déjà habituée à la vie sûre d'un pays neutre !... Mais ses tentatives de résistance furent inefficaces. Elle manquait de volonté ; le « service » l'avait transformée en automate.

"Et me voici, soupçonnant que je vais probablement vers la mort, mais remplissant les commissions qui m'ont été confiées, luttant pour être accommodant et retardant ainsi l'accomplissement de leur vengeance.... Je suis comme un criminel condamné qui sait qu'il va mourir et essaie de se rendre si nécessaire que sa peine sera retardée de quelques mois.

"Comment êtes-vous entré en France ?" » demanda-t-il, ne prêtant aucune attention à son ton lugubre.

"Freya haussa les épaules. Dans son métier, le changement de nationalité était facile. Elle passait actuellement pour une citoyenne d'une république sud-américaine. Le médecin avait préparé tous les papiers nécessaires pour lui permettre de passer la frontière.

" Mais ici, continua-t-elle, mes complices me tiennent plus en sécurité que si j'étais en prison. Ils m'ont donné les moyens de venir ici et eux seuls peuvent arranger mon départ. Je suis absolument en leur pouvoir. Je me demande quoi. ils vont faire de moi !... "

À certains moments, la terreur lui avait suggéré les expédients les plus désespérés. Elle avait pensé à se dénoncer, à comparaître devant les autorités françaises, à leur raconter son histoire et à leur faire connaître les secrets qu'elle possédait. Mais son passé la remplissait de terreur, tant les maux qu'elle avait apportés contre ce pays étaient nombreux. Peut-être pourraient-ils lui pardonner la vie, compte tenu de son acte volontaire de se rendre. Mais la prison, la réclusion au crâne rasé, vêtue d'une grossière robe de serge, condamnée au silence, souffrant peut-être de la faim et du froid, l'emplissait d'une répulsion invincible. Non, la mort avant ça !

ainsi sa vie d'espion, fermant les yeux sur l'avenir, ne vivant que dans le présent, essayant de s'empêcher de penser, se considérant heureuse si elle pouvait voir devant elle ne serait-ce que quelques jours de sécurité .

La rencontre avec Ferragut dans la rue de Marseille avait ravivé ses esprits abattus, éveillé un nouvel espoir.

"Sortez-moi d'ici, gardez-moi avec vous. Sur votre navire, je pourrais vivre aussi oublié du monde que si j'étais mort… Et si ma présence vous dérange, emmenez-moi loin de la France, laissez-moi dans un pays lointain. !"

Elle avait hâte d'échapper à l'isolement en territoire ennemi, obligée d'obéir à ses supérieurs comme une bête en cage qui doit recevoir des coups à travers la grille de fer. Le pressentiment de sa mort prochaine la faisait trembler.

"Je ne veux pas mourir, Ulysse !… Je ne suis pas encore assez vieux pour mourir. J'adore mon charme physique. Je suis mon meilleur amant et je suis terrifié à l'idée d'être abattu."

Une lumière phosphorescente brillait dans ses yeux et ses dents s'entrechoquaient dans un claquement de terreur.

"Je ne veux pas mourir!" répéta-t-elle. "Il y a des moments où je soupçonne qu'ils me suivent et m'enferment…. Peut-être qu'ils m'ont reconnu et qu'à ce moment ils attendent de me surprendre en flagrant délit…. Aide-moi, éloigne-moi d'ici; mon la mort est certaine. J'ai fait tant de mal !… "

Elle resta silencieuse un moment, comme si elle calculait tous les crimes de son ancienne vie.

« Le médecin, poursuivit-elle, dépend de son enthousiasme patriotique dévorant pour donner l'impulsion à son travail. Sa foi me manque. Je ne suis pas une Allemande et être une espionne me répugne beaucoup… J'ai honte quand je pense à ma vie actuelle ; chaque nuit je réfléchis au résultat de mon abominable travail ; je calcule l'usage qu'ils feront de mes avertissements et de mes informations ; je vois les bateaux torpillés… Je me demande combien d'êtres humains ont péri à cause de cela. ma faute !… J'ai des visions ; ma conscience me tourmente. Sauve- moi !… Je n'en peux plus. J'éprouve une peur horrible. J'ai tant de choses à expier !… "

Peu à peu, elle s'était levée du divan, et, tout en implorant la protection de Ferragut , elle s'avançait vers lui les bras tendus ; abjecte et pourtant caressante à la fois, par ce désir de séduction qui a toujours prédominé sur tous ses actes.

"Laisse-moi!" cria le marin. "Ne t'approche pas de moi.... Ne me touche pas !"

Il ressentait cette même colère qui l'avait rendu si brutal lors de leur entretien à Barcelone. Il était très exaspéré de la ténacité de cette aventurière qui, outre l'influence tragique qu'elle avait déjà exercée sur sa vie, cherchait maintenant à le compromettre encore davantage.

Mais un sentiment de froide compassion lui faisait réprimer sa colère et parler avec une certaine gentillesse.

Si elle avait besoin d'argent pour s'enfuir, il le lui donnerait sans aucun marchandage. Elle pourrait nommer la somme. Le capitaine était disposé à satisfaire tous ses désirs sauf celui de vivre avec elle. Il lui donnerait une somme substantielle pour assurer sa fortune et ne plus jamais la revoir.

Freya fit un geste de protestation au moment même où le marin commençait à se repentir de sa générosité.... Pourquoi devrait-il faire une telle faveur à une femme qui lui rappelait la mort de son fils ?... Qu'y avait-il de commun entre les deux ?... Leur vile histoire d'amour à Naples avait été suffisamment payée par son deuil.... Que chacun suive son propre destin ; ils appartenaient à des mondes différents.... Allait-il devoir se défendre toute sa vie contre ce charmeur insistant ?...

De plus, il n'était pas du tout sûr qu'elle dise la vérité, même maintenant.... Tout chez elle était faux. Il ne connaissait même pas avec certitude son vrai nom et son existence passée....

"Évacuer!" » rugit-il d'un ton menaçant. "Laisse moi en paix."

Il leva sa main puissante contre elle, voyant qu'elle allait refuser d'obéir. Il allait la ramasser brutalement, la porter comme un paquet léger hors de la chambre, hors du bateau, la rejeter comme un remords.

Mais son physique, si opulent dans ses séductions, lui inspirait désormais une répugnance invincible ; il avait peur de son contact et souhaitait éviter ses surprises électriques.... D'ailleurs, il n'allait pas la maltraiter à chaque rendez-vous comme un Apache professionnel qui mélange amour et coups. Il a rappelé avec dégoût ses violences à Barcelone.

Et comme Freya, au lieu de s'éloigner, se laissa tomber sur le divan, avec un malaise qui parut défier sa colère, ce fut lui qui s'enfuit pour mettre fin à l'entretien.

Il se précipita dans sa cabine, fermant la porte avec fracas. Cette fuite la sort de son inertie. Elle voulut le suivre d'un bond de jeune panthère, mais ses mains heurtèrent un obstacle qui devint infranchissable, tandis que de l'intérieur résonnait un bruit de clés et de verrous.

Elle frappa désespérément la porte, se blessant aux poings avec ses efforts infructueux.

"Ulysse, ouvre- le !... Écoute-moi."

En vain elle criait comme si elle donnait un ordre, exaspérée de constater qu'on ne lui obéissait pas. Sa fureur se dépensait en vain contre la solide immobilité du bois. Soudain, elle se mit à pleurer, modifiant son objectif lorsqu'elle se retrouva aussi faible et sans défense qu'une créature abandonnée. Toute sa vie apparaissait concentrée dans ses larmes et dans sa voix suppliante.

Elle passa ses doigts sur la porte, tâtonnant les moulures, les glissant sur la surface vernie comme si elle cherchait au hasard une crevasse, un trou, quelque chose qui lui permettrait d'atteindre l'homme qui était de l'autre côté.

Instinctivement, elle tomba à genoux, approchant la bouche du trou de la serrure.

« Monseigneur, mon maître ! murmura-t-elle d'une voix de mendiant. "Ouvrez la porte…. Ne m'abandonnez pas. N'oubliez pas que je vais mourir si vous ne me sauvez pas."

Ferragut l'entendait et, pour éviter ses gémissements, se rapprochait le plus possible du fond de sa cabine. Puis il dégrafa la fenêtre ronde qui ouvrait sur le pont, ordonnant à un matelot de se lancer à la poursuite du second.

« *Don Antoni ! Don Antoni !* » criaient diverses voix dans toute la longueur du navire.

Toni apparut, mettant son visage dans l'ouverture circulaire pour recevoir les vitupérations furieuses de son capitaine.

Pourquoi l'avaient-ils laissé seul avec cette femme ?... Il fallait la faire descendre du bateau immédiatement, même s'il fallait le faire de vive force…. Il l'a commandé.

Le second s'en alla d'un air confus, en se grattant la barbe comme s'il avait reçu un ordre très difficile à exécuter.

"Sauve-moi, mon amour!" le murmure implorant ne cessait de gémir. "Oublie qui je suis…. Pense seulement à celui de Naples…. À celui que tu as connu à Pompéi…. Souviens-toi de notre bonheur seuls ensemble au temps où tu jurais de ne jamais m'abandonner…. Tu es un gentleman !… "

Sa voix cessa un instant. Ferragut entendit des pas de l'autre côté de la porte. Toni exécutait ses ordres.

Mais au bout de quelques secondes la plaidoirie éclata de nouveau, reconcentrée, tenace, résolue à aller jusqu'au bout, méprisant les nouveaux obstacles qui allaient s'interposer entre elle et le capitaine.

"Me détestes-tu autant ?... Souviens-toi du bonheur que je t'ai donné. Tu m'as toi-même juré que tu n'avais jamais été aussi heureux. Je peux faire revivre ce passé. Tu ne sais pas de quelles choses je suis capable pour rendre ton existence douce…. Et tu veux me perdre et me ruiner !… "

On entendait un choc contre la porte, une lutte de corps qui se poussaient, le frottement d'une bagarre contre le bois.

Toni était entré suivi de Caragol .

"Assez de ça maintenant, Señora ", dit le second d'une voix sombre pour cacher son émotion. " Ne voyez-vous pas que le capitaine ne veut pas vous voir ?... Vous ne comprenez pas que vous le dérangez ?... Allons, maintenant…. Levez-vous ! "

Il essaya de l'aider à se relever, en séparant sa bouche du trou de la serrure. Mais Freya repoussa avec facilité le vigoureux marin. Il semblait manquer de force, sans avoir le courage de répéter son action brutale. La beauté de cette femme lui faisait peur. Il était toujours ravi du contact de son corps ferme qu'il venait d'enflammer lors de leur court combat. Sa vertu endormie avait subi les tourments d'une résurrection stérile. " Ah non !... Que quelqu'un d'autre se charge de la rebuter. "

"Ulysse, ils m'emmènent !" s'écria-t-elle en mettant de nouveau sa bouche au trou de la serrure. « Et toi, mon amour, le permettras-tu ?... Toi qui m'aimais tant ?... »

Après cet appel désespéré, elle resta silencieuse quelques instants. La porte gardait son immobilité ; derrière, il ne semblait y avoir aucun être vivant.

"Adieu!" continua-t-elle à voix basse, la gorge serrée par les sanglots, tu ne me verras plus... Je vais bientôt mourir, mon cœur me le dit... Mourir à cause de toi !... Peut-être qu'un jour tu pleureras encore en me rappelant que tu aurais pu me sauver.

Quelqu'un était intervenu pour forcer Freya à sortir de son attitude rebelle. C'était Caragol , sollicité par les yeux implorants du second.

Ses grandes mains velues l'aidèrent à se relever, sans lui faire répéter la protestation qui avait repoussé Toni. Conquise et fondant en larmes, elle parut céder à l'aide et aux conseils paternels du cuisinier.

"Debout maintenant, ma bonne dame!" dit Caragol . "Un peu plus de courage et ne pleure plus… Il y a une consolation pour tout dans ce monde."

Dans sa main droite volumineuse , il les emprisonna deux, et, passant son autre bras autour de sa taille, il la guidait peu à peu vers la sortie du salon.

"Ayez confiance en Dieu", a-t-il ajouté. "Pourquoi cherchez-vous le capitaine qui a sa propre femme à terre ?… D'autres hommes libres existent encore, et vous pourriez conclure un arrangement avec eux sans tomber dans le péché mortel."

Freya ne l'écoutait pas. Près de la porte, elle tourna de nouveau la tête, commençant son retour vers la cabine du capitaine.

" Ulysse !... Ulysse ! " elle a pleuré.

"Ayez confiance en Dieu, Madame ", répéta Caragol , tandis qu'il la poussait avec son ventre flasque et sa poitrine hirsute.

Une idée charitable s'emparait de sa pensée. Il avait le remède au chagrin de cette belle femme que le désespoir ne faisait que rendre plus intéressante.

"Viens, Señora …. Laissez-moi faire, mon enfant."

En atteignant le pont, il continua de la conduire vers ses domaines. Freya se retrouva assise dans la cuisine, sans savoir exactement où elle se trouvait. A travers ses larmes, elle voyait ce vieillard obèse, d'une bienveillance sacerdotale, aller d'un côté à l'autre rassembler les bouteilles et mélanger les liquides, remuant la cuillère dans un verre avec un tintement joyeux.

"Boire sans crainte... Il n'y a aucun problème qui résiste à ce médicament."

Le cuisinier lui offrit un verre et elle, vaincue, but et but, faisant la grimace devant l'intensité alcoolique du liquide. Elle continuait à pleurer en même temps que sa bouche savourait la lourde douceur. Ses larmes se mêlaient au breuvage qui glissait entre ses lèvres.

Une chaleur confortable commença à se faire sentir dans son ventre, asséchant l'humidité de ses yeux et donnant une nouvelle couleur à ses joues. Caragol poursuivait sa conversation, satisfait du résultat de son travail, faisant des signes à Toni, le regard noir , qui passait et repassait devant la porte, avec le désir véhément de voir l'intrus s'éloigner et disparaître à jamais.

" Ne pleure plus, ma fille… *Cristo del Grao* ! L'idée même ! Une dame aussi jolie que toi, qui peut trouver des amoureux par douzaines en pleurant !… Croyez-moi, trouvez quelqu'un d'autre. Ce monde est tout simplement plein d'hommes qui n'ont rien à faire…. Et toujours pour chaque déception que vous subissez, recourez à mon cordial…. Je vais vous donner la recette.

Il s'apprêtait à noter sur un bout de papier les proportions d'eau-de-vie et de sucre, lorsqu'elle se releva, soudain revigorée, regardant autour d'elle avec émerveillement.... Mais où était-elle ? Qu'avait-elle à voir avec ce bon homme gentil, à moitié habillé, qui lui parlait comme à son père ?...

"Merci ! Merci beaucoup !" dit-elle en quittant la cuisine.

Puis sur le pont, elle s'arrêta, ouvrant son sac en maille dorée, pour en sortir la petite boîte à verre et à poudre. Dans le bord biseauté du verre ovale , elle vit le visage faunique de Toni planant derrière elle avec des regards d'impatience.

" Dites au capitaine Ferragut que je ne le dérangerai plus jamais... Tout est fini... Peut-être entendra-t-il parler de moi un jour, mais il ne me reverra plus jamais. "

Et elle quitta le bateau sans tourner la tête, d'un pas accéléré, comme si, poussée par une suggestion soudaine, elle se hâtait de la mettre à exécution.

Toni courut aussi, mais vers la fenêtre de la cabine d'Ulysse.

"Est-elle déjà partie ?" demanda le capitaine avec impatience.

Le compagnon hocha la tête. Elle avait promis de ne pas revenir.

"Qu'il en soit ainsi !" dit Ferragut .

Toni éprouvait le même désir. Dieu merci, ils ne reverraient plus jamais cette blonde qui leur apportait toujours le malheur !...

Dans les jours qui suivirent, le capitaine quitta rarement son navire. Il ne voulait pas courir le risque de la rencontrer dans les rues de la ville car il doutait un peu de la dureté de son caractère. Il craignait qu'en la revoyant, pleurant et suppliant, il puisse céder à ses supplications.

L'inquiétude d'Ulysse disparut dès que le chargement du navire fut terminé. Ce voyage allait être plus court que les autres. La *Mare Nostrum* se rend à Corfou avec du matériel de guerre destiné aux Serbes qui réorganisent leurs bataillons à destination de Salonique.

Au retour, Ferragut fut attaqué par l'ennemi. Un jour, à l'aube, alors qu'il montait sur le pont pour relever Toni, les deux hommes aperçurent en même temps la forme tangible qu'ils voyaient toujours en imagination. Dans le cercle de leurs lunettes s'encadrait le bout d'un bâton, noir et droit, qui coupait les eaux roses au lever du soleil, laissant un sillage d'écume.

"Sous-marin !" cria le capitaine.

Toni ne dit rien, mais écartant d'un coup de patte le timonier, il saisit le volant, faisant dévier le bateau dans une autre direction. Le mouvement était opportun. Quelques secondes seulement s'étaient écoulées lorsqu'on commença à apercevoir sur l'eau un dos noir d'une vitesse vertigineuse se dirigeant directement vers le paquebot.

"Torpille!" cria le capitaine.

L'attente anxieuse ne dura que quelques secondes. Le projectile, caché dans l'eau, passa à environ six mètres de l'arrière, se perdant dans l'espace. Sans le virement rapide de Toni, le bateau aurait été touché de plein fouet sur le flanc.

Par le tube parlant relié à la salle des machines, le capitaine criait des ordres énergiques de mettre le cap à toute vitesse. Pendant ce temps, le second, agrippé à la barre, prêt à mourir plutôt qu'à la quitter, dirigeait le bateau en zigzags pour ne pas offrir de point fixe au sous-marin.

Tout l'équipage observait depuis la rampe le lointain et insignifiant périscope vertical. Le troisième officier s'était précipité hors de sa cabine, presque nu, se frottant les yeux endormis. Caragol était à l'arrière, le pan de sa chemise flottant au vent alors qu'il portait une main à ses sourcils comme une visière.

"Je le vois !... Je le vois parfaitement... Ah, le bandit, l'hérétique !"

Et il tendit son poing menaçant vers un point de l'horizon exactement opposé à celui où apparaissait le périscope.

À travers le cercle bleu des lunettes, Ferragut voyait ce tube monter de plus en plus haut, de plus en plus grand. Ce n'était plus un bâton, c'était une tour ; et de dessous cette tour montait sur la mer une base d'acier jaillissant des cascades de fumée, un dos de baleine gris qui paraissait peu à peu prendre la forme d'un voilier long et pointu.

Un drapeau fut soudainement hissé sur le sous-marin. Ulysse l'a reconnu.

"Ils vont nous bombarder !" a-t-il crié à Toni. "Cela ne sert à rien de continuer à zigzaguer. Il ne reste plus qu'à les dépasser , à avancer en ligne droite."

Le second, en habile timonier qu'il était, obéit au capitaine. La coque vibrait sous la force des moteurs poussés à fond. Leur proue coupait les eaux avec un bruit croissant. Le submersible, en augmentant son volume par émersion, semblait néanmoins prendre du retard à l'horizon. Deux traînées d'écume commencèrent à surgir des deux côtés de sa proue. Il courait avec toute sa vitesse de surface possible ; mais la *Mare Nostrum* allait aussi à fond dans ses moteurs et la distance s'élargissait entre les deux bateaux.

"Ils tirent !" dit Ferragut avec les lunettes sur les yeux.

Une colonne d'eau jaillit près de la proue. C'était la seule chose que Caragol pouvait voir clairement et il éclata en applaudissements avec une joie enfantine. Puis il brandit haut son chapeau en feuilles de palmier. " *Vive*

D'autres projectiles tombaient autour de la *Mare Nostrum* , l'éclaboussant de jets d'écume. Soudain, il trembla de la poupe à la proue. Ses plaques tremblaient sous la vibration d'une explosion.

"Ce n'est rien!" cria le capitaine en se penchant en deux sur le pont pour mieux voir la coque de son navire. "Un obus à l'arrière. Calme, Toni !… "

Le second, toujours agrippé à la barre, tournait la tête de temps en temps pour mesurer la distance qui les séparait du sous-marin. Chaque fois qu'il voyait une colonne d'écume aquatique poussée par un projectile, il répétait le même conseil.

"Allonge-toi, Ulysse !... Ils vont tirer sur le pont !"

C'est un souvenir de sa lointaine jeunesse où, contrebandier, il s'étendait à plat sur le pont de sa barque, manipulant la barre et la voile sous le feu des douaniers de quart. Il craignait pour la vie de son capitaine alors qu'il était debout, s'offrant constamment aux tirs de l'ennemi.

Ferragut attaquait d'un côté à l'autre, maudissant son manque de moyens pour riposter à l'agression. "Cela n'arrivera plus jamais !… Ils n'auront plus aucune chance de s'amuser à me poursuivre !"

Un deuxième projectile ouvrit une autre brèche dans la dunette. "Si seulement ça ne heurte pas les moteurs !" réfléchissait le capitaine. Dès lors, le *Mare Nostrum* ne subit plus d'avaries, les tirs suivants soulevant simplement des colonnes d'eau dans le sillage du paquebot. Chaque fois maintenant, ces fantasmes blancs bondissaient de plus en plus loin. Bien que hors de portée du canon ennemi, il continuait à tirer et à tirer inutilement. Finalement, les tirs cessèrent et le sous-marin disparut de la vue des lunettes et complètement submergé, fatigué d'une vaine poursuite.

"Cela n'arrivera plus jamais !" répétait le capitaine. "Ils ne m'attaqueront plus jamais en toute impunité !"

Puis il lui vint à l'esprit que ce sous-marin l'avait attaqué, sachant exactement qui il était. Sur le côté de son vaisseau étaient peintes les couleurs de l'Espagne. Au premier coup de fusil, le troisième officier avait hissé le drapeau, mais les coups de feu ne cessèrent pas pour autant. Ils avaient souhaité le couler « sans laisser de trace ». Il pensait que Freya, dans ses relations avec les directeurs de la campagne sous-marine, avait dû les informer de son voyage.

" Ah,… *Tal !* Si je la rencontre une autre fois !… "

Il dut rester plusieurs semaines à Marseille le temps de réparer les avaries de son paquebot.

Comme Toni manquait d'occupation pendant cette oisiveté forcée, il l'accompagnait à plusieurs reprises dans ses promenades. Ils aimaient s'asseoir à la terrasse d'un café pour commenter les différences pittoresques de la foule cosmopolite.

"Regardez : des gens de notre propre pays !" dit un soir le capitaine.

Et il désigna trois marins entraînés dans le courant d'uniformes différents et de types de races diverses qui coulaient familièrement autour des tables du café.

Il les avait reconnus à leurs casquettes de soie à visière, leurs vestes bleues et leur lourde obésité de marins méditerranéens jouissant d'une certaine prospérité. Ils doivent être capitaines de petits bateaux.

Comme si les regards et les gestes de Ferragut les avaient mystérieusement avertis, les trois se tournèrent, fixant leurs yeux sur le capitaine. Alors ils se mirent à discuter entre eux avec une véhémence qui faisait deviner facilement leurs paroles.

« C'est lui !... » « Non, ce n'est pas lui !... »

Ces hommes le connaissaient mais n'arrivaient pas à croire qu'ils le voyaient réellement.

Ils s'éloignèrent un peu avec une indécision marquée, se retournant à plusieurs reprises pour le regarder une fois de plus. Au bout de quelques instants l'un d'eux, le plus âgé, revint en s'approchant timidement de la table.

"Excusez-moi, mais n'êtes-vous pas Capitaine Ferragut ?... " Il posa cette question en valencien, la main droite sur sa casquette, prêt à l'enlever.

Ulysse interrompit son salut et lui proposa de s'asseoir. Oui, c'était Ferragut . Que voulait-il ?...

L'homme a refusé de s'asseoir. Il souhaitait lui dire en privé deux choses particulières. Lorsque le capitaine lui présenta son second comme un homme en qui on pouvait avoir toute confiance, il s'assit alors. Les deux compagnons, traversant le courant humain, se tenaient au bord du trottoir, tournant le dos au café.

Il était capitaine d'une petite embarcation ; Ferragut ne s'était pas trompé. Il parlait lentement, comme absorbé par sa révélation finale dont tout ce qu'il disait n'était qu'une introduction.

"Les temps ne sont pas si mauvais…. L'argent se gagne dans la mer, plus que jamais. Je suis de Valence…. Nous en avons amené trois bateaux avec du vin et du riz. Un bon voyage, mais il a fallu naviguer près de la côte, en suivant la courbe du golfe, sans oser passer de cap en cap par peur du sous-marin… J'ai rencontré un sous-marin.

Ulysse soupçonnait que ces derniers mots contenaient le véritable motif qui avait poussé l'homme, surmontant sa timidité, à oser s'adresser à lui.

"Ce n'était pas lors de ce voyage ni lors de celui d'avant", a poursuivi l'homme de mer. "Je l'ai rencontré deux jours avant Noël dernier. En hiver, je me consacre à la pêche. Je suis propriétaire d'une paire de bateaux de pêche…. Nous étions près de l'île Columbretas quand tout à coup nous avons vu apparaître un sous-marin près de nous. Les Allemands l'ont fait ne nous faisait aucun mal ; la seule chose fâcheuse était qu'il fallait leur donner une partie de notre poisson pour ce qu'ils voulaient nous donner. Puis ils m'ont ordonné de monter à bord d'un sous-marin pour rencontrer le commandant. Il était un jeune homme qui savait parler le castillan comme je l'ai entendu parler là-bas dans les Amériques quand j'étais jeune naviguant sur un brigantin.

L'homme s'arrêta, plutôt réservé, comme s'il hésitait à poursuivre son histoire.

"Et qu'a dit l'Allemand ?" » demanda Ferragut , afin de l'encourager à continuer.

"En apprenant que j'étais valencien, il m'a demandé si je vous connaissais. Il m'a interrogé sur votre bateau, voulant savoir s'il naviguait généralement le long des côtes espagnoles. J'ai répondu que je vous connaissais par votre nom, pas plus, et puis il…"

Le capitaine l'encouragea avec un sourire en voyant qu'il recommençait à hésiter.

« Il a mal parlé de moi. N'est-ce pas ?… »

"Oui, monsieur; très mal. Il a utilisé des mots vilains. Il a dit qu'il avait un compte à régler avec vous et qu'il souhaitait être le premier à vous rencontrer. D'après ce qu'il m'a fait comprendre, les autres sous-marins sont je te cherche aussi… C'est un ordre sans aucun doute.

Ferragut et son compagnon échangèrent un long regard. Pendant ce temps, le capitaine continuait ses explications.

Les deux amis qui attendaient à quelques pas avaient vu le capitaine à plusieurs reprises à Valence et à Barcelone. L'un d'eux l'avait reconnu immédiatement ; mais l'autre doutait que ce fût lui, et, par conscience, le vieux patron était revenu pour lui donner cet avertissement.

"Nous, compatriotes, devons nous entraider… Les temps sont durs !"

Le voyant debout, ses deux camarades s'approchèrent alors de Ferragut . "Qu'aimeriez-vous boire?" Il les invita à se mettre à table, mais ils étaient pressés. Ils étaient en route pour voir les destinataires de leurs bateaux.

"Maintenant vous le savez, Capitaine", dit le capitaine en lui faisant ses adieux. « Ces démons vous poursuivent afin de vous payer pour quelque chose du passé. Vous savez pourquoi…. Soyez très prudent !

Le reste de la soirée, Ferragut et Toni parlèrent très peu ensemble. Tous deux avaient exactement la même pensée dans leur cerveau, mais évitaient de la mettre en forme parce que, en tant qu'hommes énergiques, ils craignaient qu'une interprétation lâche ne soit donnée à de telles pensées.

A la tombée de la nuit, lorsqu'ils retournèrent au paquebot, le pilote osa briser le silence.

"Pourquoi ne quittes-tu pas la mer ?... Tu es riche. En plus, on te donnera tout ce que tu demanderas pour ton bateau. Aujourd'hui, les bateaux valent leur pesant d'or."

Ulysse haussa les épaules. Il ne pensait pas à l'argent. A quoi cela lui servirait-il ?... Il voulait passer le reste de sa vie sur la mer, prêtant secours aux ennemis de ses ennemis. Il avait une vengeance à accomplir…. Vivant sur terre, il abandonnerait cette vengeance, tout en se souvenant de son fils avec encore plus d'intensité.

Le second resta silencieux pendant quelques instants.

"Les ennemis sont si nombreux", dit-il alors consterné. "Nous sommes si insignifiants !… Lors de notre dernier voyage, nous n'avons échappé qu'à quelques mètres au fond. Ce qui n'est pas encore arrivé arrivera sûrement un jour …. *Ils* ont juré de vous éliminer ; et ils sont nombreux… et ils sont en guerre. Que pourrions-nous faire, nous, pauvres marins paisibles ?... "

Toni n'ajouta rien de plus mais ses pensées silencieuses furent devinées par Ulysse.

Il pensait à sa famille là-bas, à la *Marina* , vivant une existence d'anxiété continuelle alors qu'il se trouvait à bord d'un navire qu'une menace irrésistible l'attendait. Il pensait aussi aux épouses et aux mères de tous les hommes de l'équipage qui souffraient des mêmes angoisses. Et Toni se demandait pour la première fois si le capitaine Ferragut avait le droit de les entraîner tous vers une mort sûre juste à cause de son entêtement vengeur et fou.

"Non, je n'en ai pas le droit", se dit mentalement Ulysse.

Mais en même temps son compagnon, repentant de son ancienne réflexion, affirmait d'une voix forte avec une simplicité héroïque :

" Si je te conseille de prendre ta retraite, c'est pour ton bien ; ne pense pas que ce soit parce que j'ai peur…. Je te suivrai partout où tu navigueras. Je dois mourir un jour et il vaudrait bien mieux que il devrait être dans la mer. La seule chose qui me dérange, c'est de m'inquiéter pour ma femme et mes enfants.

Le capitaine continua de marcher en silence et, en arrivant à son navire, parla avec brièveté. "Je pensais faire quelque chose que vous aimeriez peut-être tous. Avant la semaine prochaine, votre avenir aura été décidé."

Il est décédé le lendemain à terre. A deux reprises, il revint avec quelques messieurs qui examinèrent minutieusement le paquebot, descendant dans la salle des machines et dans les cales. Certains de ces visiteurs semblaient être des experts en matière maritime.

"Il veut vendre le bateau", se dit Toni.

Et le second commença à se repentir de ses conseils. Abandonnez la *Mare Nostrum* , le meilleur de tous les navires sur lesquels il ait jamais navigué !… Il s'accusa de lâcheté, estimant que c'était lui qui avait poussé le capitaine à prendre cette décision. Qu'allaient-ils faire à terre, alors que le paquebot appartenait à d'autres ?… Ne serait-il pas obligé de naviguer sur un bateau de qualité inférieure, en courant les mêmes risques ?… Il décida de défaire son travail et s'apprêtait à conseiller à nouveau Ferragut. , déclarant que ses idées n'étaient que conjectures et qu'il devait continuer à vivre comme il le faisait actuellement, lorsque le capitaine donna l'ordre du départ. Les réparations n'étaient pas encore entièrement terminées.

"Nous allons à Brest", dit laconiquement Ferragut . "C'est le dernier voyage".

Et le paquebot prit la mer sans chargement, comme s'il allait remplir une mission particulière.

"Le dernier voyage !" Toni admirait son navire comme s'il le voyait sous un nouveau jour, découvrant des beautés jusqu'alors insoupçonnées, déplorant comme un amoureux les jours qui passaient si vite et le triste moment de séparation qui approchait.

Jamais le second n'avait été aussi actif dans sa vigilance. Sa superstition de marin lui inspirait une certaine terreur. Juste parce que c'était leur dernier voyage, quelque chose d'horrible pourrait leur arriver. Il arpentait le pont des journées entières, scrutant la mer, craignant l'apparition d'un périscope, variant le cap en accord avec le capitaine, qui cherchait des eaux moins fréquentées où les sous-marins ne pouvaient espérer trouver aucune proie.

Il respira plus librement en pénétrant dans l'une des trois corniches semi-circulaires qui enserrent la rade de Brest. Lorsqu'ils furent ancrés dans ce bout de mer brumeux et incertain, entouré de montagnes noires, Toni attendait avec anxiété le résultat des excursions à terre du capitaine.

Durant tout le voyage, Ferragut n'avait pas été enclin à la confidentialité. Le second savait seulement que ce voyage vers Brest était le dernier. Qui allait être le nouveau propriétaire du *Mare Nostrum* ?...

Un soir de pluie, en rentrant au bateau, Ulysse donna l'ordre de traquer le second pendant qu'il secouait son imperméable à l'entrée de la cabine.

La rade était sombre avec ses vagues écumeuses, agitées et épaisses, bondissant comme des moutons. Les vaisseaux de guerre jetaient de la fumée par leurs triples cheminées prêts à affronter les intempéries avec leurs machines à vapeur.

Le navire, ancré dans le port de commerce, dansait sans cesse, tirant sur ses aussières, avec un coassement lugubre. Tous les bateaux à proximité s'agitaient de la même manière, comme s'ils étaient en haute mer.

Toni entra dans le salon, et un seul regard sur le visage du capitaine lui fit soupçonner que le moment de connaître la vérité était arrivé. Évitant son regard, Ulysse lui dit sèchement, essayant d'éviter par la concision de son langage tout signe d'émotion.

Il avait vendu le navire aux Français : — une affaire rapide et magnifique.... Qui aurait dit, lorsqu'il acheta la *Mare Nostrum* , qu'on lui en donnerait un jour une somme aussi énorme ?... Dans aucun pays, on ne trouvait de navires à vendre. Les malades de la mer, rouillés dans les ports comme du vieux fer, rapportaient désormais des prix fabuleux. Des bateaux échoués et oubliés sur des côtes lointaines furent remis à flot pour des entreprises qui gagnaient des millions par cette résurrection. D'autres, immergés dans les mers tropicales, avaient été remontés à la surface après dix ans de séjour sous l'eau, reprenant ainsi leurs voyages. Chaque mois, un nouveau chantier naval voyait le jour, mais la guerre mondiale ne parvenait jamais à trouver suffisamment de navires pour le transport de la nourriture et des instruments de mort.

Sans aucune négociation, ils avaient donné à Ferragut le prix qu'il avait exigé ; quinze cents francs la tonne, soit quatre millions et demi pour le bateau. Et à cela il faut ajouter les près de deux millions qu'il avait gagnés au cours de ses voyages depuis le début de la guerre.

"Je suis pourri d'argent", a conclu le capitaine.

Et il le disait tristement, se souvenant avec le mal du pays des jours de paix où il se débattait avec les problèmes d'une entreprise mal payée. Mais alors son fils vivait. A quoi servaient toutes ces richesses qui l'assaillirent de toutes parts comme si elles allaient l'écraser de leur poids ?... Sa femme pourrait prodiguer de l'argent à pleines mains dans des œuvres de charité ; elle pourrait donner à ses nièces la dot convenable aux filles de grands personnages…. Rien de plus! Ni lui ni elle ne parvenaient un seul instant à ressusciter leur passé. Ces richesses inutiles ne pouvaient que lui apporter une certaine tranquillité en pensant à l'avenir de son épouse, qui était toute sa famille. Elle était désormais libre de disposer librement de son existence. Cinta , à sa mort, deviendrait l'héritier de millions.

Afin d'échapper aux émotions des adieux, il s'adressa à Toni avec beaucoup d'autorité. Une carte de l'Atlantique était posée sur la table et, de son index, il marquait la route du second ; ce parcours ne traversait pas la mer, mais loin de là, suivant une route intérieure.

« Demain, dit-il, les Français viennent en prendre possession. Vous pourrez partir quand bon vous semblera, mais il conviendra que vous partiez le plus tôt possible… »

Il expliqua son voyage de retour à Toni, comme s'il lui donnait une leçon de géographie. Ce marin devenait timide et découragé lorsqu'on lui parlait des horaires des chemins de fer et des changements de train.

"Voici Brest…. Suivez cette ligne jusqu'à Bordeaux ; de Bordeaux jusqu'à la frontière. Et une fois là-bas, tournez à Barcelone ou allez à Madrid, et de Madrid à Valence."

Le second contemplait la carte en silence, en se grattant la barbe. Puis il leva lentement ses yeux canins jusqu'à ce qu'il les fixe sur Ulysse.

"Et toi?" Il a demandé.

"Je reste ici. Le capitaine de la *Mare Nostrum* s'est vendu avec son navire."

Toni fit un geste de détresse. Un instant, il crut presque que Ferragut voulait se débarrasser de lui et était mécontent de ses services. Mais le capitaine s'empressa de s'expliquer davantage.

La *Mare Nostrum* appartenant à un pays neutre, elle ne pouvait être vendue à l'un des pays belligérants tant que duraient les hostilités. Pour cette raison, il l'avait transféré d'une manière qui ne nécessiterait pas de changer de drapeau. Bien qu'il n'en soit plus le propriétaire, il resterait à bord en tant que capitaine, et le navire continuerait à être espagnol comme avant.

"Et pourquoi dois-je partir ?" demanda Toni d'un ton tremblant, se croyant oublié.

"Nous allons partir armés", répondit énergiquement Ulysse. " J'ai fait la vente pour cela plus que pour l'argent. Nous allons emporter à l'arrière un canon à tir rapide, une installation sans fil, un équipage d'hommes de réserve navale, tout ce qu'il faut pour nous défendre. Nous ferons nos voyages. sans chercher l'ennemi, en transportant des marchandises comme avant ; mais si l'ennemi sort pour nous attaquer, il trouvera quelqu'un qui répondra.

Il était prêt à mourir, si tel devait être son destin, mais en attaquant quiconque l'attaquerait.

"Et je ne peux pas y aller aussi ?" insista le pilote.

"Non, derrière toi il y a une famille qui a besoin de toi. Tu n'appartiens pas à une nation en guerre, et tu n'as rien à venger.... Je suis le seul de l'ancien équipage qui reste à bord. Tout le reste de vous devez y aller. Le capitaine a une raison d'exposer sa vie, et il ne souhaite pas assumer la responsabilité de vous entraîner tous dans sa dernière aventure.

Toni comprit qu'il était inutile d'insister. Ses yeux sont devenus humides.... Était-il possible que dans quelques heures ils se disent un dernier au revoir ?... Ne reverrait-il plus jamais Ulysse et le navire sur lequel il avait passé la plus grande partie de son passé ?...

Afin de conserver sa sérénité, le capitaine s'efforça de mettre un terme promptement à cet entretien.

" Dès demain matin, dit-il, vous réunirez l'équipage. Réglez tous les comptes. Chacun doit recevoir en prime une année de solde. Je souhaite qu'ils gardent d'agréables souvenirs du capitaine Ferragut . "

Le second essaya d'opposer à cette générosité un reste du vif intérêt que les affaires du bateau lui avaient toujours inspiré. Mais son supérieur ne le laissa pas continuer.

« Je suis pourri d'argent, je vous le dis » , répétait-il comme s'il poussait une plainte. "J'ai plus que ce dont j'ai besoin... Je peux faire des bêtises avec si je le souhaite."

Puis, pour la première fois, il regarda son compagnon bien en face.

« Quant à vous, » continua-t-il, « j'ai réfléchi à ce que vous deviez faire... Tiens, prends ceci !

Il lui remit une enveloppe cachetée et le pilote tenta machinalement de l'ouvrir.

"Non, ne l'ouvrez pas maintenant. Vous découvrirez ce qu'il contient lorsque vous serez en Espagne. Il y est enfermé l'avenir de vos propres parents."

Toni regardait avec des yeux étonnés le léger bout de papier qu'il tenait entre ses doigts.

"Je te connais", a poursuivi Ferragut . "Vous allez protester contre la quantité. Ce qui est pour moi insignifiant, vous paraîtra excessif.... N'ouvrez l'enveloppe que lorsque vous êtes dans notre pays. Vous y trouverez le nom de la banque à laquelle vous devez vous rendre. ... Je souhaite que vous soyez l'homme le plus riche de votre village afin que vos fils se souviennent du capitaine Ferragut lorsqu'il sera mort.

Le compagnon fit un geste de protestation devant cette mort possible, et en même temps il se frotta les yeux comme s'il y sentait une démangeaison intolérable.

Ulysse continua ses instructions. Il avait témérairement vendu la maison de ses ancêtres dans la *Marina* , les vignes, tout ce qu'il avait hérité du *Triton* , lorsqu'il avait acquis la *Mare Nostrum* . Il souhaitait que Toni rachète la propriété en s'installant dans l'ancien domicile des Ferragut .

Il avait de l'argent de côté pour cela et bien plus encore.

"Je n'ai pas d'enfants et j'aime sentir que les vôtres occupent la maison qui était la mienne… Peut-être que quand je serai un vieil homme, s'ils ne me tuent pas, je viendrai passer les étés avec toi. Courage maintenant , Toni !… Nous irons encore à la pêche ensemble, comme j'allais pêcher avec mon oncle le docteur.

Mais le second n'a pas repris ses esprits en entendant ces affirmations optimistes. Ses yeux étaient gonflés de larmes qui brillaient au coin de ses yeux. Il jurait entre ses dents, protestant contre la séparation prochaine…. Ne plus jamais le revoir, après tant d'années de compagnie fraternelle !… *Christo !* …

Le capitaine craignit de fondre lui aussi en larmes et ordonna de nouveau à son second de présenter les comptes de l'équipage.

Une heure plus tard, Toni rentrait au salon, portant à la main la lettre ouverte. Il n'avait pas pu résister à la tentation de forcer le secret, craignant que la générosité de Ferragut ne se révèle excessive et impossible à envisager. » protesta-t-il en tendant à Ulysse le chèque tiré de l'enveloppe.

« Je ne pouvais pas l'accepter !… C'est une idée folle !… »

Il avait lu avec terreur le montant qui lui était indiqué dans la lettre de crédit, d'abord en chiffres puis en écriture longue. Deux cent cinquante mille pesetas !… cinquante mille dollars !

"Ce n'est pas pour moi", répéta-t-il. "Je ne le mérite pas… Que pourrais-je faire avec autant d'argent ?"

Le capitaine feignit d'être irrité par sa désobéissance.

"Tu prends ce papier, espèce de brute !... J'avais juste peur que tu protestes.... C'est pour tes enfants, et pour que tu puisses te reposer. Maintenant, nous n'en parlerons plus ou je vais le chercher." en colère."

Puis, pour vaincre les scrupules de Toni, il abandonna son ton violent et dit tristement :

"Je n'ai pas d'héritiers... Je ne sais pas quoi faire de ma fortune inutile."

Et il répétait encore une fois comme une plainte contre le destin : « Je suis pourri d' argent !... »

Le lendemain matin, tandis que Toni était dans sa cabine en train de régler les comptes de l'équipage, étonné par la munificence de leur paiement, l'oncle Caragol entra dans le salon, demandant à parler à Ferragut .

Il avait placé une vieille cape sur ses vêtements flottants et maigres, plus pour décorer la visite que parce que le froid de la Bretagne le faisait vraiment souffrir.

Il ôta de son crâne rasé son éternel chapeau en feuilles de palmier, fixant ses yeux injectés de sang sur le capitaine qui continuait d'écrire après avoir répondu à son salut.

" Qu'est-ce que ça veut dire, cet ordre que je viens de recevoir de me préparer à quitter le bateau dans quelques heures ?... Ce doit être une sorte de plaisanterie de Toni ; c'est un excellent garçon mais ennemi des choses saintes et il aime taquine-moi à cause de ma piété...."

Ferragut posa sa plume et se tourna vers le cuisinier dont le sort l'avait autant troublé que celui du second.

"Oncle Caragol , nous vieillissons et nous devons penser à prendre notre retraite.... Je vais te donner un papier; tu le garderas comme s'il s'agissait d'un tableau sacré, et quand tu le présenteras à Valence , on t'en donnera dix." mille dollars. Savez-vous combien coûtent dix mille dollars ?... "

Ramenant sa mentalité au niveau de cet homme simple d'esprit, il aimait lui tracer un plan de vie. Il pourrait investir son capital dans n'importe quelle modeste entreprise du port de Valence qui lui plairait ; il pourrait créer un restaurant qui deviendrait bientôt célèbre pour ses plats de riz olympiques. Ses neveux pêcheurs le recevaient comme un dieu. Il pourrait également être partenaire de quelques barques, dédiées à la pêche au *bou* . Une vieillesse heureuse et honorable l'attendait ; ses anciens compagnons de navigation allaient le regarder avec envie. Il pouvait se lever tard le matin ; il pourrait aller au café ; riche dévot, il pouvait figurer dans toutes les processions religieuses du Grau et du Cabanal ; il pourrait avoir une place d'honneur dans les saintes processions....

Jusqu'alors, lorsque Ferragut parlait, l'oncle Caragol l'interrompait toujours machinalement en disant : « C'est vrai, mon capitaine. Pour la première fois, il ne hochait pas la tête et ne souriait pas avec son visage de soleil. Il était pâle et sombre. Il secoua énergiquement sa tête ronde et dit laconiquement :

"Non, mon capitaine."

Devant le regard d'étonnement que lui lança Ulysse, il crut nécessaire de s'expliquer.

« Qu'est-ce que je vais faire à terre ?... Qui m'attend là-bas ?... Ou quelle affaire avec ma famille m'intéresserait ?... »

Ferragut semblait entendre un écho de ses propres pensées. Lui, comme le cuisinier, n'aurait rien à faire sur terre.... Il s'ennuyait mortellement loin de la mer, tout comme à l'époque où, encore jeune, il croyait pouvoir se créer un nouveau métier à Barcelone. D'ailleurs, il était impossible de rentrer chez lui, de reprendre la vie avec sa femme ; ce serait simplement perdre ses dernières illusions. Il vaudrait mieux voir de loin tout ce qui restait de son ancienne existence.

Caragol continuait à parler. Ses neveux ne se souviendraient pas du pauvre vieux cuisinier et il n'avait aucune raison de s'inquiéter de leur sort, les rendant ainsi riches. Il préférerait rester là où il est, sans argent mais heureux.

"Laissez partir les autres !" dit-il avec un égoïsme enfantin. "Laisse Toni partir !... Je vais rester.... Je dois rester. Quand le capitaine partira, alors oncle Caragol partira."

Ulysse énumère les grands dangers auxquels le bateau s'apprêtait à faire face. Les sous-marins allemands l'attendaient avec une détermination mortelle ; il y aurait des combats... ils seraient torpillés....

Le sourire du vieil homme montrait son mépris face à tous ces dangers. Il était certain que rien de grave ne pouvait arriver à la *Mare Nostrum* . Les fureurs de la mer étaient inutiles contre elle et encore moins la méchanceté de l'homme pouvait-elle lui nuire.

"Je sais de quoi je parle, Capitaine.... Je suis sûr que nous sortirons sains et saufs de tous les dangers."

Il pensait à ses amulettes miraculeuses, à ses images sacrées, à la protection surnaturelle que lui apportaient ses pieuses prières. De plus, il prenait en considération le nom latin du navire qui lui avait toujours inspiré un respect religieux. C'était le langage de l'Église, l'idiome qui faisait des miracles et chassait le diable, le faisant s'enfuir consterné.

"La *Mare Nostrum* ne connaîtra aucun malheur. Si elle devait changer de titre... peut-être. Mais tant qu'elle s'appelle *Mare Nostrum* , — comment *pourrait-* il lui arriver quelque chose ?..."

Souriant devant cette foi, Ferragut avança son dernier argument. Tout l'équipage allait être composé de Français ; comment pourraient-ils jamais se comprendre s'il ignorait leur langue ?...

"Je sais tout", affirma superbement le vieil homme.

Il s'était fait comprendre auprès des hommes de tous les ports du monde. Il comptait sur autre chose que le simple langage, sur ses yeux, sur ses mains, sur la ruse expressive d'un méridien exubérant et gesticulant.

"Je suis comme *San Vicente Ferrer* ", a-t-il ajouté avec fierté.

Son saint ne parlait que le dialecte valencien, et pourtant il avait parcouru la moitié de l'Europe pour prêcher à des foules de langues différentes, les faisant pleurer d'émotion mystique et se repentir de leurs péchés.

Tant que Ferragut conserverait le commandement, il allait rester. S'il ne voulait pas de lui comme cuisinier, il serait garçon de cabine, faisant la vaisselle des casseroles et des poêles. L'important pour lui était de continuer à fouler le pont du navire.

Le capitaine dut céder. Ce vieux bonhomme représentait un vestige de son passé. Il pouvait se rendre de temps en temps à la cuisine pour parler des jours lointains de leur première rencontre.

Et Caragol se retira, content de son succès.

" Quant à ces Français, dit-il avant de partir, laissez-les-moi faire. Ce doivent être de bonnes personnes... Nous verrons juste ce qu'ils disent de mes plats de riz. "

Au cours de la semaine, la *Mare Nostrum* a été désorganisée et rééquipée. Son ancien équipage s'en alla en groupes. Toni partit le dernier et Ulysse ne souhaita pas le voir, craignant de montrer son émotion. Ils s'écriraient sûrement.

Une curiosité sympathique poussa le cuisinier vers la nouvelle force maritime. Il salua affablement les officiers, regrettant de ne pas connaître suffisamment leur langue pour entamer une conversation amicale avec eux. Le capitaine l'avait habitué à une telle familiarité.

Il y avait deux camarades que la mobilisation avait transformés en lieutenants auxiliaires de la marine. Le premier jour, ils se présentèrent à bord vêtus de leur uniforme ; puis ils revinrent en civil pour s'habituer à être de simples officiers marchands sur un paquebot neutre. Les deux hommes connaissaient par ouï-dire les voyages antérieurs de Ferragut et ses services aux Alliés, et ils se comprenaient avec sympathie, sans le moindre préjugé national. Caragol obtint un succès égal aux quarante-cinq hommes qui avaient pris possession des machines et des réfectoires du gaillard d' avant. Ils étaient habillés comme des marins de la flotte, avec un large col bleu et une casquette surmontée d'un pompon rouge. Certaines arboraient sur la poitrine des médailles militaires et la récente *Croix de Guerre* . De leurs sacs de toile qui leur servaient de valises, ils déballaient leurs combinaisons réglementaires, qu'ils portaient lorsqu'ils travaillaient sur les paquebots de fret, sur les goélettes faisant la navette vers Terre-Neuve ou sur les simples chaloupes de cabotage.

La cuisine, à certaines heures, était pleine d'hommes écoutant le vieux cuisinier. Certains connaissaient la langue espagnole pour avoir navigué sur des bricks depuis Saint-Malo et Saint-Nazaire, se rendant dans les ports de l'Argentine, du Chili et du Pérou. Ceux qui ne pouvaient pas comprendre les paroles du vieil homme pouvaient les deviner à ses gesticulations. Ils riaient tous, le trouvant bizarre et intéressant. Et cette gaieté générale engagea Caragol à rapporter les trésors liquides qui s'étaient accumulés au cours des voyages précédents sous l'administration insouciante et généreuse de Ferragut .

Le vin fort alcoolisé de la côte du Levant commençait à tomber dans les verres comme une encre couronnée d'un cercle de rubis. Le vieillard le versa d'une main prodigue. « Buvez, les garçons ; dans votre pays, vous n'avez rien de tel… » D'autres fois, il concoctait ses fameuses « fresques », souriant avec la satisfaction d'un artiste en voyant le sourire sensuel qui commençait à apparaître sur leurs visages.

« Quand avez-vous déjà bu quelque chose comme ça ? Que deviendriez-vous de vous tous sans votre oncle Caragol ?… »

Ces Bretons, habitués à la discipline et à la sobriété des autres navires, admiraient beaucoup les privilèges extraordinaires d'un cuisinier qui pouvait faire preuve d'autant de générosité que le capitaine lui-même. Il communiquait fréquemment à Ferragut son opinion sur ses nouveaux camarades. Avec raison, il avait dit qu'ils se comprendraient !… C'étaient des hommes sérieux et religieux, et il les préférait aux anciens équipages méditerranéens , blasphémateurs et incapables de se résigner, qui à la moindre contrariété arrachaient le nom de Dieu en essayant de affrontez-le avec leurs malédictions.

Ils étaient tous musclés et bien bâtis, avec des yeux bleus et des moustaches blondes, et portaient des médaillons cachés. L'un d'eux avait présenté au cuisinier un de ses charmes religieux qu'il avait acheté lors d'un pèlerinage à *Ste. Anne d'Auray* . Caragol le portait sur sa poitrine velue et éprouvait une foi nouveau-née dans les miracles de cette image étrangère.

"À son sanctuaire, Capitaine, les pèlerins se rendent par milliers. Chaque jour, elle accomplit un miracle…. Il y a là un escalier sacré que les dévots montent à genoux et beaucoup de ces garçons l'ont monté. J'aimerais…"

Dans certains de leurs voyages à Brest, il espérait que Ferragut lui permettrait d'aller à Auray assez longtemps pour monter à genoux ce même escalier, voir *Ste. Anne* et retour à bord du navire.

Le navire n'était plus dans un port de commerce. Il s'était dirigé vers un port militaire, un fleuve étroit qui serpentait à l'intérieur de la ville et la divisant en deux. Un grand pont-levis mettait en communication les deux rives bordées de vastes constructions et de hautes cheminées, d'ateliers navals, d'entrepôts, d'arsenaux et de cales sèches pour le nettoyage des bateaux. Des remorqueurs remuaient continuellement ses eaux vertes et bourbeuses. Les vapeurs en réparation s'alignaient le long des brise-lames, subissant un martèlement continu qui faisait résonner leurs plaques. Des briquets surmontés de collines de charbon allaient lentement prendre position le long des flancs des navires. Sous le pont-levis allaient et venaient les chaloupes des navires de guerre, laissant sur les quais flottants les équipages célébrant leur permission à terre avec un tumulte scandaleux.

La *Mare Nostrum* resta isolée pendant que les ouvriers de l'arsenal installaient sur la dunette les canons à tir rapide et les appareils télégraphiques sans fil. Personne ne pouvait monter à bord s'il n'appartenait pas à l'équipage.

Les familles des matelots les attendaient sur le quai, et Caragol eut l'occasion de faire la connaissance de nombreuses femmes bretonnes, mères, sœurs ou fiancées de ses nouveaux amis. Il aimait ces femmes : elles étaient vêtues de noir avec des jupes amples et des casquettes blanches et rigides qui lui rappelaient les guimpes des religieuses…. Des filles grandes et grosses, aux yeux bleus et francs, se moquaient de l'Espagnol sans comprendre un seul mot. Les vieilles femmes aux visages sombres et ridés comme des pommes d'hiver touchaient des verres de Caragol dans les cafés bas près du port. Ils pouvaient tous honorer une coupe au moment opportun et avaient une grande foi dans les saints. Le cuisinier n'a rien demandé de plus…. Des gens excellents et charmants !

Certains garçons décorés de la *Croix de Guerre* lui racontaient leurs expériences. C'étaient des survivants du bataillon de marines qui défendaient Dixmude . Après la bataille de la Marne , ils avaient été envoyés pour intercepter l'ennemi du côté des Flandres. Ils n'étaient pas plus de six mille et, aidés d'une division belge, ils avaient soutenu l'assaut d'une armée entière. Leur résistance avait duré des semaines : combat de barricades dans la rue, luttes le long du canal avec la sanglante incursion des pirates anciens. Les officiers avaient crié leurs ordres avec des épées brisées et des têtes bandées.

Les hommes avaient continué à se battre sans penser à leurs blessures, couvertes de sang, jusqu'à ce qu'ils tombent morts.

Caragol , jusqu'alors peu intéressé par les affaires militaires, devint très enthousiaste en racontant cette lutte héroïque à Ferragut , simplement parce que ses nouveaux amis y avaient pris part.

"Beaucoup sont morts, Capitaine... Près de la moitié d'entre eux. Mais les Allemands n'ont pas pu avancer... Puis, en apprenant que les marines n'étaient pas plus de six mille, les généraux se sont arrachés les cheveux. Tant leur colère était grande ! Ils avaient supposé qu'ils étaient confrontés à des dizaines de milliers de personnes... C'était tout simplement génial d'entendre les gars raconter ce qu'ils avaient fait là-bas.

Parmi ces « garçons » blessés de guerre, passés dans la réserve navale et qui équipaient la *Mare Nostrum* , l'un se distinguait surtout par la partialité du vieil homme. Il pouvait lui parler en espagnol, grâce à ses voyages transatlantiques, et d'ailleurs il était né à Vannes.

Si jamais un jeune s'approchait des domaines du cuisinier, il était invariablement accueilli avec un sourire d'invitation. "Une fresque , Vicente ?" La meilleure place était pour lui. Caragol avait oublié son nom car il ne valait pas la peine . Originaire de Vannes, il ne pouvait porter d'autre nom que Vicente.

Le premier jour où ils causèrent ensemble, le marin, amoureux de son pays, décrivit au cuisinier les beautés du Morbihan, grande mer intérieure entourée de bosquets et d'îles couvertes de pins. Parmi les antiquités vénérables de la ville se trouvait la cathédrale gothique avec ses nombreux tombeaux, parmi lesquels celui d'un saint espagnol, Saint Vicente Ferrer.

Cela tira sur la corde sensible de Caragol . Il n'avait jamais pris la peine de savoir où était enterré le célèbre apôtre de Valence.... Il se rappela soudain une strophe des chants de louange que les dévots de son pays chantaient devant les autels de ce saint. Effectivement , il était allé mourir à « Vannes, en Bretagne », simple nom géographique qui jusqu'alors n'avait pour lui aucune signification.... Et donc ce garçon était Vannais ? Il n'en fallait pas plus pour que Caragol le considère avec le respect dû à celui qui est né dans un pays miraculeux.

Il lui fit décrire à maintes reprises le tombeau du saint, le seul dans le transept de la cathédrale, les tapisseries mangées par les mites qui perpétuaient ses miracles, le buste d'argent qui gardait son cœur.... Par ailleurs, le portail principal de Vannes s'appelait porte Saint-Vincent et les souvenirs du saint étaient encore vivants dans leurs chroniques.

Caragol proposa de visiter cette ville également lorsque le navire reviendrait à Brest. La Bretagne devait être une terre très sainte, la plus sainte du monde, puisque le valencien miraculeux, après avoir parcouru tant de nations, avait voulu y mourir.

Il n'était donc pas étonnant que ce petit garçon ramassé à Dixmude , couvert de blessures, se montre maintenant sain d'esprit et vigoureux. À bord du *Mare Nostrum* , il était le mitrailleur en chef. Lui et deux camarades étaient responsables des tirs rapides . Pour Caragol, il n'y avait pas le moindre doute sur le sort de tout sous-marin qui oserait les attaquer ; le « gars de Vannes » les envoyait en mille morceaux au premier coup de feu. Une carte postale illustrée, cadeau du garçon breton, montrant le tombeau du saint, occupait la place d'honneur dans la cuisine. Le vieil homme priait devant elle comme s'il s'agissait d'une gravure miraculeuse, et le *Cristo del Grao* était relégué au second plan.

Un matin, Caragol partit à la recherche du capitaine et le trouva en train d'écrire dans sa cabine. Il revenait tout juste de faire des achats au marché à terre. En passant par la *rue de Siam* , la rue la plus importante de Brest, où se trouvent les théâtres, les spectacles de cinéma et les cafés, il avait fait une rencontre. "Une rencontre inattendue", poursuivit-il avec un sourire mystérieux. « Avec qui pensez-vous que c'était ?... » Ferragut haussa les épaules. Et, constatant son indifférence, le vieil homme ne put garder le secret plus longtemps.

"La coccinelle !" il ajouta. "Cette belle coccinelle parfumée qui venait te voir.... Celle de Naples.... Celle de Barcelone...." Le capitaine pâlit, d'abord de surprise, puis de colère. Freya à Brest !... Son travail d'espion atteignait même ici ?...

Caragol continua son histoire. Il revenait au navire, et elle, qui se promenait dans la *rue de Siam,* l'avait reconnu en lui parlant affectueusement.

"Elle a demandé qu'on se souvienne de vous… Elle a été informée qu'aucun étranger ne peut monter à bord. Elle m'a dit qu'elle avait essayé de venir vous voir."

Le cuisinier commença à fouiller dans ses poches, en extrayant un morceau de papier froissé, une feuille blanche arrachée à une vieille lettre.

"Elle m'a aussi donné ce papier, écrit là, dans la rue, avec un crayon à mine. Vous saurez ce qu'il dit. Je n'ai pas voulu le regarder."

Ferragut , en prenant le papier, reconnut immédiatement son écriture, quoique inégale, nerveuse et griffonnée avec beaucoup de précipitation. Six mots, pas plus : « Adieu, je vais mourir.

"Des mensonges ! Des mensonges toujours !" dit la voix de la prudence dans son cerveau.

Il déchira le journal et passa le reste de la matinée très préoccupé…. Il était de son devoir de se défendre contre cet espionnage qui avait même établi sa base dans un port de guerre…. Chaque bateau ancré près de la *Mare Nostrum* était menacé par le pouvoir d'information de Freya. Qui savait ce que ses mystérieuses communications amèneraient leur attaque par un sous-marin à la sortie de la rade de Brest !…

Son premier réflexe fut de la dénoncer. Puis il se repentit à cause de ses absurdes scrupules de chevalerie…. Il lui faudrait d'ailleurs expliquer son passé aux officiers généraux de Brest qui le connaissaient très peu. Il était loin de ce capitaine de marine de Salonique qui avait si bien compris ses erreurs passionnelles.

Il voulut la surveiller lui-même et, le soir, il descendit à terre. Il détestait Brest comme l'une des villes les plus ennuyeuses de l'Atlantique. Il pleuvait toujours là-bas, et il n'y avait d'autre distraction que l'éternelle promenade dans la *rue de Siam* , ou un séjour ennuyé dans les cafés pleins de matelots et d'officiers de terre anglais et portugais.

Il parcourait les établissements publics nuit et jour ; il fit des enquêtes dans les hôtels ; il louait des voitures pour visiter les faubourgs les plus pittoresques. Pendant quatre jours, il persista dans ses recherches sans aucun résultat.

Il commença à douter de la véracité de l'oncle Caragol . Peut-être avait-il été ivre en rentrant au navire et avait-il inventé une telle rencontre. Mais le souvenir de cet article rédigé par elle écartait une telle supposition…. Freya était à Brest.

Le cuisinier expliqua tout cela assez simplement lorsque le capitaine l'assiégea de nouvelles questions.

"La coccinelle doit être de passage. Peut-être s'est-elle envolée le soir même… Cette rencontre n'était qu'une rencontre fortuite."

Ferragut dut abandonner ses investigations. Les travaux défensifs du navire étaient sur le point d'être terminés et les cales contenaient leur cargaison de projectiles pour l'armée d'Orient et divers canons non montés. Il reçut ses ordres de départ et, par un matin gris et pluvieux, ils levèrent l'ancre et quittèrent la rade de Brest. Le brouillard rendait encore plus difficile le passage entre les récifs qui obstruent ce port. Ils passèrent devant la lugubre Baie des Morts, ancien cimetière de voiliers, et poursuivirent leur navigation vers le sud à la recherche du détroit pour entrer dans la Méditerranée.

Ferragut ressentait une fierté accrue en examinant le nouvel aspect de la *Mare Nostrum* . Le télégraphe sans fil allait le maintenir en contact avec le monde. Il n'était plus un capitaine marchand, esclave du destin, confiant dans la chance et incapable de repousser une attaque. Les stations radiographiques le surveillaient sur toute la longueur de la côte, l'informant des changements de cap afin qu'il puisse éviter l'ennemi embusqué. L'appareil sifflait constamment et entretenait des dialogues invisibles. En outre, sur la poupe était monté un canon recouvert d'une capote de toile, prêt à commencer le travail.

Les rêves de son enfance où il dévorait des histoires de corsaires et des romans d'aventures maritimes semblaient sur le point de se réaliser. Il avait désormais le droit de s'appeler « Capitaine de la Mer et de la Guerre » comme les anciens navigateurs. Si un sous-marin passait devant lui, il l'attaquerait par la proue ; s'il essayait de le poursuivre, il répondrait avec le canon.

Son humour aventureux le rendait en fait impatient d'une de ces rencontres. Il n'y avait pas encore eu de combat maritime de sa vie, et il voulait voir comment se comporteraient ces hommes modestes et silencieux qui avaient fait la guerre sur terre et envisagé la mort à bout portant.

Il ne fallut pas longtemps pour que son désir se réalise. Un matin, en haute mer, près de Lisbonne, alors qu'il venait de s'endormir après une nuit sur le pont, les cris et les courses de l'équipage le réveillèrent.

Un sous-marin avait percé la surface à environ quinze cents mètres en arrière et se dirigeait vers la *Mare Nostrum* , craignant visiblement que le bateau marchand ne tente de s'échapper ; mais pour l'obliger à s'arrêter, son canon tira deux obus qui tombèrent à l'eau.

Le paquebot modéra sa marche mais seulement pour se placer dans une position plus favorable et manœuvrer avec plus de marge de mer, les bras à l'arrière. Au premier coup de feu, le sous-marin commença à reculer, gardant une distance plus prudente, surpris de recevoir une réponse à son agression.

Le combat dura une demi-heure. Les tirs se répétaient des deux côtés avec la rapidité d' une artillerie à tir rapide . Ferragut était près du canon, admirant le calme et le sang-froid avec lesquels ses serviteurs le manipulaient. On avait toujours un projectile dans les bras, prêt à le donner à son compagnon qui l'introduisait rapidement dans le fumoir. Le tireur concentrait toute sa vie sur ses yeux, et, penché sur le canon, il le manœuvrait avec précaution, cherchant la partie sensible de ce corps gris et allongé qui montait à la surface de l'eau comme s'il eût été une baleine.

Soudain, un nuage de petit bois vola près de la proue du paquebot. Un projectile ennemi venait d'atteindre le bord des toits qui recouvraient la cuisine et le réfectoire. Caragol , qui se tenait à la porte de ses domaines, leva les mains à son chapeau. Lorsque le nuage jaunâtre et nauséabond se dissipa, ils le virent toujours debout, se grattant le sommet de la tête, nu et rouge.

"Ce n'est rien!" il pleure. "Juste un peu de bois qui m'a fait couler un peu de sang. Feu loin !… Feu !"

Il criait des directions, enflammé par la fusillade. L'odeur de drogue de la poudre sans fumée, le bruit sourd des détonations semblaient l'enivrer. Il sautait et se tordait les mains avec l'ardeur d'un danseur de guerre.

Les artilleurs redoublèrent d'activité ; les plans sont devenus continus.

"Le voilà!" cria Caragol . "Ils l'ont touché... Ils l'ont touché !"

De tous les passagers, c'était celui qui pouvait le moins apprécier les effets des tirs car il distinguait à peine la silhouette du submersible. Mais malgré cela, il continuait à beugler de toute la force de sa foi.

"Maintenant, vous avez réussi !… Hourra ! Hourra !"

Et ce qui était étrange, c'est que l'ennemi disparut instantanément de la surface bleue. Les artilleurs envoyèrent encore quelques tirs contre leur périscope. Il ne restait alors à la place qu'ils avaient occupée qu'une étendue blanche et luisante.

Le paquebot se dirigeait vers cette énorme tache d'huile dont les ondulations scintillaient de reflets de tournesol.

Les marines poussèrent des cris d'enthousiasme. Ils étaient sûrs d'avoir envoyé le submersible au fond. Les officiers étaient moins optimistes. Ils n'en avaient jamais vu un se soulever verticalement, incliner sa poupe haut dans les airs avant de couler. Peut-être avait-il simplement été endommagé et obligé de se cacher.

La perte du sous-marin était une chose sûre aux yeux de Caragol , et il jugeait tout à fait inutile de demander le nom de celui qui l'avait réduit en miettes.

"C'était sûrement ce Vannais… C'est le seul qui aurait pu le faire."

Pour lui, les autres artilleurs n'existaient tout simplement pas. Et, enflammé par son enthousiasme, il s'extirpa des mains des deux matelots qui avaient commencé à lui bander la tête avec une habileté apprise dans les combats terrestres.

Ferragut était entièrement satisfait de cette rencontre. Même s'il ne pouvait être absolument certain de la destruction de l'ennemi, le fait que son bateau se soit sauvé allait répandre le fait que la *Mare Nostrum* était tout à fait capable de se défendre.

Sa joie l'emmena dans les domaines de Caragol .

"Bien joué, mon vieux ! Nous allons écrire au ministère de la Marine pour te remettre la *Croix de Guerre* ."

Le cuisinier, prenant ses paroles au sérieux, déclina cet honneur. Si une telle récompense devait être donnée à quelqu'un, qu'elle soit remise à « ce garçon de Vannes ». Puis il ajouta comme pour refléter les pensées du capitaine :

"J'aime naviguer de cette façon…. Notre paquebot a pris ses dents, et maintenant il n'aura plus besoin de courir comme un lapin effrayé…. Il faudra le laisser continuer son chemin en paix parce que maintenant il peut mordre. "

Le reste du voyage vers Salonique se déroula sans incident. La télégraphie le maintenait en contact avec les instructions arrivant du rivage. Gibraltar lui conseille de naviguer près des côtes africaines ; Malte et Bizerte ont souligné qu'elle pouvait continuer à avancer puisque le passage entre Tunis et la Sicile était libre d'ennemis. De la lointaine Égypte, des messages tranquillisants arrivaient à leur rencontre alors qu'ils naviguaient entre les îles grecques avec la proue vers Salonique.

A leur retour, ils devaient transporter du fret jusqu'à la rade de Marseille.

Ferragut n'a pas eu à se soucier du bateau lorsqu'il était au mouillage. Ce sont les autorités françaises qui ont pris les dispositions avec les autorités portuaires. Il devait simplement être le justificatif du pavillon, un capitaine d'un pays neutre, dont la présence attestait de la nationalité du navire. Ce n'est que sur mer qu'il reprit le commandement, chacun devenant obéissant à ceux qui étaient sur le pont.

Il déambule dans Marseille comme à d'autres moments, passant les premières heures de la soirée sur les terrasses de la *Cannebière* .

Une vieille Marseillaise, capitaine d'un paquebot marchand, causait avec lui avant de regagner son bureau. Un après-midi, alors que Ferragut regardait distraitement un certain quotidien parisien que portait son ami, son attention fut soudain attirée par un nom imprimé en tête d'un court article. La surprise le fit pâlir tandis qu'en même temps quelque chose se contractait dans sa poitrine. Il épela de nouveau le nom, craignant d'avoir été victime d'une hallucination. Le doute était impossible : c'était très clair, — *Freya Talberg* . Il prit le papier des mains de son camarade, masquant son impatience sous un air de curiosité.

« Quelles sont les nouvelles de la guerre aujourd'hui ?… »

Et pendant que le vieux marin lui annonçait la nouvelle, il lisait fébrilement les quelques lignes groupées sous ce nom.

Il était déconcerté. Le titre ne dit pas grand-chose à celui qui ignore les faits précédents auxquels le périodique faisait allusion. Ces lignes n'étaient qu'une protestation contre le gouvernement qui n'avait pas fait payer à la célèbre Freya Talberg la peine à laquelle elle avait été condamnée. Le paragraphe se terminait par la mention de la beauté et de l'élégance du délinquant, comme si c'était à ces qualités qu'on pouvait attribuer le retard dans la punition.

Ferragut s'efforça de donner à sa voix un ton d'indifférence.

"Qui est cet individu ?" » dit-il en désignant le titre de l'article.

Son compagnon eut quelques difficultés à la rappeler. Tant de choses se passaient à cause de la guerre….

"C'est une *boche* , une espionne, condamnée à mort…. Il paraît qu'elle a fait un gros travail ici et dans d'autres ports, en informant les sous-marins allemands du départ de nos transports…. Ils l'ont arrêtée à Paris deux jours plus tard. il y a quelques mois, alors qu'elle revenait de Brest.

Son ami disait cela avec une certaine indifférence. Ces espions étaient si nombreux !… Les journaux publiaient constamment des annonces de leurs tirs : — deux lignes, pas plus, comme s'il s'agissait d'un simple blessé.

"Cette Freya Talberg ", a-t-il poursuivi, "on en a assez parlé de sa personnalité. Il semblerait que ce soit une femme *chic.* femme, — une espèce de dame d'un roman. Beaucoup protestent parce qu'elle n'a pas encore été exécutée. C'est triste de devoir tuer une personne de son sexe, — de tuer une femme et surtout une belle femme !… Mais néanmoins c'est bien nécessaire…. Je crois qu'elle doit être abattue à tout moment."

CHAPITRE XII

AMPHITRITE !... AMPHITRITE !

La *Mare Nostrum* fit un nouveau voyage de Marseille à Salonique.

Avant de partir, Ferragut chercha en vain dans les périodiques parisiens des nouvelles fraîches de Freya. Depuis quelques jours, l'attention du public était tellement distraite par divers autres événements que, pour le moment, l'espion était oublié.

Arrivé à Salonique, il s'enquit discrètement auprès de ses amis militaires et marins dans les cafés du port. Presque personne n'avait jamais entendu le nom de Freya Talberg . Ceux qui l'avaient lu dans les journaux se contentaient de répondre avec indifférence.

"Je sais qui c'est : c'est une espionne qui était actrice, une femme avec un certain *chic* . Je pense qu'ils l'ont abattue... Je ne sais pas avec certitude, mais ils auraient dû l'abattre."

Ils avaient des choses plus importantes à penser. Un espion !... De tous côtés, on découvrait les intrigues de l'espionnage allemand. Ils ont dû en tirer un grand nombre.... Et aussitôt ils oublièrent cette affaire pour parler des difficultés de la guerre qui les menaçait eux et leurs compagnons d'armes.

Lorsque Ferragut revint à Marseille deux mois après, il ignorait encore si son ancienne maîtresse était encore parmi les vivants.

Le premier soir où il rencontra son ancien camarade, le capitaine, au café de la *Cannebière* , il dirigea habilement la conversation jusqu'à faire ressortir naturellement la question qui lui trottait au fond de l'esprit : « Quel était le sort de cette Freya Talberg ? qu'on en parlait tant dans les journaux avant mon départ à Salonique ?... "

La Marseillaise a dû faire un effort pour la rappeler.

« Ah oui !... L' espion *boche* », dit-il après une longue pause. "Ils l'ont abattue il y a quelques semaines. Les journaux n'ont pas parlé de sa mort, juste quelques lignes. De telles personnes ne méritent plus..."

de Ferragut avait deux fils dans l'armée ; un neveu était mort dans les tranchées, un autre, second à bord d'un transport, venait de périr dans une attaque à la torpille. Le vieil homme passait de nombreuses nuits sans dormir en pensant à ses fils combattant au front. Et ce malaise donnait un ton dur et féroce à son enthousiasme patriotique.

"C'est une bonne chose qu'elle soit morte.... C'était une femme, et tirer sur une femme est une chose douloureuse. C'est toujours répugnant d'être obligé de les traiter comme des hommes…. Mais d'après ce qu'ils me disent, cet individu avec elle les informations d'espionnage ont provoqué le torpillage de seize navires…. Ah, la méchante bête !… "

Et il n'en dit pas plus, changeant de sujet. Tout le monde manifesta la même répulsion en rappelant l'espion.

Ferragut finit par partager les mêmes sentiments, son cerveau s'étant dépouillé de la dualité contradictoire qui avait accompagné tous les moments critiques de son existence. Ne se souvenant que de ses crimes, il détestait Freya. En tant qu'homme de mer, il a rappelé ses camarades anonymes tués par des torpilles. Cette femme avait indirectement préparé le terrain à de nombreux assassinats…. Et en même temps il lui rappelait une autre image d'elle, celle de la maîtresse qui savait si bien le tenir envoûté par ses artifices dans le vieux palais de Naples, faisant de cette prison voluptueuse son meilleur souvenir.

« Ne pensons plus à elle », se dit-il énergiquement. "Elle est morte… Elle n'existe pas."

Mais même après sa mort, elle ne l' a pas laissé en paix. Le souvenir d'elle revint bientôt, la liant à lui avec un intérêt tragique.

Le soir même où il causait avec son ami au café de la *Cannebière* , il se rendit à la poste chercher le courrier qui lui avait été expédié à Marseille. Ils lui ont donné un gros paquet de lettres et de journaux. D'après l'écriture manuscrite des enveloppes et les cachets des courriers , il cherchait à deviner qui lui écrivait : une seule lettre de sa femme, évidemment une seule feuille, à en juger par sa mince flexibilité, trois très volumineuses de Toni, espèce de journal dans lequel il continuait à raconter ses achats, ses récoltes, son espoir de revoir le capitaine, tout cela mêlé d'abondantes nouvelles sur la guerre et sur la misérable condition du peuple. Il y avait en outre diverses feuilles provenant des établissements bancaires de Barcelone, qui rendaient à Ferragut le compte du placement de son capital.

Au pied de l' escalier , il acheva d'examiner l'extérieur de sa correspondance. C'était justement ce qui l'attendait toujours au retour de ses voyages.

Il s'apprêtait à mettre le paquet dans sa poche et à poursuivre son chemin lorsque son attention fut attirée par une volumineuse enveloppe d'écriture inconnue, enregistrée à Paris….

La curiosité le fit ouvrir aussitôt et il trouva dans sa main une liasse régulière de feuilles volantes, un long récit qui dépassait de loin les limites d'une lettre. Il regarda le papier à en-tête gravé, puis la signature. L'écrivain était avocat à Paris, et Ferragut soupçonnait, à cause du papier luxueux et de l'adresse, qu'il devait être un *maître célèbre*. Il se souvient même avoir croisé son nom quelque part dans les journaux.

Et là, il se mit à lire la première page, curieux de savoir pourquoi ce personnage distingué lui avait écrit. Mais il avait à peine parcouru quelques feuilles des yeux qu'il arrêta sa lecture. Il était tombé sur le nom de Freya Talberg. Cet avocat avait été son défenseur devant le Conseil de Guerre.

Ferragut s'empressa de mettre la lettre en lieu sûr et de réprimer son impatience. Il ressentait ce besoin d'isolement silencieux et de solitude absolue qu'éprouve un lecteur désireux de se plonger dans un nouveau livre. Cette liasse de papiers contenait sans doute pour lui les histoires les plus intéressantes.

De retour à son navire, la route lui parut bien plus longue qu'à d'autres moments. Il avait envie de s'enfermer dans sa cabine, loin de toute curiosité, comme s'il s'apprêtait à accomplir quelque rite mystérieux.

Freya n'existait pas. Elle avait disparu du monde de la manière infâme dont disparaissent les criminels, — doublement condamnée puisque sa mémoire même était odieuse au peuple ; et Ferragut, dans quelques instants, allait la ressusciter comme un fantôme, dans la maison flottante qu'elle avait visitée à deux reprises. Il connaissait peut-être désormais les dernières heures de son existence enveloppées dans un mystère peu recommandable ; il pouvait violer la volonté de ses juges qui l'avaient condamnée à perdre la vie et, après sa mort, à disparaître de la mémoire de tous. Avec une avidité avide, il s'assit devant la table de sa cabine, rangeant dans l'ordre le contenu de l'enveloppe : plus de douze feuilles écrites recto-verso et plusieurs coupures de journaux. Dans ces coupures, il voyait des portraits de Freya, une ressemblance dure et floue qu'il ne pouvait reconnaître que par son nom en dessous. Il vit aussi le portrait de son défenseur, un vieil avocat d'aspect exigeant, aux cheveux blancs soigneusement peignés et aux yeux perçants.

Dès les premières lignes, Ferragut soupçonne que le *maître* ne peut écrire ni parler que sous la forme littéraire la plus approuvée. Sa lettre était un récit modéré et correct, dans lequel toute émotion, si vive soit-elle, était discrètement maîtrisée pour ne pas désorganiser l'ampleur d'un style majestueux.

Il a commencé par expliquer que son devoir professionnel l'avait décidé à défendre cet espion. Elle avait besoin d'un avocat ; elle était étrangère ; L'opinion publique, influencée par les récits exagérés des journaux sur sa beauté et ses bijoux, était farouchement hostile, exigeant sa punition immédiate. Personne n'avait souhaité prendre en charge sa défense. Et c'est précisément pour cette raison qu'il l'avait accepté sans crainte d'impopularité.

Ferragut croyait que ce sacrifice pouvait être attribué à l'impulsion d'un vieux beau vaillant, attiré par Freya en raison de sa beauté. Par ailleurs, cette procédure pénale représentait un incident typiquement parisien et pourrait donner une certaine notoriété romanesque à celui qui intervenant dans son déroulement.

Quelques paragraphes plus loin, le marin était convaincu que le *maître* était tombé amoureux de son client. Cette femme, même dans ses derniers instants, a déployé autour de lui ses pouvoirs de séduction les plus étonnants. La réussite professionnelle attendue par l'avocat disparaît dès son premier interrogatoire. La défense de Freya serait impossible. Lorsqu'il l'interrogeait sur les événements de sa vie antérieure, ou bien elle pleurait à chaque réponse, ou bien elle restait silencieuse, immobile, avec un regard aussi indifférent que s'il s'agissait du sort d'une autre femme.

Les juges militaires n'avaient pas besoin de ses aveux : ils connaissaient, détail pour détail, toute son existence pendant la guerre et dans les dernières années de paix. Jamais les agents de police à l'étranger n'avaient travaillé avec autant de rapidité et de succès. Une chance mystérieuse et toute-puissante avait couronné chaque enquête. Ils connaissaient tous les agissements de Freya. Ils avaient même reçu d'un agent secret des données exactes sur sa personnalité, le numéro par lequel elle était représentée au bureau du directeur à Berlin, le salaire qui lui était versé, ainsi que ses rapports du mois écoulé. Des documents rédigés par elle personnellement, d'une culpabilité irréfutable, avaient afflué sans que l'on sache d'où ils provenaient ni par qui.

Chaque fois que le juge plaçait sous les yeux de Freya une de ces preuves, elle regardait son avocat avec désespoir.

"C'est *eux* !" elle gémit. "Ceux qui désirent ma mort !"

Son défenseur était du même avis. La police avait appris sa présence en France par une lettre que ses supérieurs à Barcelone lui avaient envoyée, bêtement déguisée, écrite à propos d'un code dont le mystère avait été découvert quelque temps auparavant par les contre-espions français. Pour le *maître*, il n'était que trop évident qu'une puissance mystérieuse avait voulu se débarrasser de cette femme, l'envoyant dans un pays ennemi, avec l'intention de l'envoyer à la mort.

Ulysse soupçonnait chez le défenseur un état d'esprit semblable au sien, la même dualité qui l'avait tourmenté dans toutes ses relations avec Freya.

"Moi, monsieur, écrit l'avocat, j'ai beaucoup souffert. Un de mes fils, officier, est mort à la bataille de l'Aisne. D'autres très proches de moi, neveux et élèves, sont morts à Verdun et avec l'armée expéditionnaire de l'Orient...".

En tant que Français, il avait ressenti une aversion irrésistible en étant convaincu que Freya était une espionne qui avait fait beaucoup de mal à son pays…. Puis, en tant qu'homme, il avait compati à son inconséquence, à son caractère contradictoire et frivole, équivalant presque à un crime, et à son égoïsme de belle femme et amoureuse du luxe qui l'avait amenée à souffrir la bassesse morale en échange du confort de la créature.

Son histoire avait séduit l'avocat avec l'intérêt palpitant d'un roman d'aventures. La commisération avait finalement développé la véhémence d'une histoire d'amour. En outre, savoir que les exploiteurs de cette femme étaient ceux qui l'avaient dénoncée avait éveillé son enthousiasme chevaleresque dans la défense de sa cause indéfendable.

La comparution devant le Conseil de Guerre s'est révélée douloureuse et dramatique. Freya, qui jusque-là avait semblé brutalisée par le régime de la prison, s'est réveillée face à une douzaine d'hommes graves et en uniforme.

Ses premiers mouvements étaient ceux de toute femme belle et coquette. Elle connaissait parfaitement son influence physique. Ces soldats transformés en juges lui rappelaient ces autres flirts qu'elle avait vus aux thés et aux grands bals des hôtels…. Quel Français peut résister à l'attirance féminine ?…

Elle avait souri, elle avait répondu aux premières questions avec une gracieuse modestie, fixant ses yeux méchamment naïfs sur les fonctionnaires assis derrière la table présidentielle, et sur ces autres hommes en uniforme bleu, chargés de l'accuser ou de lire les pièces de son poursuite.

Mais quelque chose de froid et d'hostile existait dans l'atmosphère et paralysait ses sourires, laissant ses paroles sans écho et rendant inutiles les splendeurs de ses yeux. Tous les fronts étaient courbés sous le poids d'une pensée sévère : tous les hommes à cet instant paraissaient trente ans plus âgés. Ils ne verraient tout simplement pas une personne telle qu'elle était, quels que soient les efforts qu'elle pourrait faire. Ils avaient laissé leur admiration et leurs désirs de l'autre côté de la porte.

Freya comprit qu'elle avait cessé d'être une femme et n'était plus qu'une accusée. Un autre de son sexe, un rival irrésistible, s'emparait désormais de tout, liant ces hommes d'un amour profond et austère. Son instinct lui faisait regarder fixement la matrone blanche, au visage grave, dont le buste vigoureux apparaissait au-dessus de la tête du président. Elle était le Patriotisme, la Justice, la République, contemplant de ses yeux vagues et creux cette femme de chair et de sang qui commençait à trembler en réalisant sa situation.

"Je ne veux pas mourir!" s'écria Freya, abandonnant soudain ses séductions et devenant une pauvre et misérable créature folle de peur. "Je suis innocent."

Elle mentait avec l'illogisme absurde et flagrant de quelqu'un qui se trouve en danger de mort. Il fallait relire ses premières déclarations, qu'elle niait désormais, présenter à nouveau les preuves matérielles dont elle ne voulait pas admettre l'existence, faire étayer l'ensemble de son dossier par ces données irréfutables d'origine anonyme.

"C'est *eux* qui ont tout fait !... Ils m'ont dénaturé !... Puisqu'ils ont causé ma ruine, je vais dire ce que je sais."

Dans son récit, l'avocat passe à la légère sur ce qui s'est passé au Conseil de Guerre. Le secret professionnel et l'intérêt patriotique empêchaient une plus grande explicitité. La séance avait duré du matin au soir, Freya révélant à ses juges tout ce qu'elle savait.... Son défenseur avait alors parlé pendant cinq heures, tentant d'établir une sorte d'échange dans l'application de la sanction. La culpabilité de cette femme était indéniable et la méchanceté qu'elle avait endurée était très grande, mais ils devraient lui épargner la vie en échange de ses aveux importants.... En outre, l'inconséquence de son caractère devait être prise en considération... ainsi que cette vengeance dont l'ennemi avait fait d'elle la victime....

Avec Freya, il avait attendu, jusque tard dans la nuit, la décision du tribunal. L'accusé semblait animé d'espoir. Elle était redevenue femme : elle parlait placidement avec lui, souriait aux gendarmes et faisait l'éloge de l'armée.... "Les Français, messieurs, étaient incapables de tuer une femme..."

Le *maître* ne fut pas surpris des sourcils tristes et froncés des officiers au sortir de leurs délibérations. Ils semblaient mécontents de leur récent vote, et pourtant ils affichaient en même temps la sérénité d'un visage tranquille. C'étaient des soldats qui venaient de remplir pleinement leur devoir, supprimant tout instinct purement masculin. Celui chargé de lire la sentence gonfla sa voix d'une énergie fictive.... " *Mort !* ... " Après une longue énumération de crimes, Freya fut condamnée à être fusillée :— elle avait donné à l'ennemi des renseignements qui représentaient la perte de milliers d'hommes et de bateaux, torpillés à cause de ses rapports, sur lesquels avaient péri des familles sans défense.

L'espionne hocha la tête en écoutant ses propres actes, appréciant pour la première fois leur énormité et reconnaissant la justice de leur terrible punition. Mais en même temps , elle comptait sur un sursis bon enfant en échange de tout ce qu'elle avait révélé, sur une vaillante clémence... parce qu'elle était elle.

Tandis que retentissait ce mot fatal, elle poussa un cri, devint pâle et cendrée et s'appuya sur l'avocat.

"Je ne veux pas mourir !... Je ne devrais pas mourir !... Je suis innocent."

Elle continuait de crier son innocence, sans en donner d'autre preuve que l'instinct désespéré de conservation. Avec la crédulité de celle qui veut se sauver, elle accepta toutes les consolations problématiques de son défenseur. Restait le dernier recours : faire appel à la clémence du Président de la République : peut-être pourrait-il lui pardonner.... Et elle a signé cet appel avec un espoir soudain.

L'avocat a réussi à retarder l'exécution de la peine de deux mois, en rendant visite à plusieurs de ses confrères, personnalités politiques. Le désir de sauver la vie de son client le tourmentait comme une obsession. Il avait consacré toute son activité et son influence personnelle à cette affaire.

" Amoureux !... Amoureux comme tu l'étais !" » dit avec un accent méprisant la voix du prudent conseiller de Ferragut .

Les journaux protestaient contre ce retard dans l'exécution de la sentence. Le nom de Freya Talberg commençait à être entendu dans les conversations comme un argument contre la faiblesse du gouvernement. Les femmes étaient les plus implacables.

Un jour, au Palais de Justice, le *maître* fut convaincu de cette animosité générale qui poussait l'accusé vers le jour de l'exécution. La femme qui s'occupait des robes, une vieille femme bavarde, familière avec les illustres avocats, avait grossièrement fait connaître leurs opinions.

"Je me demande quand ils vont exécuter cet espion !... Si elle était une pauvre femme avec des enfants et qui avait besoin de gagner son pain, ils l'auraient abattue depuis longtemps.... Mais c'est une *cocotte élégante* et avec des bijoux. Peut-être qu'elle a ensorcelé certains ministres. Nous allons maintenant la voir dans la rue presque tous les jours.... Et mon fils qui est mort à Verdun !... "

La prisonnière, comme si elle devinait cette indignation publique, commençait à considérer sa mort comme étant sur le point de perdre, peu à peu, cet amour de l'existence qui l'avait fait éclater en mensonges et en protestations délirantes. En vain le *maître* espérait-il être gracié.

"C'est inutile : je dois mourir.... Il faudrait me fusiller.... J'ai fait tant de mal.... Cela me fait horreur même de me souvenir de tous les crimes nommés dans cette phrase.... Et il y en a encore d'autres qu'ils ne font pas. sais !... La solitude m'a fait me voir tel que je suis. Quelle honte !... Je devrais périr ; j'ai tout gâché.... Que me reste-t-il à faire au monde ?... »

« Et c'est alors, mon cher monsieur, continuait l'avocat dans sa lettre, qu'elle m'a parlé de vous, de la façon dont vous vous étiez connus, du mal qu'elle vous avait fait inconsciemment.

Convaincu de l'inutilité de ses efforts pour lui sauver la vie, le *maître* avait sollicité une dernière faveur du tribunal. Freya désirait beaucoup qu'il l'accompagne au moment de son exécution, car cela maintiendrait sa sérénité. Les membres du gouvernement avaient promis à leur collègue présent au forum d'informer en temps opportun qu'il pourrait être présent à l'exécution de la sentence.

C'est à trois heures du matin et alors qu'il dormait le plus profondément que des messagers, envoyés par la préfecture de police, le réveillèrent. L'exécution devait avoir lieu au lever du jour : c'était une décision prise au dernier moment pour que les journalistes puissent avoir connaissance trop tard de l'événement.

Une automobile l'emmena avec les messagers à la prison Saint-Lazare, à travers un Paris silencieux et obscur. Seuls quelques lampadaires cagoulés coupaient de leur lumière maladive l'obscurité des rues. Dans la prison, ils furent rejoints par d'autres fonctionnaires et de nombreux chefs et officiers qui représentaient la justice militaire. La condamnée dormait toujours dans sa cellule, ignorant ce qui allait se passer.

Ceux chargés de la réveiller, sombres et timides, défilaient en file dans les couloirs de la prison, se heurtant dans leur précipitation nerveuse.

La porte était ouverte. Sous la lumière réglementaire, Freya était sur son lit, les yeux fermés. En les ouvrant et en se retrouvant entourée d'hommes, son visage fut convulsé de terreur.

"Courage, Freya!" dit le directeur de la prison. "La demande de grâce a été rejetée."

"Courage, ma fille", a ajouté le curé de l'établissement, déclenchant un début de discours.

Sa terreur, due à la rude surprise du réveil avec le cerveau encore paralysé, ne dura que quelques secondes. En rassemblant ses pensées, la sérénité revint sur son visage.

"Je dois mourir ?" elle a demandé. "L'heure est déjà venue ?... Très bien alors : qu'ils me tirent dessus. Me voici."

Certains hommes tournèrent la tête et détournèrent ainsi leur regard.... Elle a dû sortir du lit en présence des deux gardiens. Cette précaution visait à ce qu'elle ne tente pas de se suicider. Elle a même demandé à l'avocat de rester dans la cellule, comme pour atténuer ainsi l'ennui de s'habiller devant des étrangers.

En arrivant à ce passage de sa lettre, Ferragut se rendit compte de la pitié et de l'admiration du *maître* qui l'avait vue préparer la dernière toilette de sa vie.

"Adorable créature ! Tellement belle !… Elle est née pour l'amour et le luxe, et pourtant elle allait mourir, déchirée par les balles comme un soldat grossier…."

Les précautions prises par sa coquetterie lui parurent admirables. Elle voulait mourir comme elle avait vécu, en mettant sur elle le meilleur de ce qu'elle possédait. Aussi, soupçonnant l'imminence de son exécution, elle avait récupéré quelques jours auparavant les bijoux et la robe qu'elle portait lorsque son arrestation l'empêchait de rentrer à Brest.

Son défenseur la décrivait « avec une robe de soie gris perle, des bas et des chaussures basses en bronze, une capote de fourrures et un grand chapeau à plumes. De plus, le collier de perles était sur sa poitrine, des émeraudes aux oreilles et tout ». ses diamants à ses doigts."

Un sourire triste dessinait ses lèvres en essayant de se regarder dans les vitres encore noires de l'obscurité de la nuit, qui lui servaient de miroir.

"Je meurs dans mon uniforme comme un soldat", a-t-elle déclaré à son avocat.

Puis dans l'antichambre de la prison, sous la crue lumière artificielle, cette femme empanachée, couverte de bijoux, ses vêtements exhalant un subtil parfum, souvenir de jours plus heureux, se tourna sans aucune gêne vers les hommes vêtus d'uniformes noirs et bleus. .

Les deux religieuses qui l'accompagnaient paraissaient plus émues qu'elle. Ils essayaient de l'exhorter et en même temps luttaient pour retenir leurs larmes…. Le curé n'en fut pas moins touché. Il avait assisté à d'autres criminels, mais c'étaient des hommes…. Pour assister à une mort décente une belle femme parfumée et scintillante de pierres précieuses, comme si elle allait monter en automobile vers un thé à la mode !…

La semaine précédente, elle hésitait entre recevoir un pasteur calviniste ou un prêtre catholique. Dans sa vie cosmopolite et sa nationalité incertaine , elle n'avait jamais pris le temps de décider elle-même d'une religion. Finalement, elle avait choisi cette dernière parce qu'elle était intellectuellement plus simple, plus libérale et plus accessible….

Plusieurs fois, lorsque le curé essayait de la consoler, elle l'interrompait comme si c'était elle qui était chargée d'inspirer le courage.

"Mourir n'est pas si terrible qu'il y paraît vu de loin !… J'ai honte quand je pense aux peurs que j'ai traversées, aux larmes que j'ai versées…. Cela s'avère être beaucoup plus simple que moi. avions cru…. Nous devons tous mourir!"

Ils lui lisent la sentence refusant l'appel en grâce. Ensuite, ils lui ont offert un stylo pour qu'elle puisse le signer.

Un colonel lui dit qu'elle avait encore quelques instants à sa disposition pour écrire à sa famille, à ses amis, ou pour faire ses dernières volontés….

"A qui dois-je écrire ?" » dit Freya. "Je n'ai pas un seul ami au monde…"

" C'est alors, continua l'avocat, qu'elle prit la plume comme si un souvenir lui était venu à l'esprit et traça quelques lignes… Puis elle déchira le papier et s'approcha de moi. Elle pensait à vous, capitaine. : sa dernière lettre était pour toi et elle l'a laissée inachevée, craignant qu'elle ne parvienne jamais entre tes mains. En plus, elle n'était pas capable d'écrire, son pouls était nerveux : elle préférait parler… Elle m'a demandé de t'envoyer un longue, très longue lettre, racontant ses derniers instants, et j'ai dû lui jurer que j'exécuterais sa demande.

Dès lors, le *maître* voyait mal les choses. L'émotion perturbait sa sensibilité, mais les derniers mots de Freya à sa sortie de prison restaient gravés dans son esprit.

"Je ne suis pas allemande", a-t-elle répété à plusieurs reprises aux hommes en uniforme. "Je ne suis pas allemand !"

Pour elle, la chose la moins importante était de mourir. Elle s'inquiétait seulement de la crainte qu'on ne la croie de cette odieuse nationalité.

L'avocat s'est retrouvé dans une automobile avec de nombreux hommes qu'il connaissait à peine. D'autres véhicules se trouvaient devant et derrière le leur. Dans l'une d'elles se trouvait Freya avec les religieuses et le prêtre.

Une légère traînée blanchissait le ciel, marquant les pointes des toits. En bas, dans l'obscurité profonde des rues, la vie renouvelée du point du jour commençait lentement. Les premiers ouvriers se rendant à leur travail les mains dans les poches, et les marchandes revenant du marché poussant leurs charrettes, tournèrent la tête, suivant avec intérêt ce cortège de véhicules rapides, presque tous avec des hommes dans la loge à côté du conducteur. . Pour les travailleurs, c'était peut-être un mariage matinal…. Peut-être s'agissait-il d'homosexuels venant d'une fête nocturne…. Plusieurs fois, le cortège ralentit sa vitesse, bloqué par une rangée de lourdes charrettes chargées de montagnes d'objets de jardin.

Le *maître* , malgré son émotion, reconnut la route que suivait l'automobile. Sur la *place de la Nation,* il aperçut le groupe sculpté, *le Triomphe de la République* , perçant les brumes ruisselantes de l'aube ; puis la grille de l'enclos ; puis le long *cours de Vincennes* et sa forteresse historique.

Ils allèrent encore plus loin jusqu'à atteindre le champ d'exécution.

En descendant de l'automobile, il aperçut une vaste plaine couverte d'herbe sur laquelle étaient rangées deux compagnies de soldats. D'autres véhicules étaient arrivés avant eux. Freya s'est détachée du groupe de personnes qui descendaient de l'automobile, laissant derrière elle les religieuses et les officiers qui l'escortaient.

La lumière du jour, bleue et froide comme le reflet de l'acier, mettait en relief les deux masses d'hommes armés qui formaient un passage étroit. Au bout de cette ruelle improvisée, il y avait un poteau planté dans le sol et au-delà, une camionnette sombre tirée par deux chevaux et divers hommes vêtus de noir.

L'approche de la femme fut signalée par une voix de commandement, et fit aussitôt retentir tambours et trompettes à la tête des deux formations. Il y eut un bruit de fusils ; les soldats présentaient les armes. Les instruments martiaux délivraient le salut triomphal dû à la présence d'un chef d'État, d'un général, d'un lever de drapeau…. C'était un hommage à la justice, majestueux et sévère, un hymne au patriotisme, implacable dans la défense.

Se souvenant de la femme blanche à la poitrine profonde et aux yeux creux qu'elle avait aperçue au-dessus de la tête du président du Conseil, l'espion reconnut un instant que tout cela était en son honneur ; mais après, elle a voulu croire que l'accueil triomphal était pour elle…. Elle marchait entre les canons, accompagnée du clairon et du tambour, comme une reine.

Pour son défenseur, elle paraissait plus grande que jamais. Elle semblait avoir poussé une paume plus haut en raison de son élévation émotionnelle intense. Son âme de théâtrale était émue comme lorsqu'elle se présentait sur les planches pour recevoir des applaudissements. Tous ces hommes s'étaient levés au milieu de la nuit et étaient là pour elle : les cors et les tambours sonnaient pour la saluer. La discipline gardait leurs visages graves et froids mais elle avait la certaine conscience qu'ils la trouvaient belle, et que derrière de nombreux yeux immobiles, le désir s'affirmait.

S'il restait une parcelle de peur de perdre la vie, elle disparut sous la caresse de cette fausse gloire…. Mourir contemplé par tant d'hommes vaillants qui lui rendaient le plus grand des honneurs ! Elle éprouvait le besoin d'être adorable, de prendre une pose artistique comme sur une scène.

Elle passait entre les deux masses d'hommes, la tête droite, marchant d'un pas ferme du pas enjoué d'une déesse chasseresse, jetant parfois un regard sur quelques-uns des centaines d'yeux fixés sur elle. L'illusion de son triomphe la faisait avancer droite et sereine comme si elle passait en revue les troupes.

"Mon Dieu !… Quel équilibre !" s'exclama un jeune officier derrière l'avocat, admirant la sérénité de Freya.

En approchant du poste, quelqu'un lui lut un bref document, un résumé de la sentence, trois lignes pour l'avertir que la justice allait s'accomplir.

La seule chose qui l'ennuyait dans cette notification rapide était la crainte que les trompettes et les tambours ne s'arrêtent. Mais ils continuaient de résonner et leur musique martiale était aussi réconfortante à ses oreilles qu'un vin très enivrant glissant entre ses lèvres.

Un peloton de caporaux et de soldats (douze fusils) se détache de la double masse militaire. Un sous-officier à barbe blonde, petit et délicat, le commandait l'épée dégainée. Freya le contempla un instant, le trouvant intéressant, tandis que le jeune homme évitait son regard.

D'un geste de reine de la tragédie, elle repoussa le mouchoir blanc qu'on lui offrait pour lui bander les yeux. Elle n'en avait pas besoin. Les religieuses prirent congé d'elle pour toujours. Dès qu'elle fut seule, deux gendarmes commencèrent à l'attacher avec le dos appuyé contre le poteau.

"Ils disent", a continué à écrire son défenseur, "qu'une de ses mains m'a fait signe pour la dernière fois juste avant d'être attachée par la corde…. Je n'ai rien vu. Je ne pouvais pas voir !… C'était trop pour moi. !… "

Il ne connaissait le reste de l'exécution que par ouï-dire. Les trompettes et les tambours continuaient de sonner. Freya, attachée et extrêmement pâle, souriait comme si elle était ivre. La brise matinale agitait les plumes de son chapeau.

Lorsque les douze fusiliers s'avancèrent en se plaçant en ligne horizontale à huit mètres de distance, tous visant son cœur, elle parut se réveiller. » cria-t-elle , les yeux anormalement dilatés par l'horreur de la réalité qui allait bientôt se produire. Ses joues étaient couvertes de larmes. Elle tirait sur les ligatures avec la vigueur d'une épileptique.

" Pardon !… Pardon ! Je ne veux pas mourir ! "

Le sous-lieutenant leva son épée, et la rabaissa rapidement…. Un coup de feu.

Freya s'est effondrée, son corps glissant sur toute la longueur du poteau jusqu'à ce qu'il tombe en avant sur le sol. Les balles avaient coupé les cordes qui la liaient.

Comme s'il avait pris vie d'un coup, son chapeau lui sauta de la tête, s'envola pour tomber environ quatre mètres plus loin. Un caporal, un revolver dans la main droite, s'avança du piquet de tir : « le coup mortel ». Il arrêta son pas devant la flaque de sang qui se formait autour de la victime, pressant ses lèvres l'une contre l'autre et détournant les yeux. Il se pencha alors sur elle, soulevant du bout du canon les boucles qui étaient tombées sur une de ses oreilles. Elle respirait encore.... Un coup dans la tempe. Son corps se contracta dans un dernier frisson, puis resta immobile avec la rigidité d'un cadavre.

Des voix ont été entendues. Le peloton d'exécution se reforma en ligne et, au rythme de ses instruments, défila devant les cadavres. Du chariot funéraire, deux hommes en robe noire sortirent un cercueil en bois blanc.

Tournant le dos à leur travail, la double masse militaire se dirigea vers le campement. Les fins de la Justice avaient été accomplies. Les trompettes et les tambours se perdaient à l'horizon mais leurs sons étaient encore amplifiés par les échos frais du matin à venir. Le cadavre fut dépouillé de ses bijoux, puis déposé dans ce pauvre cercueil qui ressemblait tant à un carton d'emballage. Les deux religieuses prirent avec timidité les pierres précieuses que la morte leur avait données pour leurs œuvres de charité. Puis le couvercle fut refermé, enfermant à jamais celle qui, quelques instants auparavant, était une femme au charme somptueux sur laquelle les hommes ne pouvaient rester indifférents. Les quatre planches ne gardaient plus que des haillons sanglants, des chairs mutilées, des os brisés.

Le véhicule s'est rendu au cimetière de Vincennes, jusqu'au coin où étaient enterrés les exécutés.... Pas une fleur, pas une inscription, pas une croix. L'avocat lui-même ne pouvait pas être sûr de trouver le lieu de sa sépulture s'il était nécessaire de le rechercher.... Telle fut la dernière scène de la carrière de cette créature luxueuse et voluptueuse !... Ainsi ce corps s'était-il dissous dans un trou inconnu du sol comme n'importe quelle bête de somme abandonnée !...

"Elle était bonne," dit son défenseur, "et pourtant en même temps, elle était une criminelle. Son éducation était en cause. Pauvre femme !... Ils l'avaient élevée pour vivre dans la richesse, et les richesses avaient toujours fui devant elle. ".

Puis dans ses dernières lignes le vieux *maître* dit avec mélancolie : "Elle est morte en pensant à toi et un peu à moi.... Nous avons été les derniers hommes de son existence."

Cette lecture laissa Ulysse dans un triste état de stupéfaction. Freya ne vivait plus !... Il ne courait plus le danger de la voir apparaître sur son navire, quel que soit le port qu'il toucherait !...

La dualité de ses sentiments resurgit avec de violentes contradictions.

"C'était une bonne chose !" dit le marin, combien d'hommes sont morts par sa faute !... Son exécution était inévitable. La mer doit être débarrassée de ces bandits.

Et en même temps le souvenir des délices de Naples, de ce long emprisonnement dans un harem imprégné d'une sensualité illimitée, renaissait dans son esprit. Il la voyait dans toute la majesté de son corps merveilleux, comme lorsqu'elle dansait ou sautait d'un côté à l'autre du vieux salon. Et maintenant cette forme, façonnée par la nature dans un moment d'enthousiasme, n'existait plus…. Ce n'était qu'un amas de chair liquide et de pulpe pestilentielle !…

Il se souvenait de son baiser, de ce baiser qui l'avait tant électrisé, le faisant sombrer sans cesse dans un océan d'extase, comme un naufragé content de son sort…. Et il ne la connaîtrait jamais davantage !… Et sa bouche, au parfum de cannelle et d'encens, de forêts asiatiques hantée de volupté et d'intrigue, était désormais… ! Ah, la misère !

Tout à coup, il aperçut le profil de la morte, un œil tourné vers lui, gracieusement et malicieusement, comme « l'œil du matin » devait regarder sa maîtresse en déroulant ses danses mystérieuses dans sa demeure asiatique.

Ulysse concentra son attention sur le front pâle du Fantasme touché par la caresse soyeuse de ses boucles. Il y avait déposé ses meilleurs baisers, des baisers de tendresse et de gratitude…. Mais la peau lisse qui semblait faite de pétales de camélia s'assombrissait sous ses yeux. Il est devenu vert foncé et suintait de sang…. Ainsi il l'avait vue une autre fois…. Et il a rappelé avec remords son coup dur à Barcelone…. Puis il s'ouvrit, formant un trou profond, de forme anguleuse comme une étoile. C'était désormais la marque de la blessure par balle, le *coup de grâce* qui mettait fin à l'agonie de la jeune fille exécutée.

Pauvre Freya, guerrière implacable, énervée par la bataille des sexes !… Elle avait passé son existence à haïr les hommes tout en ayant besoin d'eux pour vivre, en leur faisant tout le mal possible et en le recevant d'eux en triste réciprocité jusqu'à ce qu'elle finisse par périr. entre leurs mains.

Cela ne pouvait pas se terminer autrement. Une main masculine avait ouvert l'orifice par lequel s'échappait la dernière bulle de son existence…. Et le capitaine horrifié, regardant son triste profil aux tempes violettes, pensa qu'il ne parviendrait jamais à effacer de sa mémoire cette horrible vision. Le fantasme diminuerait, deviendrait invisible pour le tromper, mais reviendrait sûrement dans toutes ses heures de solitude pensive ; cela allait aigrir ses nuits de quart, le suivre à travers les années comme un remords.

Heureusement les exactions de la vie réelle ne cessaient de repousser ces tristes souvenirs.

"C'était une bonne chose qu'elle ait été abattue !" affirmait avec autorité en lui l'énergique fonctionnaire habitué à commander aux hommes. " Qu'auriez-vous fait en faisant partie du tribunal qui l'a condamnée ?… Exactement ce que les autres ont fait. Pensez à ceux qui sont morts à cause de ses diableries !... Souvenez-vous de ce que Toni a dit ! "

Une lettre de son ancien compagnon, reçue dans le même courrier que celle du défenseur de Freya, parlait des abominations que commettait l'agression sous-marine en Méditerranée.

Des nouvelles de certains crimes commençaient à être reçues de la part de marins naufragés qui avaient réussi à atteindre la côte après de longues heures de lutte ou après avoir été récupérés par d'autres bateaux. Mais la plupart des victimes resteront à jamais inconnues dans le mystère des vagues. Les bateaux torpillés avaient coulé au fond avec leurs équipages et leurs passagers, « sans laisser aucune trace », et quelques mois plus tard seulement, une partie de la tragédie était devenue évidente lorsque la déferlante jetait sur la côte d'innombrables corps impossibles à identifier, sans même un signe reconnaissable. visage humain.

Presque chaque semaine, Toni contemplait quelques-uns de ces cadeaux funèbres de la mer. Au lever du jour, les pêcheurs retrouvaient des cadavres jetés sur la plage où l'eau balayait le sable, s'y reposant quelques instants sur le sol humide, pour être ensuite repris par une autre vague plus forte. Finalement, leurs dos s'étaient enfoncés dans la terre, les maintenant immobiles, tandis que de leurs vêtements et de leur chair sortaient des nuées de petits poissons fuyant vers la mer à la recherche de nouveaux pâturages. Les agents du fisc avaient découvert parmi les rochers des corps mutilés dans des positions tragiques, les yeux vitreux sortant de leurs orbites.

Beaucoup d'entre eux étaient reconnus comme soldats grâce aux lambeaux qui révélaient un vieil uniforme ou aux étiquettes d'identification en métal qu'ils portaient aux poignets. Les gens à terre parlaient toujours d'un transport torpillé venant d'Alger.... Et mêlés aux hommes, ils retrouvaient constamment des corps de femmes tellement défigurés qu'il était presque impossible de juger de leur âge : des mères qui avaient les bras arqués comme si elles mettaient tous leurs efforts pour garder le bébé disparu. Beaucoup dont la pudeur virginale avait été violée par la mer, montraient des membres nus gonflés et verdâtres, avec de profondes morsures de poissons carnivores. La marée avait même rejeté à terre le corps sans tête d'un enfant de quelques années.

C'était plus horrible, selon Toni, de contempler ce spectacle depuis la terre que depuis un bateau. Ceux qui sont à bord des navires ne sont pas en mesure de voir avec autant d'acuité les conséquences ultimes des torpillements que ceux qui vivent sur le rivage, recevant comme cadeau des vagues cet afflux continuel de victimes.

Le pilote avait terminé sa lettre par ses supplications habituelles : « Pourquoi persistez-vous à suivre la mer ?... Vous voulez une vengeance impossible. Vous êtes un homme et vos ennemis sont des millions... Vous allez mourir si vous persistez à les ignorer. Vous savez déjà qu'ils vous poursuivent depuis longtemps. Et vous ne parviendrez pas toujours à échapper à leurs griffes. Rappelez-vous ce que disent les gens : « Celui qui court le danger... ! Renoncez à la mer, retournez auprès de votre femme ou venez chez nous. Une vie si riche que vous pourriez mener à terre !... "

Pendant quelques heures , Ferragut fut du même avis que Toni. Son entreprise téméraire allait forcément mal se terminer. Ses ennemis le connaissaient, le guettaient et étaient nombreux à s'opposer à celui qui vivait seul sur son navire avec un équipage d'hommes d'une autre nationalité. À part les quelques personnes qui l'avaient toujours aimé, personne ne déplorerait sa mort. Il n'appartenait à aucune des nations en guerre ; c'était une espèce de corsaire obligé de ne pas entreprendre d'attaque. Il l'était encore moins : un officier transportant des provisions sous la protection d'un drapeau neutre. Ce drapeau ne trompait personne. Ses ennemis connaissaient le navire, le recherchant avec plus de détermination que s'il faisait partie des flottes alliées. Même dans son propre pays, de nombreux sympathisants de l'Empire allemand célébraient joyeusement la disparition de la *Mare Nostrum* et de son capitaine.

La mort de Freya avait déprimé son moral plus qu'il ne l'aurait cru possible. Il avait de sombres pressentiments ; peut-être que son prochain voyage sera le dernier.

"Tu vas mourir!" cria une voix angoissée dans son cerveau. "Vous mourrez très bientôt si vous ne vous retirez pas de la mer."

Et pour Ferragut, le plus étrange dans cet avertissement, c'était que ce conseiller avait la voix de celui qui l'avait toujours poussé à des aventures insensées, celui qui l'avait précipité dans le danger pour le simple plaisir de l'ignorer, celui qui lui a fait suivre Freya même après avoir connu son ignoble métier.

En revanche , la voix de la prudence, toujours prudente et tempérée, montrait désormais une tranquillité héroïque , parlant comme un homme de paix qui considère ses obligations supérieures à sa vie.

"Soyez calme, Ferragut ; vous avez vendu votre personne avec votre bateau, et ils vous ont donné des millions pour cela. Vous devez tenir ce que vous avez promis même si cela peut vous faire disparaître.... La *Mare Nostrum* ne peut naviguer sans un Capitaine espagnol. Si vous l'abandonnez, vous devrez trouver un autre capitaine. Vous fuirez par peur et mettrez à votre place un homme qui doit affronter la mort pour entretenir sa famille. Glorieux exploit, cela !… alors que vous le feriez sois sur terre, riche et en sécurité !… Et qu'est-ce que tu vas faire sur terre, lâche ?

Son égoïsme ne savait guère comment répondre à une telle question. Il se rappelait avec antipathie son existence bourgeoise là-bas, à Barcelone, avant d'acheter le paquebot. C'était un homme d'action et il ne pouvait vivre qu'en s'occupant d'entreprises risquées.

Il s'ennuierait à mourir sur terre et serait en même temps considéré comme rabaissé, dégradé, comme quelqu'un qui descend à un grade inférieur dans un pays de hiérarchies. Le capitaine d'une vie romantique et aventureuse se transformerait en propriétaire immobilier, ne connaissant d'autres luttes que celles qu'il pourrait soutenir avec ses locataires. Peut-être, pour éviter une existence banale, investirait-il son capital dans la navigation, le seul métier qu'il connaisse bien. Il pourrait devenir armateur en acquérant de nouveaux navires et, peu à peu, à cause de la nécessité de les surveiller attentivement, il finirait par renouveler ses voyages.… Alors, pourquoi devrait-il abandonner la *Mare Nostrum ?*

En se demandant anxieusement ce qu'avait été sa vie jusqu'à présent, il subit une profonde révolution morale.

Toute son existence antérieure lui apparaissait comme un désert. Il avait vécu sans savoir pourquoi ni comment, défiant d'innombrables dangers et aventures pour le simple plaisir d'en sortir vainqueur. Il ne savait pas non plus avec certitude ce qu'il avait voulu jusque-là. Si c'était de l'argent, il avait coulé entre ses mains au cours des derniers mois avec une abondance écrasante.… Il en avait en réserve et cela ne l'avait pas rendu heureux. Quant à la gloire professionnelle, il ne pouvait désirer rien de plus grand que ce qu'il possédait déjà. Son nom était célébré dans toute la Méditerranée espagnole. Même le marin le plus grossier et le plus ingouvernable admettrait ses capacités exceptionnelles.

« L'amour est resté !… » Mais Ferragut fit une grimace en pensant à cela. Il l'avait connu et ne souhaitait pas le revoir. Le doux amour d'un bon compagnon, capable d'entourer la dernière partie de son existence d'un confort agréable, il venait de le perdre à jamais. L'autre, passionnée, fantastique, voluptueuse, donnant à la vie l'intérêt brut des conflits et des contrastes, ne lui avait laissé aucune envie de la recommencer.

La paternité, plus forte et plus durable que l'amour, aurait pu remplir le reste de ses jours si son fils n'était pas mort.… Il ne restait plus que la vengeance, la tâche sauvage de rendre le mal à ceux qui lui avaient fait tant de mal. Mais il était si impuissant à lutter contre eux tous !… Cet acte final paraissait si petit et si égoïste en comparaison de cet autre enthousiasme patriotique qui l'entraînait maintenant à sacrifier de si grandes masses d' hommes !…

Pendant qu'il réfléchissait, une phrase qu'il avait entendue quelque part — formée peut-être à partir de résidus de lectures anciennes — commença à chanter dans son cerveau : « Une vie sans idéaux ne vaut pas la peine de vivre.

Ferragut acquiesça silencieusement. C'était vrai : pour vivre, il faut un idéal. Mais où pourrait-il le trouver ?...

Soudain, dans son esprit, il vit Toni, comme lorsqu'il essayait d'exprimer ses pensées confuses. Malgré toute sa crédulité et sa simplicité, son capitaine considérait désormais son humble compagnon comme son supérieur. À sa manière, Toni avait son idéal : il se préoccupait d'autre chose que de son propre égoïsme. Il souhaitait pour les autres hommes ce qu'il considérait bon pour lui-même, et il défendait ses convictions avec l'enthousiasme mystique de tous ces personnages historiques qui ont tenté d'imposer une croyance; avec la foi des guerriers de la Croix et de ceux du Prophète, avec la ténacité de l'Inquisition et des Jacobins.

Lui, homme de raison, n'avait su que ridiculiser les enthousiasmes généreux et désintéressés des autres hommes, décelant à la fois leurs points faibles et leur manque d'adaptation à la réalité du moment.... De quel droit se moquait-il de son compagnon croyant, rêvant, avec la pureté d'esprit d'un enfant, d'une humanité libre et heureuse ?... Hormis ses railleries stupides, que pouvait-il opposer à cette foi ?...

La vie commençait à lui apparaître sous un nouveau jour, comme quelque chose de grave et de mystérieux qui exigeait un pont à péage, un hommage de courage de la part de tous les êtres qui y passaient, laissant le berceau derrière eux et ayant la tombe comme ultime repos. lieu.

Peu importait que leurs idéaux puissent paraître faux. Où est la vérité, la seule et authentique vérité ?... Qui peut démontrer qu'il existe et qu'il n'est pas une illusion ?...

Il fallait croire en quelque chose, avoir de l'espoir. Les multitudes n'avaient jamais été touchées par des impulsions d'argumentation et de critique. Ils n'étaient allés de l'avant que lorsque quelqu'un avait fait naître dans leur âme des espoirs et des hallucinations. Les philosophes pourraient en vain chercher la vérité à la lumière de la logique, mais le reste de l'humanité préférerait toujours les idéaux chimériques qui se transforment en puissants motifs d'action.

Toutes les religions devenaient magnifiquement inférieures après avoir été soumises à un examen froid. Pourtant, ils produisaient néanmoins des saints et des martyrs, de véritables surhommes de la moralité. Toutes les révolutions s'étaient révélées imparfaites et inefficaces lorsqu'elles étaient soumises à une révision scientifique. Et pourtant , ils avaient engendré les plus grands héros individuels, les mouvements collectifs les plus étonnants de l'histoire.

« Croire !... Rêver ! » une voix mystérieuse n'arrêtait pas de chanter dans son cerveau. « Avoir un idéal !... »

Il n'aimait pas vivre, comme les momies des grands pharaons, dans un tombeau luxueux, oint de parfum et entouré de tout le nécessaire pour se nourrir et dormir. Naître, grandir, se reproduire ne suffit pas à former une histoire : tous les animaux font de même. L'homme doit ajouter quelque chose de plus qu'il possède seul : la faculté de tracer un avenir…. Rêver! À l'héritage idéaliste laissé par nos ancêtres devrait s'ajouter un nouvel idéal, ou le pouvoir de le réaliser.

Ferragut se rendit compte qu'en temps normal, il serait mort comme il avait vécu, poursuivant une existence monotone et uniforme. Désormais, les changements violents autour de lui ressuscitaient les personnalités endormies que nous portons tous en nous comme souvenirs de nos ancêtres, gravitant autour d'une personnalité centrale et vive la seule qui ait existé jusqu'alors.

Le monde était en état de guerre. Les hommes de l'Europe centrale s'affrontaient sur les champs de bataille. Les deux côtés avaient un idéal mystique, l'affirmant par la violence et le massacre, tout comme les multitudes l'ont toujours fait lorsqu'elles étaient mues par une certitude religieuse ou révolutionnaire acceptée comme la seule vérité….

Mais le marin reconnaissait une profonde différence entre les deux masses qui luttent aujourd'hui. On plaçait son idéal dans le passé, on voulait rajeunir la souveraineté de la Force, la divinité de la guerre, et l'adapter à la vie actuelle. L'autre groupe préparait l'avenir, rêvant d'un monde de démocratie libre, de nations en paix, tolérantes et sans jalousie.

En s'adaptant à cette nouvelle atmosphère, Ferragut commença à ressentir en lui des idées et des aspirations qui étaient peut-être un héritage ancestral. Il croyait entendre son oncle, le *Triton*, décrire l'impact des hommes du Nord sur les hommes du Sud lorsqu'ils tentaient de se rendre maîtres du manteau bleu d'Amphitrite. Il était méditerranéen, mais ce n'est pas parce que le pays dans lequel il était né ne s'intéressait pas au sort du monde qu'il allait rester indifférent.

Il devrait continuer là où il était. Tout ce que Toni lui avait dit sur le latinisme et la civilisation méditerranéenne, il l'acceptait désormais comme de grandes vérités. Peut-être qu'ils ne sont peut-être pas exacts lorsqu'on les examine à la lumière de la raison pure, mais ils valent autant que les assurances des autres.

Il allait continuer sa vie de navigateur avec un nouvel enthousiasme. Il avait la foi, les idéaux, les illusions dont sont faits les héros. Tant que durait la guerre, il apporterait son aide à sa manière, agissant comme auxiliaire de ceux qui combattaient, transportant tout ce qui était nécessaire à la lutte. Il commença à considérer avec plus de respect les matelots obéissants à ses ordres, gens simples qui avaient donné leur sang sans belles phrases et sans arguments.

Lorsque la paix reviendrait , il ne se retirerait donc pas de la mer. Il y aurait encore beaucoup à faire. Alors commencerait la guerre commerciale, la vive rivalité pour conquérir les marchés des jeunes nations d'Amérique. Des projets audacieux et énormes se dessinaient dans son cerveau. Dans cette guerre, il pourrait peut-être devenir un leader. Il rêvait de créer une flotte de paquebots pouvant atteindre jusqu'aux côtes du Pacifique ; il voulait contribuer par ses moyens à la renaissance victorieuse de la race qui avait découvert la plus grande partie de la planète.

Sa nouvelle foi le rendit plus amical avec le cuisinier du navire, ressentant l'attrait de ses illusions invincibles. De temps en temps , il s'amusait à consulter le vieux bonhomme sur le sort futur du paquebot ; il voulait savoir si les sous-marins lui faisaient peur.

"Il n'y a pas de quoi s'inquiéter", a affirmé Caragol . "Nous avons de bons protecteurs. Celui qui se présente devant nous est perdu."

Et il montra à son capitaine les gravures religieuses et les cartes postales qu'il avait punaises sur les murs de la galère.

Un matin, Ferragut reçut ses ordres de départ. Pour le moment, ils se rendaient à Gibraltar, pour récupérer la cargaison d'un paquebot qui n'avait pas pu continuer son voyage. Du détroit, ils pourraient reprendre leur route vers Salonique.

Le capitaine de la *Mare Nostrum* n'avait jamais entrepris un voyage avec autant de joie. Il croyait qu'il allait laisser à jamais sur terre le souvenir de cette femme exécutée dont il voyait le cadavre tant de nuits dans ses rêves. De tout le passé, la seule chose qu'il souhaitait transplanter dans sa nouvelle existence était l'image de son fils. Il allait désormais vivre en concentrant tout son enthousiasme et ses idéaux sur la mission qu'il s'était imposée.

Il prend le bateau directement de Marseille jusqu'au cap San Antonio, loin des côtes, en restant au milieu de la Méditerranée, sans passer par le golfe de Lyon. Un soir, au crépuscule, l'équipage aperçut dans le lointain brumeux quelques montagnes bleuâtres : l'île de Majorque. Pendant la nuit, les phares d'Ibiza et de Formentera disparaissaient à l'horizon sombre. Lorsque le soleil se levait, une tache verticale de couleur rose, semblable à une langue de flamme, apparaissait au-dessus de la ligne de la mer. C'était la haute montagne de Mongó , le promontoire Ferrariien des anciens. Au pied de ses falaises abruptes se trouvait le village des grands-parents d'Ulysse, la maison dans laquelle il avait passé la meilleure partie de son enfance. Ainsi il devait regarder au loin les Grecs de Massalia , explorant le désert méditerranéen sur des bateaux qui sautaient dans l'écume comme des chevaux de bois.

Tout le reste de la journée, la *Mare Nostrum* a navigué très près du rivage. Le capitaine connaissait cette mer comme s'il s'agissait d'un lac sur sa propriété. Il conduisit le bateau à vapeur à travers de faibles profondeurs, voyant les récifs si près de la surface qu'il semblait presque miraculeux que le bateau ne s'écrase pas sur eux. Parfois, l'espace entre la quille et les rochers enfoncés avait à peine deux mètres de large. Alors l'eau dorée prendrait une teinte sombre et le paquebot continuerait sa progression vers les plus grandes profondeurs.

Le long du rivage, le soleil d'automne rougissait les montagnes jaunies, maintenant sèches et odorantes, couvertes de pâturages à forte odeur qu'on sentait de loin. Dans tous les détours de la côte, petites anses, lits de torrents asséchés ou gorges entre deux pics, se distinguaient des groupes blancs de hameaux.

Ferragut contempla avec attention la terre natale de ses grands-parents. Toni devait être là maintenant : peut-être, depuis la porte de sa demeure, il les voyait passer ; peut-être reconnaissait-il le navire avec surprise et émotion.

Un fonctionnaire français, immobile près d'Ulysse sur le pont, admirait la beauté du jour et de la mer. Il n'y avait pas un seul nuage dans le ciel. Tout était bleu au-dessus et au-dessous, sans aucune variation sauf là où les bandes d'écume se peignaient sur les points saillants de la côte, et l'or agité du soleil formait une large chaussée sur les eaux. Une volée de dauphins s'agitait autour du bateau tel un cortège de divinités océaniques.

"Si la mer était toujours comme ça !" s'écria le capitaine, quel plaisir d'être marin !

L'équipage voyait les gens à terre courir ensemble et former des groupes, attirés par la nouveauté d'un paquebot qui passait à portée de leur voix. Sur chacun des points saillants du rivage se dressait une tour basse et vermeille, dernier vestige de la guerre de mille ans de la Méditerranée. Habitués aux rivages accidentés de l'océan et à ses vagues éternelles, les marins bretons s'émerveillaient de cette navigation aisée, touchant presque la côte dont les habitants ressemblaient à un essaim d'abeilles. Si le bateau avait été dirigé par un autre capitaine, un voyage aussi rapproché aurait été des plus désastreux : mais Ferragut riait, lançant de sombres allusions aux officiers qui étaient sur la passerelle, simplement pour accentuer son assurance professionnelle. Il montra les rochers cachés dans les profondeurs. Ici, un paquebot italien qui se dirigeait vers Buenos Ayres avait été perdu…. Un peu plus loin, un rapide quatre mâts s'était échoué, perdant sa cargaison…. Il pouvait déterminer à la fraction de pouce la quantité d'eau autorisée entre les rochers traîtres et la quille de son bateau.

Il recherche habituellement de préférence les eaux les plus agitées, mais elles se trouvent dans la zone dangereuse de la Méditerranée où les sous-marins allemands guettent les convois français et anglais naviguant à l'abri des côtes espagnoles. Les obstacles de la côte submergée étaient désormais pour lui la meilleure défense contre les attaques invisibles.

Derrière lui, le promontoire ferrarien devenait de plus en plus sombre, devenant un simple flou à l'horizon. A la tombée de la nuit, la *Mare Nostrum* se trouvait devant le cap Palos et il dut naviguer dans les eaux extérieures pour la doubler, laissant Carthagène au loin. De là, il se dirigea vers le sud-ouest, jusqu'au cap où la Méditerranée commençait à se rétrécir, formant l'entonnoir du détroit. Bientôt, ils passeraient devant Almeria et Malaga, pour atteindre Gibraltar le lendemain.

"C'est ici que l'ennemi attend souvent", dit Ferragut à l'un des officiers. "Si nous n'avons pas de malchance avant la nuit, nous aurons terminé notre voyage en toute sécurité."

Le bateau s'était éloigné de la route côtière et il n'était plus possible de distinguer la côte inférieure. Ce n'est que depuis la proue qu'on apercevait la bosse saillante du cap, s'élevant comme une île.

Caragol apparut avec un plateau sur lequel fumaient deux tasses de café. Il ne céderait à aucun garçon de cabine l'honneur de servir le capitaine sur la passerelle.

"Eh bien, que penses-tu du voyage ?" demanda gaiement Ferragut avant de boire. « Devons-nous arriver en bon état ?... »

Le cuisinier fit un geste aussi méprisant que si les Allemands pouvaient le voir.

"Rien ne nous arrivera, j'en suis sûr… Nous avons Celui qui veille sur nous, et…"

Il fut soudainement interrompu dans ses affirmations. Le plateau lui sauta des mains et il chancela comme un homme ivre, se cognant même le ventre contre la balustrade du pont. " *Christ du Grao !...* "

La coupe que Ferragut portait à sa bouche tomba avec fracas, et l'officier français, assis sur un banc, faillit tomber à genoux. Le timonier dut serrer le volant avec un sursaut de surprise et de terreur.

Le navire tout entier tremblait de la quille à la tête de mât, de la dunette au gaillard d'avant, dans un frémissement mortel, comme si des griffes invisibles venaient de l'arrêter à toute vitesse.

Le capitaine a tenté d'expliquer cet accident. "Nous devons être échoués", se dit-il, "un récif que je ne connaissais pas, un haut-fond non marqué sur les cartes..."

Mais il ne s'était pas écoulé une seconde qu'autre chose s'ajoutait au premier choc, réfutant les suppositions de Ferragut . L'air bleu et lumineux était déchiré par le bruit sourd d'un coup de tonnerre. Près de la proue apparaissait une colonne de fumée, de gaz en expansion de vapeur jaunâtre et fulminante et, montant par son centre en forme d'éventail, une gerbe d'objets noirs, de bois brisés, de morceaux de plaques métalliques et de cordes enflammées se tournant vers cendres.

Ulysse n'avait plus aucun doute. Ils ont dû être touchés par une torpille. Son regard anxieux scrutait les eaux.

" Là là! " dit-il en pointant la main.

Ses yeux vifs de marin venaient de découvrir le contour léger d'un périscope que personne d'autre n'était capable de voir.

Il descendit en courant de la passerelle, ou plutôt il descendit l'échelle du milieu du navire en courant vers la poupe.

" Là là! "

Les trois artilleurs étaient près du canon, calmes et flegmatiques, mettant la main à leurs yeux, pour mieux voir le point presque invisible que leur montrait le capitaine.

Aucun d'eux ne remarqua l'inclinaison que le pont commençait lentement à prendre. Ils enfoncèrent le premier projectile dans la culasse du canon, tandis que le tireur s'efforçait de distinguer cette petite canne noire à peine perceptible parmi les vagues agitées.

Encore un choc aussi rude que le premier ! Tout gémissait d'un frisson mourant. Les plaques tremblaient et s'effondraient, perdant la cohésion qui en avait fait une seule pièce. Les vis et les rivets jaillirent, émus par le tremblement général. Un deuxième cratère s'était ouvert au milieu du navire, emportant cette fois dans son explosion en éventail des membres d'êtres humains.

Le capitaine comprit qu'une résistance supplémentaire était inutile. Ses pieds l'avertissaient du cataclysme qui se développait sous eux : la trombe d'eau liquide envahissant avec un mugissement mousseux l'espace entre la quille et le pont, détruisant les écrans métalliques, renversant les cloisons, renversant tous les objets, les entraînant avec toute la violence d'une inondation, avec la force de choc d'une digue qui se brise. La cale se transformait rapidement en un cercueil aqueux et plombé qui coulait rapidement au fond.

Le canon arrière tira son premier coup. Pour Ferragut, son rapport semblait une simple ironie. Personne ne connaissait comme lui l'état désespéré du navire.

"Aux canots de sauvetage !" il cria. « Tout le monde aux bateaux ! »

Le bateau à vapeur basculait de façon alarmante alors que les hommes obéissaient calmement à ses ordres sans perdre leur sang-froid.

Une vibration désespérée secouait le pont. C'étaient les moteurs qui poussaient des râles d'agonie en même temps qu'un torrent de vapeur épaisse comme de l'encre s'échappait de la cheminée. Les pompiers s'approchaient de la lumière, les yeux gonflés par la terreur qui marquait leurs visages noircis. L'inondation avait commencé à envahir leurs domaines, brisant leurs compartiments en acier.

« Aux bateaux !… Descendez les canots de sauvetage !

Le capitaine répéta ses cris de commandement, impatient de voir l'équipage embarquer, sans penser un instant à sa propre sécurité.

Il ne lui est même jamais venu à l'esprit que son destin pourrait être différent de celui de son navire. D'ailleurs, caché dans la mer, se trouvait l'ennemi qui allait bientôt faire surface pour examiner son œuvre…. Peut-être pourraient-ils rechercher le capitaine Ferragut parmi les bateaux chargés de survivants, souhaitant l'emporter comme leur butin triomphant…. Non, il préférerait de loin renoncer à la vie !…

Les marins avaient détaché les canots de sauvetage et commençaient à les descendre, quand quelque chose de brutal se produisit soudain avec la rapidité annihilante d'un cataclysme de la nature.

Il y eut une grande explosion, comme si le monde était en morceaux, et Ferragut sentit le sol disparaître sous ses pieds. Il regarda autour de lui. La proue n'existait plus ; il avait disparu sous l'eau, et une vague mugissante roulait sur le pont écrasant tout sous son rouleau d'écume. Par contre, la crotte montait de plus en plus haut, devenant presque verticale. Ce fut bientôt une falaise, une montagne abrupte, au sommet de laquelle se dressait le mât blanc comme une girouette.

Pour ne pas tomber, il devait saisir une corde, un bout de bois, n'importe quel objet fixe. Mais cet effort fut inutile. Il se sentait entraîné, renversé, fouetté dans une obscurité gémissante et tourbillonnante. Un frisson mortel paralysa ses membres. Ses yeux fermés voyaient un ciel rouge, un ciel de sang avec des étoiles noires. Ses tympans bourdonnaient avec un *glu-glu rugissant*, tandis que son corps effectuait des sauts périlleux dans l'obscurité. Son cerveau confus imaginait qu'un trou infiniment profond s'était ouvert dans les profondeurs de la mer, que toutes les eaux de l'océan y passaient, formant un gigantesque vortex, et qu'il tourbillonnait au centre de cette tempête tournante.

"Je vais mourir !... Je suis déjà mort !" dit ses pensées.

Et malgré sa résignation à mourir, il bougeait désespérément ses jambes, voulant se hisser jusqu'à la surface souple et traîtresse. Au lieu de continuer à descendre, il remarqua qu'il montait, et au bout d'un moment il fut capable d'ouvrir les yeux et de respirer, jugeant au contact atmosphérique qu'il avait atteint le sommet.

Il n'était pas sûr du temps qu'il avait passé dans l' abîme, sûrement pas plus de quelques minutes, puisque sa capacité respiratoire de nageur ne pouvait dépasser cette limite.... Il éprouva donc un grand étonnement en découvrant les formidables changements qui s'étaient produits en si courte parenthèse.

Il pensait qu'il faisait déjà nuit. Peut-être que dans les couches supérieures de l'atmosphère brillaient encore les derniers rayons du soleil, mais au niveau de l'eau, il n'y avait plus qu'un gris crépusculaire, comme la faible lueur d'une cave.

La surface presque plane aperçue quelques minutes auparavant du haut du pont était maintenant agitée par de larges vagues qui le plongeaient momentanément dans l'obscurité. Chacun d'eux apparaissait comme une butte interposée devant ses yeux, ne laissant libre que quelques mètres d'espace. Lorsqu'il était élevé sur leurs crêtes , il pouvait apercevoir avec une vision rapide la mer solitaire, dépourvue de la vaillante masse du navire, remuée d'objets sombres. Ces objets glissaient inertes ou se déplaçaient, agitant des paires d'antennes noires. Peut-être imploraient-ils de l'aide, mais le désert humide absorbait les cris les plus furieux, les transformant en bêlements lointains.

De la *Mare Nostrum,* on ne voyait plus ni l'embouchure de la cheminée, ni la pointe d'un mât ; l'abîme avait tout englouti.... Ferragut commença à douter que son navire ait jamais réellement existé.

Il nagea vers une planche qui flottait à proximité, posant ses bras dessus. Il pouvait rester des heures entières dans la mer, nu et en vue de la côte, avec l'assurance de revenir sur *la terre ferme* quand il le souhaiterait.... Mais maintenant il devait se tenir debout, complètement habillé ; ses chaussures le tiraient avec une force sans cesse croissante, comme si elles étaient faites de fer... et d'eau de toutes parts ! Pas un bateau à l'horizon qui pourrait lui venir en aide !... L'opérateur radio, surpris par la rapidité de la catastrophe, n'avait pas pu lancer le SOS.

Il dut aussi se défendre des débris du naufrage. Après avoir saisi le radeau comme son dernier moyen de salut, il dut éviter les tonneaux flottants, roulant vers lui sur les flots gonflés, qui pouvaient l'envoyer au fond d'un de leurs coups.

Soudain surgit entre deux vagues une espèce de monstre aveugle qui agitait furieusement les eaux de ses mouvements de nage. En s'en approchant, il vit que c'était un homme ; alors qu'il s'éloignait, il reconnut l'oncle Caragol .

Il nageait comme un homme ivre avec une force surhumaine qui faisait sortir la moitié de son corps de l'eau à chaque coup. Il regardait devant lui comme s'il voyait, comme s'il avait une destination fixe, sans hésiter un instant, mais s'éloignant encore plus au large lorsqu'il imaginait qu'il se dirigeait vers la côte.

" *Padre San Vicente !* " gémit-il. " *Christ du Grao !* ... "

En vain cria le capitaine. Le cuisinier ne l'entendait pas et continuait à nager avec toute la force de sa foi, répétant ses pieuses invocations entre ses reniflements bruyants .

Un tonneau escaladait la crête d'une vague et roulait du côté opposé. La tête du nageur aveugle lui barra la route.... Un fracas sourd. *Père Saint Vicente !* ... Et Caragol disparut la tête ensanglantée et la bouche pleine de sel.

Ferragut ne souhaitait pas imiter ce genre de nage. La terre était très lointaine pour les armes d'un homme ; il serait impossible de l'atteindre. Pas un seul des bateaux du navire n'était resté à flot.... Son seul espoir, lointain et fantaisiste, était qu'un navire puisse découvrir les naufragés et les sauver.

En peu de temps, cet espoir se réalisa presque. Du haut d'une vague , il apercevait une barque noire, longue et basse, sans cheminée ni mât, qui s'enfonçait lentement parmi les débris . Il a reconnu un sous-marin. Les silhouettes sombres de plusieurs hommes étaient si clairement visibles qu'il crut les entendre crier.

" Ferragut !... Où est le capitaine Ferragut ?... "

"Ah, non !... Mieux vaut mourir !"

Et il s'accrochait à son radeau, baissant la tête comme s'il se noyait. Puis, alors que la nuit tombait sur lui , il entendit encore d'autres cris, mais c'étaient des cris de secours, des cris d'angoisse, des cris de mort. Les sauveteurs ne cherchaient que lui, laissant les autres à leur sort.

Il a perdu toute notion du temps. Un froid angoissant paralysait tout son corps. Ses mains raidies et enflées se détachaient du radeau et ne le ressaisissaient que par un effort suprême de sa volonté.

Les autres naufragés avaient pris la précaution d'enfiler leur gilet de sauvetage lorsque le navire commençait à couler. Grâce à cet appareil, leur agonie allait se prolonger encore quelques heures. Peut-être que s'ils pouvaient tenir jusqu'au lever du jour, ils pourraient être découverts par un bateau ! Mais il!…

Soudain, il se souvint du *Triton* …. Son oncle était également mort dans la mer ; tous les membres les plus vigoureux de la famille avaient fini par périr dans son sein. Pendant des siècles et des siècles , ce fut le tombeau des Ferragut ; avec raison, ils l'avaient appelé « *mare nostrum* ».

Il imaginait que les courants auraient pu entraîner le cadavre de son oncle de l'autre promontoire jusqu'à l'endroit au-dessus duquel il flottait. Peut-être qu'il est peut-être maintenant sous ses pieds…. Une force irrésistible les tirait ; ses mains paralysées relâchèrent leur emprise sur le bois.

" Oncle !… Oncle ! "

Dans ses pensées, il criait à son parent avec la plainte craintive du petit bonhomme qui prend sa première leçon de natation. Mais ses mains angoissées rencontrèrent à nouveau le soutien froid et faible du radeau au lieu de cet îlot de muscles durs couronné d'un visage poilu et souriant.

Il continuait sa flottaison tenace, luttant contre la somnolence qui le poussait à se détendre de son appui à la dérive et à se laisser aller au fond, à dormir… à dormir pour toujours ! Ses chaussures et ses vêtements continuaient à tirer avec encore plus de force. Ils devinrent un linceul onduleux, de plus en plus lourd, s'envolant et s'entraînant vers les profondeurs les plus profondes. Son désespoir lui fit lever les yeux et regarder les étoiles…. Si haut !… Seulement pour pouvoir en saisir un, car ses mains agrippaient maintenant le bois !…

En même temps , il fit instinctivement un mouvement de répulsion. Sa tête s'était enfoncée dans l'eau sans qu'il s'en rende compte. Un liquide amer commençait à filtrer par sa bouche….

Il fit un grand effort pour se maintenir en position verticale, regardant de nouveau le ciel encore noir comme de l'encre et toutes les étoiles rouges comme des gouttes de sang.

Soudain, il ressentit une certaine conscience qu'il n'était pas seul, et il ferma les yeux…. Oui, quelqu'un était près de lui. C'était une femme !…

C'était une femme blanche comme les nuages, blanche comme la voile, blanche comme l'écume. Ses tresses vert d'eau étaient ornées de perles et de coraux phosphorescents ; son sourire fier était celui d'une déesse, en harmonie avec la majesté de son diadème.

Elle étendit ses bras nacrés autour de lui, le serrant contre son sein vivifiant et éternellement virginal. Une atmosphère dense et verdâtre donnait à sa blancheur un reflet semblable à celui de la lumière des grottes de la mer….

Sa bouche pâle se pressa alors contre celle du marin, lui donnant l'impression que toute la lumière de cette apparition blanche s'était liquéfiée et passait dans son corps par le biais de son baiser impérieux.

Il ne pouvait plus voir, il ne pouvait plus parler.

Ses yeux s'étaient fermés pour ne plus jamais s'ouvrir ; une amère rivière de sel coulait dans sa gorge.

Il continuait néanmoins à la regarder , plus lumineux, de plus en plus rapproché, avec une triste expression d'amour dans ses yeux vitreux.… Et ainsi il descendit et descendit les niveaux infinis de l'abîme, inerte et sans volonté, tandis qu'une voix en lui criait, comme s'il venait de la reconnaître :

" *Amphitrite ! … Amphitrite !* "

LA FIN